全面深化改革领导干部学习读本

主编 黄琦 刘学军

直面金融风险

黄根兰◎主编

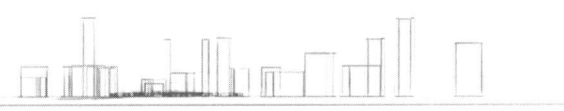

周小川 | 吴晓灵 | 李 扬 | 华 生 | 徐 忠
多位名家纵论改革大势

中国财经出版传媒集团
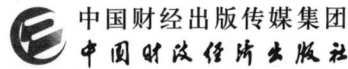
中国财政经济出版社

图书在版编目（CIP）数据

直面金融风险/黄根兰主编.—北京：中国财政经济出版社，2017.9
（全面深化改革领导干部学习读本/黄琦，刘学军主编）
ISBN 978-7-5095-7681-6

Ⅰ.①直⋯ Ⅱ.①黄⋯ Ⅲ.①金融风险-风险管理-中国-干部教育-学习参考资料 Ⅳ.①F832.1

中国版本图书馆CIP数据核字（2017）第202425号

| 责任编辑：翁晓红 | 责任校对：杨瑞琦 |
| 封面设计：田　晗 | 版式设计：齐　杰 |

中国财政经济出版社 出版
URL：http://www.cfeph.cn
E-mail：cfeph@cfeph.cn
（版权所有　翻印必究）
社址：北京市海淀区阜成路甲28号　邮政编码：100142
营销中心电话：88190406　北京财经书店电话：64033436　84041336
北京中兴印刷有限公司印刷　各地新华书店经销
787×1092毫米　16开　22.75印张　350 000字
2017年9月第1版　2017年9月北京第1次印刷
定价：50.00元
ISBN 978-7-5095-7681-6
（图书出现印装问题，本社负责调换）
本社质量投诉电话：010-88190744
文章稿酬及版权联系电话：010-68457872
打击盗版举报热线：010-88190414　QQ：447268889

"全面深化改革领导干部学习读本"

编 委 会

顾　　　　问：高尚全　彭　森　宋晓梧　许宏才　刘尚希

编 委 会 主 任：周法兴　史克毅　黄　琦　潘治宏

编委会副主任：蔺红英　刘学军

编　　　　委：周法兴　史克毅　黄　琦　潘治宏　蔺红英
　　　　　　　刘学军　贾存斗　党海鹏　郁东敏　翁晓红

丛 书 主 编：黄　琦　刘学军

分 册 主 编：刘学军　王　平　黄根兰　方　艳　秦均华
　　　　　　　赵　琳　孙　铮

总　序

高尚全

自 1978 年党的十一届三中全会开启我国的改革进程以来，弹指一挥间，中国的改革事业已经走过近 40 年的光辉岁月。近 40 年来，我们历经从计划经济到商品经济再到市场经济的探索，我们从无到有构建了中国的社会主义市场经济体系并不断进行完善，我们扭转了"文革"的动荡混乱走向依法治国，并不断提高国家治理水平。可以自豪地说，中国的改革事业取得了不可磨灭的成就。中国的改革事业当然也并非一帆风顺，改革的航程历经千难万险，但是改革的开拓却从未停歇。战胜这些困难、推动中国改革不断进步的，是站在改革潮头的千千万万的干部群众，尤其是广大党员干部，是我们在前无古人的情况下坚定不移地推动改革前进的中坚力量。从"要吃米、找万里"的童谣到"杀出一条血路来"的习仲勋等早期的特区开拓者，从"有计划的商品经济"的论证和提出到"社会主义市场经济的四梁八柱"的构建，如果没有党员干部对改革的孜孜以求、积极进取，就没有今天改革事业的辉煌成果。

一、坚持市场方向的改革从胜利走向胜利

从"计划为主、市场为辅"到"有计划的商品经济"再到发挥市场的"基础性作用"，最终到发挥市场的"决定性作用"，近 40 年来，以经济体制改革为核心的中国改革始终坚持市场经济的改革方向，并最终使得国家在各个层面上都取得了巨大的成就，推动了以阶级斗争为纲向以经济建设为中心的转变、从计划经济向市场经济的转变、从闭关锁国转向全方

位开放、从人治走向法治、从贫穷落后转向小康这五个方面的伟大转变。

党的十八大以来，我国的改革进入了新的阶段。在以习近平同志为核心的党中央的坚强领导下，我国不仅有效应对了复杂国际政治经济环境的风云变幻，更在相当不利的条件下取得了经济的中高速平稳增长。党的十八届三中全会所作出的《中共中央关于全面深化改革若干重大问题的决定》（以下简称《决定》）制定了我国在新的发展阶段全面推进改革开放事业的宏伟蓝图，提出了到2020年全面深化改革的指导思想、总体思路、主要任务、重大举措。以这份全面推进改革的《决定》为基础，中国改革事业在战略布局、改革难点以及市场地位方面都获得了一些重大的进展乃至突破。

（一）市场在资源配置中的地位获得重大突破

中国改革开放的进程，实际就是从以计划作为配置资源的主要手段逐渐变革成为以市场作为配置资源的主要方式，市场经济逐步确立并不断完善的过程。在这个进程当中，市场的力量从无到有、从弱小到壮大。《决定》旗帜鲜明地提出，使市场在资源配置当中发挥决定性的作用，这在中国的改革开放和市场经济发展历程中具有里程碑式的意义，体现了以习近平同志为核心的党中央对市场规律的认识在不断提高，是我党对中国特色社会主义建设规律认识的一个重大突破。

（二）供给侧结构性改革取得明显进展

党的十八大以来，中国的经济发展面临着全新的环境和挑战。世界经济严重衰退，贸易保护主义抬头，世界经济格局面临新的"洗牌"。与此同时，国内土地、劳动力等要素价格越来越高，资源、环境的约束越来越紧，我国传统的经济发展模式和结构继续进行深刻的调整和改革。中国经济面临着保持一定水平的增速和调结构的两难困境。在这种经济新常态背景下，中央及时作出了供给侧改革的决定和布局，以前所未有的勇气和决心，开启了一场中国经济发展方式向更高形态发展的结构之变。

（三）国家政治体制顶层设计适应新的要求、获得新的突破

党的十八届三中全会提出："全面深化改革的总目标是完善和发展中国特色社会主义制度，推进国家治理体系和治理能力现代化。"这就要求对过去领导改革的行政部门本身进行改革，对改革领导者的决策效能和执行力提出了重大考验。为了推进改革，中央先是设立了中央全面深化改革

领导小组，有力提升了改革的决策效能，使过去总是被回避的改革议题，比如户籍问题、农村土地制度问题等等，能够集中力量摆脱各种利益羁绊获得正面突破。国家治理体系和治理能力的提高还体现在我国社会主义民主政治的进步上。全面深化改革对加强社会主义民主政治制度建设提出了通过各项制度建设，丰富民主形式，从各层次各领域扩大公民有序政治参与，充分发挥我国社会主义政治制度优越性的总目标。

（四）反腐倡廉效果显著，依法治国有效推进

进一步推进改革，创建良好的经济发展环境，需要廉洁奉公高效的党员和公务员队伍。十八大以来党中央对腐败行为的坚决查处，破除了过去一段时期因党纪国法松懈而滋生的各种潜规则，横扫了贪腐猖獗的不良风气，党纪国法为之肃然而振！中央对于滥权渎职的腐败分子，上至中央常委，下至乡村干部，不管是军方大将，还是地方大员，但凡触犯党纪国法，均依法予以严惩。坚定不移地推进全面从严治党，形成了反腐败斗争压倒性态势。这样大规模的反腐浪潮，激浊扬清，民心得以振奋，党风得以清正，使全体党员干部受到深刻的教育。掌握权力行使权力的全体党员干部自觉地规范行使权力、自觉避免滥权渎职行为，这为规范政府权力的行使、保障市场主体的合法权益奠定了良好的基础。在肃清腐败的基础上，中央通过确立依法治国的方略，从制度建设上、从根本上维护国家的长治久安。2014年10月底召开的党的十八届四中全会，是中国共产党历史上第一次专门研究法治建设的中央全会，通过了《中共中央关于全面推进依法治国若干重大问题的决定》。党把自己的路线、方针、政策通过法定程序转化为国家意志，成为全国人民共同遵守的法律规范，实现党的主张和人民意志的有机统一。

（五）生态文明体制改革为创造绿色环境打下了基础

党的十八大以来，党中央始终把生态文明建设放在治国理政的重要战略位置，首次将生态文明建设与经济建设、政治建设、文化建设和社会建设一起，纳入中国特色社会主义"五位一体"总布局；党的十八届三中全会《决定》，全面、清晰地阐述了生态文明制度体系的构成及其改革方向、重点任务，是将生态文明建设纳入"五位一体"总布局后的又一大创新；党的十八届四中全会要求用严格的法律制度保护生态环境；党的十八届五中全会将绿色发展纳入新发展理念。对生态文明建设的顶层设计

直面金融风险

密集推出，体现了党遵循发展规律、顺应人民期待、彰显执政担当。

二、新时期的改革仍面临着巨大的挑战

中国的改革虽然取得了举世瞩目的成就，但是前期单边突进的改革遗留的问题越来越成为拖累经济社会进一步向前发展的障碍，而且经过近40年的改革发展，随着生存型阶段向发展型阶段的转变，我国需求结构开始发生明显变化，新的需求和旧的体制的矛盾也日益凸显，新老问题同时并存，影响改革的深化。目前仍存在的矛盾有以下几个方面：

一是经济发展方式转型与市场化改革不到位的矛盾。以当前最重要的"三去一降一补"为例，虽然其在整体战略上极为重要，但是在实际操作过程中，也出现了行政手段"一刀切"，专去民营企业的传言。"三去一降一补"需要行政手段的配合，不过应尽量以市场的优胜劣汰为主要手段，让行政要求成为市场资源配置的砝码，这样虽然见效慢一些，但长期看会更加健康。

二是税费过重与公共产品供给短缺并存的矛盾。我国已开始从私人产品短缺时代进入公共产品短缺时代，但相应的社会体制改革还不适应这个时代变化的趋势。公共产品短缺成为阻碍扩大内需、制约发展方式转型的一个重要因素。公共产品短缺使我国消费率不断下降，消费率水平不仅低于发达国家，而且也低于"金砖四国"中的其他三国。但是，作为公共产品供应源泉的我国老百姓的税赋水平并不低。如曹德旺所指出的，中国企业税赋同比美国高出相当于营业额的11.6%，这在世界上明显属于较高税赋的国家。同一些宏观税负超过30%的国家相比，在社会福利支出（教育、卫生、医疗、社保等）方面，法国的社会福利支出占GDP的比例为35%，瑞典是38%，挪威是33%，丹麦是37%，澳大利亚是23%，美国是21%，我国还有很大差距。造成这种现象的主要原因，还是因为政府作为投资的主体而没有成为创造环境的主体，财政在公共服务领域的投入比重还不高，地方政府的注意力仍然集中在追求经济总量的扩张上。

三是依法治国的理念在实际行动中仍然有待落实。依法治国的治国方略早已提出，党的十八届四中全会更是以中央全会决定的方式将这一理念提升至治国理政的最高层次，中央深改办也专门出台了各项推进法治建设的意见和方案。但是行政部门职能缺位、错位、越位，行政审批门槛多、

公共服务不到位、权力行使不规范等问题仍然时有发生，阻滞了市场经济的健康发展。另外，《宪法》明确的法院、检察院独立司法也受到意识形态领域反对"司法独立"的影响，律师尤其是刑事辩护律师容易受到不公正的待遇乃至以敌我矛盾予以处理，严重违背依法治国的理念。凡此种种，彰显了法治状况与社会主义市场经济建设的不相适应。市场经济当中利益主体各不相同，市场经济的运行实际也是各个市场主体之间利益交换、协调的过程，是不断产生矛盾又不断解决矛盾的过程，司法承载着保障这些矛盾有效、迅速解决，维护不同市场主体利益交换、协调通畅运行的重要功能，依法治国的理念必须贯彻到实处。

三、改革只有进行时，全面深化改革需要广大党员干部掌握改革的方法和经验

"雄关漫道真如铁，而今迈步从头越。"在新的历史时期，推进全面深化改革需要千千万万的广大党员干部不仅要面对"啃硬骨头"的难题，而且要面对的往往是改革的对象就是自己的利益这样的艰难选择。在这种情况下，除了决策层要在顶层设计方面做好微观改革激励兼容的改革路径设计之外，还需要各个层级的党员干部增强大局意识、核心意识，自觉向中央看齐，其目的就是要发挥出中国共产党作为一个马克思主义政党的核心优势来克服私利对改革的扭曲，这是当前推进改革所需要的，是当前各项党员学习教育培训项目的重中之重，在此无须赘言。需要着重指出的是，在改革的深水区推进全面深化改革，"摸着石头过河"的改革方法在制度架构的诸多方面可能不再适用，党员干部在坚定改革的决心之外，还有必要掌握改革的方法论，在对改革有深刻认知的基础上，掌握推进改革的方法、路径，这样就能够事半功倍地推进改革。在近40年的改革进程中，我们积累了不少宝贵的经验和方法，突出的有：

一是不断解放思想，推进理论创新。科学的理论是改革顺利推进的思想保证。改革的进程，就是思想解放的过程，就是理论创新的过程。改革开放以来，我们党坚持解放思想，实事求是，与时俱进，将实践作为检验真理的唯一标准，不断推进理论创新、思想创新和体制创新，创造性地提出了社会主义市场经济理论及其政策体系。

二是坚持市场化的改革方向不动摇。改革开放近40年的历程，也是

直面金融风险

市场作为资源配置手段的地位不断提升的历程。从"一大二公"和"割资本主义尾巴"到"计划为主、市场为辅"的社会主义商品经济的提出，再到从指令性计划到指导性计划的转变，进一步到社会主义市场经济的提出，最终到使市场在资源配置中发挥决定性作用，中国的改革所取得的成果，也就是社会主义市场经济不断发展的结果。我们回顾中国近40年的改革经验，其中最核心的一条，就是要坚持市场化的改革方向。需要着重指出的是，互联网大数据时代，我们仍然要头脑清醒地坚持市场经济。计划经济与市场经济的区别，本质上并不在于有无计划或者说制订的计划是否科学，即便在完全市场化的社会里，企业也会制订诸多的生产计划、推广计划，计划得好的企业更有可能在激烈的市场竞争中胜出。计划经济与市场经济两者区别的本质是由行政权力来配置资源还是在价值规律的支配下由市场主体的自主选择判断来配置资源。互联网大数据可以使计划的制订更加科学，但是它无法解决这个时代最重要的人的创造性、积极性的问题。只有自由选择的市场，才能产生这种积极性和创造性，也只有自由选择的市场，它所形成的数据和联网才有意义，否则何以持续地发展繁荣？互联网和大数据只有与市场相结合，才能迸发出最大的效用。改革必须坚持市场化不动摇。

三是灵活运用改革方法，既先行先试、先易后难，又统筹兼顾、协调推进。我国改革的典型特征是采取了先行试点、总结推广的方式。立足于把解决本地实际问题与攻克面上共性难题有机结合起来，选择一定地区或改革领域开展试点，在对试点进行总结的基础上，对成功经验和做法再行推广。这种由点而面、先易后难的改革推进方式，既控制了风险，又通过有效的推广机制使成功经验能够迅速普及，成为我国渐进式改革战略的重要经验，也是新时期推进改革开放、探索新的发展模式和体制模式的重要途径。改革又是一项系统工程，必须不断完善改革的推进方式，统筹兼顾，加强总体协调。我们注重把握"破旧"和"立新"的关系，立足于立新，适时、大胆地破旧，从而不断消除深层次的体制机制障碍，建立健全适应生产力发展需要的新体制、新机制；坚持整体推进和重点突破相结合，在统筹规划的基础上注重协调配合，不失时机地实现改革的重点突破。开放也是改革，做到改革和开放相互促进，良性互动。在完善社会主义市场经济体制的新阶段，我们面临的主要是一些触及深层利益关系、配套性强、风险比较大的改革,而且经济体制改革与政治体制、文化体制、社会体制方面的改革日益紧密地联系在一起,这使得改革的统筹协调和整体推进的要求更加凸显。党的十八届三中全会后设立的全面深化改革领导小组,专门就经济体制、民主法治、文化体制、社会体制等设立了专门的改革小组,为改革的统筹协调创造了条件。

四是正确处理改革、发展、稳定的关系。改革是经济社会发展的强大动力,有效的体制是实现经济社会又好又快发展的根本保证,从长远来看,也是确保社会稳定的根本保障,同时,发展和稳定也提供了深化改革的良好环境和基本条件。要正确处理好改革与发展、稳定的关系,适时有序推进改革开放,把改革的力度、发展的速度和社会的承受能力有机结合起来,在保持稳定的前提下推进改革和发展,通过改革和发展促进社会稳定。

当然,宏观上掌握了改革的经验和方法还远远不够,广大党员干部每个人都有自己需要面对的具体的改革领域。这些具体领域的改革都有自己的难点和重点,其改革的方法和路径都不尽相同,需要根据实际情况,因地制宜,对症下药。中国经济体制改革杂志社和中国财政经济出版社这次共同编纂出版的"全面深化改革领导干部学习读本"不仅仅包括宏观的内容,如《未来十年的改革发展战略》《大国反腐》《大市场严监管》,因为不谋全局者不足以谋一域,有利于我们构建对当前整个改革进程的认知框架;更为重要的是,"全面深化改革领导干部学习读本"还就财政改革、金融改革、国企改革、土地改革、社保改革、产业变革、扶贫攻坚等具体改革领域都专门整合了分册,共同构成本丛书的主体内容,这就为广大党员干部在各自的领域学习、推进改革提供了极大的便利。"成事在天,谋事在人。"我相信,只要广大党员干部能够深刻地学习和领悟"全面深化改革领导干部学习读本"这样的改革书籍所传递的改革知识和精神,中国的改革事业就一定能够从胜利走向胜利,中华民族伟大复兴指日可待。

2017 年 9 月

目录
CONTENTS

代序　深化改革才能保障金融安全 ················· 徐　忠（1）

第一篇　经济转型中，金融风险显现 / 5

中国经济最大的风险是什么 ····················· 胡伟俊（7）
努力促进经济筑底及"浅V"回升 ················ 卓勇良（12）
中国经济新周期到来了吗 ················· 何　帆　朱　鹤（18）
企业债务问题：急性发作还是慢性折磨 ············· 张文魁（22）
从于欢案透视民间金融 ························· 季卫东（33）
"风险性三角"加剧系统性金融风险 ················ 黄益平（40）
经济运行稳定，金融风险增加 ············· 张曙光　张　弛（47）

第二篇　高杠杆？去杠杆 / 55

中国的债务与杠杆率：基于国家资产负债表的分析
　　　　　　　　　　　　　　　　 ········· 张晓晶　刘学良（57）
中国究竟是去杠杆还是稳杠杆 ···················· 李迅雷（77）
加货币与去杠杆 ························· 张曙光　张　弛（93）
"脱虚向实"为何那么难 ················· 伍　戈　高　莉（101）
金融去杠杆的缘起与走向 ················· 巴曙松　王月香（109）
降杠杆不解决中国根本矛盾，莫让系统性风险积聚 ····· 吴敬琏（116）

第三篇　遏制资本市场风险／119

怎样建设一个强大的资本市场 …………………………… 华　生（121）
建设公平正义的股市 ………………………………………… 刘纪鹏（137）
控风险是债市重中之重 ………… 高占军　刘　鹏　崔莉莉　杨恩百（142）
建立楼市长效治理机制 ……………………………………… 左晓蕾（165）
避免主动刺破房地产泡沫 …………………………………… 沈建光（174）
中国保险业发展的关键问题和风险
　　………………………………………… 国务院发展研究中心课题组（179）

第四篇　金融开放的稳与进／185

金融服务业还要进一步扩大开放 …………………………… 周小川（187）
开放型经济新体制下对外金融政策调整 …………………… 丁志杰（192）
构建宏观审慎的跨境资本流动管理框架 …………………… 管　涛（200）
人民币国际化如何与外汇储备管理政策相协调
　　……………………………………… 交通银行金融研究中心课题组（207）
危机十年的中国领悟 ………………………………………… 程　实（216）
亚洲金融危机的三点启示 …………………………………… 沈建光（221）

第五篇　金融科技创新的机与危／227

金融科技发展的国际经验和中国政策取向 ……… 廖　岷　万建华（229）
金融科技的监管挑战与建议 ……………………… 胡　滨　郑联盛（246）
促进互联网金融市场健康发展 ……………………………… 吴晓灵（258）
互联网金融宜采取合作监管模式 ………………… 高晋康　唐清利（264）
数字货币及其监管 ………………………………… 谢　平　石午光（268）
非主权数字货币的竞争性不可忽视
　　…………………………………………… 中国金融四十人论坛研究部（278）

第六篇 以改革严密防范系统性金融风险 / 283

金融要回归本源	吴晓灵	（285）
金融监管要"长牙齿"拒绝"父爱主义"	刘 鹤	（288）
以宏观审慎为核心，推进金融监管改革	李 波	（292）
中国金融监管架构重构研究	张承惠 陈道富	（306）
提高金融监管的独立性	黄益平	（314）
"十三五"时期金融的基础性改革	魏加宁	（319）
创造便利资源有效配置的货币金融环境	李 扬	（333）
正视金融风险背后的公司治理缺陷	徐 忠	（339）

代序
PREFACE

深化改革才能保障金融安全

徐 忠[*]

2016年以来,在世界经济复苏一波三折的背景下,我国经济保持了"缓中趋稳、稳中向好",供给侧结构性改革取得显著进展,产业结构、需求结构、收入结构持续优化,经济新的动能正在积聚,传统动能的改造升级也在加快,金融体系整体平稳运行,成绩来之不易。

但也应该清醒地认识到,面对国际国内形势新变化,经济金融发展稳中有难、稳中有险,存在不少突出矛盾和问题,金融领域潜在风险逐步显现,维护金融安全面临艰巨挑战。这也是2016年中央经济工作会议提出"金融风险有所积聚……要把防控金融风险放到更加重要的位置,下决心处置一批风险点,着力防控资产泡沫,提高和改进监管能力,确保不发生系统性金融风险"的重要背景。

每当改革发展遇到重大困难时,总会出现两种声音。一种声音认为,面对复杂的金融风险形势,策略上应"以保为主",避免问题恶化,主动放缓改革节奏,甚至出现改革倒退;另一种声音认为,改革中出现的问题,恰是关键改革不到位或配套改革不到位造成的,策略上应坚持"以改为主",要通过全面深化改革,化解风险于改革创新之中。当前,我国金融风险和金融改革尤其是监管改革备受关注。必须看到,虽然分业监管

---

[*] 徐忠,中国人民银行研究局局长。

直面金融风险

体制在历史上金融业态相对简单的时期发挥了积极作用，但随着各类金融控股公司和跨行业金融产品迅猛发展，我国金融体系正如已行驶多年的汽车，这也出问题，那也出问题，仅仅依靠日常保养维护，已无法保证行驶安全了，必须大修后才能再上路。在此背景下，我认为，"保"是消极防御，为保而保、以保为主势必适得其反，可能导致风险防不住、底线保不住。"改"是积极作为，积极主动地推进改革是防范和化解风险的根本途径。

首先要明确的是，什么是"保"，要保什么？从根本上说，"保"是基于底线思维，是非常态下应对危机的机制和措施，"保的是底线，只有形势发展到底线时才需要保"。就金融风险而言，"保"就是要守住不发生系统性金融风险的底线。在底线之上，过度追求"保"必然妨碍市场配置资源的效率，不仅无法有效化解已有的风险，无助于从根本上消除风险产生、积累和传染的根源，还会造成激励机制扭曲，最终催生新的风险。

"以保为主"将"守住系统性金融风险的底线"曲解为"零风险暴露"。许多本该有序化解的个体性、局部性、短期性风险因素迟迟不能得到处置，可以通过风险暴露而疏导的压力长期得不到释放。市场机制在资源配置中的决定性作用无法发挥，固化并加剧了原有结构性矛盾，导致风险积少成多、积小成大，大而不能倒的风险领域越来越多，系统性风险压力显著加大。

我国房地产市场调控政策是"以保为主"理念的突出表现。一旦房价上涨，管理者则担心风险，采取限购、限贷等行政化色彩较浓的干预手段抑制需求；而一旦经济走弱，管理者希望以房地产投资提振经济增长的时候，又会采取反向措施促进房地产发展。房地产调控政策长期以短期调控目标为导向，而土地财政、供地制度、房产税以及房地产在经济增长和调控中的作用等深层次体制机制改革未实质推进，三、四线城市库存未除，一、二线城市泡沫又起。

"以保为主"主张"零风险暴露"，采取事实上"花钱买稳定"的策略。其结果是微观上隐性担保、刚性兑付盛行，宏观上中央银行最后贷款人无限救助，造成了严重的激励扭曲，催生道德风险：投资者长期缺乏自我保护意识；企业和金融机构因风险不必自担而过度承担风险；监管部门因成本外生的无限救助，存在放松监管的逆向激励。当前，许多金融机构在金融市场上进行高杠杆投资套利，金融市场紧绷下各类意外事件往往形成不小的市场震荡，过分强调市场稳定就可能倒逼央行货币投放，在这一具有明显道德风险特征的制度格局下，影子银行资产规模必然在整体资本水平不足情况下进一步扩张，最终导致更高的杠杆率和潜在风险。历史上，我国每次出现金融风险，在治理策略上都是重债务风险处置，轻制度和约束机制建设，必然加剧了刚性兑付和道德风险问题，导致风险反复滋生。

当前我国面临的风险、困难和问题，在相当程度上是因为渐进性改革无法一蹴而就，是改革不彻底、不到位的结果。只有全面深化改革才能有效破除风险和困难背后的体制根源，维护金融稳定和金融安全。

我国实践证明，唯有改革才是从根本上化解风险、破解发展难题的唯一出路。20世纪70年代末，我国坚定地改革开放，解放生产力，为近30年的快速发展奠定了基础。亚洲金融危机之后，我国推进商业银行改革、国企改革、加入WTO等，释放经济活力，创造了稳定高速增长的奇迹。2008年全球金融危机后的保增长政策虽然对短期经济稳定发挥了积极作用，但由于一些重要的结构性改革未及时推进，传统经济增长战略和经济结构的内在矛盾有所固化，过度刺激保增长的做法也不利于进一步推进供给侧结构性改革。

金融是实体经济的镜像反映，当前我国各种潜在的金融风险实际上是国民经济深层次矛盾的综合反映，既有金融体制不完善的原因，也有经济结构矛盾和经济体制转轨不到位的因素。因此，当前维护金融稳定和防范化解金融风险的治本之策，是深入推进实体经济供给侧结构性改革，同时要加快金融领域尤其是金融监管体制机制改革，并守住不发生系统性金融风险底线。

一是要深入推进"三去一降一补"的供给侧结构性改革。去产能要坚持市场化、法治化原则，坚定地淘汰落后产能。去库存的关键是建立促进房地产市场健康发展的长效机制，因城因地施策，重点解决三、四线城市房地产库存过多的问题。去杠杆要在控制总杠杆的前提下，把降低企业杠杆率作为重中之重，当务之急就是要通过加快推进国有企业改革、中央地方财税体制改革、理顺价格机制等来有力改变激励机制。降成本要加大简政放权力度,降低各类交易成本,特别是将"营改增"的减税效应落到实处。补短板既要补"硬"的短板,也要补"软"的短板;既要补发展短板,更要补制度短板。

二是以强化金融监管为突破口推进金融体制改革。从我国的实际状况出发,金融改革的突破口主要在改革现行分业监管体制,以适应日趋明显的综合经营格局。中央银行要加强宏观审慎管理职能,防范系统性金融风险。重点在两个方面:一是要纠正现行体制下监管机构地盘意识和行业保护倾向,统筹监管重要的金融基础设施,建立覆盖全市场的交易报告库制度,增强市场透明度,实行穿透式监管,实现风险监管全覆盖;二是要赋予中央银行对系统重要金融机构和金融控股公司的监管权,以防范系统性金融风险。只有做到这两点,才能为其他金融改革创造一个稳定的金融环境。

(本文原载于中国金融四十人论坛官网,2016年12月27日)

第一篇

经济转型中，金融风险显现

长期来看，对于中国经济而言，转轨风险甚至要大于金融风险。中国经济过去几十年的增长故事，简单地说，就是转轨带来资源配置的改善。而目前中国最大的风险，正是资源配置改善出现停滞甚至恶化，从而导致经济增速不断下滑。金融风险源于微观主体的市场化不足，背后是中国经济未完成的转轨过程。由此导致的资源错配既是中国债务和房地产问题的症结，也是中国经济最大的风险。化解资源错配的风险，核心在于继续推动转轨。

中国经济最大的风险是什么

胡伟俊[*]

泛泛地说中国经济中金融风险或者泡沫很大,未来有爆发危机的可能,这种说法虽然没错,但意义有限。毕竟没有人可以说,中国永远不会发生金融危机。而且随着时间的推移,风险肯定是在上升的。但更有意思的是,为什么在过去七八年里,对于中国经济的悲观预测大多数都落空了?当然,悲观的预测者总是可以说是因为时机未到。但是,这背后也许有更复杂的原因。理解这些原因,可以帮助我们更好地理解两个问题:第一,为什么中国没有如很多人所预测的那样出现危机;第二,中国经济真正的风险是什么。

一、为什么中国没有出现危机

关于第一个问题,笔者认为,这是由中国经济最本质的两个特点,也就是转轨和发展所决定的。转轨是从计划经济转向市场经济,发展是从低收入国家发展到中等收入国家。为什么这么说呢?

先看转轨。讨论金融危机或者债务危机的时候,不要忘记一点:在计划经济下,是不存在金融危机或者债务危机的。原因很简单,计划经济根本不需要金融,中国在很长一段时间里只有一家银行,就是中国人民银行。计划经济下也不存在债务问题,就像当时的领导人所说的,"既无内债,也无外债"。从这个角度来看,中国作为一个转轨国家,没有出现过大规模的债务危机或金融危机,确有其制度和历史根源。具体如下:

---

[*] 胡伟俊,麦格理集团大中华区首席经济学家。

直面金融风险

第一，和市场经济已经存在上百年的国家不同，时至今日，中国的银行体系仍然是以国有为主体，所以储户相信银行背后有政府的背书，对于银行体系的信心很强。例如 21 世纪初的时候，当时中国银行体系的坏账率可能已经达到 40%，但并未出现大规模银行挤兑的情况，这在发达的市场经济国家是不可能出现的。就算是过去几年，就在市场对中国银行体系的坏账率最悲观的时候，国内储户对于银行的信心仍然很高。

第二，也正是因为银行体系以国有为主，使得政府对于金融体系具有很强的控制能力。虽然中国银行业的法人机构有 4 000 家以上，但光是四大国有银行加上国开行，就占到银行总资产的 40% 左右。这就使得政府对于银行间市场的流动性也有很强的管控能力。

换句话说，上面第一点大大降低了商业银行遭到储户挤兑的风险，第二点大大降低货币市场出现金融机构之间互相挤兑的风险。历史上大多数金融危机都属于第一种挤兑，而雷曼危机，或者说"明斯基时刻"，则属于第二种。中国金融体系转轨的特征，帮助降低了这两种挤兑的风险。

第三，和西方市场经济国家不同，中国虽然总债务不低，但纯粹的私人部门债务并不高。民营企业债务和家庭债务加起来，不到总债务的 40%。许多国际机构都对中国的企业债务表示了担忧。中国企业债务的确很高，但其中民营企业债务只有 35% 左右；换言之，中国的大部分债务，都在广义的国有体系内（政府加国企）发生，这就给了政府很大的空间腾挪债务。比如说，几年前一些机构分析了中国地方融资平台的现金流，认为其不足以覆盖利息支出，因此预测一场地方债务危机即将来临。但之后中国政府通过地方债置换，化解了这场风险，其本质就是将地方政府债务转变为中央政府债务。在这个过程中，政府腾挪债务的能力以及对银行体系的把控，都表现得淋漓尽致。这些，在一个西方发达市场经济国家是不太可能发生的。

除了转轨之外，经济发展对于避免危机也居功至伟。中国之所以可以化解 21 世纪初的坏账风险，很大的原因就在于之后几年的高速增长。同时，这么多年以来，关于房地产风险的预警虽然一直不绝于耳，却每每落空，最大的原因也是收入的增长。甚至今天上海的房价是不是存在泡沫，最关键的因素还是未来的收入增长速度。而且，比较低的发展水平也为投资提供了空间。过去几年中国经济能够避免硬着陆，一个重要原因在于投资保持了很高的增速。2016年中国的固定资产投资是2011年的两倍，之所以能做到这么高的投资增速，原因在于过去的资本存量很低，未来应该不可能重复这样的投资增速了。

除了转轨和发展之外，政策制定者相对务实的态度，也帮助避免了危机的出现。这样的例子很多，比如在人民币问题上没有固守"不可能三角"的教条；在清理融资平台的过程中，面对即将出现的"财政悬崖"风险，也能很快进行调整。就在最近这一轮去杠杆的过程中，政策制定者就明显对两类杠杆有所区分：一类是实体经济的杠杆，另一类是金融体系内部的杠杆。去杠杆的重点在于后者，而对于前者则采取了相对谨慎的态度。这么做是有道理的，因为这两类杠杆有本质的不同。

这几年以来上升的金融杠杆，部分来自金融市场化下专业化程度的上升，部分来自金融机构的套利行为。但不管怎样，金融杠杆上升和融资链条的复杂化，的确使整个金融体系变得更加脆弱。因此，加强监管是完全必要的。但是，实体经济的杠杆，根源在于中国经济的结构问题。具体来说，高房价和高税收（包括社保）导致民间消费不足，而限制民企进入的"玻璃门"导致民间投资不足，从而使得经济的有效需求不足。如果这一块不通过投资补上，中国经济很快就将陷入衰退。所以，去杠杆要把实体经济杠杆和金融杠杆区分开，不能混为一谈。

正是因为以上这些因素的存在，使得中国经济在过去几年里避免了危机。之所以说这些，不是因为笔者认为中国经济可以高枕无忧了，而是希望指出，悲观的预测在过去屡屡落空，有其特殊的时代背景，而不是因为某种永恒不变的"中国特殊性"。而且，这些因素正在发生变化。随着中国经济市场化程度的加深和发展水平的提高，这些有利的因素在淡出，而金融风险则是在上升的。

二、中国经济真正的风险是什么

尽管如此，防范金融风险，还是需要将其放在转轨这个大背景下看。计划经济的确不存在金融危机或者债务危机，但存在巨大的资源错配，这也是中国转向市场经济的原因。不能因为出现金融市场化导致风险上升，就否定市场化的方向。原因很简单，如果不愿意承担市场带来的风险，就

直面金融风险

要承担计划带来的风险。所以，面对金融风险，需要加强金融监管，但不是否定一切杠杆或者通道。市场化和国际化，仍然是中国金融体系的发展方向。

长期来看，对于中国经济而言，转轨风险甚至要大于金融风险。中国经济过去几十年的增长故事，简单地说，就是转轨带来资源配置的改善。而中国最大的风险，正是资源配置改善出现停滞甚至恶化，从而导致经济增速不断下滑。

目前中国经济的资源错配仍很严重。以被讨论最多的债务和房地产为例。它们固然受到金融因素的影响，但笔者在两篇研究报告中仔细讨论过（"中国债务虚与实"和"中国房地产是不是泡沫"），其症结都在于资源错配。中国的债务结构显示，资本被过多地配置到广义的国有部门，而非回报最高的部门。资本错配的结果，就是投资回报率不断下降。而房地产之所以出现高房价和高库存并存的问题，原因就在于人口流入的地区土地供应太少，而人口流出的地区土地供应太多。土地错配的结果，就是土地和人口在空间的配置中，没有达到最有效的状态。

这些问题本质上都是转轨的问题。在笔者看来，中国经济未来 10 年最坏的情况，就是由于资源错配迟迟得不到改善，出现经济增长持续下滑。最近在发达国家发生的一些事情，说明一旦经济出现问题，早晚也会体现在政治、社会、文化等其他领域。而化解资源错配的风险，核心在于继续推动转轨。否则，任何在金融、房地产和去杠杆上的政策，都可能治标不治本。

比如 2013 年那轮以理财和信托为代表的实体经济利率市场化，初衷是更有效率的民企能够支付更高的融资成本，结果是地方融资平台和房地产愿意出更高的利率，反而挤出了民企。而这一轮以同业存单为代表的金融体系利率市场化，初衷是改善货币政策从金融市场到实体经济的传导，但结果是金融机构去加杠杆套利，导致系统风险上升。两者背后的原因，都在于微观主体的预算软约束，扭曲了金融市场的风险定价机制。

而实体经济去杠杆，远比金融体系去杠杆要困难。债转股可以让表面的杠杆率更好看，也可以降低企业的财务成本，但并不改变债务背后的资本错配。真正的去杠杆只有几个选项，要么大幅调低增长目标，但经济可能因为有效需求不足而衰退；要么企业的盈利状况出现类似 2003～2008

年的大幅改善，企业可以更多依靠自有资金而不是举债来投资，但这种可能不大；最好的选择是通过一系列改革，使得居民在收入分配中的比重提高，并且大幅降低民营企业的准入限制，从而提高民间需求在经济中的比重。否则，既要维持增长目标，民间的消费和投资又不强，那么就必须保持一定的投资增速，以弥补民间有效需求的不足。这时，要去杠杆是很困难的。

总结而言，思考风险问题，包含了三个层次。第一个层次，面对上升的金融杠杆，需要加强金融监管。第二个层次，在防范金融风险的同时，市场化和国际化仍然应该是未来的方向。第三个层次，很大程度上，金融风险源于微观主体的市场化不足，而背后则是中国经济未完成的转轨过程。由此导致的资源错配，既是中国债务和房地产问题的症结，也是中国经济最大的风险。

（本文原载于FT中文网，2017年6月27日）

直面金融风险

努力促进经济筑底及"浅V"回升

卓勇良*

2017年中国经济发展,需努力构建新常态下的新均衡。去失衡,建均衡,筑底部,强预期,保持经济运行在合理区间。这既是实施供给侧结构性改革,以及推进"三去一补一降"的具体要求,也是稳中求进的具体表述。努力终结经济下行,及早展开新一轮较好增长。

一、努力促进经济筑底

(一)经济或正完成筑底

观察全国规模以上工业企业主要财务指标,2016年以来均有相当程度回升,显示筑底阶段或已完成。如主营业务收入累计同比增长,2017年1~5月累计同比增长达到13.5%,而2016年同期这一数据仅为2.9%;存货累计同比增长,2017年5月末为10.3%,2016年同期这一数据仅为负增长1.0%;产成品累计同比增长,2017年5月末为9.3%,2016年同期则仅为-1.1%;利润累计同比增速亦逐月提高。这些数据虽有相当的价格因素,但走出谷底的迹象十分明显。

完成筑底意味着经济新常态下的新均衡正在形成。所谓新均衡,是指在企业保持正常或较好财务状况下,总产出与需求结构变动及其增长放慢相适应的稳步增长。因此,新均衡或应有三个基本标志:一是出口占比下降;二是居民收入及居民消费地位上升;三是企业利润及投资正常增长。

---

* 卓勇良,浙江省信息化和经济社会发展研究中心首席专家,浙江省发展和改革研究所原所长。

当然还有其他一些要求，如金融格局保持稳定，以及股市、债市、汇市和楼市基本稳定，但前三者无疑是基本面和支撑性的。

当前状况下，形成和保持经济新常态下的新均衡，关键是做到四条：一是积极促进经济发展恢复到内需主导发展上来；二是积极促进经济发展恢复到消费主导发展上来；三是多层面引进技术及自主创新；四是积极保持金融等的稳定和风险控制。上述一、二两个方面，已逐步有所做到及显现，后两者或有较多问题，但第四点近几年总体可控。

（二）积极促进"浅V"回升

正是以上述分析为基础，提出促进"浅V"回升判断。中国经济自2011年至今，形象而言应是一种"雷电型回落"。如果关于经济进入底部的判断成立，则2017年及下一阶段，经济完全有可能出现增速曲线稍有向上的"浅V"回升，形成自1998年走出低谷以来的新一波次较好增长。事实上，国家统计局公布的季度GDP增长数据，已出现了比较明显的微笑曲线。

——商品出口2017年或仍将充满不确定性，但2011年以来已消化吸收了相当部分不利因素。按美元计算，2015年出口负增长2.8%，2016年负增长7.7%。2017年在人民币大幅贬值情况下，出口完全有可能保持2016年水平甚至稍好一点水平。且出口相当于GDP比重已有下降，对国内经济影响已有所减少。

——工业投资增长大致已回落至底部。随着企业利润持续两位数增长，生产者价格开始上升，投资预期亦将转好。全国制造业投资自2016年8月跌至2.8%后，开始稳步回升，2017年上半年累计同比增长5.5%，比上年同期加快0.9个百分点，全国民间投资已持续回升。

——收入增长或将持续快于GDP增长。如果出口增长不出现大的回落，在投资增长回升状况下，加之劳动年龄人口减少将从2018年增加到600万人以上，那么居民人均收入有望继续相对较快增长。这虽不利于企业，但鉴于中国经济"遍地是黄金"，尚不至于较大地影响企业生产经营；反而因消费稳定增长，有利于促进企业销售增长，给中国经济带来持续的积极影响。

——草根经济韧性。东南沿海经济正在成为中国发展的中流砥柱，这部分经济虽然也受到较多影响，但这些企业家鉴于给家人带来幸福的压力和积极追求，艰难打拼。别看一些企业家表面说得消极，但实际上千方百计寻找商机，管理和投资都十分精到。

——GDP 数据有较多诟病但仍不失为可衡量的尺度。对未来 GDP 增长数据，只要误差方向不逆转，以及误差率短期内不出现大幅变化，年度间比较结论尚不至于太离谱。

二、居民收入回升的积极支撑

2017 年上半年全国居民人均收入同比实际增长 7.3%，比上年同期加快 0.8 个百分点，是 2013 年以来的首次回升，形成了 GDP "浅 V" 回升的积极支撑。

（一）当前人均收入增长回升的三个新特点

第一，人均收入实际增速恢复至高于 GDP 增速的水平。2016 年，全国居民人均收入实际增速 6.3%，比 GDP 增速低 0.4 个百分点。2017 年上半年，全国居民人均收入实际增速比 GDP 增速高 0.4 个百分点，恢复到了前些年的较好水平。

第二，城镇人均收入回升相对快于农村。2017 年上半年，城乡人均收入比上年同期实际回升均为 0.7 个百分点，但因城镇居民收入增速基数小于农村，因此回升部分的占比稍高于农村。具体而言，2017 年上半年城镇人均收入比上年增长 1 365 元，农村比上年增长 512 元，农村仅为城镇的 37.5%，比城乡收入差距高出 1.7 个百分点。这意味着中国经济对高素质人力资本需求或有所加快。

第三，农民工工资增长继续回落。2017 年上半年，农民工工资同比增长 6.3%，比上年回落 0.4 个百分点，是继 2016 年上半年回落 3.1 个百分点后的继续回落。然而这一工资水平对于农村劳动力外出务工吸引力仍有所增强，出现了工资增长回落下的农村外出务工总量增长 2.1%，以及人均收入增长仍相应回升的奇特现象。

（二）收入增长变化的积极作用

第一，增强消费发展趋势。正是在人均收入增长回升下，根据国家统计局公布的数据分析，2017年上半年，社会消费品零售总额实际增速大致达10%。这是继2016年全国社会消费品零售总额跌入一位数后，再一次恢复两位数的实际增长。

第二，增强服务业发展支撑。中国经济于2013年形成"三二一"的发展格局，然而这是一种收缩性结构优化。而当下收入稳步回升下的服务业比重上升以及制造业稳步回升，则可被称为均衡性结构优化，这就比较有利于服务业的长远发展。

第三，增强企业发展信心。2017年上半年装备制造业增加值同比增长11.5%，利润同比增长20%多，表明在消费增长相对加快等的支撑下，企业装备采购增长，以及企业技术改造和技术进步均有所加快。

（三）GDP增速变化对于收入增速变化的放大效应

在当前的GDP增速状况下，当GDP增速放慢或加快时，收入增速出现了更大幅度的放慢或加快。这些状况提醒我们，当前在积极推进供给侧结构性改革的同时，也必须高度重视收入增长问题。虽就长期分析而言，不妨把收入增长作为经济增长的因变量；但在中短期分析中，收入增长对于经济增长也有非常积极乃至决定性的推动作用。

三、重点是增强信心及加快转型

2017年经济工作思路，关键是坚定信心，加快转型。应进一步关注以下问题。

（一）增强信心

2016年12月12日"股债汇三杀"，反映了投资者严重的信心不足问题。再如2016年以来，外流资金多达6 000亿美元。全国民间投资增长长达58个月持续回落。而在中国经济正在出现好转的迹象下，仍有相当部分预期偏于悲观，网上充斥着关于经济形势不佳的耸人听闻的言论，一位朋友直言"没信心是基本面"。

信心背后也有环境不佳问题。向中西部一些地方投资存在着"关门打狗"风险。河南、山西等地旅游业发展具有很大空间，但投资环境令人望而却步。项目尾款难以收回也是较大问题，省内也存在着政府及政府性项目长期拖欠工程款问题。创新项目贷款难、进入难、审批难、房租高，以及合伙人诚信水平低、市场仿冒严重等，令人难免心灰意冷。

信任弱化正在严重影响信心。经济形势当中一个较大的不信任是对统计数据缺少必要信任。尽管统计局公布的数据转好，境外主流媒体纷纷正面评价，民间仍充满不信任感。另外，这些年来，中央和国务院出台了一系列有利于促进经济增长的文件，但落地艰难。

（二）政府转型是经济社会转型的关键

首先是各级政府思想观念转型。正视经济社会格局的根本性重大变化，正视经济发展放慢现实，正视2017年错综复杂形势，坚信活力在民间。政府的关键是保护产权，规范和监管市场，增强和提高服务效能。注意控制政府欲望，防止政府"看得见的手"的乱动。

其次是领导经济的方式转型。"八八战略"精髓就是均衡协调做好各项工作，这也是科学发展观的基本要求。积极实施"三个解放"，正如十八届三中全会指出的："进一步解放思想，解放和发展社会生产力、解放社会活力。"提升民间活力，增强浙江发展牵引力；提升社会活力，增强浙江发展支撑力；提升政府效能，增强浙江发展促进力。

最后是服务企业的方式转型。按照习近平总书记提出的"亲"和"清"要求，领导干部积极与企业家交朋友，但决不仅仅与少数企业家交朋友；领导干部洁身自好，但关键时刻敢于担当决策。服务企业的关键是打造环境，努力降低机构和个人的投资和商务成本。加快市场化改革，充分发挥市场决定性作用，依法依规增强政府打造环境的积极作用。

（三）以实际行动改变企业继续主动收缩状况

当前经济形势的一个特点，是企业主动收缩生产经营，形成低水平增长下的微观均衡。这虽有利于企业增强抵御风险能力，但在当前局面下也对宏观经济有不利影响。如果所有企业均取"现金为王"策略，则将是灾难性的。在如何优化企业预期、增强信心、增加投资等方面,"一个行动胜于一打宣言",关键是出台有"干货"并能较好贯彻实施的政策举措,同时就企业关注的长期问题,加快推进全面深化改革。

注重减轻企业负担。严格控制政府支出,开源节流,积极在地方政府力所能及范围内减轻企业税费负担。不提倡"应收尽收",提倡"能宽则宽"。争取在"十三五"期内,浙江全省财政总收入相当于GDP的比重不再出现提高,理想状态是有所下降。

注重城乡居民收入增长。本轮经济下行之所以难以"触地",一个重要原因就是居民收入增长相对加快。政府所要做的,既不偏向于资本,也不偏向于劳动,严格依法保护资本和劳动的各自权益。与此同时,积极注重改善低收入群体生存环境,增强就业培训和介绍机制建设。

注重政府及政府性投资。积极调查研究,展开课题和规划研究,创造和发掘投资机会,把尽可能多的项目用于吸引和促进民间投资增长,积极以政府和政府性投资撬动民间投资。同时注重政府性投资的现金流和项目综合效益,强化预算约束。

注重国企改革。尽管国企比重已较低,但一些国企行为对市场机制仍有较多扭曲。诸如项目投标不注重现金流和未来综合效益,片面追求规模;工程承包不注重效益和财务平衡,只求营收做大等。再如以较小经济规模获得较多贷款,形成对于民间企业特别是对小微企业贷款的挤出效应。又如对国企管理套用行政部门管理模式,影响企业活力。

注重金融改革。当前贷款责任制严重影响了业务人员积极性,宁可"错杀一千",绝不错贷一家。建议有关部门督促商业银行加强系统内统筹协调,避免单兵作战的实体经济信贷收缩,增强抱团应对的实体经济贷款扩张,对一些确实不是主观因素导致的呆坏账,不应笼统由业务人员及其所在支行承担经济责任。

(本文由作者修订于2017年7月23日)

直面金融风险

中国经济新周期到来了吗

何 帆 朱 鹤[*]

2017年中国经济开局良好。第一季度GDP增长6.9%,规模以上工业企业利润同比增长28.3%,为2011年以来最快增速。这引发了经济学界的争论,一种较有代表性的观点认为,中国经济已经从"新常态"转入了"新周期",可能会进入一轮较为强劲的经济复苏。

我们认为,得出这种判断可能为时尚早。

导致部分企业利润增加的主要因素并非是需求回升,企业利润增加之后未必会相应地增加投资,即使企业有意愿增加投资,在现有的货币和信贷政策条件下也未必能得到支持。其他因素,如政府投资、消费和净出口亦无法有效地拉动中国经济增长。中国经济增长仍然存在下行压力,如果政府希望维持较高的经济增长速度,要么采取传统的"强刺激",要么及早推出"强改革"。

虽然2017年以来企业利润有了回升,但不是所有的企业都雨露均沾。如果观察各类企业的表现,可以大致发现以下特点:

其一,大中型企业利润回暖较快,同比增速快于工业企业整体增速。2017年1~4月,大中型企业累计利润同比增速为31.7%,比整体工业企业利润增速高出7.3个百分点。同时,在工业企业总利润的占比已经达到66%,基本上主导了工业企业的总利润水平。

其二,国有企业扭亏为盈,是企业利润整体回暖的关键因素。2017年1~3月国有企业利润同比增长70.5%,远远高于其他类型企业(集体

---

[*] 何帆,北京大学汇丰商学院经济学教授、海上丝路研究中心主任;朱鹤,中国社会科学院世界经济与政治研究所博士。

企业7.6%，股份制企业30.2%，外商企业24.3%，私营企业15.9%）。

其三，上中游行业盈利回暖远好于下游行业。2017年1~3月，上游行业利润达1 228亿元，2016年同期亏损54亿元。中游行业利润达到8 040亿元，同比增长36%，其中黑色加工、有色加工、化纤等行业盈利改善最大。相比之下，下游行业利润同比增长仅为2.9%。

为什么大中型、上中游的国有企业利润增长速度最快呢？一个重要原因是行政化去产能政策急速推进，导致原材料价格大幅上涨。这在煤炭、钢铁、化工和有色等行业表现得尤为突出。

2015年底至今，煤炭和钢铁产品价格出现明显回升，目前5 500大卡的动力煤价格基本稳定在600元左右，相比2015年底的价格增加了230元，增幅超过60%，螺纹钢的价格在3 500元上下波动，比2015年底的价格几乎增加了1倍。2017年1~4月，煤炭开采与洗选业的累积利润比2016年同期增加了100倍，黑色金属冶炼及压延工业的利润同比增幅达141.5%，远高于其他行业。

反观纺织、橡胶、食品等下游行业的利润增长则较为温和，市场需求整体偏弱。2017年1~4月，纺织、橡胶和食品加工业的累计利润同比仅为5.3%、5.4%和8.4%，大大低于同期工业企业整体的累计利润同比增速24.4%。如此看来，这次利润回暖其实是利润在不同行业间的再分配。

更可担忧的是，这可能导致下游行业利润受到进一步侵蚀。如果上游行业是由于价格上涨而出现利润回升的，那么，这一价格上涨因素很难完全传导到下游行业。

我们已经看到，产品价格（PPI）从2016年年中快速回升，而居民消费价格指数（CPI）则始终按兵不动，于是，大部分价格上涨都转化为下游行业的成本上涨。纺织、金属制品、橡胶、食品等行业生产成本（PPRIM）的增速快于产品价格的增速，这其中的缺口部分就是因成本上升导致的利润损失。

恰恰是那些利润增长速度最快的企业，投资意愿反而最弱。从历史数据来看，工业企业利润增长并不必然带来投资增长，二者在2016年以来出现了背离趋势：在盈利不断回暖的情况下，实际投资的同比数据却一路下滑。

当然，在一般情况下，如果企业盈利改善，会在一定程度上促进企业的投资。如果观察除煤炭、钢铁、有色金属、化工等之外的其他制造行业，确实能够发现盈利和投资之间的正相关关系，但是，上述这几个行业的盈利对投资几乎没有影响。

这种现象背后的原因是，近期利润增长较快的行业在前期亏损幅度也较大，因此当企业盈利增加后，这些企业首先想做的是用利润减少以前的亏损、减少债务负担、尽快修复资产负债表，而非贸然地增加投资。这和日本在20世纪90年代进入经济衰退时期企业的行为表现异曲同工。

退一步讲，即使盈利增长较快的企业确实有意愿增加投资，在目前偏紧的信贷环境中也将受到极大的制约。企业的固定资产投资需要资金支持，而外部贷款是资金的重要来源之一。

从历史经验来看，较为宽松的信贷政策刺激了较为强劲的投资增长，但目前国内金融市场去杠杆正处于攻坚阶段，短期内看不到货币政策重新宽松的迹象。中国非金融企业的杠杆率已经达到全球第一，2015年非金融企业债务占GDP的比例为131%，远超过90%的国际警戒线。

为了防范系统性金融风险，国内金融监管部门采取了一系列政策加强监管，央行的货币政策相对收紧。2017年第一季度金融机构超额准备金率为1.3%，为历史数据第二低位。2017年初至今，各项利率明显上升，表明央行有意引导利率上行。在这种背景下，企业获得资金的难度和成本都随之加大，因此，企业扩大投资这件事，既不为，亦不能也。

假如企业投资增长乏力，那么，政府投资、消费或净出口能否拉动中国经济增长呢？

从政府投资来看，2016年基建投资增速较快。这一方面是因为2015年的基数较低。地方政府到期债务在2015年下半年集中爆发，同时债务置换进度不如预期，导致地方政府捉襟见肘。2016年地方财政有所缓解，基建投资才开始发力。另一方面是2015年签约的政府和社会资本合作（PPP）项目到了2016年集中落地，导致政府投资上扬。2017年的基础设施投资能节节拔高吗？很难。由于2016年基数较高，而PPP的优质项目已经大体告罄（前期落地项目中超过半数为优质项目，目前尚处于识别阶段的项目中九成以上为非优质项目），再加上财政部出台多份文件规范地方政府融资和支出、中国银监会也要求防控地方债务风险，很难设想2017年会出现基建投资的"大跃进"。

从消费来看，从2011年以来，社会消费品零售总额的同比增速呈现出平稳下降的趋势。2016年受到购置税优惠政策的影响，汽车销售同比增速高达15.9%，拉动了当年的消费增长。但优惠政策透支了未来几年的汽车消费，2017年前4个月汽车累计销售同比增速已经降为-1.4%。在居民收入没有明显改善、没有出现新的消费热点之前，预计消费只会保持增速平稳下滑的趋势。

从外需来看，外部需求回升的基础并不稳定，净出口对GDP增长的拉动效应不大。尽管2017年第一季度进出口数据较好，但4月海关数据显示进出口增速大幅度下滑，低于先前的市场预期。美国经济增速已经接近潜在增速，特朗普的财政刺激政策前景并不明朗，欧洲和日本等主要经济体增长乏力，外部需求进一步提升的空间有限。

综上，我们认为，当前企业盈利回暖不可持续，更不会因此带来企业投资快速增长。所谓的"空中加油"，即库存周期（短周期）见顶下行之际，会遇上产能周期（中周期）见底回升，可能会遇到无"油"可加的窘迫局面。

中国经济的"新常态"并未出现根本改变，下行压力依然存在，2017年可能出现"前高后低"的格局。如果政府希望将经济增长继续保持在6.5%的较高目标，那么，一种选择就是在经济下滑之后，再次启动传统的"强刺激"政策，通过宽松的财政和货币政策，刺激地方政府和企业的投资。但这一"强刺激"政策的副作用已经多次出现，而且一次比一次更强烈，应慎用这种"兴奋剂"。

另一种选择则是及时推出"强改革"：启动国有企业改革；开放能够切实改善民生、增加人民"获得感"的服务业，如医疗、教育、养老、通讯等；以更为市场化的方式推进城市化和环境保护；实行更高水平的对外开放，等等。这些改革将释放出强烈的信号，从根本上提振市场信心。没有比2017年更为合适的改革时机了。观众已经入席，大幕缓缓拉开，全场肃穆庄严，只等节目开演。

（本文原载于FT中文网，2017年6月12日）

企业债务问题：急性发作还是慢性折磨

张文魁[*]

我国企业债务总量不断扩张、杠杆率快速上升，但工业企业资产负债率远低于 1998 年，资产周转率和利息保障倍数也明显优于 1998 年，特别是私营企业的负债率和偿债能力整体上比较正常，风险总体可控。但是，国企债务风险正在快速积累，需要警惕。国企只贡献了 1/5 左右的 GDP，却占据了 1/2 左右的债务，其资产负债率已高于 1998 年，利息保障倍数只是略高于 1998 年，好在其资产周转率目前仍明显高于 1998 年。总的来看，企业债务问题是否急性发作取决于国企债务。应该以市场化和法治化手段处理国企债务问题，尽量不采用政府主导的债转股措施。中国经济自 2012 年以来，进入了需求增速明显放缓的时期，这非常不利于企业资产负债表的修复，所以债务问题很可能是一场慢性折磨。

一、国有企业和私营企业的负债率比较

把企业部门作为一个整体来看待，杠杆率在过去几年里一直快速上升并进入高风险区域。根据国际清算银行（BIS）测算，截至 2016 年 3 月末，我国总债务规模达 175.4 万亿元，总杠杆率（总债务/GDP）超过 250%，不仅远高于 2005 年底 150% 左右的水平，也远超 1998 年前后 170% 左右的水平；在总债务中，企业部门（指非金融企业部门，下同）债务达到近 114 万亿元，杠杆率高达 169%，远高于世界平均水平（95.5%）、新兴市场国家平均水平（106.4%）和发达国家平均水平（89.4%）。

---

[*] 张文魁，国务院发展研究中心企业研究所副所长。

不过,把企业部门作为一个整体来分析债务问题过于笼统,无法很好地了解问题的真相,分析问题的症结,因而结构化分析是有益的。笔者把非金融企业分为国有部门和非国有部门两大板块来分析,发现了两个截然不同的图景。

对企业债务进行结构化分析,采用资产负债率而不是杠杆率作为基本指标,更加合适。因为前者能将本部门债务与本部门资产直接连接起来,这对于衡量本部门的债务担保能力是非常直观的,而且还易于结合资产周转率等指标进行综合分析。

对国有部门分析,笔者以财政部的原始数据进行计算。图1显示全国国企(包括各个行业的国有和国有控股企业)资产负债率在1998~2015年的变化情况。容易发现,国企负债率一直处于上升之中,只有2008年出现了异常的明显下降,这一异常可能是因为全球金融危机爆发时国资委下令严控贷款以防范风险,也可能是统计方法进行了调整。尽管如此,国企资产负债率在2015年达到了66.3%,超过1998年近4个百分点。

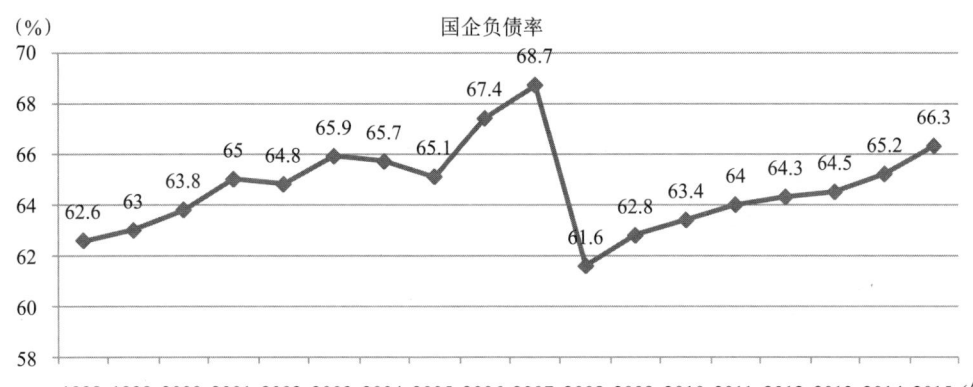

图1 国有企业资产负债率

资料来源:财政部。

1998年是"国企三年脱困攻坚"计划的启动时间,当时国企陷入困境的一个直接因素就是资产负债率太高,所以这个攻坚计划的一项重要内容是减轻企业债务负担、降低企业负债率,具体措施包括核销部分债务、债转股、通过上市等方式增补资本金,等等。不过从图1可以看出,国企的资产负债率在随后并没有下降,反而逐年上升,但国企利润从2000年开始明显上升,2002年后上升更加迅速。这说明当时国企成功扭亏脱困,主要因素可能并不是债务负担下降,而是其他因素,譬如说,大量亏损国企关闭破产或者民营化,冗员负担和历史包袱急剧减轻,需求持续回暖和宏观经济持续回升,等等。

国企之外的非国有部门并没有整合的数据,这造成了比较分析的困难。不过可以仅对工业领域的国企和私企进行对比分析,这两者具有很强的可比性,也具有很强的代表性。图2显示了三类工业企业的资产负债率,第一类是全部规模以上企业,第二类是国有企业和国有独资公司,第三类是私营企业。第二类企业的资产和营收,据笔者测算,约占全部国有和国有控股工业企业资产和营收的1/3,其他2/3由国有控股工业企业贡献,计入了其他有限责任公司和股份有限公司等类企业统计数据之中。不过这1/3基本上可以映射全部国有和国有控股工业企业的总体情况。第三类企业也没有包括私营控股的混合所有制企业,但后者在工业中的份额并不大。

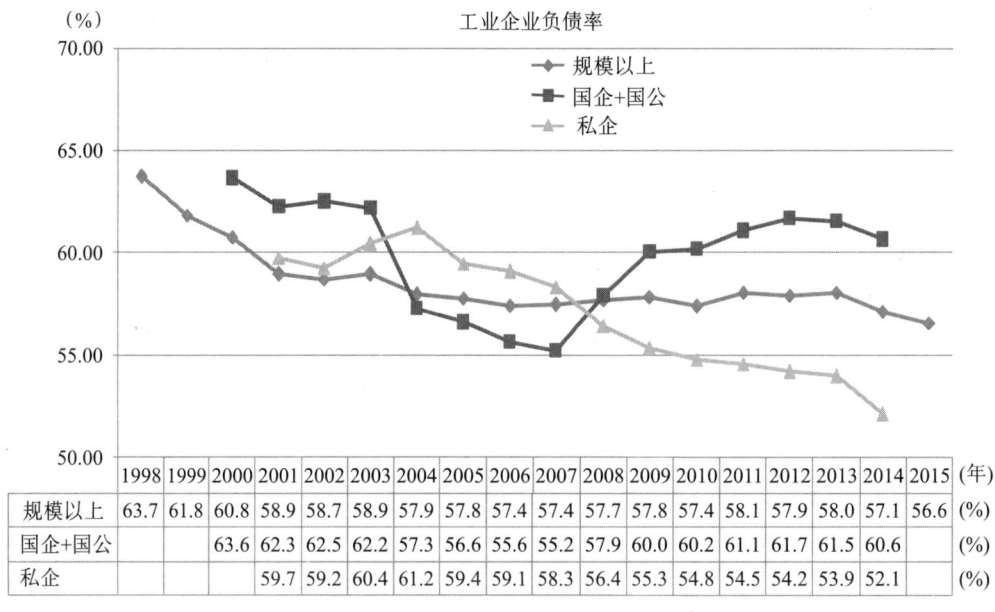

图2 三类企业资产负债率比较

资料来源:国家统计局。

从图2可以看出,全部规模以上工业企业的资产负债率从1998年以来呈现稳定下降趋势。这与图1显示的全部国有和国有控股企业的情形恰好相反。但很显然,全部规模以上工业企业资产负债率持续下降,是由私营工业企业带动的，私营工业企业资产负债率从2001年的59.7%持续稳定下降到2014年的52.1%，这是一个比较健康、正常的负债率水平。而国有企业和国有独资公司，资产负债率在2007年之前处于下降通道，2008年开始又进入上升通道，2012年攀升到61.7%，2014年又轻微下降到60.6%，处于一个较高水平。

由于国有和国有控股工业企业的工业产出大约有2/3来源于国有控股企业，为了全面考察国有和国有控股工业企业的负债情况，我们还要对其他有限责任公司和股份有限公司进行分析。需要说明的是，其他有限责任公司和股份有限公司也包含民营资本控股的公司，但以国有资本控股的公司占主导。图3就显示了这两小类企业加总后的负债率。可以看出，其负债率基本上也是连续上升的，2000年只有56%，而目前接近60%。

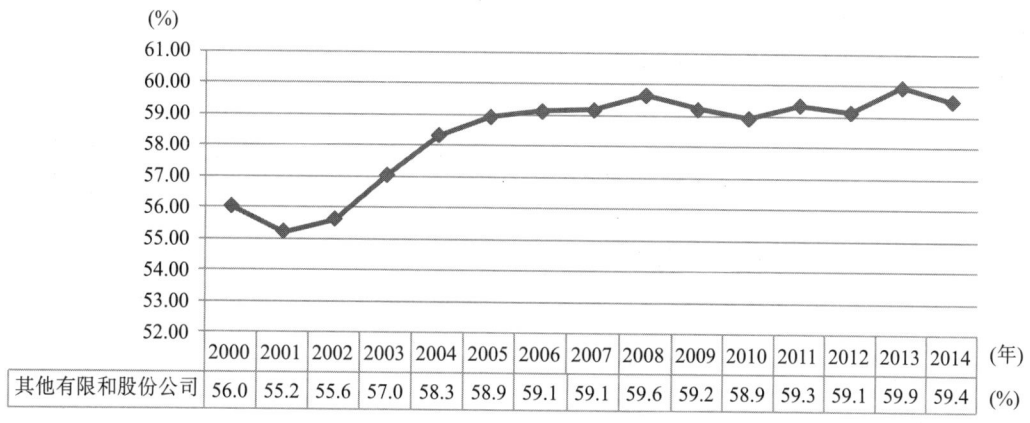

图3 其他有限责任公司和股份有限公司的负债率

资料来源：国家统计局。

综合来看，私营工业企业的资产负债率21世纪以来处于下降通道，过去十几年大约下降了8个百分点，目前处于52%上下这样一个比较稳健的水平。而国企资产负债率在同一时期是上升的，目前工业行业国企负债率远高于私营企业，所有行业全部国企负债率明显高于1998年。

二、企业偿债能力分析

规模以上工业企业负债率，在21世纪前十年都在57%以上，特别在2003年前后处于58%左右的水平，而那时并没有所谓的企业债务风险问题；

直面金融风险

而现在已经降到了57%以下，为什么反而出现了债务风险？上面分析表明，这可能主要是由国企高负债率引起的。不过，全部国企的负债率，2015年的66.3%仍然比不上2006年的67.4%和2007年的68.7%，也与2003年的65.9%和2004年的65.7%大体相当；工业国企负债率在2014年是60.6%，已经低于前两年的水平，更低于2003年前的水平，为什么目前银行不良率和关注贷款比率较高、债务违约较多、金融风险更大呢？

分析企业的利息保障倍数，可以找到最基本的答案。由于缺乏服务业的相应数据，只能仍以工业企业作为分析对象。图4显示了三类企业的利息保障倍数（本文利息保障倍数计算方法为：营业利润＋利息支出÷利息支出）。显然，三类企业的利息保障倍数在2010年之后都出现了明显下滑，不过在数据齐全的2010～2014年间，私企只下滑了26%，而国企下滑了37%。要强调的是，私企是从11.5%的优良水平下滑了26%，而国企是从3.18%的恶劣水平下滑了37%。

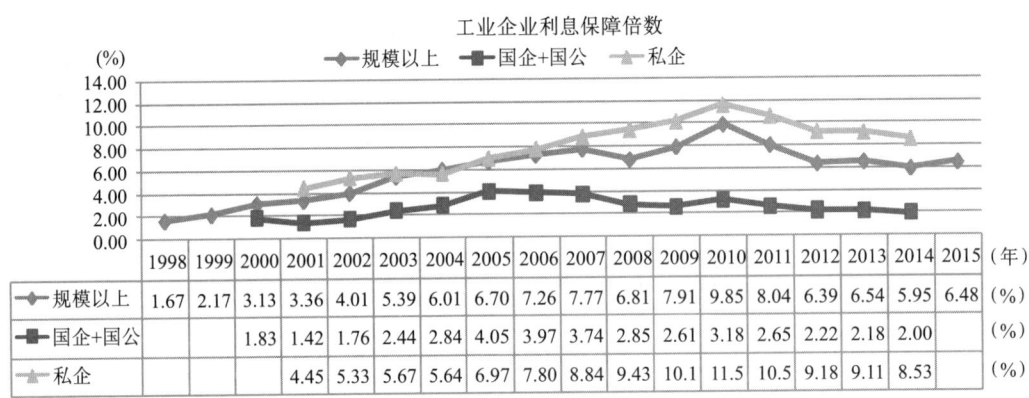

图4 三类企业利息保障倍数比较

资料来源：国家统计局。

21世纪以来，工业领域私企利息保障倍数已从稍高于4的水平上升到11以上，且目前仍保持在8以上；而国企，2000年是1.83，2005年上升到4.05，此后不断下滑，2014年仅为2，与2000年没有实质性差别。因此，问题比较清楚，需要担忧的主要是国企，其偿债能力已经恶化到20世纪末、21世纪初的水平；私企的偿债能力和全部规模以上工业企业的偿债能力，明显好于那个时期，尽管不时有一些大型私企陷入债务危机，但只要进行个案处理就可以了，整体上并不值得过于担忧。

分析企业的偿债能力，资产周转率也是一个很有用的指标。资产周转率不但会严重影响利息保障倍数，也与杠杆率相关联，因为资产周转率中的营业收入直接关系到GDP。仍然以工业为分析对象，图5显示了三类企业的资产周转率。可以看出，私企和国企的资产周转率在21世纪以来都有很大提高，2011年之后又有所下滑，但下滑幅度并不是很大。不过，国企资产周转率一直远远低于100%，而且2007年之后一直比私企低100个百分点以上，同样处于工业领域，这样的差距是十分巨大的。国企的资产周转率太低，说明国企大量资产未能得到充分有效利用，这不但是国有资产的巨大浪费，也是金融风险的重要来源。

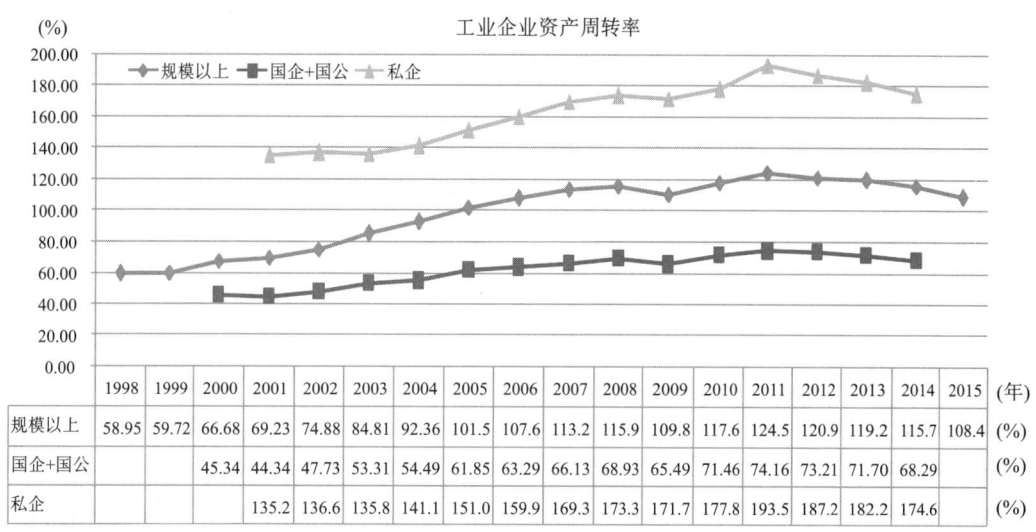

图5 三类企业的资产周转率

资料来源：国家统计局。

三、是否急性发作取决于国企债务

许多学者认为，中国目前面临较大的金融风险，一些人还担忧可能发生金融危机。随着企业债务快速上升，不少学者已将企业债务视为风险或危机的主要来源，而前几年还是政府债务。如果出现系统性金融风险，乃至引发危机，那就是债务问题急性发作了。

从笔者上述分析可以看到，整个工业部门，无论是资产负债率，还是利息保障倍数、资产周转率，都明显好于1998年。表1直观地显示了这种情况。其中资产周转率具有基础性意义，因为资产周转率较高，就说明包括债务在内的总资产得到了比较充分有效的利用、创造了较多的营业收入，这是债务安全性的源头活水。尽管2011年以来规模以上工业企业资产周转率有所下滑，但远好于1998年前后，也远好于2002年前后。2016年PPI已经由负转正，这对于近期资产周转率逐步企稳是有好处的，笔者预计即使未来几年GDP增速继续下滑，规模以上工业企业资产周转率仍能维持在100%左右或者稍高一些，这与1998年前后相比算是比较安全的区域。只要资产周转率能维持在这个水平，利息保障倍数也能保持在5以上，那就不至于出现大面积的企业偿债风险。国家统计局最新公布的数据还显示，规模以上工业企业资产负债率目前还在下降之中，2016年11月末已经降到了56.1%，而且营业收入增速也有所上升，可以推测资产周转率指标和利息保障倍数指标正在改善。所以，从工业领域来看，我国金融风险完全可控，发生系统性金融风险的可能性较小，更谈不上引发金融危机。

表1　　　　　2015年和1998年规模以上工业企业债务指标比较　　　　（单位:%）

年份	资产负债率	利息保障倍数	资产周转率
1998	63.7	1.67	59.0
2015	56.6	6.48	108.4

资料来源：国家统计局。

但是，国企债务令人担忧，需要认真对待。国企在GDP中的比重已经不大，笔者估计目前处于稍高于20%的水平。而国企债务在全部企业债务中的比重却远高于这个比重，所以不能掉以轻心。根据财政部数据，2016年3月末国有和国有控股企业负债总额为81.2万亿元，此处负债总额包括企业间正常的应付账款、对职工的应付工资等等，笔者推算这部分大约占30%，而对金融部门的带息债务约占70%，所以后者的总额约为56.8万亿元，占当时企业部门约114万亿元总债务的50%。这是一个极高的比重，也就是说，国企只贡献了1/5左右的GDP，但占据了1/2左右的债务，而且其资产周转率和利息保障倍数都明显弱于私企，这就不能不算是一件严重的事情了。企业债务问题是否会急性发作，在很大程度上取决于国企债务。

对国企债务的处理办法，可以想像会是一个具有争议性的政策选择。

许多人可能会从1998年之后几年的历史经验中寻找政策依据，主要是实行债转股和核销债务。不过笔者认为，此时与彼时的情况已发生极大变化。第一，彼时国企产出在GDP中占有很高比重，救国企就是救整个经济，所以不能不救，而此时根本不是这样。第二，彼时国企债务在全部银行贷款中的占比更高，至少应该在80%以上，而且国企经营状况非常糟糕，救国企就是救整个银行体系；而此时虽然国企债务仍占全部企业债务的50%，但国企经营状况明显强于彼时，私企经营状况则更好，所以不存在救国企、救银行的问题。第三，彼时中国经济处于新一轮需求大爆发和GDP大增长的前夜，债务转成股份之后将会获得很高估值，也会有很多接盘者，债转股是盈利生意；而此时不大可能重复那种盛况，债转股将是亏损生意。第四，也是最重要的，核销不良债务、剥离不良贷款、实行大规模债转股，事实已经证明存在严重的道德风险，也不能实质性推动企业转向市场化经营机制和现代公司治理，如2016年第一个债转股央企——武钢集团，以及第一个债转股地方国企——云锡集团，都是上一轮债转股企业，吉林著名困难国企——通钢集团，也是上一轮债转股企业。因此，不应该重拾政府主导的债转股和核销债务等政策，而应该让市场机制和法治手段充分发挥作用，并积极主动部署国企改革，使企业建立正常的约束机制和财务纪律。当然，这会花费较长时间。

非金融企业部门的债务还包括服务业企业、农业企业的债务，而本文的缺陷是无法对服务业企业的债务进行分析，农业则可以忽略，因为它在整个经济中占比很小且债务很少。服务业的债务风险应该主要集中在房地产、贸易等少数行业，这些行业的债务总量非常大、企业负债率非常高，而且这些行业的波动性、投机性都很大，不管是国企还是私企，都有可能爆发债务问题。但笔者认为，只要对这些行业的重点企业随时排查并强化风险监督，就不至于出现系统性风险。金融业本身也属于服务业，这个行业更令人担忧，特别是非传统金融业务方兴未艾，但又缺乏基本透明度，更没有合适的监督和管制手段，很容易失控和传染，酿成大问题。

四、慢性折磨的可能性较大

1998年前后，企业债务问题急性发作，但是2000年之后，债务问题得到很大缓解，特别是 2002 年之后，不但企业资产和负债进入大扩张通道，而且不良贷款转成的股份也获得了很高估值。许多人误认为是 1998~2000 年包括债转股在内的债务重组发挥了很大功效。但前文的分析表明，从工业领域来看，良好结局主要是资产周转率快速上升、利息保障倍数迅速提高导致的。

为什么资产周转率快速上升、利润大幅增加导致利息保障倍数迅速提高？最直接因素是工业企业营业收入快速上升。营业收入上升速度快于资产和负债上升速度，直接提高了资产周转率，而且也会鼓励企业进一步扩张债务而不是收缩债务。图 6 显示了规模以上工业企业营业收入的增速变化。可以看出，从 2002 年开始，增速急剧上升，2005 年接近 40%，这是令人惊奇的，而且持续时间之长也很少见，除了 2009 年受到全球金融危机冲击外，直到 2012 年每年增速都在 20% 以上。因此，那一段时期企业偿债能力迅速提高、债务质量迅速改善，并不是债务总量和不良债务减少造成的，而是债务总量和正常债务占比增长造成的，是分母增大而不是分子减小造成了百分率发生变化。

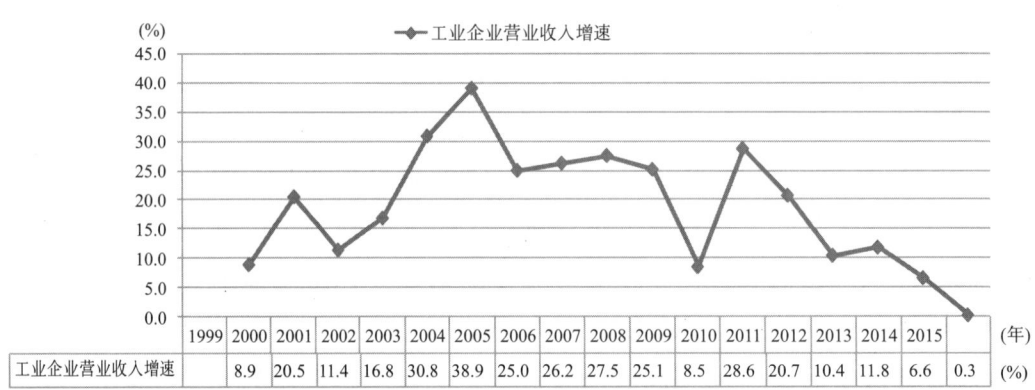

图 6　规模以上工业企业营业收入增速

资料来源：国家统计局。

工业企业营业收入快速上升，实质是需求大爆发。由于当时工业在整个经济中占有很大比重，所以工业的表现具有决定性意义。也就是说，2002 年之后的需求大爆发引致的经济大增长，是 1998 年那轮债务问题得以避免慢性折磨的关键因素。宏观经济和几乎所有行业回到高增长轨道而导致企业偿债能力改善，企业偿债能力改善反过来又刺激债务扩张和经济扩张。在这个循环中，主要是需求端扩张导致的宏观经济高增长，促进了

第一篇 经济转型中，金融风险显现

供给侧的资产负债表修复；而不是相反，供给侧的资产负债表修复导致宏观经济高增长。

恰恰就是这个关键因素和这个由需求侧到供给侧的循环，2012年之后不再存在，因为中国经济自2012年以来，进入了需求增速明显放缓的时期。2012年之后与2002年之后的巨大差别就在于此。

可能会有人认为，主要是重化工业周期性因素，导致2012年之后重化工业遭遇需求增速和营收增速的转折，而其他工业行业需求和营收会比较平稳。实情并非如此。图7显示了黑色金属压延加工行业和纺织行业的营业收入变化情况（受到数据限制，本图显示的增速从2001年开始）。显然，黑色金属行业和纺织行业都出现了营业收入增速明显下滑的情况，只不过后者的下滑幅度比前者要小一些。可以推断，2012年之后工业领域的需求增速萎缩是全方位的，而不是限于重工业领域。如果这个结论成立，其对经济增长前景、对企业债务前景的影响，都有重要意义。

图7 黑色金属压延加工行业和纺织行业营业收入增速变化

资料来源：国家统计局。

当然，对未来需求变化进行预判，从来都是一件十分困难和十分尴尬的事情。随着我国中等收入群体的稳定扩大，未来需求增长应该呈现稳健态势。但关键在于，2002年之后的需求增长是爆发式的而不是稳健式的。至于2002年之后为何会出现需求大爆发，笔者认为有很多可遇不可求的因素：中国人均GDP超过1 000美元带来的消费升级，"和谐社会"执政理念导致大量人口进入城市，取消实物分房和其他因素带来房地产兴盛，

直面金融风险

个人信用体系快速发育刺激个人贷款大膨胀,美国经济和全球经济的繁荣,中国加入WTO带来的出口劲升,储蓄率上升带来的固定资产投资浪潮,1998年后加速国企改革和开放民企、外企准入带来的供给侧活力,还有不低也不太高的通货膨胀率来推波助澜。这种"九星连珠"的盛况难得一见。

除非南亚和东南亚国家持续高增长并让中国充分受益,我国工业需求难以重回大扩张时代。如果工业领域需求不会像2002年之后那样恢复高增长,很难想像宏观经济会回到高增长轨道。当然,随着发展阶段变化,未来服务业领域需求与工业领域需求并不会呈现同样轨迹。但是,服务业本身非常庞杂,大部分与工业有关的行业,如物流、贸易,也会随同工业回落;而其他行业,如旅游休闲、文化、教育、健康等,需求可能会加速增长。如果指望整个服务业需求高增长来带动一国宏观经济持续高增长,历史上没有这样的先例,产业经济学也认为服务业不具备生产率上升快等主导产业特征。在需求增速明显放缓的时期,资产周转率和利息保障倍数不太可能快速持续上升,企业偿债能力不太可能显著改善,那么资产负债表的修复就将是一个长期而痛苦的过程。鉴于债务总额如此巨大,中国经济可能会受到债务问题的慢性折磨。

要缓解和逐步消除慢性折磨、避免急性发作,首要的政策选项是尽快遏止目前国企债务快速增长势头。国企资产负债率已经达到66%的高风险区域,目前几乎每个月都在以同比10%以上的速度增长,风险在不断堆积。更值得担忧的是,国企营业收入在过去两年大部分时间是下滑的,2016年最后几个月才有微弱的增长,这会导致偿债能力指标的明显恶化。必须遏止国企债务继续快速膨胀,否则会拖累整个经济。其次,要加快以市场机制和法治手段处理国企债务,鼓励债权人委员会和法庭发挥作用,这有利于一步一步拆除爆炸引信。再次,要推进国企混合所有制改革,通过股权重组来带动债务重组。当然,也要重视高负债民企的风险化解工作,但基本上可按个案处理的方式进行,无须做特别的政策准备。

[本文原载于国务院发展研究中心《调查研究报告》2017年第15号(总5090号)]

从于欢案透视民间金融

季卫东[*]

一年前,债务人苏银霞和22岁的儿子于欢被11名逼债人围攻侮辱。面对母亲遭受侮辱,血性方刚的于欢在情急之下用水果刀刺伤四人,导致一人死亡。2017年早春,山东省聊城市中级人民法院一审以故意伤害罪判处于欢无期徒刑,引起全国性舆论的轩然大波。而后,包括最高人民检察院在内的有关部门纷纷表态并介入。同时,山东省高院也已受理于欢故意伤害一案的二审,组成合议庭,并表示将依照法定程序公开、公正予以审理。

基于伦常、人性、高利贷劣迹等方面的考虑,加上关于逼债者的权势背景与当地结构性腐败的风闻,同情被告人的呼声甚高,对司法机关处理此案构成强大的影响。尽管审判人员在处理复杂争端时,应适当考虑情理和舆论反应,但毕竟不能仅凭朴素的正义感就匆忙做出判断,必须冷静分析案件发生的来龙去脉和具体情节,充分权衡各种利害关系。除了审讯本身可能涉及的二审裁决结果,法学研究者还应透过案件,进一步考察犬牙交错的问题状况,延伸至案件背后的企业生存土壤和金融信贷现状,提出有说服力的处理建议以及制度设计方案。

一、高利贷陷阱的冰山一角

众所周知,于欢案的根本起因是违法的高利贷以及相关的多重债务纠纷。因此,所涉及法律问题的核心在于利息。

---

[*] 季卫东,上海交通大学凯原法学院院长。

直面金融风险

据报道，山东源大工贸有限公司法定代表人苏银霞因银行贷款困难，通过一般民间金融机构借新债还旧债的权宜之计也无以为继，只好求助于高利贷，分别于 2014 年 7 月、2015 年 11 月向地产公司老板吴学占借款 100 万元和 35 万元，双方口头约定月息 10%（在非复利的情况下，其年息应该高达 120%；在复利的情况下，则每过 7.2 个月本息就要翻倍）。由于高利贷的债务越滚越大，苏银霞终于陷入万劫不复的境地。

其实，近些年来类似的债务纠纷已经频繁发生，债务人逃跑、自杀、破产、债权人绑架人质、滥用私刑以及黑社会逼债等恶性事件时有耳闻，构成颇为严重的社会问题，该案只不过是高利贷陷阱的冰山一角而已。

因此，有必要跳出于欢个案的口舌是非，来讨论法律与社会之间的互动关系。

概而观之，中国私营中小企业、工商个体户的经营活动和结算方式的特征，决定了需要大量现金投放。官方金融机构又不可能对如此千姿百态的现金流和信用水平进行有效监控，因而，不得不对放贷持慎重态度，这就为非官方金融服务以及民间借贷业的发展提供了大片温床。

就工商融资而言，借款人显然不仅要偿还利息，而且还必须偿还本金。因此，即便是优良企业其实也难以承受年息 10% 的负担，更何况是月息 10%。

据日本处理民间金融纠纷的两位律师的实证分析，如果年息达到 27%，按照还贷的标准计算公式偿还债务，企业基本上只能支付利息，本金势必无法偿还，也就意味着这笔债务实际上变成了无限期债务，通常永远不可能清偿。

所以，无论从哪个角度来看，一旦求助于高利贷，就意味着企业或者个人一脚踏进了地狱之门。但是，如果基于这样的理由就对民间借贷的利率上限进行非常严格的控制，则意味着要大幅度缩小私营企业和工商个体户的授信范围，其结果将导致无法借贷的人群膨胀，加剧融资难困境，甚至还可能促使地下钱庄进一步横行跋扈。

总而言之，效果或许适得其反。所以，如何设定法定利率的上限就变成一个很专业化、艺术化的微妙问题，感情用事是无济于事的。

二、限制高利贷的法理

比较法学的考察告诉我们，德国出于保护实体经济发展机制的宗旨，通过民法典的公序良俗原则确立了限制高利贷的法理，并通过判例把合法利率的上限设定在12%或者中央银行公布的市场利率的2倍，暴利性的利率上限一般设定在18%，比较注重对暴利行为受害者的司法救济而不是事先的行政规制。

与此不同，法国的做法是把交易活动分为面向消费者的不动产信用、纯粹消费者信用、面向工商法人的信用、面向个体户以及非营利法人的信用四个基本范畴和12种业务领域，分别计算综合性实质利率以及暴利性利率加以公布，并通过信息公开的方式，加强对高利贷现象的民事和刑事制裁。

日本的立法机关为了扶持经济上的弱者，在出资法中把工商民间贷款的利率上限设定在29.2%、个人消费借贷契约的上限年息设定在109.5%，在利息限制法中按照不同的贷款额度规定利率（不满10万日元的20%、10万~100万日元的18%、100万日元以上的15%），宣告超过法定限度的债务无效。

美国的制度安排存在联邦法与州法的二重结构，对民间借贷和消费者金融的限制是通过州法进行的，因而监控的手段和程度非常多样化，有的州根本就没有设定贷款利率的上限；从整体上看，美国的立法政策更侧重基于确保市场原理的公正交易而不是限制利率本身。

与上述各国不同，中国的应对举措主要是行政规制。1998年，国务院曾经颁布《非法金融机构和非法金融业务活动取缔办法》（国务院［1998］第247号令），对民间借贷、集资等活动采取严惩不贷的立场。

但由于银行贷款难和融资需求很强劲，中国人民银行只好因势利导，在2002年下达了《关于取缔地下钱庄及打击高利贷行为的通知》（银发［2002］第30号），规定民间个人借贷的利率不得超过中国人民银行同期间、同档次贷款利率的4倍（目前大概是短期利率上限为22%左右）。

此外，随着民间金融纠纷的激增，判例和司法解释成为重要的规范来源。

直面金融风险

2015年8月6日,最高人民法院公布了《关于审理民间借贷案件适用法律若干问题的规定》(法释〔2015〕第18号),其中第26条明确如下审判标准:"(第一款)借贷双方约定的利率未超过年利率24%,出借人请求借款人按照约定的利率支付利息的,人民法院应予支持。""(第二款)借贷双方约定的利率超过年利率36%,超过部分的利息约定无效。借款人请求出借人返还已支付的超过年利率36%部分的利息的,人民法院应予支持。"

从上述规定可以看出,中国对民间金融活动的规制具有两极滑行的特征:一方面对民间金融活动采取严禁的政策和行政举措,另一方面却又对高利贷的利率上限采取比较宽大的界定标准,并且注意保护债务人,承认其要求债权人返还不当得利的请求权。这就很容易在禁止民间金融活动、民间贷款法定利率以及约定利率之间产生一片不小的灰色地带,促使非官方金融业与地方政府之间达成非正式的妥协和默契,也为官员寻租提供了机会性结构。

这里的关键在于贷款人(资金出借方)调度资金来源的利率。因为民间借贷的利率总是由贷款人的调度利率和借款人的信用度所决定的。

如果仅仅关注借款人的调度利率,融资平均利率20%势必产生巨大的利率差,就会显得非常暴利。

但是,金融服务的最大特征是必须面对借款人资不抵债的信用风险,因而不得不根据风险的大小来设定不同的利率,以确保在信用度同等的一组债务人当中能够消化、吸收无法回收债权的风险。

也就是说,贷款人对于偿债能力较低的借款人群体(或者特定宗教社会以及贫困区域,对此金融学教授陈志武进行过很好的实证分析)必然设定较高的利率,使风险与赢利有可能对冲。

因此,从这一实际情况来看,严格限制民间借贷行为或者压低利率,并不能使信用度较低、还债风险性较高的群体或区域,能够以比较低的利率获得必要资金,相反倒很有可能完全剥夺掉他们融资的机会。

由此可见,在过滤或者折抵风险的意义上,把民间金融的利率上限适当设定得高一些也是可以理解的,甚至对那些有暴利之嫌的借贷活动,也要具体情况具体分析,不必持全盘否定的态度。

特别值得注意的是,根据温州大学教授李元华对高利贷盛行的温州现象所进行的调查研究,中国农村的民间金融活动还具有集资的性质,而不仅仅是借贷,因为贷款人要与借款人共同承担项目的风险。特别是各种类型的"合会"——例如事先约定轮流收会顺序的"轮会"、通过摇骰随机决定收会者的"摇会"、采取投标方式竞争收会机遇的"标会"、借助扩大会脚的累进连锁从事投机的"抬会"等筹资活动,形成貌似合作共赢、"无本万利"、利率可变的金融游戏,助长某种投机的金融资本主义风气。

这类"合会"只要不发生"倒会"事态,资金就会正常运转,到会期结束时,所有的参与者都是有利可图的,当然所谓"会主"的获益势必最大。这样就使得借贷活动的风险意识下降、风险与利率之间的关系发生扭曲,同时,也扰乱了官方金融机构的储蓄和信贷业务,还使工商金融中银行短期贷款的占比飙升到80%以上,形成非常畸形的信贷期限结构。

三、政府介入的三种立场

从法学理论的角度来看,关键在于政府究竟在多大程度上能够介入民间金融活动,以及究竟应该采取什么方式介入。

有两种不同的立场是可想而知的:一种是对于违反利率限制规定的民间借贷行为一概加以制裁,防止多重债务和高利贷引发个人破产、自杀、绑架、私自惩罚等社会问题;另一种是让借款人自负其责,双方约定的利率以及任意偿付都可以视为合法,高利贷的负面效果也只有通过承认民间金融的合法性并把相关活动纳入制度化管理轨道的方式才能适当解决。

如果说大约20年前国务院[1998]第247号令偏向前一种立场,那么不妨认为最高人民法院最近的司法解释[2015]第18号似乎偏向后一种立场。

或许还有第三种立场,就是如何设法尽早发现那些通过民间借贷实现融资之后无力履行偿还责任的债务人,并通过个人破产或个人更生手续使他们有机会重新出发。

这意味着我国应该在尽早建立和健全征信体系的前提条件下,承认个人破产和个人更生制度。当然,也要防止有人滥用破产和更生制度来欺诈借贷和逃避偿付义务。

除此之外,在债务整理和清算过程中不妨反高利贷之道而行之,把高利贷超过法定利率上限的部分充当本金偿付；其后的利息仅仅根据由于充当举措而减少的本金计算，因而后续的超出支付金额（即充当本金偿付金额）会不断增大，导致本金的加速度减少。当本金已经为零时仍然要支付的那一部分金额，还应该作为不当得利返还给债务人。

迄今为止，中国关于民间金融活动以及高利贷的规范还很不完备，已有的一些规范基本上都是由部门规章和司法解释构成，并没有制定相关法律，因而很难有效保护债权人和债务人的合法权益，遏制牟取暴利的投机行为，形成良好的信贷环境。

为了防止于欢案及其他悲剧的重演，从立法以及民间金融制度顶层设计的角度来考察，有必要切实解决以下问题：

第一，在深入调查研究的基础上，比较精准地确定当今中国民间工商金融以及消费者金融的限制利率上限，并对暴利的判断基线进行界定；既开放借贷市场的利率，同时也严格规制高利贷。应该规定当事人对债务整理和清算的协作义务，并且采纳高利贷超过法定利率上限的部分充当本金偿付的技术性举措。

第二，鉴于为债务偿还设定保证人的民事习惯实际上转嫁了债务人的风险，会加剧高利贷所引起的不公平和社会问题，首先可以确立对保证人进行信息明示和风险说明的义务，加强对保证人的保护，但在条件成熟时应全面禁止除经营者之外的个人保证的做法，就像1994年全面禁止政府保证一样。

第三，在工商金融的场合，原则上借贷双方应签署书面协议，如果涉及保证人则必须进行公证，并且禁止为超过限制利率上限的合同制作公证书；在消费者金融的场合，虽然很难一律要求书面协议形式，但也应要求当事人留下必要的凭据。

第四，不仅要对民间借贷业的引诱、广告、索取、书面验收等行为加以限制，还应该加强营业登记审查、加强对借贷业务的监管。

第五，通过破产法的修改和征信体系的整备，尽早导入个人破产和个人更生制度；鉴于民间金融的特殊性，可以把欺诈性借贷、浪费、酗酒、赌博、投机、曾经免责的经历等明确为不许免责的事由；为了防止民间金融机构借助破产程序的操作掌握企业的命脉，应明文规定民间贷款不得采取票据和支票的形式。

第六,还要积极建立法院之外解决民间金融纠纷的机构和制度。可以断定,倘若没有上述这一系列制度设计和法律举措,我国的民间金融将永远处于混乱无序、弱肉强食的野蛮状态,类似于欢案这样的纠纷和罪案还会层出不穷。

(本文原载于《中国改革》2017年第3期)

直面金融风险

"风险性三角"加剧系统性金融风险

黄益平[*]

2016年中央经济工作会议的决议中有几条与防范金融风险问题相关。一是对宏观经济政策的定位，即稳健的货币政策和积极的财政政策。二是对汇率政策的描述，在"保持人民币汇率在合理均衡水平上基本稳定"之外，这次加了一条要"增强汇率的弹性"。三是把防控金融风险放到更加重要的位置，下决心处置一批风险点，着力防控资产泡沫，提高和改进监管能力，确保不发生系统性金融风险。虽然过去的文件里也经常讨论金融风险，但现在提升到了防范系统性金融风险的高度，值得我们密切关注。

一、"风险性三角"加剧系统性金融风险

为什么系统性金融风险现在变成了一个大问题？简单看，有三个因素在起作用：第一，增长持续减速；第二，产业结构面临升级换代；第三，前期的刺激政策。这些因素导致的直接结果，是在宏观经济中形成了一个"风险性三角"，这个概念是国际清算银行在2016年的年度报告里提出来的。所谓的"风险性三角"，一是生产率下降，二是杠杆率上升，三是宏观经济政策空间收缩。这三个问题交织在一起，使经济决策日益困难。现在世界上大多数国家都面对"风险性三角"这样一个难题，但这个问题在中国尤其突出。

第一点，我国近年生产率下降，很明显。笔者比较关注的是边际资本

---

[*] 黄益平，中国央行货币政策委员会委员、北京大学国家发展研究院教授。

产出率，2007年是3.5，2015年是5.9。这个数字上升，说明两个问题：一是资本的效率在下降；二是想再像过去用投资刺激增长，难度越来越大。当然也有很多学者指出，这个数字的上升和总要素生产率的下降，背后可能存在一些周期性因素，不无道理。但在短期内，如果这条线不下来或者不能稳定，那么未来维持增长就会越来越难。

第二点，杠杆率上升，这似乎也不需要作太多的论证。多数投资者认为这是中国最大的风险因素。如果作一个横向比较，不论是从整个经济来看，还是从企业部门来看，中国的杠杆率在世界上都属于相当高的水平。

第三点，政策空间收缩。"四万亿"刺激政策之后，货币政策再大幅度扩张的空间已经很小了。财政政策还有一些空间，但财政也并不是完全没有问题。尽管中央政府的资产负债表还很健康，但是实际上背了很多隐性的包袱：地方政府平台负债很多，现在各地又竞相设立投资基金，背后都是以政府信用作担保的；更不要说还有很多国有企业的负债，也跟政府的隐性担保有关。所以，财政政策扩张的空间其实也很有限了。

这些因素纠缠在一起，使宏观经济决策变得越来越难，而系统性的金融风险则变得越来越大。尽管到目前为止中国似乎是唯一一个没有经历过重大系统性金融危机的大型新兴市场经济国家，但是这个记录还能保持多久？

二、经济增长的核心挑战是新旧产业更替

中国经济究竟什么时候才能触底回升？现在的共识是短期内经济活动已经稳住了，官方数据、草根调查、独立研究都支持这个结论。美国一家研究机构用航拍数据推测出来中国增长因素和通胀因素，表明2016年暑假以后经济活动已经开始回升。

但是2017年会怎么样，现在还看不清楚。首先，2016年经济稳住的一个重要原因是房地产起来了，除了投资，把很多传统产业比如家具、家电、汽车和装修等都带起来了。但问题是国庆前后各地政府出台了很多房地产整治政策，房地产销售已经变成了负增长，2017年房地产对经济增长的支持作用一定会减弱。

2016年支持经济企稳的第二个因素是基础设施投资回暖，这个因素

直面金融风险

在 2017 年很可能会持续下去，尤其是 2017 年即将召开党的十九大，政府一定会采取有一定力度的措施，包括基础设施投资，以促进稳增长。

第三个因素是制造业投资开始改善。如果看 2017 年，正反两个方向的变化都有。从正面看，PPI 连续 50 多个月的负增长已经结束，还在往上走，这对投资者信心有很大帮助；从负面看，2016 年一些传统行业状况的改善，多少都跟房地产相关，现在房地产活动迟缓了，会不会同时带动制造业投资疲软？当然，新兴产业在持续发展，也许可以对经济增长提供越来越大的支持。此外，美国总统当选人的新政也可能给中国经济带来新的不确定性。

增长减速是金融风险上升的一个重要原因。在任何一个国家，经过长期高速增长之后，增速回落都可能使得原来被掩盖的一些金融风险暴露出来。我国金融风险抬头，与增长减速也有关系。

但是在如何看待当前增长减速上有分歧，即这次减速究竟是周期性的还是趋势性的？现在全球经济不好，我国增长跟着下降也很正常，因此可能有周期性的因素。但从全世界看，发展水平提高了，增长速度会下降，这也是一个普遍现象。通俗地说，一个国家离世界经济技术前沿越远，越容易学习、模仿、赶超，离前沿越近就越需要靠自己研发、创新和产业升级，因此增速会放慢。更何况中国劳动的人口原来每年增长 800 万人，现在每年减少 500 万人。所以，增长减速显然是一种很重要的趋势性变化。

不过，周期性或者趋势性的解释都没有抓住当前增长减速的最根本原因，就是新旧产业更替。过去三十几年中国经济增长一直是靠"两驾马车"——出口和投资，出口和投资背后依托的是一个庞大的制造业，一端是东南沿海的劳动密集型制造业，一端是西北、东北的资源型重工业。前一端生产出口品，后一端生产投资品，这就是所谓的"世界工厂"，成就了中国过去由出口和投资拉动的经济奇迹。可惜这两个产业现在很难再继续支持中国经济增长，因为劳动成本快速上升，劳动密集型制造业正在丧失竞争力，而重工业则饱受产能过剩之苦。下一步我们需要发展一批新的、有竞争力的产业，简单来说就是要实现产业升级换代、新旧更替。

从一定意义来说，这就是典型的中等收入陷阱问题，大多数国家都可以从低收入发展到中等收入，但是很多国家没能够从中等收入走到高收入，问题就在于缺乏研发、创新和产业升级的能力。这也是今天我们所碰到的问题。

所以，增长减速，导致过去被掩盖的金融风险开始暴露出来。新旧更替，让一批本来做得好的企业倒台，在经济学里这被称为"建设性的破坏"，这是进步的必然过程，但自然也会增加新的金融风险。全球危机期间我国采取了很大力度的刺激政策，现在还在消化那些政策的后果，这也会引发一些金融风险。看增长减速、新旧更替和刺激政策这三个因素，我们就能够想像现在防范系统性金融风险的任务已经相当严峻。

三、当前主要面临的金融风险

大体来说，我们面临五类不同的金融风险：第一是商业银行的风险；第二是债务风险，这既包括政府负债，也包括企业负债，就是通常说的杠杆率过高；第三是资本市场风险，包括股票、债券与房地产市场，资产价格容易形成泡沫，而泡沫一旦破裂，就可能引发金融困难；第四是国际收支风险，现在人民币贬值的预期比较强烈，资本外逃的压力也很大；第五是其他风险，包括影子银行、民间借贷和互联网金融。相比较而言，目前比较值得担心的是国际收支风险、房地产泡沫风险和企业高杠杆率风险。

为什么国际收支风险忽然上升？因素比较复杂。从经济的基本面来看，无论是经常项目平衡、外债或者外汇储备，甚至看经济增长率，似乎都不支持人民币持续贬值。根据国际金融学，均衡汇率是可以算出来的，但往往不同的研究得出的数字不一样，所以均衡汇率这个概念到底有多少意义，还要探讨。总之短期看，市场对人民币贬值的预期非常强烈。为什么会有这样的预期？可能跟过去一两年来的政策失误有关系，过去投资者对中国的经济决策非常有信心，现在产生了一些疑虑。另外，老百姓对海外投资的需求也在增加，过去资本项目开放一直是宽进严出，这种做法对过去的经济增长和稳定提供了很大的帮助。现在我们要进一步开放资本项目，必然意味着走出去变得相对容易。尤其是我国经济正在经历增长减速和产业更新换代，过去的很多投资回报现在没有了，因此，老百姓想把他们的鸡蛋放到不同的篮子里的想法也很正常，要求投资组合多样化。

最近我们听到很多关于是保汇率还是保房价或者是保汇率还是保外储这样的讨论，其实有些过于简单化。比如看下一步的国际经济政策，政府不太可能采取放弃汇率管理、放弃外汇储备或者放弃跨境资本流动这样一些极端的举措，目前也不具备让汇率完全自由浮动或者完全管死资本流动的条件。

从政策描述来看是两条，一是增加灵活性，二是保持在合理均衡水平上的稳定。这两个听起来有点矛盾，其实不然，其背后的逻辑是，我国汇率政策改革的方向，一直是让市场机制在汇率水平的决定中发挥更大的作用，这个方向没有改变；同时要保持汇率水平的相对稳定，不要在短期内大起大落。所以应该在保持适度稳定的前提下逐步走向由市场决定的汇率机制，2017年的汇率政策应该仍然会遵循这个框架。

在国内，一个常常引起担忧的变化是2008年以后贷款余额与GDP的比例直线上升。这个变化令人担忧，因为很多人都读过两位美国经济学家写的一本书《这一次不一样》，其基本结论就是钱借多了要出问题，持续高速的信贷增长很可能引发痛苦的调整。最近还有一个新的现象，即狭义货币供应量M1的增长速度和广义货币供应量M2的增长速度之间出现了剪刀差，即M1的增长速度远远超过了M2的增长速度，也就意味着老百姓的很多存款短期化。这个变化引发了很多讨论，有人认为这是流动性陷阱的证据，也有人认为这是因为存款人担心银行风险。笔者个人认为这两个解释都不是特别令人满意。存款短期化，可能是因为老百姓觉得钱存定期存款不合算，但更重要的是他们可能准备要干一笔大买卖。从2015年年末起的变化，很可能是要去买房。现在不能买房了，资本外流、货币贬值的压力又开始抬头。因此，存款短期化是值得担心的一个问题。

银行的不良率已经在快速上升，2013年是1%以下，现在是1.75%。这个数字远低于大多数新兴市场经济的平均数。但问题是大多数投资者觉得这个数字不准确，所以就有各种猜测，其中一种办法就是把关注类贷款和不良贷款放在一起考察。

更重要的风险是中国的杠杆率太高。中国总体的杠杆率与发达国家类似，比发展中国家高很多，但杠杆率高主要还是反映在很高的企业资产负债率，非金融企业负债现在已经占到GDP的170%，这个数字在全世界即使不是最高，也是最高之一。企业借了很多钱，一旦经济下行，现金流就可能出问题，从而导致金融风险。

可能更值得我们担忧的是近年来国企和民企杠杆率的分化。全球危机以后，国企的杠杆率还在上升，但是非国企的杠杆率在下降，背后有很多因素，这里不展开了。但需要指出的是，根据国家统计局的数据，无论是看生产率还是看利润率，国企的表现都不如非国企。因此，国企、非国企的杠杆率分化，实际上会降低杠杆率的质量，因为坏杠杆在增加，但好杠杆在下降。

即使存在这么多风险，到目前为止中国似乎是唯一一个没有经历过重大系统性金融危机的新兴市场经济大国。最重要的因素可能有两个：第一个原因是高速增长，持续高速增长把很多风险掩盖了，哪怕产生了不良贷款，也可以通过更快的增长来消化，按传统的说法是在发展中解决问题。第二个原因是政府兜底，在任何一个国家如果银行平均不良率有30%到40%却没有发生银行危机，这是不可能的，但在我国发生了，主要是因为有政府兜底。这两个因素使得我们的经济与金融一直保持相对平稳，但现在这两个因素都在发生变化，增长速度在下降，政府兜底也已经难以为继，所以要走市场化改革的道路。但这也意味着系统性金融风险会上升。

四、几点初步结论

一是面对当前增长速度的下降、产业结构升级换代的要求和前期刺激政策的后果，近期的金融风险确实在上升，系统性金融风险也明显增加。所以中央金融工作会议提出来要防范金融风险。

二是到目前为止我们没有发生系统性金融风险，主要得益于政府兜底和高速增长，但是这两个现在看起来都不可持续。看银行、负债、资产市场和国际收支，风险因素很明显也很普遍。仔细分析我国各部门的资产负债表特别是国家的资产负债表，政府应该还有能力消化金融风险的存量，比如银行的不良贷款和地方政府、国有企业的负债。但金融风险能否得到化解，关键要看流量能否止住，核心在于能否让市场机制真正在资源配置中发挥决定性作用，这一决定说了很多年，但是还有待真正落实。如果风险的流量问题不能止住，那么发生金融危机只是时间问题。

三是稳增长可能是必要的，经济断崖式下降很容易触发金融危机。但是目前更重要的是要把握稳增长的力度，因为今天有很多风险是过去过度追求稳定、追求增长而积累下来的，比如过度刺激降低了资源配置效率，

直面金融风险

"僵尸"企业迟迟不能退出等。这样看来,短期的增长目标应该适当放松。中央的目标是"十三五"规划期间实现6.5%的平均增长。要把5年放在一起看,不要把6.5%的增长目标分解到每年甚至每个季度。短期的增长目标越紧,政府就越不可能腾出手来促改革、调结构,这样对于长期增长越不利。

四是消除系统性金融风险,特别是消除一些风险点,还是要靠市场纪律,打破刚性兑付。无论是稳增长、升级换代,还是局部释放一些风险,或者是去杠杆、保持金融稳定,矛头都指向现在还没有成功退出的很多"僵尸"企业,难点就在国企改革。这是2017年需要着力推进的工作。

五是金融监管体制改革。防范系统性金融风险,监管体制要承担重要责任。当前关于监管改革的讨论多关注机构的合并与重组,但这其实不是当前最迫切的问题。金融监管改革最大的问题是怎么管的问题。各监管机构不论是分开还是合并,如果现行的监管法律框架——分业监管不改变,监管机构之间的协调仍然会有很大的问题。更重要的是监管的核心需要独立性、专业性、协调性,监管机构没有独立性,政策目标很容易受到干扰,在这方面我们已经有很多教训。另外,过去的金融监管以机构监管为主,一个监管部门管一帮金融机构,但更重要的是功能监管和行为监管。而且现在监管机构承担两大责任:一是监管,二是发展,合在一起就会出现很奇怪的行为。因此,监管部门的责任要简单化,专注金融监管,发展的责任应该由政府部门来承担。

(本文原载于北京大学国家发展研究院官网,2016年12月27日)

经济运行稳定，金融风险增加

张曙光　张　弛[*]

2017年上半年，GDP和工业增加值均增长6.9%，分别与第一季度持平和加快0.1个百分点，消费物价上涨1.4%，也与第一季度持平，表明经济运行比较稳定。但由于我国特有的货币创造机制的长期作用，用发货币、加杠杆、增投资的办法促进经济增长，经济金融化过度，脱实向虚和无序性显现，经济金融风险不断膨胀和几近失控。加强金融监管，推进金融改革，防范金融风险，成为经济工作的重中之重。

一、加强金融监管，防范金融风险：政策解读

当前，金融问题的确是中国经济运行和发展中一个重大的关键问题，也受到最高当局的关注和重视。2017年4月25日，中央政治局就维护国家金融安全进行第40次集体学习，明确提出，金融安全是国家安全的重要组成部分，是经济平衡健康发展的重要基础。维护金融安全是关系我国经济社会发展全局的一件带战略性、根本性的大事。金融活，经济活；金融稳，经济稳。必须充分认识金融在经济发展和社会生活中的重要地位和作用，切实把维护金融安全作为治国理政的一件大事，扎扎实实把金融工作做好。7月14~15日，全国金融工作会议在北京召开，对今后一个时期的金融工作进行了全面布置。会议把服务实体经济、防控金融风险和深化金融改革作为金融工作的三项任务，要求围绕三项任务，创新和完善金融调控，健全现代金融企业制度，完善金融市场体系，推进构建现代金融

---

[*] 张曙光，中国社会科学院经济研究所研究员、博士生导师；张弛，中国政法大学商学院副教授。

监管框架,加快转变金融发展方式,健全金融法治,保障国家金融安全,促进经济和金融良性循环、健康发展。会议决定设立国务院金融稳定发展委员会,强化人民银行宏观审慎管理和系统性风险防范职责。会议非常及时,也非常重要,真正抓住了当前经济金融工作的要害。

中国经济是一个高度信贷依赖型经济体,经济增长、货币量和杠杆率三者是紧紧地捆绑在一起的。要实现一个单位的GDP增长,必须投放6个单位的货币信用。为此,M2大量投放和高速增长。更为重要的是,中国有一个特殊的货币创造机制,就像一架高速运转的印钞机,这就是通过政府和国有部门的投资创造货币(见图1)。国有部门强势扩张,投资增长大大快于民间投资,地方债务没有约束,到处铺摊子,各种各样的城市新区和开发区……全部是刚性的信贷需求。于是,各种表外、委外、资金池、影子银行等灰色渠道大行其道,相当繁荣。正如有关专家所言,"现在就是一个局,所有人都在和中央银行对赌"。可见,金融去杠杆,似乎风险都集中在金融上,其实,背后的根源在财政上,更在体制上。

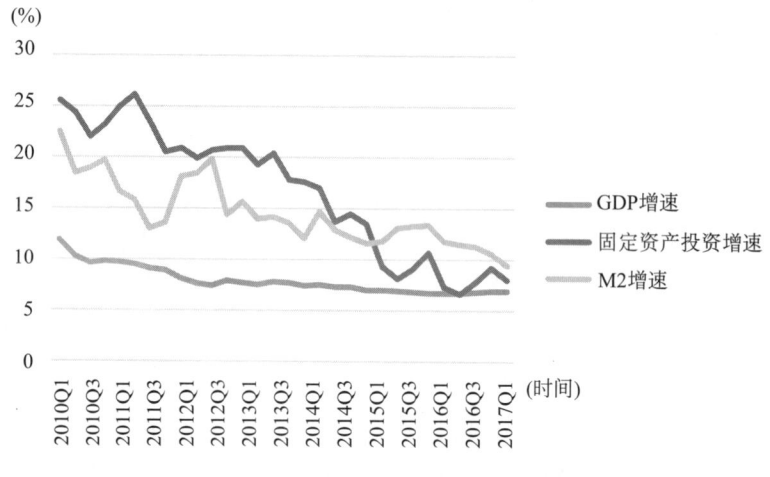

图1　GDP、固定资产投资和M2增速(单季同比)

当前,金融发展的一大问题是脱实向虚,自我循环,再加上金融结构不合理,表面看金融非常繁荣,其实扭曲了资源配置的市场机制,而使实体经济陷于困难。因此,引导金融工作回归本源才是金融发展的根本所在。比如,我们的间接融资比例过多,而各类银行的金融服务又采取了服务于大项目和大企业、特别是大国企的投资模式。因此,服务实体经济,就要改善间接融资结构,不仅推动各类银行实行战略转型,发展更加具有创新能力的高质量、高效益的投资模式，而且要发展普惠金融和互联网金融，推动传统银行与互联网金融合作。再比如，由于资本市场基础性制度不完善，各种套利和内幕交易广泛存在和大量发生，限制了直接投资规模的扩大。回顾一下2015年6月12日的牛市行情，上证指数达到5178.19点，恍若隔世。根据同花顺数据统计，两年来沪指、深成指、中小板的跌幅均在四成左右，而创业板跌去了六成，1 200多只个股被腰斩。因此，完善资本市场基础制度，构建多层次资本市场体系，丰富直接融资工具，打通直接融资渠道，才能满足创新型企业的融资需求，为中小微企业提供高效便利的融资方案，解决实体经济的融资难和融资贵的问题。

应当充分估计和认识到，我国的金融风险已经相当高，这是多年来用发货币、加杠杆、增投资推动经济增长的结果，表现为银行不良资产的增加、企业债务和地方政府债务的积累。因此，金融工作会议提出要把主动防范化解系统性金融风险放在更加重要的位置，科学防范，早识别，早预警，早发现，早处置，着力防范化解重点领域风险，着力完善金融安全的防线和风险应急处理机制。一方面，国际环境复杂多变，主要经济体货币政策不确定性增大，外部风险犹存；另一方面，金融市场机制不完善，金融企业内部治理结构和内控制度有缺陷，违规违法行为大量发生，内部风险更为严重。因此，在去杠杆的同时，要强化金融机构防范风险的主体责任，整治干扰和破坏金融秩序的不法行为，严格规范金融市场交易行为。保险资金是资本市场上发展直接融资的重要的机构投资者，其体量大、期限长的特征理论上可以发挥资金长期投资和价值投资的作用，这就要求保险业回归风险保障主业，为全社会风险管理提供有力的支撑。

设立国务院金融稳定发展委员会是深化金融改革的重要步骤。因为当前金融业混业经营发展很快，跨市场、跨行业的金融产品不断涌现，原来"一行三会"的分业监管和机构监管，不仅缺乏整体思维和统筹协调，而且无法实现金融领域的全覆盖，出现大量监管空白和漏洞，不利于防范内外金融风险，保证经济转型的顺利发展。因为，机构监管往往监管标准不一，使得监管套利成为常态。比如，银行为了逃避监管，通过与券商资管、基金子公司、信托等合作，把大量业务转移到表外，形成规模巨大的影子银行业务，进行监管套利，形成金融风险膨胀和失控。据《中国金融稳定报告（2017）》显示，2016年末，银行表外业务余额253.52万亿元，相当于表内总资产规模的109.16%。由分业监管到功能监管的转变，即由"谁发牌照谁监管"变成"按产品的金融功能进行监管"。这样，银行的表外业务、影子银行以及金融机构跨界经营等监管套利风险都将得到遏制。此外，在混业经营下，金融机构跨界经营的风险会加速暴露，尤其以保险业为甚。公开资料显示，在2015~2016年的险资举牌浪潮中，举牌资金超过1700亿元，涉及7家上市公司。个别金融"大鳄"借道保险业兴风作浪，个别公司无序举牌冲击实体经济，且杠杆率相当高，分业监管对此无能为力，而统一监管却可以应对。还有，很多机构持有多个牌照，新出现的业务也没有领取牌照，这样分业监管就会互相推诿，形成监管真空。设立金融稳定发展委员会以后，统一监管就可以解决这类问题。

二、加强金融监管，防范金融风险：实践观察

从理论上看，中央的方针政策是明确的和正确的，关键在于能否真正落实实施。从最近半年的实践来看，既有很大进步，也存在不少问题。下面以"一行三会"的具体操作为例作些讨论。

首先，看IPO。大家知道，新股发行是股票市场的源头活水，市场的发展、扩大和提升，首先要靠新股发行和上市。不仅如此，新股发行可以增加企业的融资渠道和融资能力，能够促进实体经济的发展，有利于目前的调整转型和稳增长。然而，我们的IPO尚待正常化。2015年6月26日股市波动，暂停IPO作为救市之策，一停就是4个多月。到11月，中国证监会发文决定重启IPO，恢复新股发行，并决定改现行的核准制为注册制，后来人大常委会通过决定，授权国务院推进注册制改革。2016年，IPO申请271家，被否、暂缓表决、取消审核和通过的数量分别为18家、5家、5家和243家，融资1490多亿元。到12月，在监管机构的大力支持下，IPO提速。2017年6月27日，根据德勤中国最新分析，中国新股市场显示，上半年A股新股数量预计252只，融资额预计1276亿元，比2016年同期的61只新股融资288亿元增加了3倍，稍低于2016年全年的水平。虽然审查趋严格，否决率达到12.7%，明显高于2016年的2.21%，但由于IPO加速，出现了"萝卜快了不洗泥"的现象，遭到社会批评，6月份以后IPO速度放缓。中国证监会一方面对上市公司质量实

行全流程审核把控,另一方面改革发审委,增设发审委遴选委员会和发行审核监察委员会,以此来强化发审委制度的运行管理。这仍然是相信发审委官员的"火眼金睛",忽视市场的相互制衡,从而使上市公司的主体责任和相关机构的连带责任被弱化。在这段时间内,注册制改革不被提起。

其次,看并购重组。大家知道,股市有四大功能:融资功能、优化资源配置功能、投资或价值再发现功能和经济"晴雨表"功能。资本市场发展的重点,最基本、最核心的功能不是 IPO,而是并购重组。因此,并购重组、优化资源配置被看作是股市的灵魂。中国经济结构转型重构,正是产业整合并购和重组的大好时机,只有把资本市场储蓄动员的能力从步入暮年的产业和企业中让渡出来,转移给能够焕发青春的消费升级和新兴产业,才能完成这一任务。从前面的加速新股上市可以看出,监管当局实际是融资优先,而股市的灵魂呢?这从 2017 年以来并购重组的情况也可以看得出来。2016 年 9 月 9 日中国证监会发布《关于修改〈上市公司重大资产重组管理办法〉的决定》,旨在扎紧制度和标准的"篱笆",给"炒壳"降温,但执行的结果却限制了并购重组。2017 年前 4 个月,共有 40 家公司并购重组申请上会,其中,21 家无条件通过,16 家有条件通过,3 家被否。而 2016 年同期有 95 家公司上会,无条件通过 40 家,有条件通过 51 家,被否 4 家。同比减少近六成。由于受到社会的质疑,中国证监会从善如流,6 月份并购重组审核加快,计有 26 家公司的并购重组申请上会,已经上会的 18 家公司中,2 家被否,4 家有条件通过,12 家无条件通过。

再次,看上证 50 指数和新经济。业界对中国证监会重视上证 50 指数而忽视中证 500 指数的质疑是有道理的。上证 50 指数权重最大的是五大银行(工、农、中、建、招),三大保险(平安、人寿、新华),两桶油(中石油、中石化),一瓶酒(贵州茅台),依靠这些国家队打造"漂亮上证 50 指数",却造成了深成指、中小板和创业板以及中证 500 指数的下跌。其实,上证 50 并不能代表中国股市的整体,而中证 500 却可以代表中国股市绝大多数中小盘高科技股和成长股的面貌。更为重要的是,中国经济最有活力的是阿里、腾讯,再加上一批中概股和未上市的华为,"漂亮上证 50"更应当是它们,阿里市值 3 500 亿美元,腾讯市值 3 400 亿美元,但是,既不在 A 股,更不在"漂亮 50",而是孤悬海外,在纽交所上市。如何改革和完善我们的股市,把这些朝气蓬勃、不受信用周期冲击的好企业吸引回来,中国股市才能有自己的主心骨。

最后,看金融整肃和强化监管。2017年4月7日,中国银监会高层发出信号,2017年将是中国银行业"强监管年,强问责年"。4月21日电视电话会议,一是强调要"补齐制度短板",二要"持续创新监管方式",与此同时,中国银监会连续出台监管文件。4月7~12日发布4、5、6、7号文《关于提升银行业服务实体经济质效的指导意见》、《关于集中开展银行业市场乱象整治工作的通知》、《关于银行业风险防控工作的指导意见》和《关于切实弥补监管短板提升监管效能的通知》,接着又发布了3个"专项整治"文件:《关于开展银行业"违法、违规、违章"行为专项治理工作的通知》(45号文)、《关于开展银行业"监管套利、空转套利、关联套利"专项治理的通知》(46号文)和《关于开展银行业"不当创新、不当交易、不当激励、不当收费专项整治工作的通知》(53号文),要求银行对其存在的违规行为进行自查并形成自查报告。于是,刮起了一场"监管风暴"。第一季度银行业金融机构已经收到485张罚单,罚没金额1.9亿元,处罚责任人员97名,其中,19人取消高管任职资格,11人禁止从事银行业工作。第二季度中国银监会系统已经向银行业金融机构开出500多张罚单,因6月下旬监管处罚还未充分披露,可能还有近百张罚单在途,从罚单数量指标看,处罚力度远远超过第一季度。2016年,中国银监会共处罚银行业金融机构631家,罚没金额2.7亿元,处罚422名从业者,取消88名高管任职资格,42名从业者终身禁止从事银行业务,责令机构内部问责的达9万人。如果与上年相比,目前的罚单数量已经超过2016年全年。罚单涉及的违规手段可谓五花八门,抛开操作口径的细微差别,违规套路不外乎信贷业务违规、票据业务违规、违反审慎经营、违规销售、违规流入股市、资金被挪用、违规收费、存贷挂钩、违反国家宏观调控、违规保管、信息披露违规等。其中,信贷业务违规数量最多,票据违规成为处罚重点,排在第三名的是"违反审慎经营原则"。这样一来,许多依靠同业存单的小银行将难以生存,很多派生货币渠道将被切断,银行套利时代或将结束,防风险、降杠杆有可能进入实际操作阶段,也有可能改变整个银行业生态。

银行业监管风暴正劲,资本市场监管也重拳出击。2017年4月8日,中国证监会主席刘士余讲话对高送转、"铁公鸡"、清仓减持、复杂的股权层级、不称职的董高监点名批评，提出"监管层将重拳治理，该处罚的处罚，该退市的退市，该退场的退场"。并明确表示，交易所是资本市场重要的监管主体，拥有交易监控权、处分权以及规则制定权。一场全面覆盖银行、保险、证券等业态的大金融监管风暴正在袭来。2017年上半年，中国证监会共做出113项行政处罚决定，罚没款共计63.61亿元，较上年同期增长149%。对30人实行市场禁入，接近2016年全年的水平。其中，亿元罚单6起，与2016年全年相同。2016年至今的12个亿元罚单中，市场操纵案8起，内幕交易案3起，IPO前突击入股和违法买卖股票案1起，最高罚单（鲜言公司）近35亿元。处罚对象有上市公司、中介机构（如立信会计师事务所）和个人投资者（如市场操纵"最牛散户"徐留胜，总计罚没1.11亿元）。随行政处罚而来的是投资者开始索赔，且索赔标的不断放大。上半年已经有7起投资者索赔案结案，6月28日，231名投资者向京天利提出索赔诉求，索赔总金额7 800万元，超过公司近2年的净利润；一审法院判决京天利赔偿123名投资者3 905万元，公司拒赔，已经提起上诉。此外，三年来，中国证监会共计对99起"老鼠仓"违法线索进行核查，向公安机构移送涉嫌犯罪案件83起，涉案交易金额800亿元。5月底，司法机关已经对25名金融业从业人员作出有罪刑事判决，中国证监会已对15名证券从业人员采取市场禁入措施。

与此同时，上半年保监系统发出467份处罚书，处罚金额达6 151.5万元，其中对保险机构进行了300次行政处罚，处罚金额4 672万元，对涉案个人进行了426次行政处罚，处罚金额1 479.2万元。处罚最多的是"虚列费用"和电话销售。2016年全年对保险机构进行了612次行政处罚，对涉案个人进行了800次行政处罚，处罚金额分别为7 836万元和1 754万元。可见，监管趋严之势相当明显。与此同时，中国保监会还加强了对关联交易管理中存在的乱象进行整治和监管。

正如业界人士指出的那样，金融整肃，强化监管，主流是好的，但也有一些不太灵活、缺乏弹性的逆市场操作，过犹不及和矫枉过正皆有，导致某些目标有些功利化。比如，在损害赔偿和集体诉讼制度缺失的情况下，以IPO为导向偏离了资本市场的基本功能（资源整合、并购重组、优化配置），最后抱团取暖，投出个"漂亮50"。因此，重典治市还要加强法规制度建设和完善。

例如关于禁止证券市场操纵行为的规定，主要体现在《证券法》、《刑法》和中国证监会的《证券市场操纵行为认定指引（试行）》等部门规章中，但是，现行法律中缺少对市场操纵行为的明确定义，缺少对跨市场、跨品种交易操纵类型的认定，缺少对渲染、轧空等市场操纵类型的描述，也缺少对遭受损失投资者的赔付规定。正如有文章指出的那样，"应考虑资本市场发展现状，补充和完善我国的市场操纵认定类型，并谨慎定义市场操纵行为，把具体解释的权力交与中国证监会，以应对新型市场操纵手段的出现。此外，还需要尽快出台市场操纵民事赔偿的司法解释，对市场操纵的赔偿义务主体、诉讼方式、赔偿对象、投资者损失认定进行规定，以完善投资者保护，增强对投资者的赔偿保护能力"。

（本文写于 2017 年 7 月 25 日）

第二篇

高杠杆？去杠杆

2015年，实体部门利息支出已达到当年增量GDP的两倍，2016年利息负担仍比增量GDP高出不少；也就是说，每年增量国民收入用于支付利息还不够。过高的利息负担已经成为经济前行的重负。未来，国内利率上升较难避免，利息负担有进一步加重的风险。政府债务率中期也仍然处在不断上升态势，债务风险在上升。但如果政府创新配置资源方式，大幅减少对资源的直接配置，更多引入市场机制和市场化手段，提高资源配置效率和效益，则政府应对风险能力在上升，从而债务的可持续性得以保障。

中国的债务与杠杆率：
基于国家资产负债表的分析

张晓晶　刘学良[*]

中国实体经济加杠杆的态势在2016年得到了初步遏止。其中，政府部门与非金融企业部门微弱去杠杆；居民部门加杠杆迅速，仅2016年杠杆率就上升了近5个百分点，其风险值得关注。

2015年，实体部门利息支出已达到当年增量GDP的两倍，尽管这一趋势在2016年有所缓解，但利息负担还是比增量GDP高出不少；换句话说，每年增量国民收入用于支付利息还不够。过高的利息负担已经成为经济前行的重负，是经济持续健康发展的绊脚石。

未来，国内利率上升较难避免，利息负担有进一步加重的风险。从政府债务率看，中期仍然处在一个不断上升态势，也意味着债务风险在上升。但结合国家资产负债表，一方面，政府资产在不断上升；另一方面，如果政府创新配置资源方式，即通过大幅度减少政府对资源的直接配置，更多引入市场机制和市场化手段，提高资源配置的效率和效益，则政府应对风险的能力在上升，从而债务的可持续性得以保障。

一、全球去杠杆率的最新进展

去杠杆是本轮危机以来国际社会的共识，但进展却非常有限，甚至总杠杆率不降反升。这成为全球去杠杆的基本事实。以债务/GDP指标来衡

---

[*] 张晓晶，国家金融与发展实验室副主任、国家资产负债表研究中心主任；刘学良，国家资产负债表研究中心研究员。课题组成员常欣、汤铎铎对本文亦有贡献。

量，全球的杠杆率仍在上升，且上升速度并未减缓。

IIF（即 Institute of International Finance）的最新报告显示[①]，截止到 2016 年第三季度，全球债务占 GDP 比重达到 325%。分部门来看，居民部门为 60%，非金融企业部门为 93.5%，政府部门为 89.2%，金融部门为 84.1%。也就是说，实体经济部门（不包括金融部门）的杠杆率为 240.9%。

从金融部门与非金融部门（即实体部门）的划分来看，自本轮国际金融危机以来，金融部门去杠杆明显，实体部门加杠杆明显。金融部门的杠杆率从 2009 年第三季度的 92.7%，下降到 2016 年第三季度的 84.1%，下降了 8.6 个百分点。与此同时，实体部门杠杆率快速攀升。特别是政府部门杠杆率上升迅速，从 2007 年第二季度的 57.5%，上升到 2016 年第三季度的 89.2%，上升了 31.7 个百分点。

如果区分成熟市场与新兴市场，会发现两者的去杠杆进程也有明显差异。总体上，成熟市场除了政府部门，其他各部门都在去杠杆。其中，金融部门与居民部门去杠杆较明显；而非金融企业部门在危机爆发之初略有去杠杆，之后保持一个相对平稳或轻微加杠杆态势。美国基本就是呈现这样一个去杠杆的特点。而新兴市场，则自危机以来基本上保持了一个加杠杆的态势。其中非金融部门迅速加杠杆，其他部门轻微加杠杆。

尽管变动趋势上，成熟市场侧重于去杠杆，新兴市场侧重于加杠杆，但在杠杆率水平上二者还是有很大差距。截止到 2016 年第三季度，成熟市场与新兴市场的总杠杆率分别为 392.4% 和 217.1%，而实体部门（不含金融部门）的杠杆率分别为 279% 和 182%，差距分别为 175.3 个百分点和 97 个百分点。从这个角度，我们可以抛开周期性因素的影响，认为成熟市场与新兴市场的杠杆率呈现结构性的差距。而这一差距又和所有制特征、金融发展水平、金融结构、法律与监管架构等很多因素有关；更广义上来说，则和一国的制度质量与治理水平相关。

二、中国实体部门去杠杆的最新进展

从世界范围看，危机以来新兴市场总体上是加杠杆的，中国当然也不

[①] IIF, Global debt monitor, Jan. 2017.

例外。不过，值得一提的是，中国经济加杠杆的态势在2016年得到了初步遏止。这或许可以看作是政府坚决去杠杆政策所取得的一些成绩。不过，这样一种缓慢（亦说稳妥）去杠杆态势是暂时的还是可以保持下去，仍需要各方面体制机制和政策的配合。

最新估算表明，2016年实体部门杠杆率为227%，比上年的228%略降一个百分点。无论把这看作是杠杆率的趋降还是趋稳，应该说都是积极的迹象（见图1）。

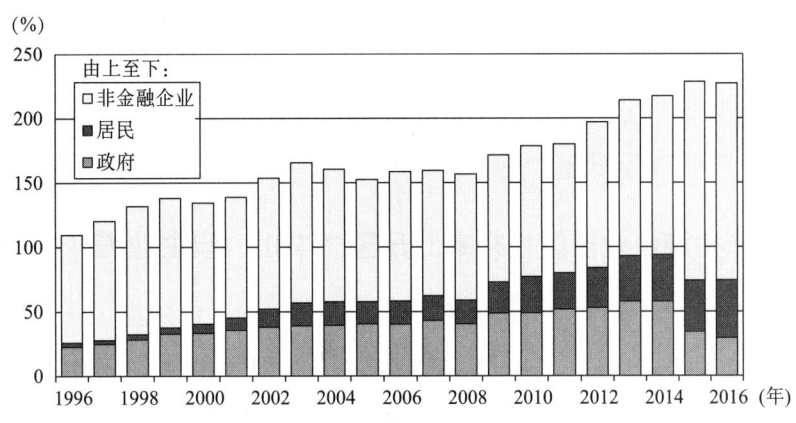

图1　中国实体部门杠杆率的变化（1996～2016年）

资料来源：Wind数据库，CEIC，国家资产负债表研究中心。

（一）居民部门加杠杆迅速，仅2016年杠杆率就上升了近5个百分点

近两年，居民部门加杠杆迅速（见图2）。其中，仅2016年，居民部门杠杆率就上升了近5个百分点；就规模而言，居民部门债务比上年增加了6万多亿元。

国际比较来看，发达经济体居民部门杠杆率都远高于中国，这也是为什么危机以来，发达经济体居民部门去杠杆明显。而在中国，居民部门加杠杆还有较大空间。不过，居民部门如此迅速加杠杆，也面临较大风险。特别是，尽管以居民部门债务与GDP相比，中国处在相对较低的水平，但考虑到，中国居民部门净财富仅占全社会净财富的40%～50%，远低于发达经济体70%～90%的水平，因此，从居民债务占居民净财富的比重来看，中国居民部门的杠杆率水平就非常高了。这是我们在讨论居民加杠杆空间时值得格外重视的方面。

直面金融风险

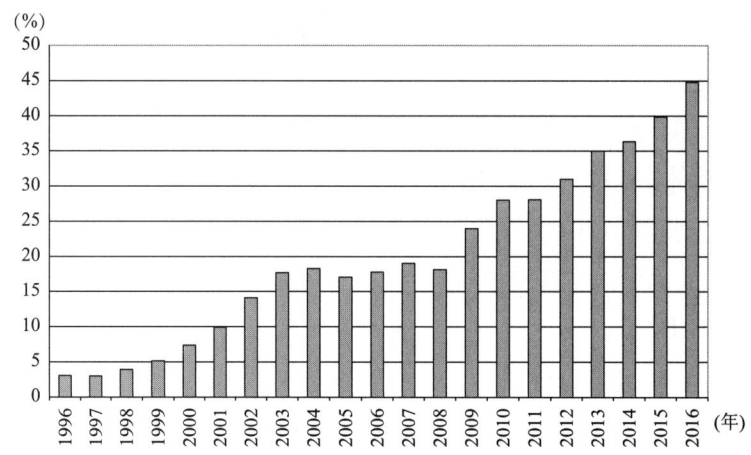

图 2　居民部门杠杆率的变化（1996~2016 年）

资料来源：Wind 数据库，CEIC，国家资产负债表研究中心。

（二）非金融企业部门杠杆率上升暂时中止，但企业去杠杆仍是重中之重

非金融企业部门去杠杆一直是重中之重。根本原因在于中国非金融企业的杠杆率在可资比较的国际样本中，一直是处于最高的。根据最新估算，2016 年非金融企业部门的杠杆率比上年下降一个百分点（这里的企业杠杆率包含了融资平台）。也就是说，处于不断攀升趋势的企业杠杆率得到了暂时的遏止（见图 3）。

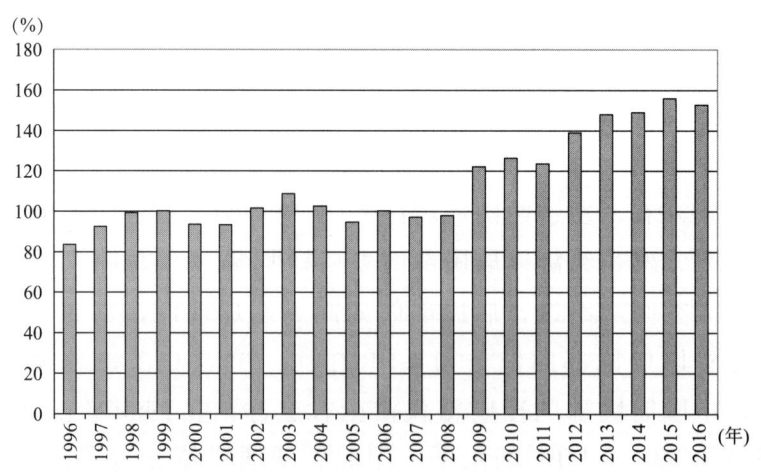

图 3　非金融企业部门杠杆率的变化（1996~2016 年）

资料来源：Wind 数据库，CEIC，国家资产负债表研究中心。

随着新《预算法》的出台，自 2015 年起通过融资平台借的债中央不再承认，这可能也使得一些平台债务从地方政府剥离，变成了企业部门的债务。这是我们在进行部门杠杆率估算和风险评估时需要注意的。

企业去杠杆要与清理"僵尸"企业及国企改革结合起来。去杠杆如果只是指望宏观上杠杆率的变化，没有微观机制以及制度环境的转换，其实是难以实现的。或者，企业杠杆率只是暂时的下降，一段时间以后重又上升，旧病复发。因此，对于"僵尸"企业的清理就变得非常重要。"僵尸"企业占用大量资金、土地等宝贵资源，却不产生经济效益。无论从去产能还是从去杠杆的角度，清理"僵尸"企业都是必经之途；并且，"僵尸"企业倒闭也是结构调整和创造性破坏的一个自然的结果。政府应采取兜底的方式，出台配套的失业保障措施，让破产重组能顺利推进。清理"僵尸"企业，一方面使得企业部门的负债水平下降（银行、股市不需要给"僵尸"企业继续"供血"）；另一方面，从"僵尸"企业释放出的闲置资源，还能够得到更好的利用，从而使得 GDP 上升，这样一来，分子减少（债务下降），分母上升（GDP 增加），结果就是企业杠杆率的下降，达到去杠杆的目的。降低企业的杠杆还有赖于国企改革。一方面，国企的杠杆率往往高于民企；另一方面，很多"僵尸"企业本身就是国企。因此，要把企业去杠杆与国企改革结合起来。特别是要改变国企软预算约束的痼疾；以债转股的方式解决企业债务问题，也要注意可能引发的道德风险和相关监管标准，不能把债转股变成国有企业"最后的盛宴"。

企业去杠杆要注意"减得准、不误伤"。杠杆本身无所谓好坏。而且，就经济学、金融学而言，能够合理利用杠杆来获得发展，本身是一个经济体金融发展程度、信用发展程度的一个标志，实际上是一件好事。杠杆率的好坏，反映了金融资源的合理配置程度，体现了金融服务实体经济的水平。好的杠杆率上升意味着更多的金融资源配置给了效率高的企业，实际上是与整个经济体的竞争力提高、生产率改善直接相关的。相反，坏的杠杆率上升意味着更多的金融资源配置给了效率低或无效率的企业，是与泡沫扩大、金融风险上升相伴随。这也是为什么中央专门提出，做减法不能"一刀切"，要减得准、不误伤[①]。如果去杠杆更多是由效率相对较

---

① 习近平在 2017 年 1 月 22 日中央政治局第三十八次集体学习时的讲话。

高的民营企业来完成，而效率相对较低的国有企业的杠杆率总是去不掉甚至不降反升，这就不符合"减得准、不误伤"的原则了。

（三）政府部门微弱去杠杆，恐非趋势性变化

估算表明，2016年，政府部门债务41.4万亿元，占GDP比重55.6%，政府部门杠杆率比上一年下降1.2个百分点。考虑到数据的一致性与可比性，这里政府部门的债务包含了融资平台债务。显然，融资平台债务不能既纳入企业部门，又纳入政府部门。因此，在图4中，我们将2015年以来的融资平台债务纳入企业部门。如果不包括融资平台债务，那么，政府部门的杠杆率就会有较大幅度的减少。

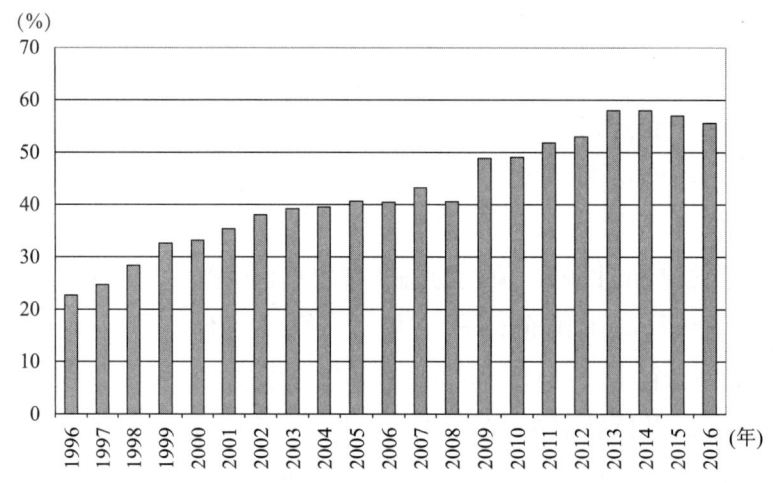

图4 政府部门杠杆率的变化（1996~2016年）
资料来源：Wind数据库，CEIC，国家资产负债表研究中心。

不过，值得注意的是，虽然新《预算法》出台，使得融资平台债务与政府债务完成了法律上的"切割"或分离，单从数字上，政府债务比以前"好看"了，但后融资平台时期地方政府新的或有债务风险需要格外警惕。

这主要体现在，地方政府通过设立各类政府性投资引导基金，规避新《预算法》的有关规定，并与PPP相结合，或成地方债的新风险点[①]。一是基金数量和规模野蛮生长。有关统计显示，截至2016年6月，基金

---

① 付兵涛："地方政府引导基金与PPP结合或成新的债务风险点"，http：//fubingtao.blog.caixin.com，2017年2月17日。

数量达到911只、规模为2.56万亿元。其中70%以上由地级及以下政府设立,基金种类覆盖天使投资、创业投资、产业投资、PPP基金、城镇化基金等(见图5)。二是部分基金名股实债,形成地方政府隐性负债。2015年11月财政部发布的《政府投资基金暂行管理办法》明确规定,地方政府不得向其他出资人承诺投资本金不受损失,不得承诺最低收益。但实际操作中,仍有不少政府性投资基金通过隐性回购条款,变相向其他出资人承诺保本固定收益,实际上成为地方政府的一种隐性负债。三是地方政府投资基金与PPP项目结合,极大推高了一些地方建设项目的投资杠杆率。例如,假如某地方政府成立总规模20亿元的基金,财政出资4亿元,占基金份额的20%,其余80%份额(16亿元)由金融机构认购,政府承诺在今后几年逐步回购金融机构持有的基金份额。将20亿元用于该地区PPP项目的政府出资(资本金),再配比引进70%的社会资本。这意味着,市财政出资4亿元,可以撬动66.7亿元的基础设施投资,杠杆率高达16倍。四是地方政府和国企主导的PPP项目,可能会形成政府"兜底"的潜在债务负担。已知的300多个落地示范项目中,国企、民企、国企+民企三者之比为47%:43%:10%,国企为PPP社会资本的主力军。国有企业强烈的政府背景,很容易造成项目投资将有地方政府兜底的幻觉,成为潜在的债务负担。

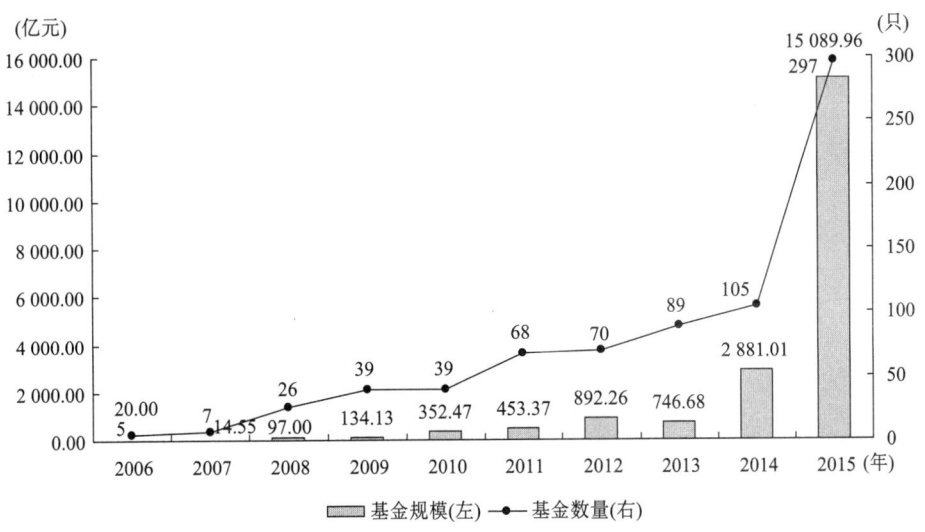

图5 政府引导基金的进展(2006~2015年)

资料来源:私募通,2016年1月。

从国际比较看，政府部门加杠杆是危机以来的基本趋势。就中国而言，尽管地方政府债务问题是较大隐患，但中央政府仍有加杠杆空间。如果分部门看，在企业部门去杠杆的同时，政府部门需要加杠杆以维持相对稳定的总需求。从这个角度，当前政府部门微弱去杠杆只是暂时的现象，并非趋势性变化。未来看，政府部门仍可能是一个渐进加杠杆的过程。

三、实体经济部门的利息支付估算

不管是对于宏观经济整体还是对于某个部门乃至某个个体，负债过高不仅加大了违约风险，导致潜在的债务危机的存在，而且，即使不发生债务违约，过高的利息负担也会对经济整体或者其中的个体产生明显的影响[①]。例如，对于居民而言，负债过高带来的利息支出会降低他们的可支配收入，并影响居民对其他商品的消费能力、消费意愿和生活水准；对于企业而言，负债过高带来的利息支出会增加它们的财务成本和财务风险，并妨碍进行新的融资和投资。

更进一步，如果利息支出过高，导致通过借款来支付利息（比如政府靠发新债、企业靠借新款来支付利息，事实上这种情况也正在发生），就会影响到债务的可持续性。

因此，对于实体经济部门的利息支付进行估算，并测算利息支付占国民收入的比重，对于判断债务的可持续性将提供重要的参考。

（一）居民部门

利用中国人民银行编制的金融机构本外币信贷收支表（按部门分类），可以得到居民部门分短期和中长期以及按贷款性质（消费贷款/经营贷款）分的贷款余额。

按贷款类型分，居民部门贷款中占比最高的贷款是中长期消费贷款，其占居民部门贷款总额的比例平均接近60%。其次是短期消费贷款和短期经营贷款，2016年两者占比分别为14.8%和13.8%，其中短期消费贷款占比在过去十几年来逐步提高，而短期经营贷款占比逐步降低。占比最

---

① 沉重的利息负担同时可能是导致或加重债务危机的重要原因。

低的是中长期经营贷款，2016年占所有贷款总额的比例达到11.1%。不同贷款形式和贷款期限有不同的利率，其中中长期消费贷款主要构成是房贷，因为有住房这一足值的抵押物，房贷一般享受基准利率折扣，同时参考中国人民银行公布的个人住房贷款加权平均利率数据，我们在随后的计算中假定房贷利率为同期5年以上中长期贷款利率的九折。经营性贷款的利率一般会比同期限基准利率上浮10%甚至更高，同时非住房类的消费贷（例如车贷）利率也会明显上浮。但由于缺乏更加详细的数据，因此这里简单假定其他贷款比同期限贷款基准利率上浮10%。

利用整理得到的各类贷款余额和中国人民银行基准利率数据[①]，估算居民部门各类型贷款每年的利息支出。到2016年，估算得到的居民部门债务利息支出总额为1.54万亿元，占2016年当年GDP的2.1%，而2016年债务余额占GDP的比例为44.8%，居民部门债务平均利率为4.63%。图6展示了2004~2016年历年的居民部门杠杆率（债务余额/GDP）和利息支出占GDP的比例。

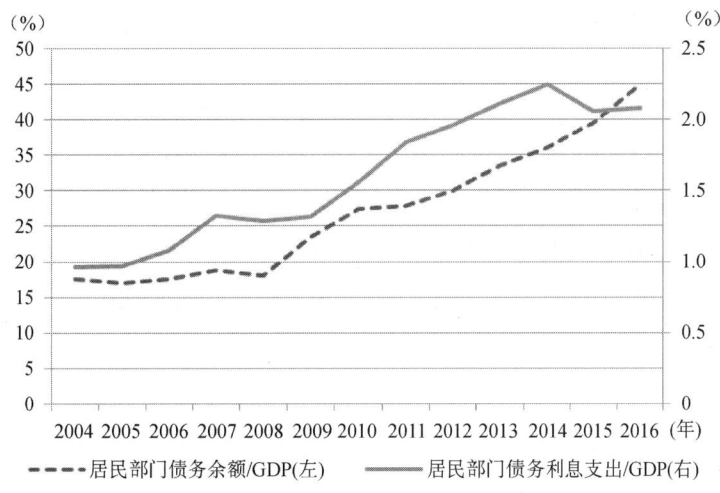

图6 居民部门杠杆率和利息支出占GDP比例

资料来源：Wind数据库，CEIC，课题组估算。

（二）非金融企业部门

非金融企业部门的债务除了存款类金融机构的贷款，还包括公开发行

---

① 我们用利率在当年执行的月份数加权平均得到当年平均贷款基准利率。

的债券以及一部分从游离于银行监管体系外的金融中介获得的贷款（如信托贷款、委托贷款等，也即常说的影子银行）。其中，银行渠道获得的贷款余额来源于中国人民银行编制的金融机构本外币信贷收支表，影子银行渠道的贷款余额来源于中国人民银行编制的社会融资规模存量统计表，我们用委托贷款、信托贷款和未贴现银行承兑汇票作为影子银行规模的度量。在有关影子银行的一些研究中，把民间借贷、小贷公司等也算作影子银行的一部分，这是更为宽泛的口径，因此，利用央行的社会融资规模存量统计表计算得到的数字可看作是影子银行规模的下限。

于我们的研究而言，民间借贷、小贷公司等很多属于部门内的债权债务关系，而我们的分析重点在于部门之间的债务水平，特别是非金融部门对金融部门的债务，因此这里采用窄口径版本的影子银行规模度量。注意到央行公布的社会融资规模存量统计表只从2015年后开始公布，因此，2015年之前的数据我们用社会融资规模的流量统计表（即新增信托贷款、新增委托贷款、新增未贴现银行承兑汇票）来推算存量水平（2010～2014年信托贷款数据来自中国信托业协会），从结果上看与央行的社会融资规模存量统计表十分接近。

至于非金融企业部门债务的利率水平，其中，从存款类金融机构获得的贷款也服从央行基准利率的调控，因此我们假定其债务余额的利率也是央行相应期限基准利率的固定倍数。假定银行渠道贷款的利率比相应期限贷款基准利率上浮10%，影子银行渠道上浮50%，这样来计算贷款的利息支出。

债券的问题稍微繁琐一些，我们用Wind数据库得到非金融企业部门发行的债券余额数据，其中2016年底信用类企业债（包括企业短期融资券和中期票据）存量规模15.77万亿元。同时，利用Wind数据库数据得到历年企业债的平均到期期限和评级，发现除去没有评级的债券外，我国企业债市场历年的平均评级基本处在接近AA+级的水平上。因此，我们利用中债AA+级企业债按月平均的到期收益率曲线数据来计算相应期限债券的利息支出[1]。

计算结果显示，2016年非金融企业部门支付的债务利息总额为6.07万亿元，利息支出占当年GDP的总额达到8.15%，而2016年企业部门债务余额占GDP的比例为153%，企业部门债务的平均利率为5.4%。其

---

[1] 注意到因为债券的种类众多，且存在发行时的折价和溢价的问题，因此用票面利率计算并不准确，用到期收益率只是一个近似估算，这可能使得利息支出更容易受市场利率波动的影响。

中，2016年企业部门杠杆率比2015年的154%略微下降1个百分点，表面上看起来下降幅度很小，但这一轻微下滑却是在货币政策宽松的背景下实现的。并且，企业部门杠杆率的轻微下滑与近两年来居民等其他部门杠杆率的上升并不一致，因此，这显示我国非金融企业部门的去杠杆工作取得一定成效[①]。图7展示了2004~2016年历年的企业部门杠杆率和利息支出占GDP的比例。值得注意的是，2015~2016年两年利息支出/GDP比例下降明显，而同时企业部门杠杆率基本保持平稳，这一方面是由于近两年宽松的货币政策直接降低了融资成本，另一方面通过加强金融监管、打击层层加码的影子银行渠道一定程度上也间接降低了融资成本。

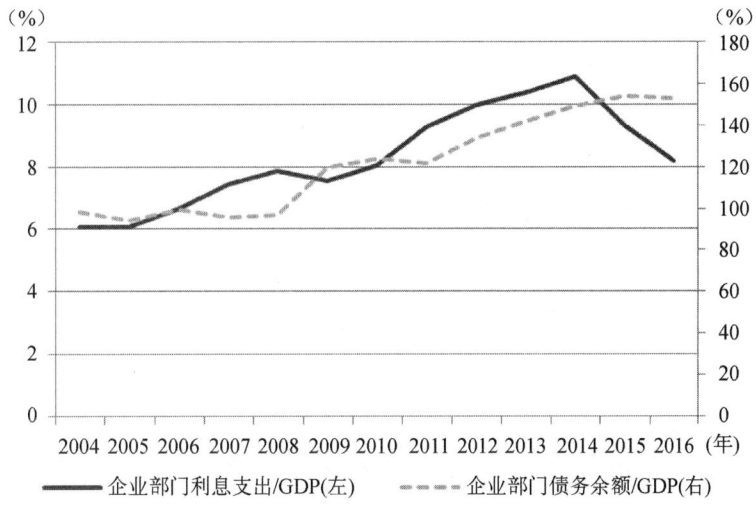

图7 非金融企业部门杠杆率和利息支出/GDP

资料来源：Wind数据库，CEIC，课题组估算。

（三）政府部门

政府部门可分为中央政府和地方政府。其中，中央政府债务余额来源于财政部的中央财政债务余额数据，截至2016年中，中央财政债务余额11.2万亿元。由于中央政府债务的主要形式为国债，因此，我们利用Wind数据库统计了2008年以来历年的国债余额的到期期限，然后用中债国债的收益率曲线数据并按月平均得到各期限的国债到期收益率，从而计

---

① 这与2011年等年份由于货币政策收紧导致的企业部门杠杆率下降有本质的不同。

算得到当年的利息支出。估算结果显示,2016 年中央财政支付的债务利息为 3 111.95 亿元,利息支出占当年 GDP 的总额达到 0.42%,而 2016 年中央财政债务余额占 GDP 的比例为 15%,中央财政债务的平均利率为 2.8%。图 8 展示了 2008～2016 年历年的中央政府杠杆率和利息支出占 GDP 的比例。

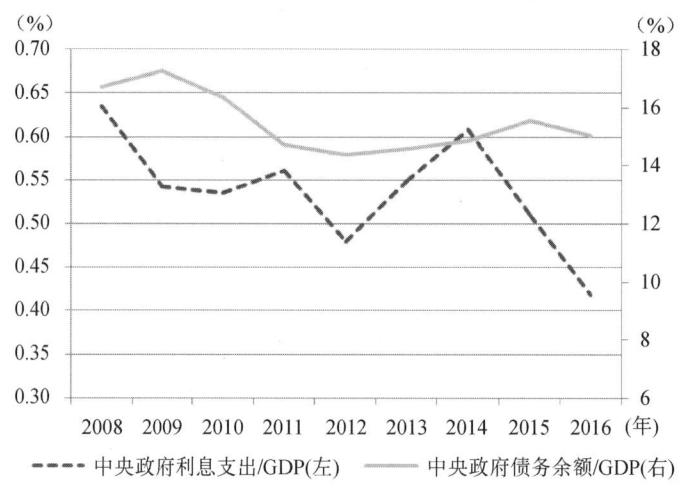

图 8 中央政府杠杆率和利息支出/GDP

资料来源:Wind 数据库,CEIC,课题组估算。

地方政府的债务包括两部分:一部分是地方政府的非融资平台债务,另一部分则是地方融资平台的贷款和公开发行的城投债(需注意这里地方融资平台和非金融企业部分有重复计算)。其中,非融资平台债务的部分,采取课题组在 2016 年中的研究报告的结果[①]。至于融资平台债务,首先,利用 Wind 中定义的城投债数据,计算得到城投债余额从 2008 年底的 1 861.3 亿元增至 2016 年底的城投债余额有 6.5 万亿元,增长了 34 倍。不过,因为按照新修订的《预算法》和国发〔2014〕43 号文的规定,自 2015 年 1 月 1 日起,地方各级政府不得再通过融资平台公司举借政府债务,因此自 2015 年以来城投债余额的增速大幅放缓。利用 Wind 数据库计算城投债的历年平均到期期限,同时,除去没有评级的债券(多为债项主体评级),城投债的评级平均来看同样接近 AA + 级,因此,采用 AA +

---

① 国家金融与发展实验室、国家资产负债表研究中心研究报告:《去杠杆:数据、风险与对策》,2016 年 8 月 31 日。

级城投债的收益率曲线中相应期限的到期收益率来计算债务的利息支出。

地方融资平台从金融机构贷款的数据只在2008年、2010年、2012年和2013年等部分年份有官方的公布，对于缺失的中间年份我们用插值法补齐，而2013年后一直没有官方数据公布。由于地方融资平台贷款的快速增长，为了防范风险，监管当局开始对平台贷款进行总量控制。中国银监会于2013年发布的《关于加强2013年地方融资平台风险监管的指导意见》要求各银行控制地方平台贷款总量，不得新增融资平台贷款规模并严格了新发放平台贷款的条件。因此，2013年以来，管制的加强使得地方融资平台贷款基本停止快速增长的趋势，但在稳增长的背景下，为了支持一些重要的基建投资，防止其因资金不足而停工，一些地方融资平台公司的存量在建项目仍然受到了一定额度的贷款支持。根据一些资料显示，平台贷款在近年来大约维持在10万亿元的规模[1]。同样，这里融资平台贷款的计算方法是与课题组在2016年中的报告一致的，并假定2016年的贷款余额增速与2015年一致。在利息的计算中，我们假定融资平台贷款的期限和利率与上面的非金融企业贷款一致。此外，除了中国银监会的地方融资平台贷款余额的数据，我们还采用中国信托业协会所公布的信托资金投向中基础产业的余额作为融资平台信托贷款的粗略测量，这一数字在2016年为2.66万亿元。

由于融资平台的借款渠道在2014年以来被严格控制，在"开正门，堵偏门"的政策方针下，地方政府债券的发行额度和实际发行规模大大增加。地方政府债券2009年底余额2 000亿元，2013年底为8 616亿元，但到2016年底，地方政府债券余额已达到10.6万亿元的规模，三年时间扩张超过11倍[2]。由于地方政府债券所包含的政府信用，地方政府债券的利率很低，仅比同期限国债稍高。2016年的5年期地方政府债券的平均到期收益率为2.9%，略高于同期国债平均2.65%的收益率，但明显低于同期的AA+级企业债3.77%和城投债3.58%的到期收益率。我们用Wind数据库来计算历年地方政府债券余额的平均到期期限，并以年平均的地方政府债券收益率曲线中相应期限的到期收益率来计算地方政府非融资平台债务的利息支出。

---

[1] 2013年6月时全国地方融资平台贷款余额为9.6万亿元。
[2] 其中包括2015年后大量发行的地方政府存量债务置换债券。

综上，计算得到的地方政府杠杆率和债务利息支出/GDP 如图 9 所示。从图中可以发现，2015~2016 年近两年地方政府的杠杆率基本保持平稳并有轻微下滑，但由于宽松货币政策和债务结构变化影响，利息支出占 GDP 比例则大幅下降。

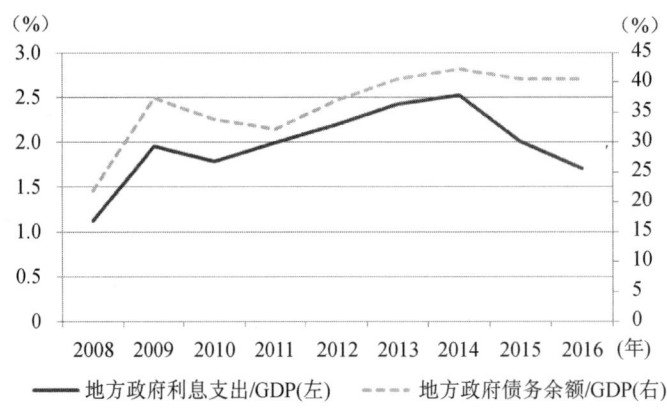

图 9　地方政府杠杆率和利息支出/GDP

资料来源：Wind 数据库，CEIC，课题组估算。

显然，地方政府债券的利率明显低于融资平台贷款和城投债的利率。其中，2008~2016 年地方政府所有债务的平均利率水平为 6.2%，而同期地方政府债券的平均利率水平为 3.39%，两者有近 3% 的利率差异。若再考虑到部分信托贷款等具有的更高利息成本，部分研究得到的利率差异更接近 5%[1]。其中，地方政府债券余额从 2014 年底的 11 623.5 亿元扩张至 2016 年的 10.6 万亿元，增量为 8 万亿元，因此，2015~2016 年发行的地方政府债券或可为地方政府节省利息支出达 6 500 亿元[2]。

（四）实体部门利息总支出

我们将居民、非金融企业、中央政府和地方政府所支付的利息加总，就得到整个经济实体部门的债务水平和利息支出。其中，2016 年底，实体部门债务余额（剔除地方融资平台重复计算的部分）168.8 万亿元，实

---

[1]　若按 5% 的利差计算，则每 1 万亿元的地方政府债券置换被认为可为地方政府节省利息支出 500 亿元。

[2]　这与 2016 年底财政部公布的有关地方政府债务的情况基本一致（资料来源：依法厘清政府债务范围坚决堵住违法举债渠道——财政部有关负责人就地方政府债务问题答记者问，2016 年 11 月 4 日），其中财政部初步匡算认为 2015~2016 年发行的地方政府债券将累计为地方节约利息支出 6 000 亿元。

体部门杠杆率为 226.9%，实体部门的利息支出为 8.24 万亿元，占 GDP 的比例为 11.08%[①]。

图 10 是 2008~2016 年历年的实体部门杠杆率和利息支出占 GDP 的比例。一个重要发现是，2014 年之后，实体部门利息支出占 GDP 比重有所下降。这可能有以下三个原因：一是央行利率的下降；二是债务置换导致的平均利息成本下降；三是政府加强对于影子银行的监管和治理，使得这部分虚高的融资成本下降。

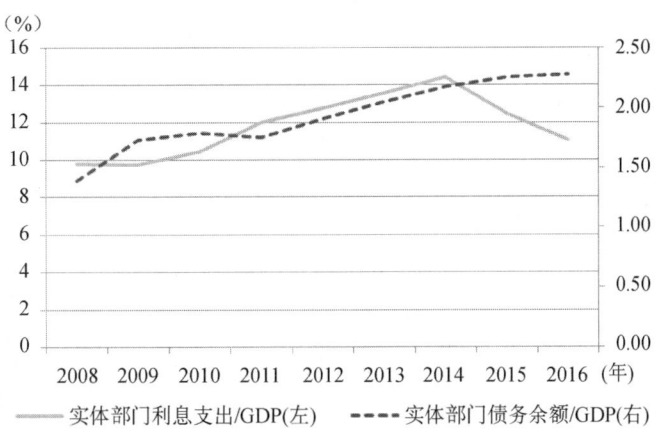

图 10　实体部门杠杆率和利息支出/GDP

资料来源：Wind 数据库，CEIC，课题组估算。

四、债务可持续性分析

考察债务的可持续性，我们选择了以下三个维度：一是考察实体部门利息负担，特别是它与增量 GDP 的比重，剖析较高的债务能否持续"滚动"下去；二是考察政府部门作为债务危机的"最后贷款人"，其本身的债务持续性如何；三是从主权资产负债表的角度，讨论主权资产可否覆盖不断增长的政府债务。

---

① 这与 J. P. Morgan 以及法兴银行（Societe Generale）Wei Yao 的计算基本一致。其中法兴银行 Wei Yao 的计算中包括了利息和本金的偿付两部分，其计算认为中国在 2012 年时利息偿付支出占 GDP 比例达到 11.1%，本金偿付支出占 GDP 比例 18.8%，利息和本金偿付占 GDP 比例共计达 29.9%。

（一）实体部门利息负担视角

图 11 展示了 2008 年以来历年的实体经济部门利息支出总额和每年增量 GDP 的对比图。可以发现，在 2011 年之前，实体部门利息支出总额均小于每年的增量 GDP。从 2012 年开始，随着经济增速的进一步下滑和杠杆率的攀升，新增 GDP 已低于每年所需支付的利息总额，且这一差异正在进一步扩大。2015 年，实体部门利息支出已达到当年增量 GDP 的两倍，尽管这一趋势在 2016 年有所缓解，但利息负担还是比增量 GDP 高出不少。换句话说，每年增量国民收入用于支付利息还不够。过高的利息负担已经成为经济前行的重负，是经济持续健康发展的绊脚石。

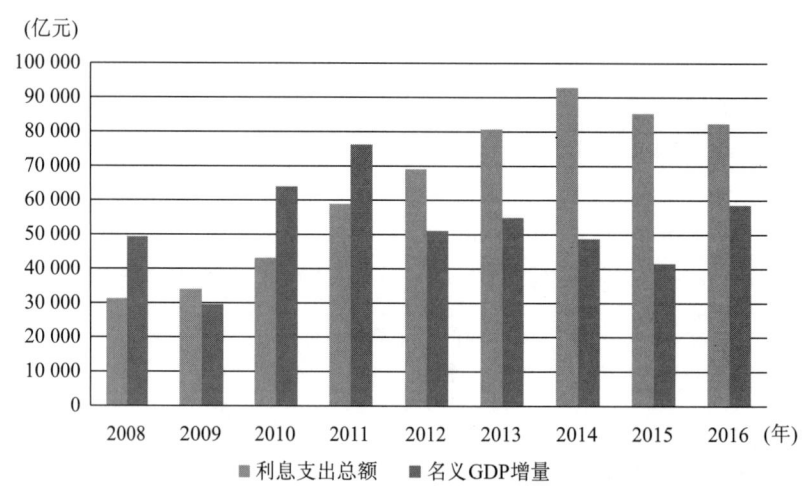

图 11 利息支出总额与 GDP 增量

资料来源：Wind 数据库，CEIC，课题组估算。

关于利息负担对债务可持续性的影响，可以从两个层面进行分析。

一是中国储蓄率仍然很高，这就保证了充足的资金供给。根据 IMF 的数据（见图 12），中国的国民储蓄率一度超过 50%，危机以来尽管有所回落，但 2016 年（预测值）仍达到 46%，这比世界平均水平要高出 20 多个百分点。据 IMF 预测，到 2020 年中国储蓄率仍将高达 42%。如果将利率看作是资金供求的价格，从这个角度看，未来利率不会大幅攀升，从而利息负担也不会上升很快（假定债务总额保持相对稳定）。

二是努力解决好金融服务实体经济的问题，才可能降低社会的融资成本。尽管国民储蓄仍很充足，但从储蓄到投资，经历了许多链条，如果层

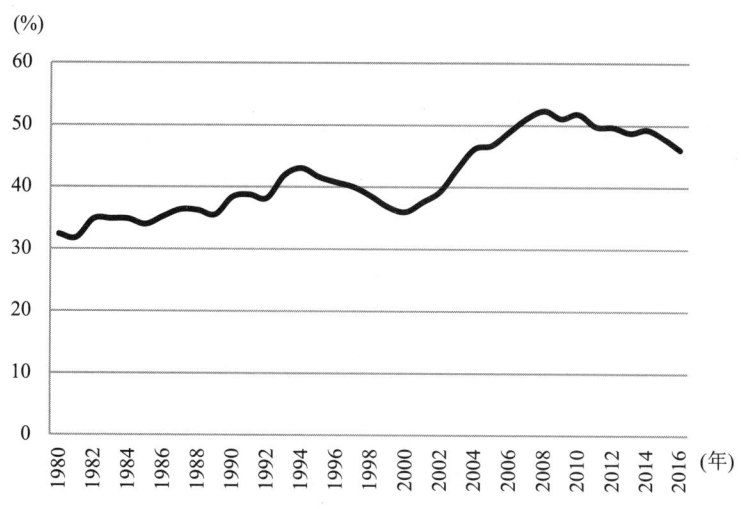

图 12　中国的国民储蓄率

资料来源：IMF。

层链条层层加码，最终融资成本就会大幅上升，从而利息负担加重。因此，要解决利息负担和债务可持续性问题，一个根本的方向是解决好金融更好地服务实体经济的问题，这也是供给侧结构性改革的一项重要内容。长期来看不能仅靠宽松的货币政策来实现，因为货币政策或宽松或紧缩都是短期的调控措施，而不是长效机制。要降低实体经济的融资成本，关键要依靠债务的内部结构性变化，这主要是指把债务从成本更高的影子银行变为正规的银行部门贷款以及从金融机构的贷款变为从债券市场上融资（间接融资变为直接融资），以达降低融资成本之目的；大力发展股权融资亦是降低社会融资成本的题中之意。

未来看，中国去杠杆在短期内难有决定性的进展，而美国又处在加息周期导致中国加息压力增大，从而导致国内利率上升较难避免。以上两个因素共同作用，导致利息负担有进一步加重的风险。如果经济增长率还有所下滑的话，利息负担占增量 GDP 比重仍会上升。

（二）政府债务可持续性视角

任何金融危机本质上都是债务危机，而政府在危机中负有最后贷款人的责任。尽管我们分别考察分部门的杠杆率并剖析其隐含的风险，但显然，政府部门杠杆率的动态演进最值得关注，因为这直接涉及政府有没有能力来应对债务增长过快而引发的危机。有鉴于此，我们对政府部门杠杆率进行了动态情景模拟。

这里考虑的变量包括赤字率、实际增长率与实际利率之差以及银行坏账率等[①]。我们认为，银行出现坏账，政府需要救助，从而会扩大政府的债务规模。这也是为什么在我们的政策模拟中加入银行坏账的原因。

假设初始政府部门杠杆率为40%，政策赤字率实际增长率与实际利率之差的取值分乐观（3%）、悲观（-3%）和中性（0）三种情景，银行坏账率也分低（0.1%）、中（0.5%）和高（1%）三种情景，我们对未来20年政府债务率的演变路径进行了模拟。在三个乐观情景中政府部门杠杆率会收敛到一个均衡值，其中，高坏账时为116.7%，中坏账时为100%，低坏账时为86.7%。收敛的条件是实际经济增长率大于实际利率。不过，值得指出的是，在未来的20年，政府部门杠杆率还是会逐步攀升，并未出现收敛。收敛时间的长短，既取决于初始的政府杠杆率，也取决于实际增长率与实际利率之差。而在悲观和中性情景中，政府部门杠杆率会持续走高，出现爆发性增长。

关于中国政府杠杆率演进动态的情景模拟有以下两个政策含义：一是增长的重要性。只有实际经济增长率大于实际利率，政府部门杠杆率才会出现收敛，否则会出现爆炸性增长。因此，从长期看，债务问题的化解靠的是持续增长。二是银行坏账率的上升也会导致政府杠杆率的攀升。因此，加强监管，规范地方政府行为，减少道德风险，清理僵尸企业，扼制坏账率上升，也是控制政府部门杠杆率攀升的重要途径。

（三）主权资产负债表视角

从图13我们可以看出，2000~2015年，中国主权负债从19.3万亿元上升至126.2万亿元，上升5.5倍；中国的主权资产也同步增长，从35.9万亿元上升至229.1万亿元，上升了5.4倍。这样，中国政府所拥有的资产净值在该段时期显著上升，从16.5亿元上升到102.9万亿元，上升了5.2倍。需要说明的是，以上主权资产都是按宽口径估算的。如果考虑

[①] 国家金融与发展实验室、国家资产负债表研究中心研究报告：《去杠杆：数据、风险与对策》，2016年8月31日。

到行政事业单位国有资产变现能力有限以及国土资源性资产使用权无法全部转让的情况，我们再进行一系列抵扣，得到窄口径主权资产净值就会小得多。2016年，窄口径主权资产净值仅为20.7万亿元，其中国有企业权益占了很大比重。

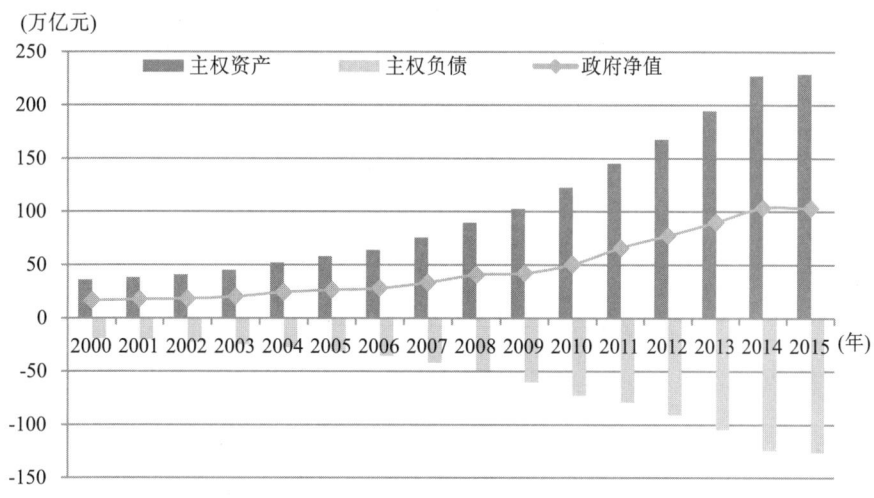

图13　中国主权资产/负债及政府净值

资料来源：Wind数据库，CEIC，课题组估算。

无论宽口径还是窄口径，中国的主权资产净额为正，表明中国政府拥有足够的主权资产来覆盖其主权负债。因此，相当长时期内，中国发生主权债务危机的可能性极低。但是，包括养老金缺口、银行显性和隐性不良资产在内的或有负债风险，以及后融资平台时代地方政府新的或有负债风险值得关注。

综合以上三个维度，从利息支付角度，未来利息负担可能有所加重，从而不利于债务的可持续性。从政府债务率看，中期仍然处在一个不断上升的态势，也意味着债务风险在上升。但结合国家资产负债表，一方面，政府资产也在不断上升；另一方面，如果政府创新配置资源方式，即通过大幅度减少政府对资源的直接配置，更多引入市场机制和市场化手段，提高资源配置的效率和效益，则政府应对风险的能力在上升，从而债务的可持续性得以保障。

从政策应对角度：一是要坚决去企业杠杆，使之处在一个相对稳健的水平（OECD标准是低于90%，中国作为发展中国家以及融资结构的差异,企业杠杆率或可以略高于这一水平)。二是优化融资结构,加强影子银行监管,千方百计降低社会融资成本,使金融更好地为实体经济服务。三是区分好杠杆与坏杠杆,使高效率企业杠杆率保持平稳和上升,低(无)效率企业有序退出市场,释放生产性资源,提高全社会的生产效率。四是大力推进供给侧结构性改革,释放改革红利,促进经济持续稳定发展,这一条是化解危机、保证债务可持续性的根本。

(本文完成于2017年初,修订于2017年7月24日)

中国究竟是去杠杆还是稳杠杆

李迅雷[*]

一、中国经济的"脱实向虚"现象

2016年的中央经济工作会议强调要着力提振实体经济，那么中国经济能否脱虚向实呢？从实业层面来看，如果实体企业的盈利状况没有得到根本改观，那么，投资实业的意愿将难以提升。从地方政府层面来看，金融业已成为拉动GDP的重要动力，地方政府有动力以各种优惠政策鼓励金融业的发展。从总体来看，货币的超发并没有给中低收入群体带来收入水平的大幅提升，故总需求不足将是一个长期问题，"虚"的需求旺盛，而"实"的需求不足。因此，要实现经济的"脱虚向实"，需要一场类似美国次贷危机那样的挤泡沫风暴。

（一）从实业层面看经济脱实向虚现象

从理论上讲，在其他条件不变的情况下，如果经营成本上升，则盈利就下降。统计数据表明，2007年以来中国低收入群体的薪资增幅要高于中高收入群体，这表明劳动力成本呈上升趋势，一方面是因为农业转移人口数量的减少（2010年达到峰值），另一方面是劳动年龄人口数量的减少（2011年达到峰值）。此外，土地成本、环保成本等都在上升，也使得经营成本进一步上升。企业为了应对盈利下降，一般有两种方式：一是转行，脱实向虚，投资房地产或金融；二是加杠杆，扩大生产规模，薄利多

---

[*] 李迅雷，中泰证券旗下齐鲁资管首席经济学家，中国首席经济学家论坛副理事长。

销。民企一般多选择前者,因为民企的融资成本高,难以加杠杆,且船小好调头。国企则多选择后者,因为融资成本相对低,且又要担负起稳增长的任务;另外一个原因是国企中的"僵尸"企业多,靠银行贷款才能存活。根据国资委的数据,2016年1~10月,国有企业(不含金融企业)利润总额19 197亿元,同比仅增长0.4%,负债总额86.5万亿元,同比增长10.4%。可见,国有企业负债的增长幅度要远超利润的增幅,资产负债率水平仍在上升。

例如,仅国企的杠杆率(负债/GDP)就达到114%,若加上民企的负债规模,中国企业的总体杠杆率水平是美国的两倍左右,应该是全球最高了。按中央财经工作领导小组办公室(简称中财办)杨伟民副主任的说法,每年的利息支出就要超过4万亿元,相当于2015年中国的GDP增量部分。

那么,有什么办法来降低企业债务水平呢?现在提到的办法之一是债转股,但国企86.5万亿元债务中,究竟能转出去多少呢?此外,还要考虑到债务的增长迄今仍超过两位数。这是一道简单的算术题,初步结论是今后企业的杠杆率水平还会继续上升,不过,上升幅度会有所下降。

这也说明,只要经济增速仍在回落,实体企业的盈利状况没有得到根本改观,那么,投资实业的意愿也难有提升空间,脱实向虚的基本趋向很难改变。

(二)从地方政府层面看脱实向虚现象

从2016年前三季度GDP初步核算结果来看,金融业的增加值占GDP总量的8.8%,而美国不足7%,日本只有5%。这也是中央政府对脱实向虚的担忧所在,如银行的利润总额要占到所有上市公司利润额的50%以上,还不包括其他金融企业的利润。既然金融的占比如此之高,金融资产的泡沫如此明显,为何不去抑制金融的发展呢?

从地方政府的行为看,不仅不去抑制金融业的发展,还制定多种优惠政策来引进金融企业,通过给地给楼、退税、给户口等手段竞相吸引金融企业落地,这显然不像是脱虚向实的做法。这些年来,我国号称要建成国际、国内金融中心或中部、西部金融中心的城市数不胜数,且城市内的各区也要竞相发展金融,这或与中央对地方政府的考核有关,因为金融业来钱快，不仅可以拉动当地的 GDP，而且还能增加税收，何况发展金融业还有利于节能减排指标的完成。

这些年来，凡是税收增长快的城市，绝大多数靠金融和房地产，如上海的 GDP 增速与全国同步，但财政收入增长大约是全国的 4 倍左右。既然要考核地方政府在稳增长方面的政绩，地方政府势必会想尽各种办法来增加 GDP，金融业相对不受气候和地理环境的限制（尽管金融业很具有地域性），且地方政府投入不大，这也是各地竞相要建金融中心的原因。

从全国层面看，这两年来证券与房地产交易都非常活跃，2015 年股票加杠杆，导致中国股市的交易量约占全球的 1/3；2016 年买房加杠杆，居民新增房贷规模几乎是 2015 年的两倍。股市和楼市不仅交易异常活跃，泡沫化程度也很高，早在 2014 年的中央经济工作会议上就提出高杠杆、泡沫化现象，如今两年过去，泡沫化程度更高了。既然如此，为何不能像美国等发达国家一样推出资本利得税和房产税呢？

20 世纪 80 年代末的时候，我国台湾的股票交易异常活跃，一天的最高成交量记录为 76 亿美元，是当时纽约交易所和东京交易所交易量的总和，1988 年台湾当局试图推出资本利得税，导致股市暴跌，资产泡沫破灭，之后只得取消征税计划。如今，台湾的资本利得税还是推出了，交易就变得很清淡，当地券商苦不堪言。

而中国当前无论准备推任何一项改革，都必须守住稳增长和不发生系统性金融风险这两条底线，按本人愚见，这也是稳中求进的内涵。如果资本利得税和房产税的推出不会导致股价和房价的悬崖式下跌，那就早应该推出了，但谁也不敢保证不出问题。但经济社会问题的解决方案，不像物理或化学问题可以通过实验室来解决。资本利得税和房产税越是不敢出台，资产泡沫就越大，脱实向虚的趋势就越难逆转。

（三）从金融层面看经济脱实向虚现象

1996 年中国的 M2 规模才 7.5 万亿元左右，股市的规模也很小，即便股市换手率全球第一，对国内外经济的影响都不大。但如今 M2 达到 153 万亿元，是 20 年前的 20 倍，股票总市值也成为全球第二，但实体经济的增幅并没有那么大，这是导致货币泛滥的根本原因。

货币泛滥是由多种原因造成的，中国政府部门和企业部门对银行的负债，对应的是银行的资产，但银行的资产又对应着对储户的负债，简言之，总负债越大，总资产越大，理财和资产管理的需求也越大。政府和企业除了对银行负债外，还通过发债的方式对全社会负债，当前债券余额已经超过62万亿元，估计全社会的总负债占GDP比重大约在250%~270%之间，故资产证券化的需求也很大。

对中国的居民部门而言，估计有理财需求的资产也超过100万亿元，其中很大一部分是银行储蓄，今后居民部门还需要改变资产配置的结构，即要减少房地产的配置比例，增加金融资产的配置比例，尤其是海外金融资产配置过低、权益类资产配置过低，这与中国作为货币规模第一大国的地位很不相称，同时也意味着金融产品的发展空间还很大，实物产品的产能过剩，虚拟产品的供给不足。

在稳增长的既定条件约束下，估计今后几年M2的增速和信贷增速仍需维持在10%以上，也就是实体经济的规模扩张要远低于虚拟经济，因为实体经济的繁荣要靠需求来推动，目前是供给过剩。尽管供给侧结构性改革可以改善供给，但由于货币的超发并没有给中低收入群体带来收入水平的大幅提升，故总需求不足将是一个长期问题。M2的增长部分大多落到了高收入群体中，这也是脱实向虚趋势难以改变的主要逻辑，即货币泛滥不仅带来"虚"的需求大增、供给不足，而且还导致"实"的需求不足而供给过剩。

总之，如果不来一场类似美国次贷危机那样的去杠杆、挤泡沫风暴，中国经济脱实向虚的现象恐怕仍将延续下去，尽管笔者真心希望中国在今后几年可以通过改革来逐步化解金融风险，让资产泡沫渐渐消退。

二、"脱虚"未必"向实"

过去5年，国内金融业过度扩张，全社会杠杆率大幅上升，金融业增加值占GDP的比重超过美国、欧盟和日本，因此，引导经济脱虚向实符合逻辑。但是，"脱虚"是否就能"向实"呢？社会经济运行的轨迹并非"非此即彼"这么简单，去杠杆究竟会对实体经济产生哪些影响，需要深思。

(一) 回报率高低决定虚与实之间的比重

这些年来，我国货币体量膨胀得惊人，中国银行业在国际化程度不高的情况下，就已经成为全球第一大行，巨量货币在金融同业间空转，经济脱实向虚的现象十分明显。为何越来越多的资金聚集在金融体系内空转，而不愿投向实体经济呢？这显然与实体经济投资回报率偏低有关。资本总是逐利的，无利可图的买卖谁愿参与呢？

根据国家统计局数据，2017年1~4月全国规模以上工业企业实现利润总额22 780亿元，尽管在2016年较低的基数上同比增长了24%，但与其105万亿元的总资产相比，利润回报率还是偏低。

从制造业的投资增速看，2017年1~4月只增长了4.9%，说明经济回升的力度非常有限，尽管前4个月基建投资增速高达23%。如果没有基建投资的高增长和房地产投资的坚挺，经济增速会大幅回落，而基建投资主要依靠政府的巨量财政支出，不可能长期持续下去；房地产投资取决于销量，从中长期看，销量也会回落。

当前肯定是去杠杆的一个适宜的"时间窗口"，因为从2016年下半年开始，我国经济进入短期上行期。金融去杠杆正是始于2016年下半年，货币政策逐步收紧，债券收益率上行，如前不久财政部续招标发行的3年、7年期固息国债，加权中标收益率分别为3.6739%和3.7250%，均高于此前市场预测均值3.64%和3.67%。此外，7年期国债收益率高于10年期国债，主要是强监管背景下受市场流动性不足及市场配置力量趋弱的影响。

由于利率水平抬升，2017年债券融资的规模也大幅缩减，同时由于股市低迷，股权融资的规模也难上行，这些都给实体经济带来了融资难、融资贵的困扰。因此，去杠杆和加杠杆一样，都是一把双刃剑：货币政策宽松导致利率下行，利率下行有利于提高投资回报率，也诱发企业和居民加杠杆，杠杆率上升加大了系统性金融风险，因此就要去杠杆——货币收紧——利率上行——投资增速回落——经济下行。

由此可见，金融去杠杆与市场利率稳定很难同时实现，即便实现了，也难以保证经济增速不下行，因为中国经济已经从高增速步入中速增长阶段，中速增长阶段的特征就是第一、第二产业比重下降，服务业比重上升,故要增加"实"的难度很大。

其实,不仅是中国希望脱虚向实,美国总统特朗普提倡贸易保护的逆全球化策略,以及其前任总统奥巴马当初推动的"再工业化",实质都是希望美国经济能够脱虚向实以保障充分就业,即增加第二产业的比重——但这同样难以实现,因为制造业全球化的分工及各国所处的不同经济发展阶段决定了各自产业定位。

(二)追本溯源:经济增速下行诱发金融膨胀

当大家都在分析经济脱实向虚的危害时,却很少反问为何会出现向虚的现象。实际上,导致经济向虚正是因为经济稳增长之要求,如这些年来社会融资额增速一直维持两位数,固定资产投资额增速也居高不下,其中基建投资增速更是在20%左右,就是为了实现稳增长而付出的代价。

为了降低实体经济的融资成本,自2014年第四季度开始,央行不断降准、降息,在金融创新和金融混业化的背景下,加杠杆导致金融业增加值占GDP的比重明显上升。从2016年初开始,央行降低居民购房的首付比例,同时下调房贷利率,这又导致楼市加杠杆,当年房地产销量创下历史新高,居民房贷占四大行新增贷款的60%以上。因此,2015年和2016年这两年,实际上是全民参与的加杠杆活动。

对于地方政府而言,发展房地产是获得土地财政收入的重要手段,建设区域金融中心则是开展招商引资的竞争手段,房地产和金融业的繁荣既可以拉动相关产业的发展,又可以促使本地在GDP锦标赛中获胜。

无论是大众创业、万众创新,还是"一带一路";无论是PPP,还是"铁公基";无论是稳增长,还是降成本,这些都离不开金融的支持,目标越宏大,金融支持的力度就越大,提供支持的时间越久,货币扩张的边际效应越低,这就是这些年来经济不断脱实向虚的原因所在。也就是说,在潜在经济增速下降的情况下,为了经济稳增长,就得有更大的融资投入,就会有更多的资金脱实向虚,从而引发杠杆水平上升及金融泡沫。

因此,经济脱实向虚,既有投资回报率下降的原因,导致实业投资意愿降低,更是因为投资回报率下降后,需要降低融资成本,需要通过政府投资来刺激需求,这势必导致金融的扩张。此外,由于金融领域的投资回报率和资金流动性远高于实体经济领域,资本趋利的结果必然是选择金融投资,因为存在政府隐形信用背书,刚性兑付使得金融业的收益风险比更高。

三、去杠杆:这次真的不一样吗

早在 2014 年,中央经济工作会议就提出:"从经济风险积累和化解看,伴随着经济增速下调,各类隐性风险逐步显性化,风险总体可控,但化解以高杠杆和泡沫化为主要特征的各类风险将持续一段时间,必须标本兼治、对症下药,建立健全化解各类风险的体制机制。"由此可见,去杠杆的目标在 2014 年就提出来了,那为何在 2015~2016 年两年实施的力度不大呢?可能与当时的经济增速下行压力偏大有关。

为了应对经济下行压力,政府先后采取了多种举措,使得 2015 年股市和 2016 年楼市相继火爆,从而导致居民和金融机构杠杆水平上升,因此,从 2016 年第四季度开始,金融监管和去杠杆的力度明显加大,这与经济增速回升也不无关系,即加强金融监管终于等到了一个适宜的时间窗口。

记得上一轮去杠杆是在 2010 年,也是经济增速回升的第二年,同样可以视为加强监管的一个时间窗口:2010 年 8 月,国务院发布了《国务院加强地方政府融资平台公司管理有关问题的通知》,就加强地方政府融资平台公司管理作出具体部署,要求各地财政部门在 10 月 31 日前上报地方融资平台公司债务清理核实情况。

2013 年又是经济走稳的一年,7.7% 的 GDP 增速与上年持平。2013 年上半年也出现过央行为整治银行"非标"产品的去杠杆行动,但终因发生了"钱荒"半途而废。2015 年下半年股市"两融"业务去杠杆,创新业务的步伐大大放缓。因此,去杠杆可以说一直在路上,只是力度不够大。

2017 年第一季度,我国 GDP 增速达到 6.9%,经济增速的回升始于 2016 年第四季度,这为再一次大力度去杠杆提供了绝好的时机。2017 年前 4 个月,包括土地拍卖收入、国企利润、社保和一般性预算收入在内的财政收入增速明显高于 2016 年,基建投资和房地产投资增速也继续上升,这种背景下去杠杆对经济增速的影响不大。

因此，多数观点认为，本轮金融监管力度的增强以及去杠杆将与过去不一样，因为现在资产泡沫越来越大、社会债务越滚越大，已经到了非解决不可的边缘，故无论是力度还是时间上都将比过去更加严厉和持久。这确实是本次去杠杆的与众不同之处，的确不一样。

即便如此，我们仍需对这轮监管趋严进行客观的评判，毕竟"这次不一样"的政策预期每年都会有，但实施的结果却往往大同小异。

就改革与经济增长的关系而言，可以至少分为三种模式：第一种模式——改革先行，可以容忍经济硬着陆；第二种模式——先稳增长，在稳增长和不发生金融危机的前提下推进改革；第三种模式——只求经济稳增长，不推进改革。我国目前推进的显然是第二种模式，即稳中求进。

"稳中求进"是过去6年来的总基调，即稳增长和推进改革、加强监管之间不可偏废。因此，在这轮去杠杆过程中，决策层势必会充分考虑去杠杆对经济增速带来的滞后影响，同时，也会考虑基数过大和人口老龄化带来的经济增速自然回落的影响。此外，还要考虑为防范金融风险所采取的举措会否致使泡沫破裂而造成的危机。

如果根据稳增长和防风险这两条"底线思维"来思考金融监管的力度，恐怕就毋须给出监管力度过高的预期。因此，这轮去杠杆与过去相比，既有与过去"不一样"之处，又有似曾相识的特征，即持续时间会更长久，但力度则会相对温和，会竭力避免发生资产价格"大起大落"的结局。

如此看来，对虚拟经济不用太悲观，投资上可以运用辩证逻辑——跌多了会扶持，涨多了会打压；对实体经济不要太乐观——经济潜在增速的下行势不可挡。

四、去杠杆：美日镜鉴

谈到日本的经济问题，人们一般会惯性地想起日本在20世纪90年代初的资产泡沫破灭和经济硬着陆，以及"失去的20年"。但大家对日本经济"失去20年"的原因看法不一。反观美国，2008年史无前例的次贷危机后，仅仅7年后经济就呈现强劲复苏之势。当前，中国正面临金融监管加强和金融去杠杆的紧迫任务，如何借鉴日美经济的去杠杆经历，来选择中国式去杠杆的可行路径，已经成为非常现实的问题。中国经济更现实的选择是稳杠杆和转杠杆，重点通过金融监管体制和激励约束机制改革，降低金融部门的杠杆率，以此来带动国企和地方政府降杠杆。

（一）杠杆过度往往会引发金融危机

杠杆率的波峰波谷往往同一个国家的兴盛衰退紧密相连。总体看，高而稳定的杠杆率水平并不一定意味着高风险，而需要引起注意的是快速增长的杠杆率。杠杆率判定上有一种"5-30规则"，认为在5年的时间内，若以一国信贷规模与GDP之比为代表的杠杆率水平增长幅度超过30个百分点，之后该国就会迎来一轮金融危机，这一规则已被多次验证，如1985~1989年的日本经济、1993~1997年的泰国和马来西亚经济、2003~2007年的美国经济等。

那么高杠杆是如何引发金融危机呢？杠杆率过高往往会导致负债方的付息偿债压力过大而无法维持，从而出现违约、破产清算或重组的情况。当较多企业出现债务问题，大面积的违约和清算将触发费雪的债务-通缩多米诺骨牌，引发大规模廉价抛售、资产价格下跌、通货紧缩、失业率上升、实际利率上升等一系列连锁反应，从而引发金融危机。

（二）美国走出次贷泥潭得益于成功去杠杆

2008年次贷危机导致美国经济硬着陆，但经过一系列政策手段，美国通过政府加杠杆，来帮助居民和企业缓慢去杠杆。从目前美国经济指标来看，美国的去杠杆进程是成功的，失业率低，通胀稳定，经济增长较快，2015年、2016年实际GDP增长分别达到2.6%、1.6%。

1. 危机前美国杠杆率高企的原因

金融危机之前，美国经济杠杆率不断上升。从监管缺失角度看，金融监管的欠缺导致美国金融创新过度、评级与风险偏好失真，过于宽松的按揭贷款政策使得美国家庭负债率水涨船高。从资产泡沫角度看，危机前房地产价格的快速攀升导致了市场形成资产价格上涨的单向预期，持续推动了以获取资产增值收益为目的的信贷投资需求扩张。

在上述因素的影响下，金融危机前美国各部门杠杆率上升迅速。一是家庭部门的杠杆率不断上升。2001~2007年，美国家庭部门杠杆率提高了 24.2 个百分点,这一期间美国家庭消费倾向明显上升,美国家庭债务与可支配收入的比率从约 90% 升至 120% 以上。在房地产资产和按揭贷款带动下,家庭部门总资产亦出现较明显的增长,房价与租金比例显著高于平均水平,资产泡沫快速形成。

二是金融部门高杠杆运行。金融机构杠杆率从 2001 年的 13.3 倍提高到了 2008 年的 23.6 倍。美国家庭和政府部门的过度借贷和高杠杆都是通过金融部门实现。金融市场的高杠杆集中体现在以投资银行为代表的金融机构的运营上。以高盛为例,其 2007 年末财报披露的财务杠杆为 26.2 倍;雷曼在破产前杠杆倍数达到 37 倍。

三是非金融企业杠杆率上升明显。2003~2007 年非金融企业杠杆率提高了 10.8 个百分点,2007 年非金融企业杠杆率达到 72.7%。

四是政府债务不断累积。2001~2007 年,美国政府部门杠杆率提高了 9.6 个百分点。由于布什政府推行减税和增加开支的政策,美国的财政预算自 2002 年开始一直为赤字状态。2007 年美国政府财政赤字占 GDP 比重达到 4.9%,联邦政府负债占 GDP 比重达到 55.6%,州和地方政府负债占 GDP 比重达到 24.7%。

2. 美国去杠杆的政策举措

在次贷危机时期,为了避免金融市场流动性困难,降低家庭部门和金融机构的债务压力,美国政府采取了一系列创新财政货币手段和逆周期的政策举措。

一是美联储通过资产购买计划,持续向市场提供流动性,以应对次贷危机引发的大规模信贷紧缩,修复货币传导机制,扩张信用,帮助金融机构和家庭部门平稳降低杠杆率。第一,启用短期招标工具(TAF)、一级交易商信贷工具(PDCF)、定期证券信贷工具(TSLF),分别向存款金融机构和一级交易商提供流动性。第二,启用资产支持商业票据货币市场共同基金流动性工具(AMLF)、商业票据融资工具(CPFF)、货币市场投资者融资工具(MMIFF),分别向存款类金融机构和银行控股公司、票据发行人以及货币市场投资者提供流动性。第三,启用中长期证券购买计划、定期资产支持证券信贷工具(TALF),向房利美、房地美、联邦房贷银行、持有资产支持证券(ABS)的美国企业和投资基金提供流动性。

二是政府部门通过加杠杆,大幅提高预算赤字,实施大规模的经济刺激计划以提振总需求。通过《美国复苏与再投资法案》，从2009年开始的10年间投入7 872亿美元，用于减税、政府财政纾困，以及健康医疗、教育科研、交通运输和房屋城市发展等领域的投资。2009年美国政府预算赤字达到创纪录的1.42万亿美元，占GDP比重升至10.1%的最高水平。同时，美国政府积极采取增长导向的减税政策，例如允许企业冲销固定年度的资本性投资；对中小企业实行税收减免、投资优惠、雇佣奖赏等。这些政策鼓励了企业在美投资，既有助于创造就业，也能扩充资本存量，支持经济增长。

三是美国政府和联邦存款保险公司（FDIC）积极帮助企业解困。2009年美国国会授权美国政府，使之有权决定托管或接管陷入困境的金融机构，然后对它进行有效和有序的重组，即通过出售或转移出现问题的金融机构的资产或债务，或者就金融机构的合同进行重新谈判，以及处理金融衍生产品投资等途径，防止了金融机构资产负债状况进一步恶化。FDIC也将处置对象从濒临破产的金融机构扩大到受危机影响严重、经营压力较大的金融机构。FDIC通过积极对收购问题贷款的投资基金进行担保，以及出台临时流动性担保计划，致力于解冻信贷市场、清理银行体系资产负债表、协助处置高风险大型复杂金融机构等。美财政部也通过担保债权、提供再融资等方式帮助通用汽车公司成功实现重整，避免了破产。

美国政府和FDIC的各种紧急救助措施和长期安排，逐渐推动美国金融和非金融部门业务发生了重大结构性调整，在去杠杆化方面取得了进展。

3. 美国去杠杆政策效果显著

一是美国家庭部门去杠杆成效显著。2015年美国家庭部门杠杆率从高峰期降低了18.6个百分点；美国失业率也从2009年10月金融危机时的最高失业率10.0%下降到了2017年4月的4.4%。

二是美国金融机构降杠杆效果显著。金融机构杠杆率从高峰期的23.6倍降到了2015年的12倍。从资产端来看，美国金融部门信贷资产由2008年高峰值的25.8万亿美元一直回落，与GDP之比由2008年的1.75一直下降至2015年的1.30。

三是美国非金融企业杠杆率小幅下降，由2008年的72.7%骤降至2011年的66.3%，随后一直呈上升趋势，2015年已反弹至70.9%。非金融企业杠杆率的走势体现了金融危机时期最低效的企业会被彻底淘汰出局，市场迅速出清，资源重新配置到效率高的企业。

四是美联储和美国政府部门加杠杆明显。一方面，量化宽松政策的实施使得美联储资产负债表规模较2008年危机爆发前膨胀了4倍多，超过4万亿美元；另一方面，美国政府杠杆率较2007年大幅提升39.4个百分点，杠杆率达到100%。债务的增长主要来自联邦政府州和地方政府负债相对平稳。

（三）日本去杠杆的前车之鉴

日本经济去杠杆过程曲折。1990年日本经济泡沫破灭以来，不同于美国的去杠杆路径，日本金融部门和非金融部门去杠杆过程非常缓慢，整个去杠杆过程从1990年直到今天仍在继续，并且还未出现强有力的触底反弹倾向。非金融企业杠杆率和资产负债率、金融企业杠杆率均显著高于美国水平。后果就是市场不能有效出清，难以实现资源的重新配置，再加上人口老龄化严重，最终导致日本经济增长乏力，长期处于债务通缩阴影中。

1. 日本杠杆率攀升原因

与美国杠杆率高企的原因相似，20世纪80年代后期，日本金融监管体制尚不完善，政府为了提高通胀率，防止日元升值，持续实施了宽松的货币政策。金融机构向股票市场和房地产市场提供大量的流动性，导致金融部门杠杆率高企，推动投机热潮高涨。1990年，日本家庭部门的杠杆率达到峰值70.6%，而美国同期仅为60.3%。1990年日本金融部门的杠杆率因为数据原因无法得到，但是1990年日本非金融企业的杠杆率达到143.8%，而美国同期仅为63.1%。

2. 日本去杠杆进程一波三折

1990年日本经济泡沫破灭，日本股票价格和土地价格深度调整，金融市场深受打击，并且波及实体经济。企业压缩投资、减支裁员，银行紧缩信贷，家庭消费低迷。日本政府一方面通过不断提高财政赤字扩大总需求，动用公共资金救助国内金融机构；另一方面通过扩张性的货币政策，降低利率，提高货币供应量，但总体收效甚微，经济持续低迷。

1990~2015年，26年间日本家庭部门杠杆率从70.6%下降到61.7%，杠杆水平已经较低；但非金融机构杠杆率从143.8%下降到94.3%，杠杆水平仍然较高。究其原因，既有泡沫经济破灭后"僵尸"企业的存在和企业总体资产负债严重失衡阻碍了资源再配置的原因，又有人口老龄化、持续通缩导致劳动供给减少和有效需求不足的原因。

其中，因为非金融企业部门去杠杆进程缓慢，相对应的银行不良率一直处于高位，银行利润被侵蚀。直到2001年，日本政府强制要求主要银行加快不良债权的处理进程，才最终推动银行不良率明显下降。整个日本银行业的不良率从2001年4月的10%下降到了2006年3月的3%。

此外，快速的人口老龄化不仅降低了劳动力供给与国内需求，而且增加了财政负担。日本政府杠杆率不断攀升，已处于OECD国家最高位，每年政府预算的近1/3用于社保相关支出。

五、中国将如何去杠杆

（一）美日模式给我国的启示

美国和日本同样是去杠杆，结局却如此不同。美国的去杠杆过程是剧烈的、惨痛的，可以说是以经济硬着陆为代价的，但往往这种形式的去杠杆对于经济来说也是最高效的，伴随着各部门去杠杆的推进，市场快速出清，资源重新配置整合，推动经济快速复苏。日本与美国形成鲜明对比，日本金融部门和非金融部门去杠杆过程持续二十多年，也难言成功，结局是经济的持续低迷和政府的债务高企。

相较而言，我国非金融企业杠杆率近年快速上升，从2006年的106.5%上升到了2015年的162.8%，上升幅度高达56.3个百分点。这一水平已经高于日本1990年143.8%的峰值。此外，如果用我国其他存款性公司"总资产"与"实收资本"的比值来代表金融机构杠杆率的话，其水平已经从2006年的33.7倍增加到了2016年的49.1倍。我国去杠杆形势严峻，如果政策模式选择出错，就有可能走向日本的老路。

（二）中国究竟是去杠杆还是稳杠杆

从美国和日本去杠杆的案例看，实质上都是通过危机和危机后的应对举措来达到去杠杆的目标。共同的特点是，金融企业、非金融企业和居民部门的杠杆率都下降了，但政府部门的杠杆率都在不断上升。相比之下，中国因为没有爆发危机，故去杠杆的难度更大，因为资产泡沫不破，各方利益主体会与决策者博弈，力求避免因去杠杆而带来利益受损。

虽然近期金融监管趋于严厉，金融机构已经感受到降杠杆的压力，但我国治国理政总原则的底线是稳增长和不发生系统性金融危机，所以我们无法采纳美国式的迅速市场出清模式；但任由杠杆继续攀升，极易陷入日本20世纪90年代的困境，非金融企业债务过重而且长时间无法恢复元气。

去杠杆作为经济结构改革的一个重要内容是非常有必要的。但在操作层面，必须了解哪些杠杆要去、哪些杠杆要稳、哪些杠杆要加。基本判断是：政府部门的杠杆要加，否则经济矛盾就会凸显；金融企业和非金融企业要去杠杆，居民部门则要稳杠杆，三者加总后看，中国经济能实现稳杠杆就非常不错了。

首先，中国政府债务对GDP比率到2015年为39.4%。加上地方政府负有担保责任的债务和可能承担一定救助责任的债务，2015年全国政府债务的杠杆率上升到41.5%左右，到2020年应该会超过50%。政府部门的杠杆率水平低于欧盟60%的预警线，也低于当前主要经济体。

因此，中国目前政府部门的杠杆率水平与发达国家相比并不算高，但与中国经济社会的发展阶段相比还是偏高了。但无论是美国的经验还是日本的经验，政府部门的杠杆率水平都在提升，而中国随着人口老龄化问题的越来越严峻，政府的财政支出会超常增长，即今后中国政府部门的杠杆率水平将会越来越高。

其次，如前所述，中国非金融企业部门的杠杆率水平几乎是全球最高的，必须去杠杆，如中国非金融企业的杠杆率超过美国的两倍。可以采取的对策是：

一是减少产能过剩行业的产品供给，通过价格传导支撑这些企业盈利，同时加强政府预算约束与银行信贷流向控制，避免信贷资金继续流向这些行业。去产能和压缩产量政策需要有延续性，避免反弹。

二是推动国企治理和混合所有制。根据国资委提供的数据，国有及国有控股企业的杠杆率平均水平大约为66%，普遍高于民营企业，要从管理层面降低企业的借贷冲动,切实提高企业生产效率和创新能力。要逐渐清理资不抵债、营利性差的"僵尸"企业。

三是有序降低金融机构杠杆率。美日金融危机的爆发都有金融监管欠缺的原因,但监管用力过猛又有可能引发危机,所以应该逐步推动,减少资金空转需要有政策耐心。此外,金融机构降杠杆可能首先挤出民企的信贷资源,所以需要以"有松有紧,区别对待"的方针调节信贷流向。

此外,对金融企业的去杠杆必须持续推进,因为中国金融业对GDP的贡献过大了,2016年达到8.3%,超过美国、日本和英国的相应水平,这也是中国经济脱实向虚的典型表现,如银行的表外业务、金融机构的同业业务和民间理财业务等,这些年来都空前繁荣,同时也隐含了巨大的系统性风险。金融机构去杠杆,实质上也有利于企业和政府部门去杠杆,尤其是国企和地方政府去杠杆,如2016年银行业总资产增加了33万亿元,其对应的很大一部分就是国有企业和地方政府的负债。

最后,居民部门必须要稳杠杆。2016年居民部门的杠杆率估计上升了近10个百分点,在50%左右。保守估计,即便在目前严控房贷的情况下,到2020年,居民部门的杠杆率水平也将达到或超过60%,这就等于当前日本的水平了,而日本社会的居民信用高度发达,中国与之差距巨大,这意味着未来居民债务违约风险大幅增加,故居民部门必须稳杠杆,即对居民房贷要采取更加严格的手段去控制。

六、金融去杠杆才是重中之重

相对低的经济增速与较高的货币增速,必然导致杠杆率不断上升。杠杆率有它的极限,这就决定了持续宽松的货币政策或积极的财政政策不能持久用下去。正是基于对系统性金融危机的担忧,从2016年下半年开始,我国金融监管力度明显加大。以银行表外业务为例,在2007~2015年的8年中,银行理财产品余额每年的增速几乎都维持在50%以上,但2016年增速不足25%。此外,很多金融创新类项目被搁置,股票发行注册制和上海战略性新兴板被延后。

综上所述,假定2016年全社会总债务率为260%左右,如果非金融企业部门的杠杆率能够从目前的160%以上降至2020年的140%,同时政

直面金融风险

府与居民部门的杠杆率水平合计至少要提升20%，那么，至2020年全社会的杠杆率水平能够维持与目前差不多的水平已经很不错了。

从国际经验看，如果经济不出现硬着陆，则要让全社会的杠杆率水平降下来的难度非常大，如我们既要稳增长，又要保就业，投资增速就很难降，故企业杠杆率的下降难度就很大；一旦出现诸如股市大跌之类的事件，在多方博弈之下，金融机构降杠杆的进程也得放缓。如果总是一味去谋求"无痛疗法"，最终则不得不接受更大的痛苦。

［本文由本书编者根据作者微信公众号 lixunlei（ID：lixunlei0722）的文章《中国经济将脱虚向实吗》（2016年12月19日）、《中国究竟是去杠杆还是稳杠杆?》（2017年5月16日）、《脱虚未必向实 这次去杠杆真的不一样吗》（2017年5月30日）整合而成］

加货币与去杠杆

张曙光　张弛[*]

一、加货币

进入21世纪第二个十年以来，中国经济一直呈现回落走势。2015年比2010年GDP增长率下降了3.5个百分点，跌幅超过33.65%；工业增加值的增长也从高于GDP而变成低于GDP。

由于经济下行，稳增长成为宏观经济运行的主要目标和主要任务，为此政府出台了一系列政策。由于国际金融危机影响的持续，世界经济处于低迷状态，贸易出口大幅下滑，而国内消费虽然相对稳定，但比重较低，其提升有待于一系列体制问题的解决，于是增加投资就成为稳增长的主要抓手。虽然投资的增长也逐渐趋缓，但始终高于GDP增长的30%~50%。

为了稳投资和稳增长，加货币成为主要手段。虽然稳健货币政策的说法未变，但其具体操作却不断地渐趋宽松，降息降准以及加大公开市场操作成为货币政策的主调。2011~2015年，连续降准10次，存款准备金率下调了5个百分点；2015年降息4次，到了现在，1年期存款利率为1.75%，实际利率已经变成负值。

2016年以来，央行加大了公开市场操作的力度，交替使用长、短期流动性调节工具，向市场补充流动性。3月1日，又普遍下调金融机构人民币存款准备金率0.5个百分点，向市场释放货币宽松信号。因此，形成货币过度扩张的态势，M2、M1分别增长13.4%和22.1%，新增贷款破

---

[*] 张曙光，中国社会科学院经济研究所研究员、博士生导师；张弛，中国政法大学商学院副教授。

纪录，1月份达2.51万亿元，第一季度达4.61万亿元。此举招致社会批评，第二季度稍有调整，又出现较大波动。6月末，M2余额达149万亿元，M2和M1分别增长11.8%和24.6%，差距继续扩大，上半年新增贷款7.53万亿元。总体来看，货币依然宽松。

二、高杠杆

在经济增长不断趋缓而货币供给不断增加的情况下，中国M2与GDP的比率不断增加，2015年达到205.7%，远远超过全球样本的平均水平，只比日本（240%）低。有人利用跨国面板数据进行统计分析，发现人口结构、收入水平、贸易规模、政府规模、汇率制度等变量只能解释中国M2/GDP比率的120%左右，也就是说，按照国际标准，这一比率中60%属于货币"超发"。不少人将此作为度量经济杠杆率的指标，其实未必恰当。一是这一指标与金融结构有关，以间接融资为主的国家相对较高，以直接融资为主的国家相对较低，英国150%，美国90%。二是M2为存量，GDP为流量，二者并不可比。三是扩大货币和增加贷款是加杠杆的前提，而杠杆率的高低取决于很多因素，与货币增减并无直接和必然联系。但我国的情况似乎并不如此。

在宏观分析中，衡量杠杆率最常用的指标是非金融部门（包括政府、居民和非金融企业）负债与GDP的比率。根据国际清算银行的数据，中国2015年6月为244%，与美国、欧元区和韩国差不多，但是，非金融企业的比率却高得多。据中国社会科学院和国际清算银行的测算，2015年非金融企业债务与GDP的比率分别为156%和166%，存量债务余额约102万亿～122万亿元，远远高于美国（71%）、日本（102%）、韩国（105%）和印度（50%）。

在微观分析中，最重要的指标是资产负债率（负债/资产）或者资本负债率（负债/权益）。因为，对于任何债务来说，最大的风险是违约风险。根据吴晓灵的分析，2015年第三季度末，银行间债券市场存续企业的平均资产负债率是65.53%，而能够发债的企业基本上是好的和比较好的企业。

三、加货币与去杠杆

从以上情况可以看出，我国的杠杆率并不低，且有逐步提高之势。因此，加货币对杠杆率的影响以及加货币与去杠杆的关系，更值得特别关注和进一步讨论。

（一）货币的流向问题

货币究竟是流向杠杆率较低的部门，还是流向杠杆率较高的部门，其影响完全不同。根据各有关方面的数据，国有企业的杠杆率高，民营企业的杠杆率低。根据吴晓灵的分析，2015 年第三季度，银行间市场存续企业的资产负债率，中央国有企业是 68.75%，地方国有企业是 62.01%，而民营企业是 59.07%。谭小芬分析了 Wind 的 2 500 多家非金融上市公司的数据发现，2003～2007 年，国企和民企的资本负债接近，而且基本上同步移动，但从 2008 年开始发生分化，看 90 分位数，国企从 2007 年的 304% 上升到 2013 年的 350%，而民企则从 291% 下降到 206%。然而，我们的银行贷款却主要流向了国有企业，而民企仍然面临着融资难的问题。这是企业杠杆高的重要原因。很清楚，这里存在着产权歧视。在做优做强做大国有企业的理念和政策指导下，这个问题是解决不了的。这是根本体制问题，我们的国有商业银行并不是真正的市场主体，其决策在很大程度上是政治导向的，不仅有坏账的责任问题，而且有所谓政治立场问题，管理者重视的是个人安全，而不是金融效率和社会责任。

与此密切相关的是，产能过剩行业遇到的问题是生产下降，销售困难，价格下跌，存货增加，成本上升，利润减少，而钢铁、煤炭等重资类行业又多是国有企业，二者叠加，杠杆率一般较高。银行间市场存续企业的资产负债率，钢铁行业是 68.65%，煤炭行业是 69.09%。对于这些行业来说，在一定时期内，去产能并不一定会去杠杆。这些行业的一大问题是冗员太多，社保压力太大，生产效率太低，工资成本太高。民企人均产钢 1 000 吨，国企只有其 1/6～1/10；国外煤炭企业一个职工年产煤万吨，我们平均只有 600 多吨，龙煤集团只有 200 多吨。因此，与其说是去产能，不如说是去冗员。

根据测算，小企业的杠杆率低于大企业，但由于金融业本身的嫌贫爱富和护大欺小，再加上体制原因，实体经济资金紧张，中小企业融资难、融资贵的问题呈加剧之势，中小企业盼"输血"，现行体制在"抽血"。一是企业从银行获得贷款，一般要将50%转为银行存款，但需照付利息。二是企业用厂房、土地作抵押，只能以评估价值的30%~50%放款；若有担保公司的担保函，可按评估价值的80%贷款，但保费是贷款额的4%，企业还要存入15%左右贷款作保证金。三是银行贷款实行"还旧贷新"，很多企业不得不寻求"过桥"贷款，6%左右的贷款先给了小贷公司。四是我国有5 000万家中小企业，90%以上无法在银行融资，只能找小贷公司、影子银行和地下金融。正因为如此，国务院常务会议多次决定和发文解决中小企业融资问题，其效果可想而知。

（二）融资成本和企业效益的比较

如果企业效益高，融资成本低，贷款增加不会提高杠杆率；反之，则会提高杠杆率，增大企业的债务风险。从目前金融机构人民币贷款加权平均利率与2 800家A股上市公司平均总资产收益率的比较来看，除国际金融危机前后的2007年、2010年和2011年，我国的贷款利率长期高于上市公司的资产收益率，2013年以来二者的"剪刀差"迅速扩大，2014年9月达到3%的峰值，2015年末下降到1.82%。融资成本高于盈利水平，这说明大部分企业都无法维持当前的还本付息压力，增加贷款必然提高杠杆率。应当说，这种情况是相当悖理的。看一看国外的情况：2016年第一季度，美国工商企业的平均贷款利率为2.02%，日本是1.01%，欧元区接近于零，而大多数欧美企业的盈利水平都显著高于融资成本。就此而论，我们的企业在国际竞争中也是相当不利的。

（三）考察杠杆率的高低不仅要看货币流向了哪里，而且要看企业融通的资金从哪里来

一般来说，企业有直接融资和间接融资两种方式，目前，我国以银行的间接融资为主，直接融资占比仅为24%，不仅低于美国（80%），而且低于德国（75%）、日本（70%），甚至低于印度、印尼、巴西（60%以上）等国。因此，要降低企业的杠杆率，就要加快金融改革，发展直接

融资。

与此有关的一个问题是,为了去杠杆,降低企业的债务负担,政府大力推行债转股。从理论上看,这个办法是可行的,它可以把银行与企业之间的债权债务关系,通过投贷联动的商业模式,转变为企业之间的股权关系,原来还本付息变成按股分红。这对那些发展前景好、创新能力强而又受困于债务压力的企业无异于雪中送炭。而对银行来说,待企业经营情况好转、实现了转型升级的战略目标以后,还可以通过二级市场出售股权,收回资金。况且在政府和居民资产负债率较低的情况下,这种做法实际上也是一种债务结构的调整,即把企业债务变成政府债务,因为我们的银行主要是国有商业银行。这样做,成功的关键既不是政府下达债转股的指标,也不是政府挑选和指定债转股的企业,而是要让银企双方真正按照各自的市场需求和市场规则办事。如果做不到这一点,必然会发生扭曲,而事实正是如此。

(四) 去杠杆的关键是要真正淘汰"僵尸"企业

这也要让市场起决定作用,而且在经济下行的情况下也正是淘汰的好时机。然而,在我们的条件下,并不如此。以东北特钢为例,该公司是一家国有控股企业,辽宁省政府持股70%,职工10 000人,产能180万吨,实际产量360多万吨,公司债务是其年收入的2倍。2016年以来已经发生多次债务违约,但政府不准破产,下令银行不准逼债,不准抽贷,并向数十位债权人施压,要求其同意偿付1/3债务,1/3实行债转股,1/3债务展期,债权人不同意,企业在苟延残喘。"僵尸"企业不破产,财政可以收到税,社保也可以按比例收到资金,工人也不会上街。这就是"僵尸"企业不死的原因。而"僵尸"企业不死,去产能、去杠杆也就成为一句空话。

四、市场化去杠杆

去杠杆已经具有了市场化味道。2016年10月10日,国务院正式公布《关于积极稳妥降低企业杠杆率的意见》及其附件《关于市场化银行债权转股权的指导意见》,提出了推进企业兼并重组等七大主要途径与相关政策环境支持措施。其中市场化债转股倍受关注。

上一次债转股成立了四家资产管理公司，剥离了银行1.4万亿元不良资产，后来又为四大国有商业银行注资六七百亿美元，使国有银行起死回生，垄断强化。与上一次政策性债转股不同，"市场化、法治化是本次债转股的突出特征"。据发改委副主任连维良的介绍和解读，本次债转股有4个关键点：一是严禁"僵尸"企业、失信企业和助长产能过剩的企业实行债转股；二是相关市场主体自主决策、自担风险、自享收益，政府不承担兜底责任，不是"免费午餐"；三是债转股资金主要以市场化方式筹集，支持符合条件的实施机构发行专项用于市场化债转股的金融债券，同时根据需要采取适当的财政支持方式，激励引导开展市场化债转股；四是政府不干预市场化债转股的具体事务，不搞"拉郎配"。如果能够真正做到这几点，不仅会保证市场化债转股的方向，而且会取得成功。

据中国人民大学国家发展和战略研究院《中国"僵尸"企业研究报告——现状、原因和对策》，2000年全国有规模以上"僵尸"企业4万家，占当年规模以上企业的比例是27%，2005~2013年占比为7.51%。按此计算，目前的"僵尸"企业在1万家以上。钢铁企业的"僵尸"企业最多，占全部钢企的51.43%。"僵尸"企业形成的原因有：一是产能过剩，2015年，工业产能利用率为74.3%，停产半停产的企业占比29%。二是外部需求冲击。三是地方政府与企业之间的政企合谋，不断给亏损企业"输血"，或给非"僵尸"企业施加就业和产量扩张压力，再通过贴补和贷款来维持。四是地方政府之间和国企之间的恶性竞争。因此，要实行市场化债转股，首先要让这些"僵尸"企业破产，进行清算或者重组，以便清除障碍，免得鱼目混珠。

从具体实施来看，的确有所前进。拖了3个季度连续9次债务违约的东北特钢终于进入破产程序。广西有色连年亏损，2012~2014年，利润总额分别为-5.97亿元、-0.66亿元、-16.25亿元。2016年发生债务违约，未能兑付"13桂有色PPN002"债券，总发行额5亿元，票面利率5.56%，期限3年，4月23日到期。9月中，南宁中级人民法院发布公告，广西有色未能在法院裁定重整之日起6个月内提出重整计划草案，也未申请延期，该院裁定终止其重整程序并宣告破产，成为银行间债券市场第一家宣告破产清算的企业。

其实，这样的企业不少。据 Wind 数据统计，按 2016 年 A 股上市公司的财务指标计算，目前资产负债率超过 100% 的有 14 家，超过 80% 的有 161 家。另据同花顺 iFind 的统计，2016 年中报的 34 家钢企中资产负债率超过 60% 的有 24 家，超过 80% 的有 8 家，超过 90% 的有 4 家，*ST 八钢为 106.83%。凡亏损增加、扭亏无望的"僵尸"企业，都在破产清算和重组之列。

另外，央企首例债转股落地，中钢集团债务重组方案获批。截至 2014 年底，中钢集团及所属 72 家子公司债务总额逾 1 000 亿元，其中金融机构债务近 750 亿元，涉及境内外 80 多家银行及一些信托、金融租赁公司。为了解决中钢集团的债务危机，在中国银监会、国资委的协调下，由中国银行牵头成立了债委会，与中钢集团共同制订了债务重组方案。按德勤审计的结果，中钢集团债转股方案中留债和转股各占一半。中钢方案的实施，对国企债转股将产生示范效应。

不过，值得关注的是，《关于市场化银行债权转股权的指导意见》指出，"除国家另有规定外，银行不得直接将债权转为股权"，银行应把债权卖给资产管理公司然后由后者转成股权；同时鼓励金融资产管理公司、保险资产管理机构、国有资本投资运营公司等多种类型实施机构参与开展市场化债转股，支持银行充分利用现有符合条件的所属机构或允许申请设立符合规定的新机构开展市场化债转股。如果承接债权的是银行内部的资产管理公司，等于全部风险和损失由银行体系承担。这样，银行必然谋求把责任推给国资旗下的资产管理公司，并谋求较好的转让价格，而后者又有挽救本地企业的强烈动机，或在博弈中让步，以牺牲公共资金为代价。不仅如此，不管是银行系统还是国资系统的资产管理公司，都不是管理钢铁行业的行家，因此，债转股形成的股权多元化对转换国有企业的经营机制和改善企业的治理结构，并不能起到多大的积极作用。

与此密切相关，中国银监会发布了银行业实行投贷联动试点的指导意见，受到业界的重视和讨论。事实上，之前不少银行也尝试为企业提供股权和债权相结合的融资服务，如发挥银行综合化金融服务优势，开展股权质押贷款业务；与私募、风投等机构合作，为其推荐客户并提供财务顾问，或运用"跟贷"模式对风投机构授信等。指导意见明确规定，此次试点仅针对科创企业，而重点是如何对早期科创企业的价值以及成长性进行研判。由于投资和贷款业务的收益模式不同,两者的风险承受能力、风险偏好和风险控制理念也不相同,也与银行传统信贷中对企业稳定性进行评估存在较大差别。因此,如何构建与投贷联动业务相联系的风控体系就成为试点成功的关键。

一方面银行可以建立"投"与"贷"的风险隔离体系,或分设机构专门从事某一方面的功能,以降低信贷风险,防止子公司投资风险向银行信贷风险蔓延;另一方面,可考虑为风险投资公司已经投资的企业或项目提供信贷支持,同时获得对方的担保和代偿。

投贷联动是股权市场和债权市场相结合的融资模式,商业银行投资科创企业的目的不在长期持有股份,而在适当时机获利了结。因此,除了建立投贷后机制,重视监测所投企业的现金流以外,建立投贷联动的退出机制非常重要。在与科创企业签订投资协议时,应当明确项目退出的触发条件、退出价格、退出方式等条款,建立跟踪和止损机制,以便在企业上升期见好就收,在二级市场卖掉股权,收回本息,在下降到警戒线时止损退出。总之,投贷联动是金融创新,做得好,可以扩展银行的经营空间,做得不好,也会加大银行的风险。

(本文写于 2016 年 10 月 30 日)

"脱虚向实"为何那么难

伍 戈 高 莉[*]

近年来,我国国内资产价格(尤其是房价)不断高企,与此同时,实体制造业(主要是民间投资)却持续低迷。特别地,2016年新增贷款中高达45%的是房地产相关贷款。对此,各界开始对资金"脱实向虚"进行热烈的讨论,同时对其"脱虚向实"有了更多期待。2016年底中央经济工作会议明确提出"抑制资产泡沫"和"振兴实体经济"。那么,抑制资产泡沫(尤其是房地产领域)果真能引导资金"脱虚向实"吗?

对于上述问题,或难以直接预判。但借鉴国际经验,并不断融入中国经济的现实特点,或能给我们提供些许有益的参考。众所周知,中日有着许多相似的经济特征。例如,中日都是以间接融资为主导的国家,长期以来中日银行贷款在社会融资规模中占比都达70%以上;也有着储蓄率高的共同特点,日本1989年经济泡沫破灭前国内总储蓄率为34%,现阶段中国(2015年)为48%,远高于世界其他国家;老龄化趋势较严重,按照联合国的标准,日本1970年已进入老龄化社会,1989年65岁老龄人口已占到11.6%,中国2001年进入老龄化社会,2015年该项指标达到10.5%,接近日本泡沫破灭前老龄化水平。而日本在20世纪90年代也曾经历过明显的"脱实向虚"阶段,这或为研究当前中国经济的"脱实向虚"提供现实参照。

一、信贷狂飙背后的"脱实向虚"

近年来国际清算银行(BIS)提出通过信贷/GDP和信贷/GDP缺口等

---

[*] 伍戈,华融证券首席经济学家,曾长期供职于中国人民银行货币政策部门;高莉,华融证券宏观研究员。

直面金融风险

指标来判断一国信贷扩张程度并进行国别比较。借鉴该方法，我们可以对比中日信贷繁荣期的异同。研究发现，中国的信贷/GDP指标在2016年第二季度达到GDP的209.4%，已经接近日本泡沫时期最高水平214.4%，而且仍在快速上升（见图1）。而从另一个指标即信贷/GDP的缺口来看，2016年第二季度中国的数值为28.8%，超出了日本泡沫时期最高值23.7%约5个百分点，且仍在加速偏离长期趋势（见图2）。上述两指标都显示，中国目前的信贷扩张及繁荣程度已经接近日本1990年前后的泡沫经济时期。尽管这并不必然意味着中国会发生类似经济金融危机，但其风险警示意义是值得高度关注的。

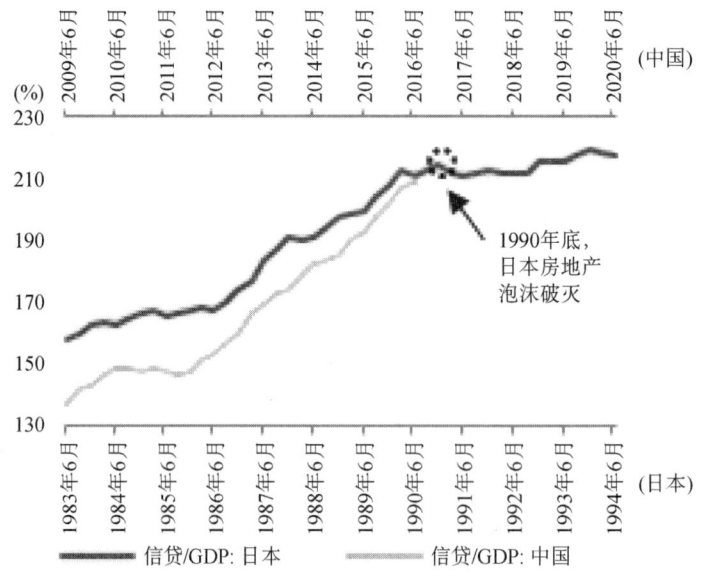

图1　中国信贷/GDP已接近日本泡沫时期最高点

注：GDP为季调名义GDP；信贷为所有非金融私人部门信贷，具体包括：（1）国内银行信贷；（2）境外银行跨境信贷；（3）非银行金融机构融资。

资料来源：BIS，华融证券整理。

信贷过度繁荣对于当时日本的重要影响就是导致泡沫经济的到来，股市、楼市价格曾一度疯狂上涨。对比近年来的中国，股市和楼市价格也相继达到阶段性的高峰。值得一提的是，在资产价格狂飙的同时，两国CPI的同比增速却较为平稳（见图3和图4），上述两类价格的背离或许在一定程度上反映出了资金"脱实向虚"的征兆。可见，总量信贷的急剧扩张会恶化已有的经济结构问题。

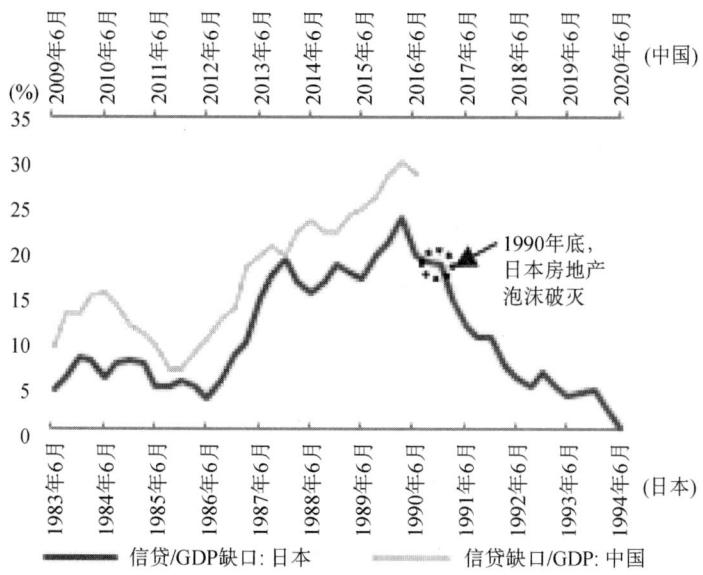

图 2　中国信贷/GDP 缺口已超日本峰值 5 个百分点

注：信贷/GDP 缺口指的是实际值与趋势值的偏离度。BIS 引入这个概念作为信贷繁荣与否的判断依据，超出 10% 则显示信贷繁荣；超出越多，信贷繁荣程度越强。

资料来源：BIS，华融证券整理。

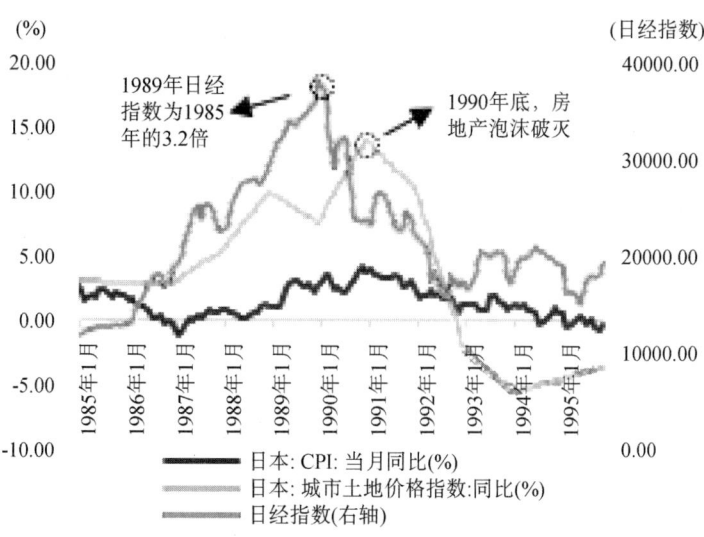

图 3　日本泡沫经济时资产价格与一般物价的背离

注：由于日本住宅价格数据的可得性限制，在此我们将土地价格指数数据作为近似替代研究的指标。

资料来源：日本统计局，Wind，华融证券整理。

直面金融风险

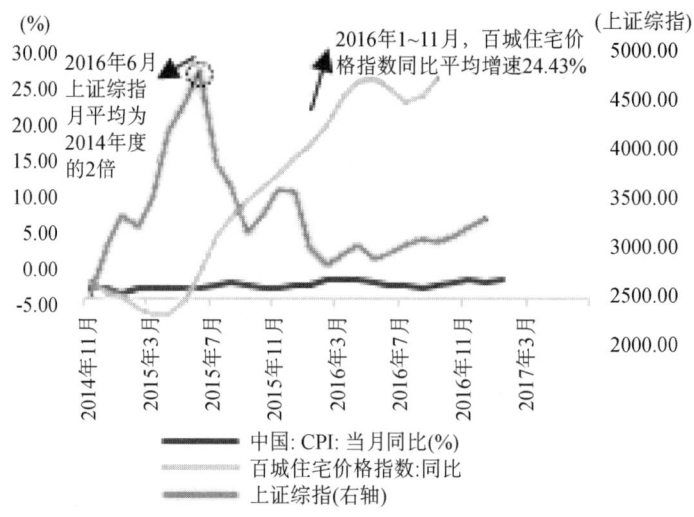

图4 中国近年来资产价格与一般物价的背离

资料来源：Wind，华融证券整理。

二、抑制资产泡沫能否"脱虚向实"

2016年7月和10月，中央政治局会议罕见提及了"抑制资产泡沫"。国庆节之后，各类房地产调控政策相继出台。可见"脱实向虚"问题已经引起了中国政府的高度重视。然而，上述政策可否在抑制资产泡沫的同时有效地引导资金"脱虚向实"？诚然，资金流向的"虚"与"实"依然是颇具争议的话题。为了研究简便，结合中日情况，我们将资金过度流入资产价格部门（如房地产）且实体部门（如制造业）所获资金占比减少定义为"脱实向虚"。

从日本泡沫经济破灭前后的数据来看，其房地产业贷款的占比在1985~1991年之间呈现显著上升态势，与此同时制造业贷款的占比则显著下降（见图5），二者之间的"剪刀差"反映出资金"脱实向虚"的特征。那么泡沫破灭后是否会有所改善呢？从图5虚框内可以看到，资产价格调整后，房地产业贷款占比仍然居高不下，制造业贷款依然低迷，"脱实向虚"的状况并未得到改观。

对于中国而言，基于数据的可得性，我们选取了16家境内上市银行年报中的贷款流向数据来窥探一二。研究发现，尽管中国的房地产市场历

第二篇 高杠杆？去杠杆

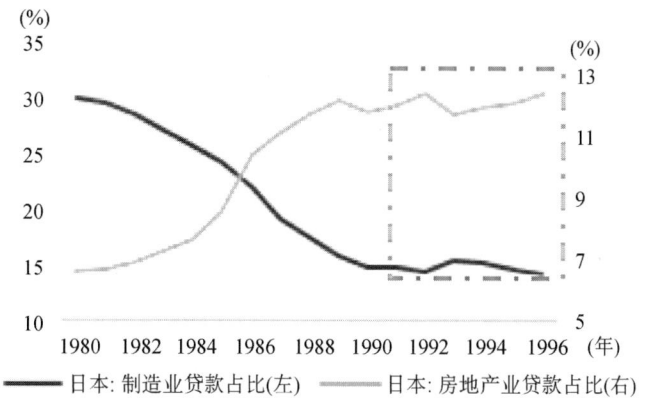

图 5　日本房地产泡沫破灭难改资金"脱实向虚"

注：由于日本银行自 2009 年 6 月才开始公布个人住房抵押贷款，故此处计算的房地产相关贷款中未包括个人住房抵押贷款。

资料来源：日本银行，华融证券整理。

经了几轮政策调控，但房地产相关贷款占比上升明显（尤其在 2012 年后），而制造业贷款占比则快速下滑（见图 6），资金"脱实向虚"趋势十分明显。可见，对于中日而言，即使抑制资产泡沫之后，似乎都难以成功引导资金"脱虚向实"，其背后的原因值得深思。

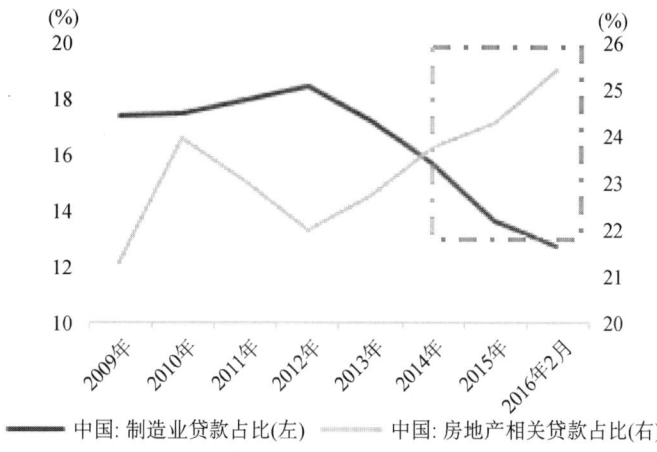

图 6　中国的资金"脱实向虚"趋势仍在持续

注：此处房地产相关贷款包括房地产业贷款和个人住房抵押贷款。数据来源于工、农、中、建、交等 16 家境内上市银行年报和半年报。

资料来源：Wind，华融证券整理。

三、"脱虚向实"为何那么难

一方面，虚拟和实体经济难以割裂，过度抑制资产泡沫会对实体经济也产生负面冲击。以房地产为例，其既有居住属性，也有投资投机属性，但二者的区分是困难的。由于产业之间复杂的关联性，抑制房地产业的同时也将抑制其相关产业（如钢铁、水泥、挖掘机等实体制造业）。另外，抑制资产泡沫的总量性工具（如利率）对实体制造业也会有负面影响。从日本的经验来看，为了抑制资产泡沫，日本银行和政府当年实际上也采取了不少措施（例如，日本银行从1989年5月到1990年8月先后5次将贴现率从2.5%上调到6%，大藏省在1990年3月对金融机构向房地产业融资进行限制）。但这引发了资产泡沫的迅速破灭和房地产企业大量破产，最终使得经济进入漫长衰退阶段。这似乎在警示我们，资产泡沫的抑制需要讲究宏观政策的搭配和技巧。

另一方面，"脱实向虚"反映的不仅仅是简单的资金总量问题，其背后是更深层次的结构性问题。例如在中国，土地供需矛盾也是造成房价扭曲的重要方面。尽管城镇化在不断推进，但2016年土地供应量面积与2013年相比竟然下降了1/3之多，初始楼面价与土地供应量呈现出明显的负相关关系（见图7）。在此结构扭曲的背景下，房地产业回报率明显高于制造业。我们选取了沪深股票中制造业和房地产业全行业公司计算权益资本回报率（ROE），研究发现，2008年后房地产业的回报率长期高于一般制造业的回报率（见图8）。特别地，2015年房地产业ROE是制造业的近2倍。此外，"脱虚向实"为何那么难，还与实体经济的其他种种扭曲紧密相关，例如实体经济（尤其是民营经济）近年来饱受税费沉重、所有制歧视、产权保护不足、预期不稳等多方面的困扰。可见，对于"脱实向虚"问题的治理，标本兼治才是引导资金"脱虚向实"的正道。

四、结论及启示

国际比较可知，目前中国的信贷扩张及繁荣程度已经接近20世纪90年代的日本泡沫经济时期，尽管这并不必然意味着中国会发生类似日本的

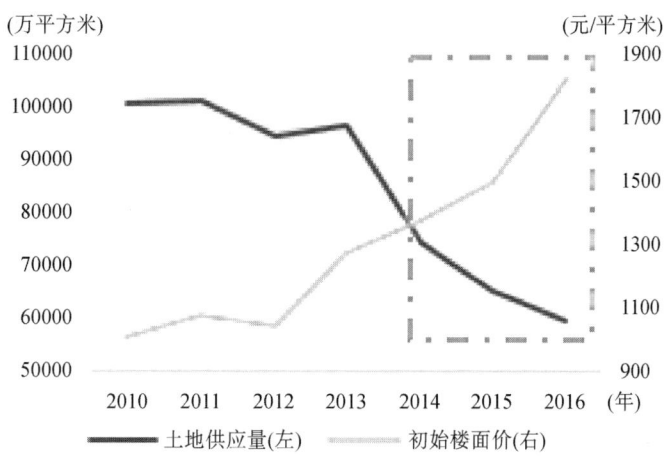

图 7　土地供应量的减少推高初始楼面价

资料来源：Wind，华融证券整理。

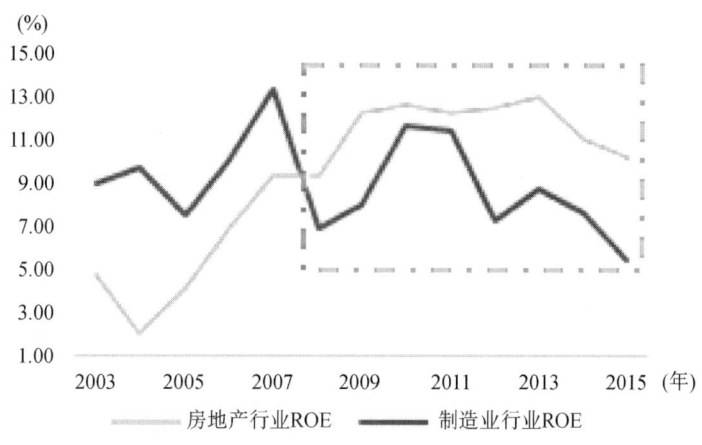

图 8　房地产业回报率明显高于制造业

资料来源：Wind，华融证券整理。

经济金融危机，但中国信贷的急剧扩张及其相伴随的"脱实向虚"风险值得高度警惕。

抑制资产泡沫并不必然意味着资金会自动"脱虚向实"。一方面，虚拟和实体经济难以割裂，过度抑制资产泡沫或对实体经济产生冲击；另一方面，"脱实向虚"反映的不仅仅是资金总量问题，其背后是更深层次的结构问题，在各类结构性扭曲下，房地产等具有一定资产属性的行业回报率明显高于制造业等实体经济部门。

尽管我国已出台了一系列"抑制资产泡沫"的政策，但是资金"脱

直面金融风险

虚向实"或难以迅速显现。日本的历史教训警示我们，面对高企的资产价格特别需要讲究宏观政策的搭配和技巧。当然，对于"脱实向虚"问题的彻底解决，最终取决于深层次的市场化改革，标本兼治才是引导资金"脱虚向实"的正道。

（本文原载于《中国金融》杂志，2017年3月20日）

金融去杠杆的缘起与走向

巴曙松　王月香[*]

在本轮供给侧结构性改革中,"三去一降一补"成为中国经济改革的主要抓手,其中"去杠杆"主要涉及的是政府部门、非金融企业和居民部门的杠杆,而对于金融去杠杆,目前看来实际上并未有明确的界定和衡量指标。金融业本身作为一种高杠杆经营的市场主体,其自有资本占比相对较低,正因如此,对其监管的重要内容之一,就是聚焦于资产扩张需有足额资本支撑,而金融过度加杠杆的过程正是无充足资本对应的资产扩张。自2016年起,中国金融体系去杠杆逐渐受到市场关注,以银行为主体的金融机构的资产扩张开始游离在传统监管指标的监控范围之外,并在一定时间窗口内对货币市场、债券市场等造成局部冲击。

一、本轮金融加杠杆是如何形成的

(一)加杠杆的基础:宽松货币环境

2008年金融危机以来,各国为刺激经济相继推出量化宽松的货币政策。在这样的环境下,2015年以来,货币环境整体宽松,全年中国人民银行累计5次降低基准利率,以Shibor为代表的银行间市场利率维持低位。至2016年,10年期国债利率中枢也降至3%以下。低利率环境降低了融资成本,为金融加杠杆提供了现实的市场基础。

值得注意的是,自2015年以来,货币派生的途径也已发生变化,通

---

[*] 巴曙松,北京大学汇丰商学院金融学教授、中国银行业协会首席经济学家;王月香,华创证券。

过银行信贷扩张而带动的传统货币派生占比下降，影子银行体系的货币派生能力增强。从货币供应量的数据可以看出，2015年以来，基础货币余额同比增速降低，但货币乘数上升幅度较大，M2同比增速出现波动，全年相对较高。2016年以来，M1与M2的剪刀差一度扩大，也显示了货币供应量的波动性加大，金融体系的流动性相对充裕。

宽松的货币环境和低利率为金融加杠杆提供了基础，金融机构通过较低的融资成本从央行获得流动性，并通过质押和期限错配实现套利。然而这种流动性的套利在终端需要有实体经济有较高的回报率作支撑。从宏观视角看，自2014年起，中国的资本回报率已经低于融资成本，这就决定了阶段性流动性套利的不可持续性。

（二）加杠杆的表现形式：商业银行的表内外资产结构调整与扩张

从狭义的杠杆率来看，银行资产负债表内外的扩张是最直接的加杠杆源头。而扩表行为的表现形式各有不同，如果依靠存贷款业务扩表，因其监管相对完善且严格，并不会带来体系内资金的空转。但本轮加杠杆在资产负债结构调整上表现出新的特点，在负债端依赖于可以快速扩规模的同业负债，而在资产端通过直接或间接投资债券、非标、权益等，这些都在一定程度上脱离了监管的视线，造成了资产扩张与资本支撑的背离。无论是表内资产还是表外资产，本轮扩张表现出两个重要的特点：一是资产扩张的形式更加多元；二是中小机构成为扩张的主力。

从表内看，同业业务成融资主要手段，广义信贷增速远超贷款增速。

银行的资金来源主要以存款为主，这是银行的被动负债，在加杠杆的内在驱动下，银行积极地发展自己的主动负债业务，主要包括同业拆借、卖出回购、发行债券等，几乎所有的主动负债均发生在同业之间。近年来，同业存单数量与价格齐升，成为金融加杠杆的新途径之一。

在表内的资产端，明显的变化为贷款占比逐渐降低，投资类占比逐步上升。而投资类资产中，标准化债券投资降低，非标和权益类资产占比提升。MPA框架下的广义信贷增速远高于贷款增速，资产扩张的形式更加多样化。从银行类型看，中小银行成为资产扩张的主力。2016年全年非上市中小银行表内资产增速23.5%，远高于上市银行平均水平10.8%。

从表外来看，表外理财尤其是同业理财成为表外扩张的主要工具。

截至 2016 年末，商业银行理财规模达到 29.1 万亿元，同比增速虽有所下降，但仍保持了 24% 的水平，高于表内资产增速。表外理财占表内资产的比重由 2014 年底的 6.5% 升至 2016 年底的 16.5%。2015 年 5 月，同业理财规模首次超过私人客户并呈快速增长趋势；截至 2016 年上半年，占比超过 15%，同业理财迅速扩大资产管理规模，成为表外扩张的主力。

（三）加杠杆的驱动力：监管套利和资金套利

资产扩张多元化的背后，资金流向变得愈加难以追踪，而在当前的监管框架下，究其根本驱动力，无外乎达到监管套利和资金套利的目的。表内的非标资产以及表外运作可规避风险资本计提等监管指标，通过镶嵌通道又可以突破对信贷规模和行业的限制。资金套利在初期利差丰厚，但随着流动性的收紧愈加被动化，典型表现为债市调整后，成本与收益出现倒挂，而在久期错配的情况下，为避免资产收回并维持同业链条，只能被动维持高成本的主动负债。

监管套利的一种表现形式即为同业链条的加长，其背后隐含两重问题。

因不同资管机构在投资范围、杠杆倍数等方面的监管要求不同，产生了不同类型金融机构之间合作的需求。其中一种业务合作模式即为通道类业务。这类业务的存在带动证券和基金子公司的资产管理规模迅速扩张，从 2014 年的 8 万亿元扩张至 2016 年第三季度末的 33 万亿元。金融子行业之间资产的流转除可以实现监管套利外，其实对支持实体经济并无多大益处。同业链条的拉长不但提高了融资成本，加大了操作风险，而且扭曲了资源的配置。多层产品镶嵌和同业链条加长使两个问题受到关注：一是客户风险适应性问题，往最终客户方向穿透识别最终风险收益承担者，是否存在低风险承受能力与高风险资产的错配；二是最终资产投向合规性问题，产品方向往底层资产穿透识别最终的资产类别，是否符合资产管理的监管规定，其风险是否经过适当评估。

监管套利还催生了委外市场的发展，其中涉及两层加杠杆。

委外市场最初产生，源于中小银行资产管理规模的迅速扩大和投研能力相对缺乏之间的矛盾，但随着对委外市场利差的追逐，委外的主体由以中小银行为主,发展至各类银行均有参与。在 2016 年高峰时期,四大行理财资金的委外规模为 2.5 万亿~3 万亿元,全行业或达 5 万亿~6 万亿元。委外链条的延伸使得加杠杆的空间更大,其中涉及两层加杠杆和套利。第一层杠杆,银行通过发行同业存单或同业理财从银行间市场募集资金,在资产端进行投资,即银行扩表的加杠杆;第二层杠杆,资产管理委外投资管理人投资债券等资产,采用质押、期限错配等方式再次加杠杆。

通过分析本轮银行的扩表行为,可以看出资金流向脱离了监管的视野。在表内投资中,债券占比降低,非标回表导致占比提高,非标资产多为持有的各类资管计划和信托计划,资金流向难以追踪;在理财资金流向中,受 8 号文的影响,非标资产占比逐步降低,债券及货币市场占比提升,2016 年投资利率债和信用债占比均提高,债市加杠杆和资金空转现象逐渐明显。名义规模迅速扩张风险仍积累在金融机构体系中,即所谓的资金空转和泡沫。资金的过度追逐收益,使得以超储为主的流动性储备变薄,加剧了流动性的紧张,也对银行的流动性和头寸管理带来挑战。

二、金融去杠杆,市场运行会出现什么变化

(一)扭转加杠杆的宽松预期

要实现金融杠杆的降低,首要的是打破加杠杆必需的宽松流动性环境。2016 年以来,央行在金融市场去杠杆的政策导向坚定,为防范金融体系资金空转采取了一系列的措施挤压资产泡沫,降低金融体系杠杆率。其中包括在公开市场锁短放长,提高成本,流动性维持紧平衡。自 2016 年 8 月起,央行重启 14 天和 28 天逆回购,通过拉长期限,间接提高资金成本。随着公开市场操作不断回笼资金,维持流动性的紧平衡。

保持货币政策稳健中性,提高货币市场利率中枢。2016 年第三季度货币政策报告明确提出"主动调结构"、"主动降杠杆"、"主动去泡沫"。第四季度货币政策报告明确"货币政策稳健中性"、"防止资金脱实向虚和不合理的加杠杆行为"。2017 年春节前后,央行顺势而为,两次提高MLF、公开市场利率,货币市场加息周期开启,金融降杠杆监管思路稳步推进。

货币市场利率的提高和流动性的收紧，打破了加杠杆的基础，使得融资成本提高，利差受到挤压，这是金融去杠杆的必要条件，也将会伴随去杠杆的整个过程。

（二）宏观审慎与微观审慎互为补充

从本轮加杠杆银行的资产负债扩张新特点可以看出，传统的合意信贷口径已经无法准确地捕捉金融机构的资金运作趋势。因此，自 2016 年起，央行建立了宏观审慎评估体系 MPA，对金融机构进行框架性的监管评价，并持续完善。从 2017 年第一季度起，央行明确将表外理财资产扣除现金和存款等之后纳入广义信贷范围，增速与 M2 增速挂钩，控制中小银行无序扩表行为。根据广义信贷计算宏观审慎资本充足率，成为牵制银行考核结果的重要因素。通过 MPA 体系的不断完善，从规模、增速、占比等维度，实现系统化、动态化的宏观审慎监管。

同时，对于中小银行来说，由于其投资端收益较高，对资金成本提高的敏感性低，现有 MPA 考核的激励与惩罚机制相对单一，仅对法定存款准备金实行差异化利率，其实际的约束效果大打折扣。因此，可以通过加强惩罚措施，如对不符合宏观审慎要求的地方法人金融机构，发放 SLF 利率加 100BPs，把 MPA 的考核结果与各项准入和资质进行挂钩，能够有助于强化监管约束。

而除宏观审慎监管外，微观审慎监管作为宏观审慎的补充和落脚点，也需得到细化和更新，宏观审慎和微观审慎二者相互配合以打破银行-非银套利交易结构，弥补监管失灵。

中国银监会对单一金融机构的微观审慎监管基于 CAMELS 体系，而在具体的落地过程中，对资产的穿透监管显得尤为重要。在 2017 年的新版监管报送要求中，对表内投资业务和表外理财的资产端都提出了详尽的资产穿透列示要求。通过提高统计信息的透明度，实现影子银行阳光化，穿透底层资产。

微观审慎监管的另一体现是建立统一的资管业务监管框架。中国一直以来实行分业监管，随着不同类型金融机构之间的合作越来越多，单纯从机构角度出发进行监管，其局限性日益突出。通过建立资产管理业务监管的统一框架，能够实现机构监管和功能监管的结合，有助于去杠杆、去非标、去通道、打破刚兑、禁止资金池操作等监管目标的实现。金融稳定理事会关于加强资管业务监管的政策建议主要从流动性错配风险、杠杆风险和证券借贷业务风险三方面进行规范，加强正常和压力情况下的流动性管理，强化压力测试和信息披露要求；改进资管产品的杠杆水平计量方法，进一步强化杠杆风险监测与防范；规范现金质押品再投资行为，完善折扣系数监管要求。具体到监管改革实践，也应从改革统计报送制度、禁止多层产品嵌套、第三方托管监控资金流向、同业业务正面清单制等方面减少监管盲区，实现穿透；从禁止资金池操作、统一杠杆要求、控制风险集中度、统一资本约束和风险准备金管理等方面加强内部资本约束，强化风险控制。

三、金融去杠杆之路：影响与应对

自2016年第四季度起，随着债券市场的调整，金融去杠杆即已开始，在监管从流动性和宏观、微观审慎层面采取措施之后，金融杠杆是否有了一定的下降？从基金子公司的规模增速看，2016年全年增速逐步下降，至第四季度已经降至33%，券商资管的规模增速也相对较低；但从同业存单的发行数量看，截至2017年2月，单月发行规模1.9万亿元，剔除偿还到期的净融资额也超过8 000亿元，均创历史新高。从这一数据看，去杠杆还有很远的路要走。金融去杠杆并非短期内即可取得成效，当市场利率提高时，久期较短的资产端调整较快，短期去杠杆效果也比较明显；一旦央行放松控制，随着利率的降低，发行同业存单，对接同业理财，投资债券的链条将再次奏效，前期去掉的杠杆将死灰复燃。并且对于前期出现的期限错配情况，在资产端也需要一定的时间进行置换，去杠杆是市场多方博弈的结果，也容易出现反复。

但不可否认的是，2017年随着流动性宽松的终结，去杠杆将伴随始终，也将对银行、资管行业以及实体经济产生影响。

对银行业而言，去杠杆的初期会产生利差倒挂等负面影响，加杠杆进程中的扩表行为不再持续，反而加速收缩。随着监管的跟进，资产扩张的多元形式也逐一纳入监管框架，需要充足资本的支撑，长期看，对银行业的资产质量风险缓释有积极影响，也倒逼银行业远离资金套利，重回间接融资的正轨。

对资管行业而言,本轮去杠杆的重要影响即为委外管理人的洗牌,简单通道业务失去存在的基础,机构间的合作由简单的通道服务升级为优势互补;委外投资出现分化,在委外管理人的选择上,更加注重投资能力;完善委外投资的管理机制,建立白名单机制,加强定期汇报和沟通,实行末位淘汰制度,规定委外管理人跟投比例,超额收益递延支付等。这些都将对资管行业产生深远影响,引导行业回归资产管理的本质。

而对实体经济而言,不可否认的是,在本轮加杠杆的过程中,由于资金供给上升,企业融资总量有所提升,但多层链条和通道也增加了交易成本和操作风险。而且通过多层的资金流转,最终资金的流向可能与政策引导的方向发生偏离,弱化了对资金配置的调控,长期看对实体经济产生不利影响。因此,在去杠杆的初期,企业的融资数量可能会有所减少,但长期看融资结构将得到改善,成本得到降低,能够使金融更有效地支持实体经济的发展。

金融去杠杆,去的是无资本支撑、脱离监管的杠杆,而金融杠杆的高低,应与经济增速、资本充足和监管要求相适应,一旦超过经济发展的速度,或者脱离资本的支撑,或者逃避监管的要求,那必将产生金融泡沫。去杠杆的过程,也是对金融机构考验的过程,如何实现业务结构的调整和优化,提高流动性管理的能力等是金融业首先需要解决的问题。而聚焦轻型化发展,是适应去杠杆进程的银行发展方向。

(本文原载于《上海证券报》,2017 年 4 月 19 日)

直面金融风险

降杠杆不解决中国根本矛盾，莫让系统性风险积聚

吴敬琏[*]

中国面临的问题，可以从日本所做出的政策和实践的应对中，去吸取经验和教训，因为这个历程，虽然曲线很相似，但是中国在后面，所以有一个后发优势。所谓后发优势，就是当中国和前人处于相同的状态下，可以去学习他们处理问题的经验和教训。

如果中国与日本在大趋势上一样的话，就有这样一个疑问——这个疑问已经提出了很多年——总在说根据前人的经验，根据日本、韩国的经验，中国面临着很大的挑战。如果不对应，那么这个风险在积累，有可能出现跟他们一样的问题，比如落后十年、三十年等等，但是中国不是还是过来了吗？至于中国这种高速的增长，也许今后十年甚至几十年都能做到。所以散布这种言论是没有道理的。

的确，说中国出现大的问题，必须采取措施，已经说了好多年了，可是确实没有爆发危机，但是中国能够应付是有一定原因的，这些原因是不是能够长期持续？中国之所以能够面临与日本相似的问题，但至少十年以来并没有爆发，有以下几个原因：

第一个原因，中国经济高速增长所带来的财富，仅土地可能就接近100万亿元，同时，土地转移和两亿多劳动力的转移所结合起来创造的财富，也能够支持我们相当长的时间。

第二个原因，中国有个特殊的优势，这是其他国家所没有的，就是

---

[*] 吴敬琏，国务院发展研究中心研究员。

"从 1 到多"。比如微信，不是中国发明的，0 到 1 不是中国做的，但是从 1 到多却是中国做的。因为中国有十几亿人，所以现在腾讯就变成了这个领域世界最领先的企业。

第三个原因，中国有个非常强有力的政府。改革开放 30 多年来，中国有一批官员确实具有在市场经济的环境下把握经济的能力。所以政府在处理经济事务、应对经济上的矛盾、甚至出现系统性风险的时候，应对的能力也是比较强的。

但是这些因素并不能保证中国继续在风险积累的情况下安然无恙，因此政府一定不能掉以轻心。如果风险不断积累，强大而有力的政府虽然可以应付，但同时又会使危机积累起来。

现在已经碰到了这样的问题，虽然 2016 年的"三去一降一补"，去产能、去库存，或者说补短板都取得了一些进步，但是政府去杠杆的目标没有完全做到。所以 2016 年底，政治局会议、财经工作会议、中央经济工作会议都提出一个问题，金融的系统性风险凸显。"一行三会"的监管机构根据中央的要求，2017 年把去杠杆放到很高的地位、防风险放到很高的地位。所以就采取收紧政策，收紧可能使得杠杆率稳住。但是它又有一个问题了，经济增速开始下降。这就说明如果不从根本上去解决问题的话，矛盾和风险将不断积累，总有一天对付不了。所以不能置风险和矛盾于不顾，因为越积累到后来，出现系统性风险的可能性就越来越大，要及早下定决心。

要对风险的积累作深入的研究，而且要采取有力的措施，去防止系统性风险的爆发，也就是说防止危机的爆发。

以日本经验为例，日本出现了第一次石油危机以后，就意识到了这个问题，但是应对的措施不够有力。有没有应对措施？有。1973 年以后，日本学界和官厅、企业界，对于日本选择性产业政策，或者通常的说法叫纵向产业政策，或者标的式的产业政策开始反思，而且采取了措施。但是这个措施不够有力，它一直就积累下来了。

比如说日本的技术进步不足，创新不够，也采取了措施，当然现在看到一些效果，但是这中间因为采取的办法可能有些问题，所以它没有能够解决。

另外一次很大的冲击就是广场协议，广场协议以后，外需减少。日本的宏观当局采取的政策在一两年时间里,用大量的公共投资和放水、扩张性的货币政策,让内需起来了。殊不知,这些结果使得风险积累,泡沫生成,其实内阁乐观是虚幻的。后来证明这个政策的后果是极其严重的。

那么应该采取什么措施呢?最根本的措施就是要改革,要发挥市场的作用,要从过去纵向的产业政策,转向横向的、功能性的、软性的产业政策。纵向产业政策的特点是抑制竞争的,而横向产业政策的特点是跟竞争政策并肩而行,而且是支持竞争政策的。

说到结构性改革,党的十八届三中全会全面深入改革,这是个根本性的动力,这两年,工作的主线就是"供给侧的结构性改革"。但是现在也有一个问题,从一开始这个结构性改革的理解就有不同的理解。

什么叫结构性改革?就是"三去一降一补"。"三去一降一补"是结构性改革中间的环节,最后的结果是强化了竞争。但是怎么才能"三去一降一补",就是改善结构,或者用经济学的话说,就是纠正资源误配。这里有两种办法:一种办法是用行政办法;另外一种办法是发挥市场的作用,通过市场的优胜劣汰,自然地使结构能够改善,因为它建立了一个兼容的激励机制,使效率提高,成本降低,这样来实现"三去一降一补"。

以日本高清晰度电视路线为例。日本开发高清晰度电视,是通产省与日本广播公司一起制定的,有两种基本办法:一种办法是模拟式的,一种办法是数字式的。他们研究的结果表明,很聪明的办法是模拟式,就是把扫描密度提高,它就高清晰了,所以日本最先开发出来。1990年的日本,橱窗里到处都摆着高清晰度电视,模拟式的,加上扫描密度,这个很容易做到。

这个时候美国已经开发出数字处理的办法,日本人却认为行不通,因为用数字信号来描述一个视频的音频的波,它的信号量是几十倍于模拟式。虽然信号量可以处理,但是传播就没办法解决。过了几天,美国把压缩、解压缩技术突破了,日本的高清晰度电视全部投资就泡了汤。而人类真正进入所谓数字时代就是从这里开始。所以人能够比市场更聪明,这个事不大容易做到。

(本文根据吴敬琏先生在清华大学产业发展与环境治理研究中心 2017 学术年会上发表的演讲整理而成,由腾讯财经"原子智库"独家编辑,2017 年 5 月 28 日人民网等网站转载)

第三篇

遏制资本市场风险

从国际主要资本市场发展的历程来看，每次引起市场震动的大事件，都会推动新一轮立法和现行法规的改革和完善。中国资本市场也需要在这种不断反馈和改善中与时俱进。

怎样建设一个强大的资本市场

华 生[*]

从国际主要资本市场发展的历程来看，每次引起市场震动的大事件，都会推动新一轮立法和法规的改革和完善。证券市场也正是在这种不断反馈改善中与时俱进的。万科股权与控制权之争引起了市场高度关注和连锁反应，并触及了从公司治理、国企改革到资本市场建设等一系列重大问题。无论当事各方的博弈产生什么样的结果，我们都必须尊重现行规则。但是，从资本市场和国民经济发展的大局出发，改进规则、修补漏洞则是绝对有必要的。这也是实现到2020年建立规范全面的证券市场法律制度目标的实际步骤。

现代证券市场不是一手交钱一手交货的农村集贸市场，而是一个基于信息的信用市场。投资者交钱买的证券是否货真价实，要事后很久才知道。因此，证券市场交易并非简单的"愿打愿挨"、"钱多说了算"，而是要受到一系列法规的约束和保护。同时，证券市场来源于企业发展中的融资需求和投资者退出的需要，其出现和后来逐步规范的目的也是为了促进企业和实体经济的发展，保护投资者的合法权益，而不是为了投机和赌博。因此，证券市场的法律和规则的改进，必须牢牢立足于这个根基和本源。否则，一时的炒作和喧嚣只会是投机大鳄们的盛宴，并最终造成投资者的悲剧和证券市场根基的损毁。

中国证券市场建立短短20多年来，其交易规模和交易手段的现代化，确实已进入世界前列，市场透明度和公正性相对于其他领域，应当说已经相当领先。但是毋庸讳言，与国际规范市场的融资便利、投资者保护程度

---

[*] 华生，中国侨商联合会常务副会长，东南大学经济管理学院名誉院长、博士生导师。

高、开放性强、企业能够在市场中实现优胜劣汰相比，我国证券市场融资堵塞、投资者保护不足、企业的市场估值扭曲、"垃圾股"受吹捧、投机炒作之风盛行的情况还非常严重。这种状况当然与中国成为世界第二大经济体而急需一个强大的资本市场很不相称，也不能适应我们跨越中等收入阶段的需要。要从根本上改变这种状况，就要求规则的制订者和执行者能坚守法治市场的底线，保持自身的独立性和公正性，同时不迁就、不迎合市场投机炒作、急功近利的口味，从制度层面立规改制，发挥证券市场推动企业和实体经济发展的基本功能，这样反过来又会为证券市场的长期健康发展和投资者回报奠定长治久安的基础。

仅从万科之争折射的情况看，中国证券市场亟待改进和完善的规则至少有以下三个方面。

一、加强投资者保护与完善公司治理结构

融资者与投资者相互依存是证券市场最基本的平衡关系。没有投资者保护就没有融资者的便利，因而也就不可能有强大的资本市场。投资者保护并非要不切实际地去追求股市总是持续上涨和制造牛市，也不是保证每个投资者总能赚钱，而是要保护投资者的平等权利，保障证券市场在长期中能反映企业价值和经济成长，形成鼓励和分享价值创造而不只是投机套利的机制。

当前中国证券市场的现实情况是，几乎所有上市公司都由融资者的大股东（据统计，85%都是持有上市公司低于50%的少数股权）控制。上市公司董事会和管理层通常由大股东一手安排，自然首先和主要对大股东负责。特别是与国际上的规范市场不同，众多企业并非整体上市，大股东往往还有除上市公司以外完全属于自己的企业和业务。这样，上市公司中小股东的利益只是在与大股东一致时才得到兼顾。在过去相当长一段时期里，大股东占用上市公司资金、上市公司为大股东担保、向大股东公开输送利益等现象盛行，后来由于法规的强行干预和有效执行，这种明显损害上市公司的现象才得到基本扭转。但上市公司一股独大和大股东一手控制上市公司的情况并未受到根本触动，以致上市公司就是大股东说了算、大股东或其实际控制人就是上市公司主人、经营层即管家就应听大股东这个

老板的观念已经根深蒂固，乃至被认为是天经地义。

在这种氛围中，公众公司只有全体股东才是委托人、董事会包括董事长和总经理只是受托人和代理人、大股东并不比其他中小股东有更大权利等现代企业制度理念鲜为人知。作为上市公司的控股股东只有种种好处，缺乏责任和义务的约束。特别是由于非市场化发行下的估值扭曲，许多中小型企业只要能够上市，上市公司的融资大股东就进了旱涝保收的"保险箱"，即便经营得再不好最终也可溢价卖股套现或卖壳赚钱。A股市场扭曲的高估值还吸引了海外企业包括大量已经境外上市的中概股回来套利。这样，证券市场上的投融资关系必然长期失衡。显然，这种情况若不能根本扭转，不利于投资者保护，不利于建立现代企业制度和良好的公司治理结构，也不利于形成对全体股东包括各相关利益方负责的职业经理人队伍。这里产生的问题并不是大股东或融资者自然会有的利己动机，而在于我们的制度规范未能形成良好的利益导向和行为约束。

基于我国上市公司大股东控制的基本现状，借鉴国际规范市场对投资者保护的经验，可以考虑改进和建立的规则包括：

（一）改进独立董事提名方式，提高独立董事在董事会的比例，设立首席独董制度

董事会是上市公司的最高决策机构和正式代表。各类股东在董事会内得到均衡代表是投资者保护的基础和制度保证。独立董事制度就是为了保护公众投资者而设立的。《公司法》第122条指出"上市公司设立独立董事，具体办法由国务院规定"，故应依据《公司法》的要求加快制定相关办法。在国务院规定出台之前，也可以先行修改中国证监会已经实行的《关于在上市公司建立独立董事制度的指导意见》，将独立董事由大股东和董事会、监事会等提名、股东大会表决（实际上完全由大股东一手操作），改为主要由上市公司协会独立董事委员会推荐，由中小股东分类表决。独立董事占董事会的比例由现在的不低于1/3（实际上基本是1/3），改为不低于中小股东在全部股权中的比例。这样，只要大股东的控股比例没有超过50%，独立董事在董事会就占多数，这样也实现了与国际上设立独立董事制度规范要求的接轨。独立董事的薪酬可从上市公司上交协会的会费中统一支付。应借鉴国际经验，在独立董事不是上市公司董事长的

情况下，董事会应设立首席独立董事，主持和组织独立董事开展各项履职活动。只有采取这些综合措施，独立董事才不会成为负担或摆设，才有可能真正代表社会公众投资者利益，保证信息披露的真实、完整、准确，发挥对大股东和经营层的制约作用，使上市公司的经营者对全体股东负责，而不是唯大股东马首是瞻，这样投资者保护才能落到实处。

（二）改进监事会人员组成结构

现行《公司法》第51条规定，监事会成员由股东代表和职工代表组成，职工代表比例不得低于1/3。现在执行的结果是监事会成员实际上也是由公司和大股东决定，和独立董事情况类同，基本上属于"花瓶监事"，根本不能发挥对上市公司董事、经理的监督作用，更几乎未听说过监事会对公司大股东、董事、经理提起诉讼的案例。实际上，在各类股东已经在董事会得到充分代表时，再设立主要行使监督权力的监事会就应当不再由股东主导，而应由公司的利益相关者主导。股东作为公司的最终剩余索取人，必须在首先妥善处理客户、职工、债权人等利益相关方利益之后才能最后受益。故兼顾利益相关方的诉求与股东的根本和长期利益并不矛盾。有些利益相关方，如对公司进行了专门人力资本投入的骨干员工，有长期合约的供应商和购买耐用消费品的客户、存在污染企业的所在社区等，由于与公司也形成了依存关系，现代经济学的研究承认他们也拥有对公司的某些合法权利。就如万科这样的房地产企业，与其说一个可以随时卖掉自己的股票走人的股东与公司利益有多大关联，毋宁说一个购买万科住宅的业主与万科的品牌和公司发展有大得多和更久远的关联。因此，建议《公司法》修订时，将公司监事会成员的构成由股东代表和部分职工代表组成的规定，改为由职工、客户、社区代表和债权人等利益相关者的代表组成，这样才可能真正形成对上市公司行为的有效约束，也可以使上市公司的运行更合法合规，使企业利益与社会利益更趋一致。

（三）改革融资发起人和控股股东减持办法

现行办法规定融资发起人股东在法定锁定期满后，持股超过5%的重要股东，在二级市场减持每季度不得超出总股本的1%，但通过大宗交易减持的，则不加限制。这样实际上使融资大股东的减持失去了任何真正的约束。我国证券市场迄今为止还没能做到市场化发行，二级市场估值存在严重的结构性扭曲，中小企业只要能上市就有巨大的市场溢价。许多上市公司的大股东还采用制造概念题材、推出高送转等手法，推高股价后大幅减持，严重损害了以个人投资者为主体的公众投资者利益。更为恶劣的是，许多公司上市后业绩就很快变脸，但融资发起人或再融资的大股东还可以高溢价套现走人，许多上市公司只能通过反复的借壳重组维持生存状态，从而人为造成估值扭曲和泡沫。在公司本身没有内生性发展的情况下，公众投资者在被周期性的"割韭菜"中只能寄希望于优质资产注入等天上掉"馅饼"的奇迹。这样，市场在陷入扭曲循环的同时，却成为融资大股东包赚不赔的提款机。融资和再融资发行人好处很大，责任和约束很小，投融资关系必然失衡。

要根本扭转这种局面，除了提高发行上市的显性和隐性门槛、创造条件加快发行市场化改革并真正实行借壳重组与IPO同等条件之外，还需要改革现行融资发行人和控股股东减持办法。如美国1929~1933年的大危机导致无数投资者血本无归之后，出台了《证券法》和《证券交易法》，设立了证券交易委员会（SEC）。除了对所有非公开发行的股票进入公开市场有锁定期限制外，对被定义为上市公司关联人的重要股东（通常但不限于为持股10%以上）和董事、高管有严格的信息披露要求和交易限制。SEC规则第144条规定，公司关联人的股票无论是非公开发行还是二级市场买入均属于受控证券（con-trolled securities），交易需受到严格监管。任何连续3个月内累计超过5 000股或5万美元的交易必须填表披露，且在任意3个月内交易额不得超过总股本的1%和前4周平均的周交易量的较高者。场外交易（over-the counter）同样受限于任意3个月内交易额不得超过总股本1%的比例。通过协议和大宗交易转让的，受让人还要另加不少于半年的锁定期才能在二级市场出售。鉴于我国目前市场化改革尚不到位，应当对融资发起人和所有控股股东的减持采取更加严格的办法。建议对于融资发起人股东上市后业绩明显下降的，对其各种形式的减持实行特殊监管措施，使其不能轻易逃废上市承诺和对公众投资者的责任。对所有控股股东的协议转让与大宗交易，应改变目前自由放任的状况，进行控制权可能变化的预先申报审查，并一律对受让人附加必要的限售期和在二级市场出售的时间、数量限制。同时，上市公司定向增发股票必须严格推行市场化定价改革,堵塞寻租空间和保护公众股东利益。股票融资发行人的收益和风险、责任相对应,排队上市的现象自然就会减少。

(四)建立投资者利益保护的申诉受理通道

发达市场经济国家,当投资者的权利受到损害时,主要诉诸法律渠道,有股东诉讼、股东代表上市公司并由上市公司付费的股东派生诉讼和由律师代理的集团诉讼等多种形式。这被认为是约束上市公司关联控制人的主要约束机制。《OECD公司治理准则》也认为提供这样的执行机制是立法者和监管者的关键职责。但在我国,由于迄今还未建立集团诉讼、股东派生诉讼的制度,即便股东个人诉讼法院也通常要将证券监管部门的行政处罚结果作为前置条件。这样投资者就很难追究上市公司关联控制人的侵权责任。在这种情况下,《OECD公司治理准则》,"其他可供选择的裁决程序,例如有证券监管机构或其他监管主体举行的行政听证会或仲裁程序是解决争议的有效办法,至少在争议的最初阶段是这样的",值得我们采纳。建议由证券监管部门像组建发审委、重组委一样,组建常设的投资者投诉审理委员会,专门受理公众股东投诉。对股东投诉控股股东或董、监、高违反忠信义务的侵权行为,作出行政裁决和处罚。对不执行裁决的,股东可以依此向法院起诉强制判决执行。只有当上市公司关联控制人的任何侵权行为都可能受到追诉的情况下,投资者保护才能落到实处。就如国内近来对失职券商的处罚严厉后,券商立即全面强化了对其保荐企业的审查。国际经验也表明,上市公司的董事、高管随时可能因违背对全体股东的忠信义务而被追诉时,这些人才会真正承担责任,根据切身利益和自我保护的机制去抵制来自控股股东或董事长、总经理的违法违规要求。

二、完善上市公司收购管理办法

上市公司的收购兼并从来都是证券市场上最热门的话题。中国证券市场上很少有上市公司之间的收购兼并,但收购重组之多恐怕是世界之最:上市多年的老企业多数都经历过重组,不少企业则经过多次重组。总体来看,国际规范市场上收购的主要目的是为了实现资源整合,即相同产业包括上下游企业的收购兼并,或向相近产业的延伸发展,达到人员、技术或市场资源整合，以降低成本、提高效率、优化资源配置，因而通常是上市公司之间的合并或者是优势企业收购兼并弱势企业，或将上市公司收购下市后重新整合或分拆上市，也有的收购是为了改变和更替低效懈怠的管理层。总之，收购不是强强联合，就是优胜劣汰，是价值创造的过程。我国证券市场上的众多收购重组则大不相同，多数是业绩欠佳的上市公司去收购绩优或市场吹捧的新概念企业，实现所谓借壳或变相换壳，而且多是将场外优质资源或概念注入场内劣质的壳，使差企业起死回生，乌鸡变凤凰。从经济总体来说，这种将资源从场外导入场内的转换，并未实现任何价值创造，相反因为旧瓶装新酒，还是资源配置的劣化和价值贬损。更有不少企业在重组几年之后，概念炒作完了又变回原样。证券市场似乎变成了不断化优为劣的场所。证券市场上质优价低、质劣价高的现象还进一步导致估值和投资理念的扭曲，导致资源配置的劣化。对这种受到吹捧的所谓资产重组和壳资源炒作的危害，人们已经陆续有了一定认识，只是入病已深，难以自拔。近一段时间证券监管部门对壳重组和中概股回归的从严控制，对这种越演越烈的投机炒作开始起到了一定的降温作用。

万科之争则是近年来刚兴起的另一种类型收购，即一些多元化经营、以资本运作见长从而债务杠杆率高、透明度低的非上市集团化企业，凭借借贷和社会资金试图控制业绩优良债务率低的上市公司，以进一步扩大资本运作规模，依靠资金为王，实行赢者通吃。许多相信资本市场上"钱多说了算"的人，对这种收购持肯定态度。而相信资本市场也是有法治规范和功能导向的人，则对这种做法的合规和合理性提出质疑。这导致万科事件在各界引起了巨大争论和分歧。不错，法无禁止即可行，但高度法治化的现代金融市场，合法合规与否完全取决于法规的制定和执行。发达市场上股权分散的现代企业制度模式的发展与法规导向密不可分。那么，从证券市场的功能和其与实体经济的良性互动来看，法规究竟应当鼓励或限制什么样的收购呢？

就短期而言，在中国当前去产能、调结构、降杠杆的大形势下，资本市场应当鼓励的是以权益性融资去收购、兼并、淘汰落后产能。遗憾的是，这方面的收购还很少出现，法规在这方面也缺乏支持。万科类收购是加杠杆，收购的也不是落后而是先进的行业标杆。这样的反向案例能够在今天金融多头监管的环境中左右逢源、大行其道，显然值得相关部门认真

直面金融风险

反思，以亡羊补牢。

当然，也许有人说，制度法规的建设也不能过于短视。那么，我们就从更宽远的视角来审视这个问题。

首先，是收购主体和收购资金来源。国际规范市场通常对于管理公众资金的金融类企业和基金投资上市公司有着严格的法规限制。如美国金融企业集聚的纽约州规定人寿保险公司用于购买任何一家公司的证券不得超过其资产的2%，其他保险公司不得超过其资产的1%，就是出于保险公司必须分散风险的考虑。我国的相关规定就相当宽松，所以保险公司才能集中资金去大量购买同一上市公司的股票。再加上中国的保险公司还有实际控制人，保险资金还可以创造性地配合其实际控制人的公司去举牌收购上市公司，以至监管部门也不寻常地公开警示这种把保险公司当作提款机和融资平台去配合其实际控制人的越界行为。其实，美国2008年金融海啸的教训已说明，即便已经有法治的防火墙，对于金融资本花样翻新的逐利创新，若无警觉和制约，也一样会酿成大祸。我国的公募证券投资基金与国外一样，并无收购或与他人联合收购上市公司一说，并非他们不知集中资金和信息优势收购控制上市公司可以获取更大收益乃至暴利，而是由于法规对其投资于同一上市公司的持股比例和资金占基金净值二者均有严格的限制。

这次万科事件中引起争论的另一大问题，就是大规模使用杠杆资金。本来，《中华人民共和国商业银行法》规定银行信贷资金不得用于权益性投资，但是对于银行理财资金使用这类新生事物则缺乏及时规范。这次宝能举牌万科，主要撬动的就是银行理财资金。用表外的银行理财资金做成基金或资管产品，去增资购买企业股权，然后企业再用这笔钱作为本金出资，银行继而配以更多资金做项目，这是当前在证券和房地产业都极为流行的做法。这种表面上绕了几个弯子的戏法其实用的大多是银行的钱，但只要有股票或土地作抵押，中小银行抢单、各家大银行也硬着头皮跟进。在目前银行理财产品实际上都在被迫保证刚性兑付的情况下，这种高度杠杆化短期资金的长期使用，若市场稍有风吹草动，就会产生极大的金融风险。

除了金融风险，高杠杆收购还存在严重的公司治理隐患。许多杠杆资金来源于资管产品，其存续期很短，往往是收购刚完，新的一届董事会任期刚开始,其存续期已到,股东身份都不存在了,但却已经获得或影响了公司控制权和治理结构,这样的公司和收购者当然很难有长期行为。还有些收购者控制权还没抓到或没抓稳就已经将手中的股权全数质押,使自己的股权成为残缺的股权,建立在这种股权基础上的控股权和公司治理结构当然是不稳固的。再加上这种高杠杆的收购者通常为多元化经营的集团,目标很多、摊子很大、负债很重,收购上市公司只是整体战略的一个棋子,并不符合市场鼓励透明度高、关联交易少的整体上市目标。

有人说,杠杠收购在美国20世纪80年代曾风靡一时,后来虽然遭到诟病以及反收购立法的阻击,并因20世纪80年代末和2008年的两次金融市场危机而受到沉重打击,但今天仍然是一种流行的收购方式,我们也不应惧怕和排斥。值得指出的是,美国杠杆收购LBO(Leveraged buyout)的本意是用杠杆资金收购上市公司的全部股权,收购成功后上市公司下市。收购者将公司分割出售包括重整后重新上市获利。中概股的私有化就是通过高额举债进行杠杆收购的典型案例。收购人通常是与上市公司的经营者联手或本身就是上市公司的大股东。这种高杠杆收购由于举债数量大、承诺事项多、时间跨度长,最终还得依赖标的公司今后出售即主要是重新上市的市场溢价套现,因而各种意外都可能发生,收购者也要承担很大风险。但对于上市公司的社会公众股东来说,这种溢价收购通常会使他们一时受益因而受到欢迎(当然有时因为收购虽有溢价但相对于当年发行上市价格仍然较低,也会遭到股东抱怨甚至威胁起诉,以逼迫原大股东收购者提高收购报价)。但这与中国A股市场上的高杠杆收购只是收购少数控股权是有本质区别的。因为控股权收购对于社会公众股东来说,只有部分适时兑现的投资者可以肯定获益,而对长期持股或跟风进入的投资者来说,却要承担控股权改变后企业后续究竟如何的风险。故简而言之,美国的杠杆收购,无论如何高财技高风险,承担责任的仅仅是收购者,而中国A股的纯控股权收购,高杠杆带来的风险及其后续消化,则是要由广大公众股东去承担。因此,这种用短期借债资金进行高杠杆收购上市公司控制权,以及一些收购者尚未取得控制权就已经将股票尽数质押再融资的杠杆使用,自然就不能随心所欲,而要进行管理和规范。

其次,是上市公司收购与反收购的政策法规边界。

收购兼并是资本市场的重要功能。一般认为,收购兼并的积极意义在

直面金融风险

于其可以发挥资源整合协同的价值增值效应,因而被认为具有价值创造和价值发现功能而受到肯定。特别是在美国等经营者支配占主导地位的市场中,收购兼并即企业控制权市场的存在被认为是迫使经营者不敢懈怠的重要外部市场力量。但是,由于收购兼并同样可能源于收购者过于自负的野心、误判和套利的需要,也未必带来价值创造,相反由于过高的交易成本以及对公司正常运营造成的长时间侵扰,会造成社会净收益的损耗。正因如此,反收购也就有了其存在的合理性。

在发达市场上,上市公司普遍具有自主发行股票的权利,董事会通常也有在股东大会预先授权后机动定向发行不超过总股本20%新股的权利,不少市场又允许发行不同投票权的股票,有的在反收购法规保护下还可以采取区别对待原有股东和新进入收购者的歧视性政策即被称为采用"毒丸"计划的权利,故上市公司可采用的反收购的手段比较灵活多样。而我国证券市场长期盛行所谓优质资产注入的协议重组,对收购方的政策相当宽松,而被收购的上市公司由于没有自主发行股票、可转债的自主权,对付敌意收购的防御工具很少。故而,万科之争引发了两种不同的连锁效应。

一是陆续开始有一些业绩良好的上市公司受到敌意举牌的威胁。与万科类似,往往是资本平台式或金融类企业觊觎拥有资源的产业乃至龙头企业,而且越是股权比较分散、职业经理人已经拥有小比例股权、发挥相当自主经营作用、治理结构较为透明的现代企业制度企业,越容易成为收购目标。由于制度和法规没有提供反收购的空间,因而在敌意收购威胁面前,这些公司赤手空拳,缺乏武装。显然在这种攻防失衡的情况下,如果仅仅凭借一时的资本运作乃至杠杆使用的资金优势,就可轻易收购、控制别人辛苦经营、多年打拼的品牌和实体企业,凭借资本优势和杠杆财技就可在取得少数股权控制后撤换独立经营的管理层,不仅对这些企业来说常常难免在事后会被证明是悲剧,也会在资本市场上鼓励不是价值创造而是掠夺套利的投机。这不仅对实体经济发展有害无益,同时也会加剧上市公司一股独大的畸形发展,不利于拓展我国资本市场的深度、广度以及规范化与透明度建设。

二是据报道,已有600多家大股东控股比例不高的上市公司也都闻风而动,用五花八门的办法修改公司章程,如对未届满董事免职实行巨额补偿、降低收购人持股变动触发披露义务的法定最低比例、提高修改公司章程的通过比例等，试图在潜在的收购者出现和敲门之前，利用中小股东参与率低造成的自身投票优势筑起进入壁垒，甚至造成"一票否决"的格局，以维护自己对上市公司的控制乃至垄断地位，这样当然就更偏离了公司治理的正确方向，也使中小股东更加边缘化。因此，根据万科之争后出现的这些新情况，修改和完善我国上市公司收购管理法规，划清正当的收购防御和滥用现任董事会和控股股东权力的界限，已经迫在眉睫。

这方面可以考虑修改的法规内容包括：

（一）提高上市公司收购的披露要求，改进对上市公司控制人的认定和约束

我国现行法规要求收购上市公司股份达到5%时需披露，而后每增持5%均有强制披露义务。这个要求过于宽松。建议与国际规范市场接轨，在收购跨越5%的界限后，每增持1%均应披露。同时，可以借鉴美国证监会的做法，对以改变或影响发行人的控制权为目的，或与以此为目的人有关联，在收购5%之后每增持1%，必须填写专门的披露表格。填表人故意误述或误导，要承担刑事违法责任。对不以改变或影响发行人的控制权为目的某些特定股东，如券商、基金等机构投资人，则可放宽至每增持5%再披露的要求。

同时，我国过去面对第一大股东控制上市公司的现实，重在强化对上市公司控股股东和实际控制人的监管。但为了规避目前收紧的重组新规，现在上市公司控股股东和实际控制人变动频繁，方式也五花八门。有的公司为逃避实际控制人的责任追索，蓄意将控股权分散持有，甚至干脆声称公司没有控股股东和实际控制人。因此监管必须与时俱进，重新严格定义公司控制人的概念。如前介绍，在美国证券法规中，上市公司控制人（a controlling person）并非指一个人，而是指所有上市公司关联人（affiliate）和内部人（insider），即那些有能力通过直接或间接的方式去控制或影响上市公司控制的人。这些人包括但不限于公司的全体董事、高管、持股10%以上的股东（见美国安然等公司丑闻后，根据《塞班斯-奥克斯利法案》修订的美国《证券交易法》第16条以及美国证监会网站关于上市公司控制人的说明）。如前所述，这些关联人或内部人的信息披露与交

易限制都极为严苛。我国现行法规对上市公司控股股东更别说其他重要股东的股权交易限制很少，而且只要不是原始发起人股份，在二级市场交易特别是协议转让和大宗交易更是畅行无阻。建议将我国上市公司控制人扩展为重要关联人。鉴于我国上市公司董事、高管执行的几乎都是大股东的意志，对持股 10% 以上的股东及其他各种形式的一致行动人股东定义为公司重要关联人。对公司重要关联人股权的所有场内外交易实行严格的信息披露和交易与再交易限制，使上市公司重要关联人的权利与责任义务相对应。

（二）改进收购交易方式，推动要约收购

显然，只要准确锁定影响上市公司控制的所有关联人，对其实行严格的信息披露与交易再交易监管，那么，现行各种隐瞒收购意图、企图不动声色用低价从公众股东手中大量取得股票的办法就很难行得通，而必须通过要约方式进行收购。要约收购方式由于对大小股东一律平等，是一种更能保护公众股东的收购方式，故也是欧盟收购指令规定的上市公司控制权转移的主要形式。我国由于长期以来采取的是鼓励支持资产重组的收购政策法规，收购者通常通过协议转让和注入所谓优质资产方式获取上市公司控股权，收购法规尚未考虑敌意收购优质上市公司情况下的投资者保护问题，故而将要约收购的触发点定得很高，即便触发也通常豁免要约收购义务。这使得中国的上市公司收购基本上是大股东之间的私下交易，转让方的原控股股东往往可以有很高的溢价收入，而广大公众股东则无缘参与，只是交易结果的被动接受者。这种惯例在目前开始出现的对优质企业敌意收购中就可能严重损害公众投资者的利益。还有一些收购者通过分散的代理人秘密从市场上收集股票，规避信息披露义务，以降低收购成本。因此有必要借鉴国际规范市场经验，严格披露要求和限制重要关联人股东的二级市场交易，引导和推动上市公司收购主要以要约方式进行，从而使收购活动更公开透明，让公众股东成为决定敌意收购成败的主人。

（三）规范上市公司使用合规的反收购工具

反收购的正当性在于能否保护上市公司和股东的整体与长远利益，而不是为了保护现有控股股东或管理层的私利。因此，随意降低收购的法定披露线、提高修改公司章程的门槛、延长董事任期和巨额补偿免职董事的

做法，都必须受到制止和规范。实际上，国际上为防范敌意收购，已有所谓的交错董事会安排，即董事任期通常不超过3年，且每年可改选1/3。董事固然可以连选连任，很少有任期限制，但董事任期通常只有1年，需要在每年度的股东大会上接受股东再选举，以强化董事对全体股东的忠信责任。故任何反收购举措不能脱离法治轨道和损害公众股东权益。同时，在我国当前上市公司几乎没有合法的反收购工具可用的情况下，明确划分上市公司合理合规的反收购界限，保护股权相对分散、经营良好的上市公司维持稳定的公司治理，免受套利游资威胁公司控制权导致对公司正常发展带来侵扰和消极影响，也是非常必要的。

鉴于我国目前的法规还不存在上市公司自主发股或采用"毒丸"计划反收购的可能性，更没有任何反收购立法，可以借鉴的合法反收购工具是对试图影响上市公司控制权的股东的身份限制。由于上市公司控制权争夺并非一般的公众股东能力所及，故对试图影响和控制上市公司的股东身份作出规范化的要求并不侵犯而是保护大多数公众股东的权益。如美国《证券交易法》规定，股东有向年度股东大会提案的权利，但提案资格为持有一定数量的股票并且至少持有已满一年的时间。美国1976年通过的反托拉斯改善法案要求所有超过一定金额（2016年为7 820万美元，额度逐年微调）的收购，需预通知反托拉斯机构，待无异议后方可进行。众多对反收购立法的州还规定，在收购达到若干关键百分比时，除非得到标的公司无关联股东的多数同意，否则不能行使或限制行使其收购股份的投票权。另，除满足某些特定条件外，收购者与目标公司的业务整合需有几年的"冻结期"（Freeze – out period）。美国纽交所道琼斯平均工业指数30家公司中有28家的章程允许股东提名董事（通常是由独立董事组成的委员会提名），但规定只有连续3年持有公司3%以上股权的股东才有权在股东大会召开前120天至150天提名董事，同时提名的人选连同之前两年股东提名的人数总计不能超过董事会成员的20%。显然，这些规定主要是防范游资冲击、保护公司稳定治理和实施长期战略目标。建议我国的收购管理办法吸取这一办法，除履行全面要约收购义务或以部分要约成功取得上市公司多数股权的收购人，均需在连续3年持有3%以上股权时才有权提名董事。

（四）限制采用杠杆方式、禁止使用违法手段取得少数股权控制上市公司

以杠杆特别是短期杠杆资金取得上市公司控制权会造成各种隐患和公司治理结构的不稳定。现行上市公司收购管理办法关注了收购人的负债问题，但以有较大债务且不能按期偿还为收购红线，显得过于简单和僵硬。建议除履行全面要约收购义务的杠杆收购外，使用借贷资金、信托理财资金和股权质押等方式谋取上市公司控制权的收购，应当通过证券监管部门的专门审查。对于以资管计划方式融资参与上市公司收购的，若在上市公司换届选举董事时，其资管计划即股东身份存续期短于董事任期，应限制其选举董事的投票权。至于以收购、控制上市公司为目的又规避信息披露规定用违法违规方式取得的股权，属于涉嫌欺骗市场和公众投资者的内幕交易和市场操纵行为，但目前只作为一般信息披露违规从轻放过，导致越来越多的收购人以这种违法方式收购股权，造成部分上市公司陷入治理混乱的股权纠纷之中。对这类明显严重违法的行为，监管者应明确立规，不仅应强制其卖出以违法方式取得的股票，还应追究其法律责任。

（五）鼓励和规范机构投资者参与公司治理

管理社会资金的机构投资者对上市公司进行股权投资，逐步改变A股市场以个人投资者为主的结构，是证券市场发展的趋势和方向，应当受到大力鼓励。保险公司、社保基金、企业和行业年金等机构投资乃至举牌上市公司，对改善上市公司治理结构可以发挥很积极的作用。但应与对公募证券投资基金的法规要求相一致，明确其购买同一上市公司股票的持股比例与占自有资金比例，禁止使用社会资金的机构投资者利用资金优势，单独或与他人联合收购控制上市公司。因为这既易造成对产业资本不必要的侵扰，加剧市场一股独大的结构失衡与低效，也违背了机构投资者本身的使命和分散风险功能。

以个人投资者为主的市场特征之一是上市公司投票率很低，如我国A股市场上市公司的公众股东参加股东大会的投票率通常在个位数，一般远低于控股股东的投票权，对公司治理很少发挥作用，使股东大会的决议很容易被仅持有少数股权的大股东操纵。这与发达市场上上市公司投票率往

往若干倍于大股东的投票权完全不可同日而语（如美国道琼斯工业平均指数30家企业的第一大股东持股比率平均在10%之下，而其股东大会投票率都在80%以上。同时法规要求上市公司有效决议的投票率不得低于总股本的1/3，而一般上市公司章程均要求不低于1/2）。因此，提高我国上市公司股东参与和投票的比率是改进治理的重要一环。

在个人投资者为主的结构一时不会根本改变的情况下，借鉴国际经验，建立发挥证券托管人的代理投票机制是可以考虑的一个途径。《OECD公司治理准则》指出："保证股东的投票权在未得到同意的情况下不得由托管人代为投票，以及不至于因为托管人在投票表决前为取得股东核准而增加过多负担，在这两者之间取得平衡是非常必需的。向股东充分说明而没有得到反对的指示，托管人将按照自己所认为的符合股东利益的方式进行投票。"我国现行法规没有允许股票托管人代理投票的规定。这次万科之争中资管计划委托投票权的问题就引起了很大争论。其实银行理财资金在没有得到资金真实所有人授权下的委托或代理投票是存在明显瑕疵的。正确的做法是，在规范和清理杠杆资金委托代理投票的同时，开启托管机构代理投票的正门。发达市场机构投资者扮演越来越主要的角色，现在的趋势是开始逐步废除那些自动让托管机构为股东投票的条例，要求托管人在投票前更充分地向股东说明情况而未遭反对时，才能代理投票。在我国目前以个人投资者为主、上市公司除大股东外的投票率极低的情况下，吸取别人的经验，建立我国的证券托管机构主动代理投票制度，对改进公司治理、保护公众股东利益会有积极促进作用。

三、坚守证券市场的法治底线

国际上资本市场发达国家的共同特征是法治比较健全，投资者对产权保护有稳定的预期。中国正在建设全面法治社会，虽然来日方长，但对证券市场的发展来说，是积极的外部条件。证券市场本身的建设更应当先行一步，努力坚守法治市场的底线。

正如哈耶克所说："撇开所有的技术细节不论，法治的意思就是指，政府在一切行动中，均受到事前规定并宣布的规则约束。这样规则使得一切个人有可能确定地预见到当权者在特定情况中会如何使用其强制力，并

直面金融风险

据此知识来规划自己的个人事务。"因此,监管者本身政策的连续性和稳定性以及信息披露质量至关重要。政出多门、朝令夕改、选择性执法都是法治的大敌。

中国证券市场由于诞生于由计划经济向市场经济转变的特殊阶段,不可避免地带有转型期的烙印。特别是在早期阶段,证券市场还是帮助国有企业脱贫减负的工具。在较长时期里,上市就是为了融资圈钱和高价兑现致富而很少考虑投资者回报的情况极为普遍。市场监管者在为国家经济政策服务,特别是为市场主体国有企业融资发展服务与推行市场化改革、稳定市场与投资者情绪等多重目标之间艰难腾挪。2015年股市的大幅震荡突出暴露了这种多重目标的追求往往相互矛盾,结果反而事倍功半,达不到其中任何一个目标。这次万科之争中众多涉嫌违法违规的现象,也是因为涉及多部门监管交叉、高杠杆的金融风险处置以及企业的特殊身份等问题,给市场留下了不少困惑。

但无论有多少困难和阻力,中国经济要实现跨越中等收入阶段的持续快速增长,是中国政府已经确立的战略目标,也是我们在当今这个历史阶段的主要挑战。要实现这样的目标,就不能缺少一个强大的资本市场。从历史上看,无论是当年称雄的英国,还是当今仍居世界经济潮头的美国,无不得益于一个强大的资本市场。现在中国已经跃居全球第二大经济体,面临着实现中华民族伟大复兴梦想前所未有的机遇,强大的资本市场对于推动经济增长、维护金融稳定不仅不可或缺,而且比任何时候都更加紧迫和重要。

建设一个强大的资本市场,没有任何捷径和取巧的方法。在我国当前的情况下,关键是要排除一切干扰、坚定不移地稳步推进党的十八届三中全会提出的证券发行市场化的目标,根治我国扭曲的资产重组痼疾,全面改进上市公司治理的制度框架,健全证券市场的法规体系,平等对待各类市场主体,公平执法。唯有如此,直接融资才会有大的发展,企业的杠杆率才会下降到合理水平,投资者的权益才能得到有效保护,我们才能真正迎来融资便利、投资踊跃的资本市场新时代。

(本文原载于《上海证券报》,2016年10月21日)

建设公平正义的股市

刘纪鹏[*]

一、中国股市欠缺公平和正义

众所周知，决定一个股市成长性好坏的关键因素，主要有三点：一是国际环境，二是国内政治环境，三是上市公司的成长性和质量。

事实上，纵观自 2008 年美国金融危机以来，中国资本市场在这三个因素方面都具有优势：首先从国际环境来看，过去的十年，不论是与美国、欧洲相比，还是与衰退的日本相比，中国都有有利的态势并承担着带动世界经济发展的引擎作用；其次就中国的环境来说，即便 2016 年 GDP6.8% 的增速，也仍然是其他发达经济体的 3 倍以上。而从中国经济的主力部队——中国上市公司来看，无疑在中国经济发展中起着中坚作用，近几年上市公司的质量、成长性，虽然没有显著性的增长，但仍处在不断的增长中。然而，过去的十年中国的股市却一反常态，无论国际股市涨也好跌也罢，中国的股市都处在持续的低迷中，不仅令广大的投资人失望，也令中国经济的决策者和监管者失望。到底是什么原因导致中国股市持续低迷、一头向下走出与国际国内的政治经济环境背道而驰持续下跌的行情呢？对这个问题我们该到了彻底剖析的时候了。

中国股市在过去十年中，在广大投资人普遍赔钱、在中国资本市场交易制度和环境有漏洞的背景下，造就了中国少数最暴富的人群。如果说在过去十年中，哪个行业财富分配最不公平、贫富差别最大、少部分人暴富

---

[*] 刘纪鹏，中国政法大学资本研究中心主任。

大部分人亏损？那一定是中国股市！由于股市缺少公平和正义，导致这个市场已经不是一个价值财富的创造场所，而是成了一个存量财富分配不公的坏市场，广大投资者在经历了一波又一波的被割韭菜之后，他们就会清醒、觉悟，厌恶这个市场，退出和抛弃这个市场。缺少公平和正义，这才是中国股市持续低迷的关键所在。

对中国股市缺公平少正义的现实，集中表现在大股东和高管以低廉的价格入市、再以超高的股价减持暴富，而中小投资人则普遍亏损。事实上从股权分置改革以来，这个问题就充分暴露出来，虽然笔者曾经跟过去几任中国证监会领导都反映了这个问题，然而都没有得到正式的承认和解决。2017年5月26日，中国证监会修订发布了《上市公司股东、董监高减持股份的若干规定》。同日上海、深圳证券交易所出台了具体实施细则。这是中国股市朝着正确的方向演进和健康发展走出的重要一步。

二、中国股市最应该保护谁、约束谁

中国股市目前存在两大问题：第一是市场财富分配的不合理问题，第二是治理结构失衡的问题。这两大问题都和当今股市家族企业一股独大的现象密切相关。

事实上从2004年中小板开通，我国股市开始向家族和私营企业倾斜，直到2009年创业板再次开通，由于不合理的IPO发行制度和交易制度，导致财富分配不合理的现象愈演愈烈。以2009年创业板开通的200家创业板企业为例，它们平均发行市盈率是72倍，发行价格是32元，发行前第一大股东及其家庭平均持股在55%左右，发行后也在40%以上。这些大股东折股的价格是多少？折股的价格是经过资产评估和pre-IPO的溢价入股之后，入股价平均也就是一两块钱。如果这样推算作个统计的话，在搞股改时，未评估之前的价格也就几毛钱一股。

然而在中国核准制的发行制度存在严重缺陷的情况下，上市成为紧缺资源，导致中国股市IPO市盈率创了世界纪录。与发达的海外市场作比较，如果有少数几家上市公司高市盈率在50倍、100倍，这种现象还算正常，但是如果200家公司都是平均72倍的高市盈率，肯定存在问题。

而把IPO价格限制在20～25倍之后，二级市场一上市就暴涨。这出现了恶性循环，要么是一级市场的高溢价发行导致大股东暴富，要么是限制住一级市场发行价但二级市场连续暴涨，"按下葫芦就浮起了瓢"，背后都预示着中国证券发行制度的严重缺陷。然而我们却没有看到这个缺陷，没有从制度上根本解决，只是从一级市场、二级市场的限制上进行调节，这不能解决根本问题。因此一旦以低廉价格入市的大股东、高管限制期一过，就出现了今天这种疯狂减持的残酷现象。这些人没有把精力放在实体公司的做大做强上，而是把主要精力放在股东个人财富的积累，放在如何精准减持、变相减持，获取大股东、高管个人财富的创造上。

这一过程恰恰不是增量财富的创造过程，而是在和中小股东信息不对称、不合理的博弈中，打着合法旗帜、不合理地转移存量财富的过程。这难道是社会主义市场经济所追求的公平和正义的财富分配吗？看不清这个问题，就看不到中国股市持续低迷的本质所在。

然而多年来一提到这个问题，监管部门的一些同志就说既然国有企业可以一股独大，为什么家族企业就要限制？笔者认为，家族企业和国有企业一股独大有本质的区别。家族企业股份和个人直接挂钩，而国有企业股份的减持则与其高管并不直接相关。

在治理结构上，家族企业普遍一股独大，导致治理结构失衡。如果中小板、创业板的家族企业，一股独大的大股东及其利益关联者持股40%以上，由他们控制的董事会去聘请的独立董事又有什么对其的制约能力呢？

在这种背景下，正如大家所看到的，大股东及其家族控制的董事会利用信息不对称，什么时候出重组消息、出高送转、出业绩，都成了他们精准、高价减持的条件，而中小股民却没有丝毫的力量与之抗衡。不论是财富分配不合理还是治理结构失衡，都成了中国股市非公平、少正义的关键所在。尽管1 200多家中小板、创业板的公司规模都不大，但是对社会公平正义风气的破坏和带来的恶劣的影响、对中小股民的打击是不可忽视的。

当今中国的股市，一方面政府、市场及其中介机构齐声高唱保护中小投资者是资本市场的宗旨，中小投资者是中国股市的主力、是中国股市的衣食父母，但另一方面这些主人却被不公平不合理的财富分配制度剥夺得体无完肤、鲜血淋淋。

显然，中国股市应该出什么样的政策限制谁、保护谁，一目了然。这个市场最应该限制的是谁？中国富翁的主要群体，就是在中国的中小板和创业板上。大股东和高管们可以花5.5亿元在国外买画，也可以减持了七八千万元说挣个零花钱，甚至减持过亿给孩子交学费……所有的理由都不再赘述，股东仅仅是个人理由需要减持，就从这个市场不费吹灰之力卷走大量社会存量财富。

综上所述，解决中国股市今天持续低迷的现状，就必须从这个市场最应该保护谁入手。而今天最应该保护的人却沦落为最受伤害的人。我们这个市场最应该约束谁？是那些没把精力放在企业做大做强、而一门心思放在不管股价多低都要减持暴富、不顾广大股民们的大股东和高管们！难道不应该限制一下他们这种行为吗？因此这次颁布的限制大股东和高管的政策，正是朝着正确方向，也就是建立一个公平正义的股市、保护真正需要保护的人、限制真正应该限制的人的正确方向上迈出的重要一步。

三、未来还应标本兼治

要从根本上恢复投资人的信心，带动中国股市的长远健康发展，必须陆续推出治本的措施。治本的措施要实现多赢的目的，即中小投资人赢以及以基金为代表的机构投资人赢、市场赢、大股东高管也要赢的"四赢"局面。要循着这个方向，根据中国国情进一步制定制度性的治本措施。

笔者长期倡导，尤其在近十年以来，认为两个措施可治本：第一，大股东和高管预设可流通底价，也就是说大股东和高管在高于目前的价格基础上，制定自身只有在实现这个股价之上才进行减持的自主性、自愿性选择和制度安排，并向社会公示。大股东和高管只有在让中小投资人获益、赚钱的基础上他们才能赚钱。换言之，大股东和高管只有在解放"衣食父母"的基础上才能解放自己。某种意义上他们只能高价减持，而不是现在低价减持。

第二，更进一步的治理措施是从治理结构入手。目前简单模仿西方不是中国上市公司一股独大的普遍现象，这种思维理念必须摒弃。家族私营企业上市，目的是为了培育成公众公司和现代股份公司，而不是在一股独大的背景下合法地掠夺公共财富。在目前有待完善的发行制度下，由于

IPO还是紧缺资源，因此在保持大股东合理比例的条件下，应该对一股独大进行限制。即对申请上市企业的第一大股东的持股比例一律在发行后限制在33%以下，告诉他们上市的目的不是减持，而是集中精力办好公司，他们稍微减持就面临失去控制权的危险。更重要的是在这样比例下，一个良好的上市公司的治理机构才能形成，其他的投资人以及独立董事才能共同形成一个上市公司的平衡机制，使得大股东和高管的减持得到公司内部的有效约束。同时由于这样的制衡，也必然对监管部门和交易所创造实现"三公"的有利条件。

监管部门和交易所要端正认识，在尊重国情的基础上借鉴国际规范；交易所应该把保护中小投资人放在首位，把维护我国股市生态平衡和健康发展放在首位。只有这样，上下一心，共同发展，才能最终实现广大投资人赢、大股东和高管赢、中国资本市场赢和中国赢的大好局面！

（本文原载于作者博客，2017年5月30日）

直面金融风险

控风险是债市重中之重

高占军 刘 鹏 崔莉莉 杨恩百[*]

中国的债务问题进而中国的债券市场,再一次被推到了风口浪尖。较为宽松的货币、信贷条件,虽导致杠杆率日渐抬升,但并不能拉动有效的经济增长。沉重的债务压力、持续下滑的盈利能力、过剩的产能,以及疲弱的全球经济和贸易,使企业的经营环境极为艰难。在经济富有效率、资本产出比下降和全要素生产率处于上升势头之时,杠杆率适度高企应是可以接受的,但中国的情况恰恰相反,其产能过剩之严重,投资效率之低下,令人担心。企业的净资产回报率大幅下降,现金流负债比明显滑落,存货和应收账款的周转效率降低。在此背景下,银行的不良资产和企业的债务问题备受关注,债券市场违约事件频发,与之相伴的是流动性的高度紧张和收益率的显著波动,并因货币政策和监管政策的收紧而放大。2016年以来,中国债券市场风险急剧增加,其影响呈蔓延和扩大之势;对此要认识到,这种风险的释放是一个必要和自然的过程,唯其如此,金融去杠杆才能见效,市场才能健康运行;与此同时,也需要采取措施防范过度波动,尤其是要避免风险溢出和共振。

一、中国债券市场的三大风险

债券市场风险主要包括五个方面,即流动性风险、市场风险、信用风险、交易对手风险和溢出风险。

所谓流动性风险,指的是资金过度紧张的状态,在此状态下,市场参

---

[*] 高占军,中信证券董事总经理;刘鹏,崔莉莉,杨恩百,中信证券固定收益部高级经理。

与者无法融到资金,或即便融到资金,但成本远超过能够承受的水平。

从流动性的角度看,当前有几个反常现象:一是资金全面紧张,不仅非银行金融机构紧,银行体系也经常紧;二是不仅中小银行紧,大银行也紧;三是钱紧的时候中央银行想给钱,但机构拿不出抵押品;四是收益率曲线倒挂,银行发行的1年以内的同业存单(NCD)利率为5%左右,而10年期政策性金融债的利率远低于此;五是只要钱一松,杠杆马上就上来。

在这种背景下,流动性风险极易发生,尤其是当市场环境不利、投资者杠杆率高企和业务模式过于复杂的情况下。2016年12月债券市场出现剧烈波动,很多机构资金链断裂,就是一个典型案例。

债券市场经常会波动,收益率曲线时上时下,当这种波幅大到可能使投资人蒙受较大损失,或者致使债券发行人融资成本过高时,便会出现市场风险。债券市场的波动主要受经济表现、物价趋势、债券供求、货币和财政政策以及国内外环境等因素影响。正常的市场波动是释放风险的,不需要过分担心。但当市场波动剧烈到影响投融资功能发挥,并可能触发流动性及其他风险时,则需要监管介入和干预。

信用风险指的是债券发行人违约的可能性。从中国的情况看,近年来信用风险在增加。2016年,有80余起违约风险发生,涉及金额400多亿元,有民企、地方国企和央企,产品有私募也有公募,涉及省份增至18个。

当市场参与者相互信任度显著降低时,便会出现交易对手风险,此时自我保护意识增加,交易处于冻结状态,市场功能可能丧失。2016年12月出现了国海证券的"萝卜章"事件和"代持"风波,造成交易对手间的普遍不信任,加大了市场的波动。

所谓溢出风险,是指当前述几大风险集中爆发时,可能会出现相互加强和共振现象,并传染至股票、外汇等其他市场,导致一个或多个市场投融资功能丧失,资本恐慌性流出,实体经济也会因此而受牵连。溢出风险是一种系统性风险,其影响已远超债券市场本身,它是在多种风险叠加下产生的,在不同的金融子市场、交易对手和金融产品间相互传染和交织。2008年美国的金融危机就是次贷问题爆发后,因风险溢出而发生连锁反应的结果。

鉴于对当前中国债市的重要程度，本文重点讨论信用风险、流动性风险和溢出风险。

（一）信用风险

1. 债券市场的三轮信用重估

大致说来，最近15年来的中国债市共经历了三轮信用重估。第一轮发生于2008年，当时出现了江铜、魏桥、航天晨光和力诺等案例，虽有惊无险，最终都顺利化解，但也造成了信用利差的大幅上行。这一轮信用重估，很大程度上缘于美国金融危机的外部影响，算是偶尔出现的信用事件。

第二轮发生于2011年，是以城投债为焦点的内部冲击。城投企业的特点是盈利能力弱，现金生产能力不强，短期偿债压力大，靠其自身实力并不足以支付利息和到期债务，必须依靠借贷维持资金周转。但这种非企业内生的现金流具有天然的脆弱性，一旦融资紧缩，将导致短期偿债指标迅速恶化，其流动性风险便会暴露。2011年上半年正是对城投企业债务担心较重，而监管部门对其再融资渠道收紧之时。更令投资者焦虑的是，部分城投企业行为不规范，且有逃废债务的倾向。多家城投公司违规划转核心资产，也有的因现金流不足暂停利息支付，引起轩然大波。因城投债利率高，投资者一度十分偏好，大量参与投资和交易。但从当年5月份开始，这样的事件频繁出现，加上当时的经济环境和宏观调控，导致城投债大跌，几百个基点的信用利差很快就上去了，有很多机构尤其是基金和一些保守机构迫于各种压力，大量卖出甚至清仓，加剧市场下挫。

第三轮信用重估始于2013年，目前正在进行，产业债是重点，预计其持续的时间及影响的深度和广度，都将远远超出前两轮。

2. 违约事件增多，并迅速扩散

2016年，债券市场信用事件显著增加，全年有34家企业违约，涉及债券80只，金额超过418亿元，违约只数和金额同比分别增加247%和231%，信用违约常态化，且呈现如下四个显著特征。

第一，各行业信用分化加大。具体来看，易发生信用风险的行业具有如下特征：第一类行业具有强周期性，产品需求容易受到宏观经济波动影响，当经济增速放缓时，这些行业销售规模大幅减少，现金流容易出现紧张，比如化工、设备制造等行业；第二类行业是以钢铁、煤炭为代表的产能过剩行业，具有较大的库存压力，这些行业是过去一年信用风险的高发地，也是推行"供给侧改革"的核心产业，未来"供给侧改革"与去产能将进一步深化，属于这类行业的发债主体资质将进一步分化；第三类行业集中在大宗商品、贸易等领域，其商品销售价格曾出现大幅下降，导致企业销售收入和净利润大幅度减少，经营陷入困境，未来其信用资质的变化很大程度上依赖于价格走势的变化，若产品价格持续走弱，这部分企业的信用风险将会进一步暴露（见图1）。

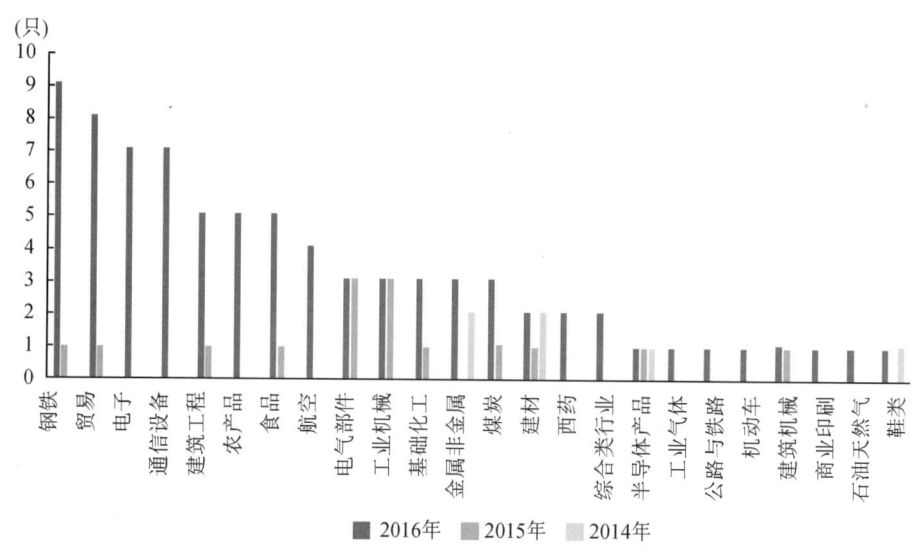

图1　2014～2016年债券违约只数（按行业）

资料来源：Wind资讯，中信证券。

第二，从企业属性看，信用风险逐渐由民营企业向地方国有企业乃至中央企业传递。2014年及以前，没有发生过国有企业违约，2015年有5家国企违约，2016年大幅增至13家。随着市场化改革的推进，加之地方政府债务负担沉重，地方政府对于当地国企的外部支持正在减弱，想"兜底"也有心无力。

第三，违约的债券类型基本做到全覆盖。中票、超级短期融资券和私募品种的违约次数较2015年均显著增加，而短期融资券首次发生违约。自此，我国债券市场的违约债券已基本覆盖主要的债券类型。

第四，违约债券发行人所属区域猛增。2016年，发生债券违约的省级行政单位共18个，较2015年增加1倍；其中新增信用违约的省级行政单位共7个,包括辽宁、江苏、湖北、内蒙古、山西、浙江和甘肃,扩散区域大幅增加(见图2)。

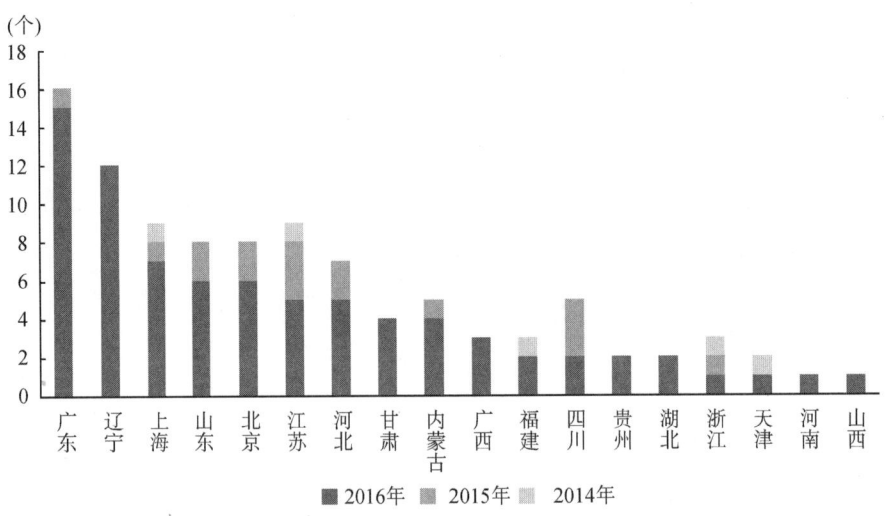

图2 2014~2016年信用债违约主体个数(按地区分)

资料来源:Wind资讯,中信证券。

3. 违约事件不同处置方式背后的深层含义

随着债券违约数量不断增多,违约后的处置问题备受关注。我国债券违约处置主要有破产诉讼和违约求偿诉讼两种途径。破产诉讼要求企业必须满足债务违约和资不抵债两项条件,目前已经进入或已完成破产程序的发债主体有超日、天威、二重、东特钢和桂有色;其中,仅桂有色最终宣告破产清算,其资产被拍卖后,根据债权人受偿顺序分配。

除了破产重组,违约求偿是我国债券违约后的主要处置手段;相对于破产重组,适用违约求偿的发债主体的信用资质相对较好,有一定偿债能力,发行人可与债权人相互协商,确定最终的违约处置方案。

由于私募债违约处置信息多不公开,我们仅统计了至2016年底公募市场债券违约后的处置情况。可以看出,截至2016年底,共有23家主体在公募债市场违约,其中国企8家,民企13家,其他所有制企业2家;民企占比超过56%,但同时国企占比也高达34%。

在所有国企违约主体中,华昱能源、川煤、河北物流已全部偿付本息;二重集团破产重组后扭亏为盈,偿还了公募债本金;中钢股份以所持股票对债券追加质押担保,准备进行债券持有人回售登记;山水水泥暂无具体偿债方案，而东北特钢尚在破产重组中。国企违约主体中，本息均付的占比达到37%，并不是很高。另外，东北特钢、天威集团、二重机械均已进入或完成破产重整程序。作为对比，在所有民企违约主体中，亚邦、协鑫、中科云网、波鸿、中富、宏达矿业6家主体已全部偿还或同意偿还违约债券本息；中城建、奈伦集团2家主体同意支付罚息，但目前暂未公布偿债方案；圣达、春和、国裕、大连机床、博源5家主体没有公布偿债方案。民企违约主体中，本息均付的占比达到46%，高于国企。同时，目前所有民企违约主体均没有进入破产重组程序，情况略好于国企。

国企、民企违约债券兑付资金来源有所不同。国企方面，中央企业违约债券兑付的资金来源主要源于大股东支持，由集团承接债务完成兑付，而地方国企主要依靠地方政府协调，由当地国企与银行共同支持完成偿付；而民企违约债券的兑付，主要依靠自身筹措和市场化手段，方式相比国企较为丰富，其中包括利用壳资源引入新的投资者，使用土地质押获得再融资以及自筹资金等。

无论是从违约主体债券处置进度上，还是从已兑付债券的资金来源上，都可以发现一个引人深思的现象，这就是一旦发生违约，国企所面临的局面反而更为被动，对外依赖度也高于民企。这或许是因为，国企作为一个整体，其自身的信用资质是高于民企的，本来不容易发生违约，但那些违约的国企由于积聚了过度的信用风险，救助成本太高，往往使得股东和政府在权衡利弊后主动放弃，选择违约。而民企违约的因素多元，不少是因短期资金周转问题所造成，并不是严重到资不抵债。另外，民营企业家大多珍惜自己创立和管理的企业，尤其是如果企业拥有上市资源的话，企业家有很强的"保壳"动机。另外，有时民营企业本身的资产价值并不差，对违约债券的清偿赔付也提供了较好的支持。所以，在已违约的债券中，民企债券的"价值"经常大于国有企业。

4. 信用风险事件的冲击

综上所述，近年来我国债券违约已呈现次数多、金额大、企业属性全面、产品类型广泛以及覆盖地区迅速扩大等特点，信用事件趋于常态化，刚兑信仰进一步打破。同时，债券违约后的处置方案也日趋丰富，并呈现国企、民企处置方案分化的现象。一旦发生违约，国企的信用资质、清偿价值可能比民企还要差，其债券兑付更依赖外部机构和政府的支持，而民

直面金融风险

企违约处置则相对灵活。因企业的杠杆率过高，债务负担沉重，随着经济放缓，信用风险的进一步暴露不可避免，其对参与主体和金融市场的冲击也会越来越大，在极端情况下，甚至可能发生风险外溢。

2016年，债券市场发生了大量的信用事件。有些事件虽未形成实质性违约，但因不循常规，不确定性极大，反而可能造成大的市场动荡，比如"铁物资"暂停交易事件的爆发，直接挑战了市场的神经。

该事件的经过是这样的：2016年4月11日，中国铁路物资股份公司发布公告称，"正在对下一步的改革脱困措施及债务偿付安排等重大事项进行讨论"，申请其旗下168亿元债券暂停交易。中国铁路物资股份公司是中铁物资总公司的子公司，由国资委实际控制，2014年受钢贸风险事件影响，公司经营确实遇到了较大困难，但从此后报表看，似乎正逐渐走向正轨。作为央企二级子公司，它是我国唯一的铁路大维修钢轨供应商，具有较高的市场地位，投资者对其具有较强的政府隐含支持的期待。此公告一出，立即在债券市场造成恐慌，被解读为企业债务问题的严重性可能超预期，可能还有很多类似"铁物资"的公司未被发现，而在去杠杆背景下，投资者也一时摸不清政府的态度。从该事件爆发至4月25日"铁物资"债券恢复交易，5年期AAA和AA信用债券收益率分别上行了44个和48个基点。当然，其存量债券暂停交易，导致流动性的即时枯竭，推动了收益率的上涨。这种恐慌情绪也蔓延到了一级市场，4月11日"铁物资"事件爆发后至当月末，共有129只债券取消或推迟发行，超过第一季度债券取消或推迟发行的总和，其中也不乏高等级国有企业。债券投资者如履薄冰，曾经的企业债券信用格局似乎也开始面临重建。4月29日，国资委宣布"铁物资"由诚通集团托管，5月10日，"铁物资"公告对将要到期的15铁物资SCP004如期总付。至此，这场信用风波才逐渐平息。

"铁物资事件"带来的一个教训和反思是：作为发债主体，要按市场化原则行事，不能违背市场规律。宣布债券暂停交易是一件非同寻常的事件，不可轻易为之。如果市场猜测债务人有逃废债务嫌疑，且因暂停交易导致流动性完全丧失，此时连卖出债券的机会都没有，自然会引起惊吓。尤其是，"铁物资"还是市场信任度较高的大型中央国有企业，这类企业尚且如此，更会引致各方对企业部门的整体偿债能力产生担忧，市场出现剧烈动荡，就不可避免。

当然，2016年第二季度市场对企业部门的整体偿债能力产生担忧，"铁物资事件"只是触发因素之一。另一个重要触发因素是，有关部门宣布拟通过债转股，解决企业部门的债务问题。此外，包括国际货币基金组织（IMF）在内的国际组织和机构对中国债务风险也多有强调。以上因素叠加，共同导致了避险情绪的蔓延。之后，随着一些缓解市场担心措施的提出以及若干澄清工作，市场避险情绪缓解。但到了12月，又有一批企业集中违约，对当时的市场波动起到了助推作用。

随着信用风险的增加，风险溢价大幅抬升，信用债收益率上行。2016年，银行间债券市场5年期AAA和AA的中期票据收益率分别上行66个和20个基点，至3.98%和4.57%，与国债的信用利差分别上行55个和9个基点。2017年第一季度，信用利差进一步扩大。

（二）流动性风险

流动性风险一向被视为金融体系的最大威胁。2008年美国金融危机中，诸多大牌金融机构的倒下，都是因为受到挤兑，资金抽逃，无法继续融得资金所致；而此负面效应的扩散引发的最严重后果是市场参与者纷纷寻求自保，整个金融体系流动性枯竭，金融危机加重，经济危机爆发。在这一轮危机中，美国的债券市场和货币市场首当其冲。其后备受困扰的欧债危机，也概莫能外。

反观中国，债券市场流动性问题曾多次出现，但均被一一化解。人们印象最深的，一是2013年6月的"钱荒"，二是2016年12月部分金融机构资金链的险些断裂。其实，2010年底、2011年中和2015年初，类似的流动性紧张也发生过多起，因其影响仅限于金融体系局部，受到的关注度远没有前述两次那么高。

流动性问题的产生，通常与杠杆率过高有关，而参与者成分的日益复杂、金融各部门之间的紧密联系以及市场的结构性缺陷，在不利的经济和政策环境下，会加大流动性风险的暴露，并产生风险溢出。

1. 被误读的债市杠杆率

一段时间以来，关于债市泡沫的议论不绝于耳。有人认为，中国债市的杠杆率并不高，所以对泡沫的过分担心是杞人忧天。反对者则坚称，有

直面金融风险

些地产债的发行利率甚至与政策性金融债相当，是过度炒作，而个别机构的投资杠杆已达数十倍，若再不控制，可能崩盘。一段时间以来，国内外金融市场动荡不已，全球债市也是前有2015年4月下旬的欧、美、日债券狂跌，后有2015年12月中旬发生的美国高收益债券的集中抛售。在此背景下，如何评估当前的中国债市，显然具有特别的含义。

那么，什么是债市杠杆率？

所谓债市杠杆率，反映的是投资者在进行债券投资时，多大程度上使用的是借来的钱而非自有资金，通常用如下公式表示：债券市场整体杠杆率（场内）＝债券托管余额／（债券托管余额－融资余额）。但这是一个过分简单的界定，实际情况远为复杂。比如，上述公式只反映了场内杠杆率，并未考虑场外杠杆（隐性杠杆）情况，场外杠杆率一般通过结构化分级产品和线下融资（如债券代持）等方式而加大，不易测量，而在债券市场热度较高时，其影响往往很大。另外，持仓量占全市场近60%的银行类机构是基本不加杠杆的，所以，若不将其剔除（即区分总量杠杆与结构杠杆，这在边际上会有相当作用），会有很大偏差。还要考虑存量与流量，因为若只用存量（融资余额）来测算，则流量（融资交易量）的影响就会被屏蔽。此外，期限结构也应被考虑，因为若隔夜融资大幅上升，反映的隐性杠杆是极强的。

先看中国债券市场的整体杠杆率（场内）。该指标2013年12月为1.068倍，此后最高点出现在2015年11月，为1.11倍，2016年的大部分时间里，位于1.08倍左右的位置，上下波动不超过2个百分点（0.02倍），2017年3月，重新回到1.068倍的位置。

1.11倍的杠杆率算不算高？较之1.068倍，仅提升了约4个百分点（0.04倍），增速能说快吗？似乎不然。但仔细分析便发现，虽然只有1.11倍，回购融资余额却已从1.86万亿元猛增至4.4万亿元。如何能有这么高的增长？主要是债券托管余额由29万亿元大增至45万亿元，从而部分屏蔽了融资量的变化。换一个角度作比较，便能更明显地发现因托管余额变化导致的差异：2013年12月和2017年3月，债券市场的杠杆率均为1.68倍，但同样的杠杆率，2013年12月的融资余额为1.86万亿元，而2017年3月则为4.05万亿元，增长超过1倍；同样是1个百分点的杠杆率的变化，2013年12月影响的融资余额为2 700亿元，如今则高达

4 900 亿元；若假定债券托管余额不变，即假定 2017 年 3 月的债券托管余额与 2013 年 12 月相同，则测算出的债券市场杠杆率为 1.16 倍，高出 10 个百分点（0.1 倍）。

以上为交易所和银行间市场合并测算的杠杆率。若分别看，交易所的杠杆率明显要高，2015 年 6 月为 1.42 倍，较 2014 年上半年提高 10 个百分点。与上述测算相一致的是，交易所杠杆率由 2015 年 6 月的 1.42 倍降至 2016 年 10 月的 1.32 倍，但回购融资额却由 6 000 亿元提高至 1.3 万亿元，反差如此之大，正体现了在债券发行量（净）大幅增加时，杠杆率指标的含义已经发生了明显变化。

更进一步看，数据显示，目前银行间债券回购余额 3.6 万亿元，较一年多前增加 2.04 万亿元，幅度为 127.6%。这并未显著改变银行间整体杠杆率水平：银行间债券托管量的基数为 32.5 万亿元，而回购融资余额基数仅为 1.6 万亿元，前者是后者的 20 倍，因此，虽后者增速远高于前者的 28.8%，但影响仍有限。而在其背后，杠杆融资快速增长的信息被屏蔽了，杠杆率水平被大幅"稀释"。

所以，场内杠杆率较之前是大大增加了。而就场外杠杆率而言，在 2014 年至 2016 年上半年，债市火热吸引了大量资金。除传统的投资者外，大量的银行理财、债券信托、私募基金甚至特定委外资金等也纷纷加入。各种结构化分级产品纷纷涌现，其中很多产品的杠杆都多达数倍，若再叠加质押式回购，倍数会更高。一些较为活跃的机构，其杠杆率可能在 10 倍以上。

所以，此杠杆率指标有时会漏掉关键信息。所漏掉的关键信息主要有三个：第一，就场内杠杆率而言，因债券托管规模远高于融资余额，且二者变动巨大，所以对数据的分析需更进一步，表面的杠杆率指标揭示不出这层含义。第二，除了显性杠杆，还要看隐性杠杆，包括投资管道的内生杠杆和活跃机构的群体性杠杆变化。第三，不仅考虑存量，也要关注流量。第四，不仅要看总量，还要看结构。比如剔除银行。

融资余额是观测杠杆融资的存量指标，融资交易量则显示流量。历史上，银行间市场回购融资量的增速较为平稳，2007～2011 年均在 20% 左右；但 2012 年打破常规，回购交易较 2011 年突增 42%，结果 2013 年出现了钱荒。当年进行调整，增幅仅在个位数；2014 年再次增长 42%，交易量由158万亿元增至224万亿元；2015年回购交易量突破450万亿元，增速达历史性的100%以上。交易所增速更快，2007年以来大多超过50%，个别年份甚至在200%。银行间日均回购交易由1万亿元增至2.5万亿元，而隔夜回购占比远超90%，显示市场对资金宽松的持续性信心十足。

杠杆率高，并不必然有泡沫。但若在杠杆率高的同时，现券与融资交易规模陡增、收益率显著下降以及信用利差急剧收窄三者同时出现，再配以大量新增甚至自带杠杆的资金的涌入，便可作为判断债市是否出现泡沫的标准。以此观之，中国债市在2016年初即已显现泡沫的某些迹象。若货币政策宽松不及预期、债券再融资压力持续加大以及信用风险蔓延，则有可能导致投资者集中抛售。2016年4月和12月市场出现调整，收益率明显上行，信用利差加大并分化，正是对此所作的一次必要修正；而进入2017年，货币政策收紧叠加监管重压，债市调整加剧。

2. 当前流动性的几大"短板"

2016年12月的流动性风险消除后，市场获得了短暂的喘息机会，但并未真正平静。货币市场利率自上年底全面上行，过了春节仍持续处于高位。与此相关，当前有几个反常现象，尤其值得注意：

第一，在理财市场上，大银行的理财产品一向成本最低，但如今，其收益率开始高于银行体系的平均水平，十分罕见。这说明银行体系的资金困难并非局部现象。

第二，银行大规模发行同业存单（NCD），其利率中枢接近4.5%，为2015年第二季度以来的最高水平。非但如此，自2013年下半年问世以来，同业存单利率在多数时间大幅低于理财产品收益率，而现在，已持平甚至高于理财产品收益率，显示资金需求不仅强，且十分迫切。

第三，相较存款类金融机构，非存款类金融机构获得资金日益困难，成本很高。其在银行间市场质押回购融资利率2017年2月28日为3.68%，较存款类金融机构的2.58%高出110个基点；而自2月初至今，存款类金融机构的回购融资成本提高了27个基点，非存款类金融机构却大幅飙升107个基点。考虑到非存款类金融机构在银行间市场4万多亿元的回购融资中，占比高达30%以上，这种结构性矛盾是相当突出的。

在整体资金偏紧而"短板"突出时，一旦出现风吹草动，流动性风险极易发生。

(三) 溢出风险

溢出风险是一种系统性风险。债券市场的风险并不是孤立的,当信用风险、市场风险、交易对手风险和流动性风险集中爆发时,可能会出现相互加强和共振现象,并在不同的金融子市场、交易对手和金融产品间相互传染、交织和叠加,严重时会导致市场失灵,资本恐慌性流出,实体经济也会受牵连。2008年美国的金融危机和经济危机,就是在次贷问题爆发后,因风险溢出而发生连锁反应的结果。

深刻理解这一风险,需要站在整个经济和金融体系的高度去观察和认识,并具备全球视野。在笔者看来,受如下三方面因素影响,中国债券市场发生溢出风险的可能性不能排除,并且其概率正在增加:

第一,中国的债务负担沉重,若不改变,是很难持续的。2014年,为描述中国经济的一个典型现象,笔者曾提出一个观点,叫"债务不可能三角"。所谓"三角",一是高杠杆,二是低效率,三是信贷扩张不能带动有效的经济增长,这三者难以长期共存,必须改变;而改变的途径,就是必须调降杠杆,或者提高效率,别无他法;单靠宽松的货币、信贷政策来维持经济的运转,早晚会走到尽头。

大体说来,债务过高可能产生三个后果:一是危害金融稳定。国际清算银行(BIS)认为,如果私人部门的债务增长偏离其长期趋势过久,三年后银行体系就会出大问题。企业部门出问题,再牵上银行体系,并关联到金融市场,自然不会稳定。二是削弱经济增长潜力。2008年国际金融危机爆发后,全球经济恢复缓慢,便与债务沉重有关。三是如果债务过高,可能出现债务和通缩的恶性循环。这三个影响叠加,债务(从而经济和金融)就不可持续。

好在中国正在进行供给侧结构性改革,其核心之一是去杠杆,化解产能过剩,改善资源配置,提高经济效益。这是正确的方向。我们对供给侧结构性改革取得成功有充分的信心,但同时也必须认识到,这需要付出持续的努力,花费相当的时间,在此过程中,要高度重视金融风险隐患,绝不能掉以轻心,而债券市场风险便是其中的重要一环。

第二,债券市场体量已变得十分巨大,不能同日而语。当信贷扩张不能带动有效的经济增长时，资金必然流向金融而非实体经济，而债券市场就是金融和债务问题的一个核心。当前中国债券市场的体量已经很大：债券余额由三年前的不到 30 万亿元增至近 70 万亿元，现券交易量由 40 万亿元增至 120 万亿元，货币市场融资交易量由 230 万亿元增至 800 万亿元，且以隔夜融资为主。面对现在这个市场，需要用与以往完全不同的眼光、方式和理念来看待，其越来越难以驾驭，而且牵一发往往会动全身。

第三，中国的金融体系不仅庞大，彼此联系也日益紧密。社会融资总量已达 164 万亿元。银行业表内总资产超过 230 万亿元，且占存款的比重，最近三年上升了 30 个百分点，说明相当多的资产不是由存款来支撑的。银行业表外资产 100 万亿元，占表内总资产的比重持续提高，且以多种形式存在。银行业同业资产 60 万亿元。银行业的对外委托投资 15 万亿元。银行对非银行金融机构的债权，最近三年由不到 10 万亿元增至 27 万亿元，反映了银行和非银行之间的关系日益密切。全社会资产管理规模近百万亿元，涉及几乎所有金融机构、金融市场和金融产品，而从管理方式看，业务模式复杂且交叉。综合评估，中国金融体系庞大，各部门之间盘根错节，杠杆不低，这当中，债券市场是一个重要的联结点，几乎渗透到所有关键环节。我们要坚持金融部门去杠杆的大方向，但也应注意有序，避免共振。

二、化解债券市场风险的政策建议

化解债券市场风险，要从大局着眼，综合施策。信用风险的根源是企业杠杆率高、产能过剩、资源错配和刚性兑付，并缺乏完善的违约处置机制，应对症下药。流动性目前有三大"短板"，资金链的断裂往往最先发生在这些薄弱处，要坚持金融去杠杆，但也必须注意循序渐进，同时让利率的形成真正市场化，并重建资金供应渠道。而化解溢出风险的关键，是保持政策的连续性而非依靠一时的疾风骤雨般的运动，重视制度和法律法规建设，让市场机制发挥作用，加强监管协调，并在重大风险隐患强化时，及时出手。

（一）化解信用风险的政策建议

1. 打破刚性兑付

很多人都误以为在2015年3月超日债未足额支付利息之前，中国债券市场没发生过实质性违约；其实不然。回顾历史，20世纪90年代曾有大量企业债券违约未能如期兑付，其中甚至包括相当数量的重点建设债券；2000年广东罗定铁路债券延期兑付，引起震动；其后几乎同时，也有某大型发行体因支付危机，最终不得不诉诸中央银行再贷款予以解决。

债券市场真正的好年景是在2001年之后：十几年里，没有发行体实质性违约。那些胆子够大、较为勇敢的投资者，都稳稳地拿到了信用利差，享受到了高风险溢价的好处。即便偶尔出现信用事件，也都有惊无险。但超日债之后，情况发生了变化。投资人由此变得谨慎；监管部门也如临大敌，紧张评估市场潜在风险，并探讨化解之策。

要客观看待债券违约。违约率合理稳定，其实是债券市场成熟的标志。美国1981年以来平均违约率为1.69%，2009年危机期间达到最高的5.71%，1981年则为最低的0.15%。欧洲自1991年以来债券市场平均违约率为0.57%，2002年最高为2.06%，只有个别年份违约率为零。从全球范围看，1981年以来债券违约率平均为1.38%。

所以，若债市长期没有违约，其实极不正常；只有极不发达或由政府信用主导的市场才会如此。但中国不同：一是中国已成为全球第二大信用债市场，规模大，增速也快。二是供给结构多元化，目前信用等级从最高的AAA级到最低的CCC级都有，AA+级及以下的占比已达40%左右；发行体除中央企业和地方国企外，19%的发行人是城投企业和民营企业。这表明中国债券市场正走向成熟，一定水平的违约率也将相伴而生。

违约率合理稳定，有利于优胜劣汰，市场出清，是成熟的标志。不必谈违约而色变。要通过打破刚性兑付，引导风险有序释放；同时也要认识到，打破刚性兑付，还具有多方面极为重要的意义。

第一，中国经济的结构调整和产业升级，在很大程度上要靠淘汰落后产能和削减过剩产能，并通过兼并重组提高效率，发挥规模效应。打破刚性兑付正有助于实现上述目标。

第二，能够防范道德风险。在存在刚性兑付的情况下，债务人往往忽视还债压力,不惜以高成本融资,预算约束软化,即便回报无法覆盖成本,也极力扩规模、铺摊子,导致盈利能力和效率低下。这也会导致治理结构问题。中国的负债率近几年极度膨胀,存在道德风险是重要原因之一。

第三,可帮助建立切实有效的监督机制。如果有刚性兑付,投资者挑选收益率高的债券买就是了,一般会疏于风险评判和风险定价,对融资行为起不到有效的制约,也培养不起承担风险的意识和能力。

第四,让价格信号切实发挥配置资源的作用。刚性兑付扭曲价格与风险信号,难以建立让市场起决定性作用的机制,与市场化取向背道而驰。只有收益率曲线合理有效,利差充分反映信用差异,价格信号才能成为有力的工具和参照。

打破刚性兑付,不会诱发系统性风险,反而能有效降低风险。刚性兑付则会进一步累积风险。曾有人将超日债违约视为中国的"雷曼事件",实为危言耸听。打破刚性兑付也并非刻意为之,只意味着要遵循市场化的原则,并使违约有序进行。市场已经为违约做好了准备,目前新一轮的风险定价正平稳进行。

不必过分担心债券违约对社会稳定的影响。与 20 年前相比,现在个人投资者承担风险的意识和能力均显著增强。股票、基金投资者从最初亏损时的情绪激动到如今的平静,说明这种转变可顺利完成。

2. 完善债券违约的处置机制

债券违约后主要有三种处置方法,即破产讼诉、违约求偿讼诉以及抵质押物处置。这三种处置方法都存在各自的问题,尤其是对债权人的保护不够,需要予以完善和解决。

天威集团债券(11 天威 MTN2)的违约处置是破产诉讼的典型,从此案例可以看出,目前制度设计对于投资人保护不足。该债券违约后,发行人天威集团及其三家子公司向法院提交破产重整申请并被裁定破产。就此,法院召开了破产重整债权人会议,查封了天威集团的股票、股权、土地房产等相关资产。目前,集团破产管理人正在公开招募意向重整方,相关破产重整评估工作正在进行。问题在于:在债券募集说明书中,关于触发召开持有人大会的条件定义较为模糊,致使天威保变将亏损资产置换给天威集团后,并未及时触发召开持有人大会,最终造成债券违约损失。在现阶段，债券持有人大会是保护债券投资者的主要机制，但由于其触发条件经常无具体条款设置，导致持有人大会不能及时召开，大大削减了该机制的有效性。另外，即使召开持有人大会，投资人也面临着审议事项意义不大、所提议案不具有强制执行力等问题。未来，应努力促进保护投资人的法规条款更加制度化、清晰化，使法规执行有明确的参考依据，以促进发行人完善公司治理机制，增强投资者的自我保护能力。

除进入破产程序外，若债务人还有一定的债务清偿能力，投资人可采取违约求偿诉讼的方式。在保证投资者可以通过求偿诉讼、避免损失的过程中，应着重打击"逃废债"的行为，使求偿诉讼能最大限度进行财产保全。未来应进一步清晰界定逃废债的标准，建立失信名单机制，对失信企业加大惩戒力度。一个正面的案例是：在"12湘鄂债"违约后，债券受托管理人发起了违约求偿诉讼，申请财产保全措施。最终，公司实际控制人的股票和房产被冻结，发行人通过变卖资产，找到湘实业有限公司进行债务代偿，全额兑付了违约债券的本息。

另外，投资人对于有抵质押担保的违约债券，可以要求处置抵质押资产进行求偿。以"12圣达债"的违约处置为例，由于该债以发行人持有的股票及股权作为担保，最终投资人与发行人签订了"和解协议书"，双方同意处置质押物四川圣达水电开发公司7 800万股股份，同时发行人承诺配合法院执行处置其持有的长城动漫1 000万股A股流通股用于还本付息。但是，目前在处置抵质押物求偿的过程中，普遍存在担保物执行困难，"担而不保"现象较为突出。建议日后着重加强投资人处置抵质押物的可操作性。例如，在募集说明书中明确持有人可追加担保的条件，对拒绝代偿的责任方进行法律责任追究，加强承销商对抵质押权有效性的尽职调查，完善对专业担保机构的监管和培育等。

3. 债转股：应避免逆向选择和道德风险

2016年，决策层提出了化解企业债务风险的"债转股方案"。债转股可以直接降低企业的债务率，改善财务指标。但若使用不当，也可能触发逆向选择和道德风险。对于债券投资者来说，若所持债券被纳入债转股范围，投资则会面临较大的不确定性。自"债转股方案"提出以来，市场经历了观望（3月债转股政策初步提出时）、恐慌（4月"铁物资事件"爆发）、稳定（6月国新办、发展改革委阐释市场化债转股原则）和相对正面（10月债转股指导意见正式出台）的态度转变。

1999年，中国也曾实施过债转股。当时，从商业银行剥离1.4万亿元不良贷款，其中近30%进行了债转股。四大资产管理公司的承接资金中，5 800亿元来自中央银行再贷款，8 200亿元由资产管理公司对四大行发行定向债券而得，债券由财政隐性担保。这是典型的政府救助，全部不良贷款也是按账面价值剥离。

市场最初之所以对债转股政策有些担心，主要来自两个方面：第一，不按市场化、法治化方式进行债转股；二是企业和地方政府有可能通过债转股变相逃废债。后来疑虑被澄清后，便放心许多。

确定债转股企业的选择标准，是一个核心关键。不能继续助长产能过剩，让"僵尸"企业苟延残喘，这是底线。受产业政策鼓励、技术领先、产品有市场、成本具有竞争力、企业未来能产生可预见的内生现金流，只是遇到周期性或暂时因素的影响才需借外力运转的，为首选。按正确标准筛选债转股企业，也有助于避免强化刚性兑付预期，以免让好不容易建立起的"打破刚性兑付"的脆弱共识再次碎裂。需防止逆向选择和道德风险，并避免出现企业绑定银行的"日本病"。

有利的方面是随着金融工具的丰富，退出渠道的增加，加之不乏可动员的大量社会资金，以及相当活跃的并购市场，条件比前次债转股优越许多。相较170万亿元的债务、110万亿元的银行贷款，坊间传闻的1万亿元债转股不算天文数字。若能腾挪成功，应可为结构调整赢得些许宝贵时间。

（二）化解流动性风险的政策建议

第一，应坚持货币政策的稳健中性，避免信用过快扩张。高杠杆、低效率以及信贷扩张不能带动有效的经济增长，是中国经济的突出问题，并导致资金脱实向虚，推高实体与金融部门的杠杆率；此状态持续过久，必然容易发生流动性问题，并导致资金链的断裂。

第二，阻断金融部门之间不必要的连接，控制银行体系表外规模，规范资产管理业务。要提高市场参与者的门槛和风控要求，鼓励可持续的业务模式，降低债市杠杆率，并建立有效的监管标准。

第三，流动性的提供者不能只是中央银行，须设法为银行体系"消肿"，重建其传统的流动性提供者的功能，否则，整个体系会因为这种不平衡而变得极度脆弱。当前的银行体系因过度膨胀而失去了安全垫，过分依赖中央银行，其突出表现之一是中央银行试图在流动性紧张时向银行体系投放资金，但银行却拿不出足够的合格抵押品。

第四，转变观念，让利率形成真正市场化。中国的金融市场利率很早便已市场化，而金融机构的存贷款利率也不再设置上限——表面看，利率市场化已经完成，但其实不然；以货币市场利率而言，一家机构向另一家机构的短期融资，利率并不能根据供求设定，是受到中央银行监测和窗口指导的。一定程度的监测和窗口指导或许需要，但若对此利率过分压制，反而会抑制流动性，并助长非市场化的融资行为，形成定价扭曲和资金流动不畅，甚至导致货币政策传导机制的不畅。

第五，去杠杆应循序渐进，并给市场以稳定预期。比如，当前流动性有三大"短板"：一是银行将发行同业存单作为其重要融资渠道之一，但目前发行艰难，利率也过高；二是规模高达30万亿元的银行理财出现周转困难；三是非存款类金融机构融资压力巨大，成本难以承受。去杠杆，自然要使金融机构在负债端产生压力，但也应注意轻重缓急，避免结构性矛盾过于突出，加大不必要的风险隐患。

（三）防止溢出风险的政策建议

所谓溢出风险，就是指当债券市场的几大风险集中爆发时，可能会出现相互加强和共振现象，并传染至股票、外汇等其他市场，导致一个或多个市场投融资功能丧失，资本恐慌性流出，实体经济也会因此而受牵连。如何防止这种极端局面发生？这里提出如下政策建议。

1. 使政策保持连续，远胜过疾风骤雨般的运动

应坚持货币政策的稳健中性，避免信用过快扩张，防止资金脱实向虚，推高杠杆。同时，加强监管，阻断金融部门之间不必要的连接，控制银行体系表外规模，规范资产管理业务，提高市场参与者的门槛和风控要求，鼓励可持续的业务模式，降低债市杠杆率，并建立有效的监管标准。

在此过程中，更重要的是必须认识到，使政策保持连续，远胜过疾风骤雨般的运动。否则，可能会有三种不利局面出现：

第一，容易出现大起大落，并导致反复和"夹生"。而"夹生饭"

"回锅"不易，不"回锅"则难以下咽。一个例子是，2014年对影子银行的监管已经生效，但2015年因不再强调，导致反复，让好不容易取得的效果付之东流。

第二，可能削弱监管的权威，影响对监管的信心，结果是永无休止的"猫捉老鼠"的游戏。

第三，可能会忽视制度建设，压抑市场机制，难以抓住关键点，在轻重缓急、循序渐进方面，也不易兼顾周全。

2. 建章立制，以市场化方式实施监管

防范溢出风险，需更多依靠制度和法律法规，这样既系统周全，又可持久。尽量避免过多的行政方式，否则易陷入"一松就出问题，随后再紧，乃至周而复始"的怪圈，令市场参与者和监管部门都无所适从。真正的好监管，是在完成法律法规和制度安排后，以监督其执行为己任，以对违反制度和法律法规的行为问责为主。在这方面，要做的事情很多，这里仅就2016年底搅乱市场的货币基金挤兑问题和"国海事件"暴露出的"代持"问题，提出若干制度建议。

（1）如何解决"国海事件"暴露出的"代持"问题？2016年12月爆发的国海证券"萝卜章"违约事件，引发各方对于代持交易的广泛关注，集中暴露了代持业务中存在的交易对手风险。"代持"是一种融资业务，类似于非标准化的买断式回购，即委托方将债券交给对手方代为持有，并约定到期买回的交易。

非标准化的"代持"交易的快速发展，部分与现有的标准化回购交易存在较为严格的约束有关：就银行间质押式回购来说，证券公司融资额不能超过其净资本的80%，基金不得超过其净资产的40%；银行间买断式回购额度存在上限，且对交易对手、履约保证、交易价格、交易期限、债券比例等均有限制；交易所回购市场也存在关于抵押物和杠杆倍数的限制，目前公司债的质押率平均为70%左右，整体杠杆低于4倍，上交所规定回购标准券的使用率不得超过90%，回购放大倍数不能超过5倍。

当然，代持业务的灵活性、隐秘性和杠杆倍数不受限制的特点，同样带来了巨大的风险：第一，当市场出现大幅调整时，代持规模过多的机构由于高杠杆迅速放大损失，代持成交价与市场价偏离过远，可能出现毁约，引起市场混乱——国海"萝卜章"事件的本质，即是如此。第二，代持交易不断续作，期限过长，也会导致交易约定价格与估值偏离度增大，触发交易对手违约。无论是哪种情况下的违约，都容易引起交易双方甚至全市场的信任危机，加剧市场机构之间的不信任，增加流动性风险，甚至有可能冻结交易。

在规范和限制"代持"操作的同时，要完善做市商制度，推动债券市场分层建设。将做市商打造成债券市场整个体系的核心，其他的机构，包括"非法人机构"，只能与做市商发生交易。做市商可以通过授信、收取保障金等方式，控制交易对手风险。这会改善市场流动性，减少对类似"代持"这种非正规融资渠道的依赖。

同时，改进现有的标准化融资方式。应增加更多期限的买断式回购合约品种，或将固定期限改为浮动期限，以适应回购双方灵活的交易需求。当前买断式回购的期限虽有多种选择，但每一个期限都是固定的，回购双方必须到期才可以交割结算，若能改成到期或到期之前均可以实行结算，则可在不增加风险的前提下，增加标准化回购的灵活性和有效性。

（2）完善货币基金的相关制度安排。

建议一：将估值方法由摊余成本法改为浮动净值法。为使每份价格保持稳定，国内大部分货币基金使用摊余成本法计价，即按购买成本而不是市价估值。而且，各种证券获得的利息（加上价格折扣或减去购买额外成本）按照购买时的到期时间累加，使基金可以将累计利息作为每天红利支付给投资人。因为货币市场基金通常持有短期优质证券，所以摊余成本法一般能够提供基金资产组合的非常准确的近似值。摊余成本法计价方便简单，但问题是，一旦出现流动性危机，会导致先被赎回的基金按面值赎回，后被赎回的基金承担所有亏损，易导致挤兑。将摊余成本法改为浮动净值法，能更真实反映资产组合市值的变动，便于投资者了解基金风险状况，公平赎回基金，从而避免挤兑事件发生。

建议二：对货币市场基金实行分类监管。可以将货币市场基金按照投资人的不同，划分为机构型和零售型，前者为机构，后者为散户，在监管政策方面，实行区别对待。以2016年底发生的货币基金大规模赎回为例，遭到挤兑的基金多为机构型基金，而零售型基金，如天弘余额宝，其市值规模不降反增，由8 000亿元升至8 100亿元。美国证监会在进行针对货币基金的2a-7法案改革时，对机构型和零售型货币基金提出了不同监管要求，比如，对机构型基金实施浮动净值计价，而零售型基金则不需要。

建议三：允许在特定情况下限制投资者赎回，包括收取赎回费或者暂停赎回。一方面，这样做可抑制早期赎回者的赎回动力；另一方面，收取流动性费用也可部分抵消赎回对基金带来的损失，一定程度上减轻传染效应。以美国为例，2013年6月5日，美国证监会出台了改革货币市场基金的两份方案，方案一是使用浮动资产净值，方案二则是限制基金赎回。最终方案于2014年中确立，包括对面向机构投资者的货币基金实行浮动净值计价，并允许所有货币市场基金在危机发生时，收取流动性费用和设定赎回限制，以降低挤兑风险。

3. 加强监管协调

2017年3月以来，各监管部门密集出台文件，以达到杜绝金融业套利和不当行为，避免金融脱实向虚，从而专注于服务实体经济的目的。这些文件涵盖的范围之广、力度之大，可谓空前。中国人民银行曾于2016年启动升级版的宏观审慎监管评估（MPA），并于2017年第一季度将表外理财正式纳入，很多机构不得不主动调整，从而对金融去杠杆起到了积极作用。MPA考核有力度，且愈加严厉，银行业金融机构较以前更加严肃对待，一些压力大的机构甚至疲于应对，货币市场和债券市场也感受到巨大压力。但因规则清晰，且中国人民银行在流动性的调控上注重张弛有度，因此2017年3月末表外理财首次纳入考核，虽压力沉重，但仍平稳过渡。如今各监管文件密集出台，叠加中国人民银行的MPA管理，在稳健中性的货币政策背景下，流动性的紧张可能加剧，资产价格不排除出现超预期的调整。当然，各方对目前监管协调的能力高度信任，对监管层在风险防范以及当危机出现苗头时的应急水准高度认可，因此，局面失控的危险应当可以避免，但仍不能掉以轻心。

中国目前是实际上的混业经营，但分业监管。在部门利益严重和监管竞争加剧背景下，可能推高系统性风险。必须加强监管协调，以降低决策成本，消除信息割裂和不必要的相互猜疑，精确识别与判断风险，并采取及时、有力措施进行预防和解决。美国次贷危机之所以爆发，并演变成百年不遇的金融危机，原因之一便是经营混业而监管分业，不同业务相互深度渗透，但监管都是"自扫门前雪"，看不到甚至根本不去看本领域之外的风险状况及其内在传染性，从而未能有效预警，甚至出现危机已如火如荼但监管部门连究竟发生了什么都难以判断的情况，自然会贻误决策时机。

当下，为去杠杆、挤泡沫和防风险，中国的货币政策和监管政策同时收紧，方向是正确的。但在多管齐下的重压之下，政策和监管协调不到位，可能加大发生意外事件的概率。为加强监管协调，中国于2013年建立金融监管协调机制（即金融监管协调部际联席会议制度），这是非常有益的尝试。为适应新形势的需要，建议做实此金融监管协调部际联席会议制度，并赋予一定的决策权。

要进一步修改和完善现有的法律法规体系。目前的法律法规体系是为适应分业经营、分业监管的需要形成的，但业态已变，金融业已从原本的分业经营走向实际上的混业经营。业态已变，若监管和法律未相应改变，一方面会导致市场主体无所适从，另一方面也一定会留下诸多制度、法律漏洞，从而加大风险隐患。

4. 在重大风险可能爆发的关键时刻，该出手时便出手

当金融市场波动较大时，可能会有一些风险出现，然而并不总是需要中央银行和监管当局出面。正常情况下，大部分风险市场都能够自行消化，此时就应当交给市场，让市场调节机制发挥作用。但是，当市场波动剧烈并可能导致失控而风险溢出时，则要求有关当局及时做出适当反应。

2016年末的债券市场暴跌，可算是一个经典案例。当时，现券收益率大幅上行，货币市场趋于冻结。市场的恐慌情绪在12月15日达到顶点，各期限国债期货主力合约纷纷跌停，15分钟熔断收市，场面惊人，在历史上属于首次。这次市场暴跌，影响的因素很复杂，归结起来，主要有四个方面：一是基本面和政策面因素，包括中国人民银行收紧货币政策、美联储加息、全球（包括中国）的通缩预期消失而经济前景转好等；二是债券市场的杠杆率较高，所以遇到调整，易放大其影响；三是超预期事件，包括国海证券的"萝卜章"事件以及货币基金遭遇大额赎回、资金链面临断裂危机；四是企业债券违约风险集中爆发。

在这轮债市风暴中，市场风险、流动性风险、交易对手风险和信用风险同时出现，并发生交织和共振，进一步传导到其他市场，导致股市大跌，汇率贬值预期强化，风险开始溢出。值此危急关头，市场失灵，急需有关当局出面，恢复参与者的信心和秩序。幸运的是，中国人民银行和有

直面金融风险

关监管部门及时采取了行动，一是提供了必要的流动性支持，二是为"国海事件"谈判乃至解决方案的形成，发挥了重要的组织和指导作用。这是非常及时和必要的，若非如此，市场信心可能崩溃，风险将进一步发酵和扩散。

［本文摘自杨燕青，肖顺喜主编：《中国金融风险与稳定报告（2017）——管理日趋复杂的金融系统》（有删减），中国金融出版社2017年版］

建立楼市长效治理机制

左晓蕾[*]

一、改变楼市投机炒作属性征程漫长

要从根本上改变房地产市场多年的乱象和"管不顺调更乱"的状态，终结房价越调控越高的局面，必须深刻认识把房地产作为稳定经济增长的支柱产业的不可持续性，以及可能伴随的经济金融风险，确立"房子是用来住的，不是用来炒的"的定位，建立促使房地产市场健康发展的长效机制。这要求从根本上正确判断当前房地产市场属性，深入分析那些刻意模糊房地产市场非理性繁荣的现状及导致非理性繁荣的原因，端正被利益群体扭曲的市场调节价格的经济学常识。

2017年以来，一系列楼市调控"组合拳"显示监管层对房价过快上涨的容忍度不断降低，地方政府对控制房价过快上涨的决心也在不断增强。现在市场舆论的关注点是，房地产价格能被调降吗？如何防止各地调控政策出现过去几次那样房价越调越高的局面？

2016年中央经济工作会议第一次把"促进房地产市场平稳健康发展"列入了工作时间表，并第一次明确提出"房子是用来住的，不是用来炒的"的定位。因此，笔者认为，要防止各地调控政策出现过去几次那样房价越调越高的局面，先要弄清楚当前房地产市场究竟是"炒房"为主还是"居住"为主的市场属性。而笔者通过三方面分析，确定当前房地产市场仍是"炒房"为主的属性。

---

[*] 左晓蕾，国务院参事室特约研究员。

直面金融风险

第一，房地产市场非理性行为特征与居住为主的理性行为相背离。以居住为主的房屋市场应属于消费品市场。这样的房地产市场，存在正常商品市场中关于效用最大化的约束。当最大效用得到满足，理性住房消费需求就不会继续大幅增长，房地产开发也会作出相应理性决策而不会盲目扩大投资，供给和需求乃至价格会达到一个均衡水平。

以投机为主的房地产市场，其"效用"是赚钱，因此不存在效用最大化约束。换句话说，以"炒房"为主的市场整体理性假设缺失，其以无上限赚钱为目标的"炒房"行为受非理性房价上涨预期支配。只要房价持续上涨，"炒房"需求而非居住需求增长就不会停止，非理性"炒房"显示的无止境投机需求，就成了偷换"供给不足"概念的"合理的诠释"，为增加"炒房"市场的房地产供给提供了圆满的故事。一、二线市场的房地产市场现状，正与投机型"炒房"市场的非理性特征一致。

第二，各渠道大规模资金进入房地产市场，资金脱实向虚显现的"热钱"特点也强烈显示当前房地产市场的投机性。相关数据显示，近年房地产开发贷款、购房贷款、买地贷款、2016年上半年出现的通过消费贷款偷梁换柱的首付贷以及通过企业贷款变相进入房地产市场的贷款，占到银行信贷总量的50%以上。2016年第一季度1.6万亿元超常规模的银行信贷，基本上都是房地产贷款或与之相关的贷款；2016年新增贷款的45%进入房地产市场。2017年第一季度消费贷款大幅增长，与房价转移为装修消费支出有关。银行信贷大量流入房地产市场，房地产市场价格不断上涨吸引了大量投机性资金。金融机构诸多理财产品、信托产品以及民间数万家私募投资公司的各种名目的理财产品，大多数以房地产开发市场为投资标的，所谓投资收益高度依赖房地产市场价格不断上涨。博弈房屋交易收益的"热钱"也大规模流入二手房市场"炒房"。多路投机性资金进入房地产市场，推动价格不断上涨，进一步吸引投机"炒房"需求增长。

第三，各地出现离婚买房、虚假债务过户房产抵债、设立一些外地购买热点城市房产的"规定"规避限购政策等问题，不断突破法规和道德伦理底线的非理性行为泛滥，可见炒房市场投机行为的疯狂。

此外，笔者认为，当下还需澄清一些强化房地产投机的观点。

比如，厘清对"刚需"和"城镇化"等概念的认知，避免似是而非的"刚需"定义、笼统的城镇化发展观点助推房地产市场的投机膨胀。

所谓"刚需",严格来说,就是没有价格弹性的需求。也就是需求不受价格变动而改变,即不管价格如何变化,不管买得起还是买不起,仍然存在的需求才是刚需。所以,热点城市真正的"刚需"以两大类人群为主:一类是进城的农民工;另一类是刚毕业留城、没有家庭支持买房的大学生。"刚需"确实很大,但在一般商品房价格下是有"求"而不可得之。似是而非的"刚需"分析,硬把弹性需求说成"刚需",无非是借"刚需"之名,含含糊糊地以增加供给满足"刚需"名义的"市场化调节"继续卖地、"炒房"、推高楼价,制造投机需求创造赚更多钱的机会的游戏而已。混淆投机"炒房"与"刚需"的概念,把第二套甚至多套非居住购房行为笼统说成"刚需",利用虚假供求失衡掩盖投机需求推动的价格上涨的真相,也更坐实了一些热点城市楼市的投机性属性。

再比如,GDP挂帅的业绩评价体系。房地产调控是事关总体宏观经济稳定的政策,但实现稳定的调控政策需通过地方政府执行。长期以来地方政府以GDP增长为指标的业绩评价标准,固化了GDP偏好。而调控房地产与靠卖地融资推动经济增长的目标是不一致的。所以,某些地方主管部门姑息民间和业内通过各种擦边球的方式与调控政策博弈的行为,对各种与调控政策背离的行为睁一只眼闭一只眼,为各利益群体五花八门的歪门邪道开了绿灯。

还有,相关部门缺乏对新常态经济发展的信心,房地产调控屡屡为稳增长让步,这也给部分利益主体的政策套利提供了机会。"房价下跌经济下行论"利用了地方政府稳增长的偏好,致使严厉的政策只是"纸上谈兵",或"点到为止",继而放松调控,利益群体重复与房地产调控博弈的游戏,致使调控——价格下降——担心经济下行——放松调控——价格大幅上涨——再调控周而复始。一些城市不断放出试探性的政策放松信号,都显示地方政府对房地产调控并未严格执行的事实。再严厉的政策,没有执行力就是一纸空文。如果政府调控政策控制房价被认为是"虚晃一枪",那么每次新的调控都会受到过去越干预价格越高的事实引导的预期误导,房地产价格就会越调越高。

要从根本上改变房地产市场多年的乱象和"管不顺调更乱"的状态,必须深刻认识把房地产作为稳定经济增长的支柱产业的不可持续性,以及可能伴随的经济金融风险,由此建立促使房地产市场健康发展的长效机制，方可真正实现"促进房地产市场平稳健康发展"的目标。这要求从根本上正确判断当前房地产市场属性，深入分析那些刻意模糊房地产市场非理性繁荣的现状及导致非理性繁荣的原因，端正被利益群体扭曲的市场调节价格的经济学常识，转变发展理念，改变GDP挂帅、土地财政的发展思路，加强供给侧结构改革，才能找准房地产市场调控的短期政策和目标，坚持调控不为稳增长让步，同时调控政策执行到位，保证经济的可持续增长不被房地产虚拟繁荣绑架。

二、政府决策部门应理直气壮地调控房价

市场机制失灵，不可能自我修复，政府干预是促使房地产市场回归正常的主要力量。既然以"炒"为主的房地产市场已破坏了"市场机制"的所有基本原则和假设，面对我国房地产市场的扭曲现状，决策部门就该坚定政策干预的信心和合法性，理直气壮、坚定不移地采取合适的政策对房地产市场进行短期干预性价格调控，同时适时持续推进与完善楼市的长期治理制度性建设，引导房地产回归以民生为主的居住属性的终极目标，避免触发系统性风险。

多重矛盾的相互交织和缠绕，形成了我国今天房地产市场的现状。笔者已反复论证，我们面对一个不容否认的事实是，当前一、二线城市的房地产市场并非以居住需求为主，而是以投机为主。接下来有两方面的问题需要深刻认识：一方面，在以投机为主的房地产市场，"市场调节机制"是完全失灵的，而房地产市场非理性繁荣和价格泡沫必定带来巨大的经济和社会外部效应；另一方面，加强政府的干预是促使房地产市场回归正常居住属性的最有效力量。因此，坚定不移实施精准短期调控，排除干扰，出台包括房产税在内的改革措施，加快建立房地产市场健康发展长效机制，引导房地产回归以民生为主的居住属性的终极目标，避免触发系统性风险，确保经济和社会的平稳持续的发展，是政府当前的重要职责所在。

笔者认为，现在特别需要从三个方面加深对"炒房"市场调节机制失灵的认识。

首先，在"炒房"市场上，"市场调节机制"中最重要的改变供求变化的效用最大满足度的约束被破坏。市场价格由供求变化决定是市场经济

的基本常识。但是，只有供求在最大效用获得满足后发生边际上的改变，达成新的供求均衡，才能带来价格的变化。房地产一旦由居住需求演变成"投机"品，其最大效用就是"赚钱"了。赚钱是欲望，而欲望是没有上限的，"炒房"市场完全丧失了"最大满足度"的约束，只要价格不断上涨，投机需求就不断高涨，并带动投机性房地产投资不断上涨。投机性"欲望效用"单边推动供求交替上涨，市场定价机制的基本条件被破坏殆尽，不可能产生由效用最大化约束推动的供求变化带来的网状"市场调节"的均衡价格形成过程和效果。2015年以来，热点城市房价翻了1倍有余，而表征楼市景气度最重要指标的房价目前仍旧在上涨，至少在横盘。2017年3月，70个大中城市二手住房价格环比平均上涨0.8%，相比2月涨幅（0.4%）扩大了1倍，且已连续24个月上涨。4月以来，在调控措施最严厉的北京，尽管房价出现下降迹象，但据链家统计，成交均价环比仅微幅下跌2.1%。深圳、广州等地，以学区房为代表的二手住房，价格仍在上涨。

有必要强调的是，强调供求失衡支持价格上涨的主张及增加供给调节价格的观点，如果不是对"市场调节"缺乏常识性认知，就是利益导向的刻意偷换概念，误导市场预期，扰乱房地产市场的秩序。因此，这已成了否定房地产调控合理性和合法性的谬论。

其次，非理性"炒房"需求使市场经济的理性经济人假设被破坏。市场经济理性决策假设的意思是，所有经济参入主体的决策受风险偏好和价格弹性的约束，决策的前提是风险可承受和价格弹性可控。但"炒房"行为的决策完全非理性。"炒房"群体不在乎价格有多高，所以房价越涨投机需求越高。这就毫不奇怪为什么会出现"房价越涨购房市场越火爆"的场景了。"炒房"市场忽略风险、罔顾泡沫的非理性决策行为，与市场经济的理性决策根本背道而驰，使房地产市场永远无合理的均衡价格可言。

再次，投机性房地产市场产生巨大的外部效应。外部效应，是指以牺牲别人利益而使自身获取高额利益，或使部分人获益而整体经济和社会总效益受损的经济活动和行为。投机性房地产市场制造价格泡沫对整体经济和社会带来的外部效应之一是产业空心化。2016年新增贷款超过60%是与房地产相关的贷款，民间投资大幅下降，相当一部分作为个人购房资金

直面金融风险

进入房地产市场。如果房价反弹，货币财富轻而易举翻番，银行和民间资金怎么还有动力去投资年收益只有8%~10%的实体经济？房价涨则地价涨，企业员工房价补贴、工资随之上涨，整体制造业成本大幅上涨。更何况，一些人为买房而降低消费支出，这又直接遏制了通过扩大消费占GDP比重的总需求扩张策略。不断膨胀的"炒房"行为，更误导投资错配资源，严重影响实体经济的发展。截至2016年底，我国资产管理行业规模约为100万亿元，其中仅银行理财规模就有30万亿元。大量表外理财底层资产投向了类信贷、债券、房地产等资产，致使社会信贷进一步扩张，成为金融机构加杠杆的推手，加剧了金融的系统性风险。

外部效应之二是收入差距拉大。毕竟，国内目前能调动资源来"炒房"发财的，只是较少的一部分人。有钱的人"炒房"，赚更多的货币财富，收入差距大幅扩大。"炒房"使少部分人过多占有稀缺的以土地资源为主要投入的房地产，极不公平使用资源且变相拉大收入差距，可能带来经济和社会的极大不稳定。

外部效应之三是金融风险加大。由房地产衍生的地方土地财政和银行风险，都可能演变为更严重的经济危机。"以资产价格泡沫为特征"的经济危机，是20世纪90年代以来全球爆发经济危机的特征。比如，日本的危机、亚洲的危机，2008年爆发的美国危机，都是房地产作为投资品推动资产价格过度膨胀，泡沫破灭所引发的。"炒房"的牟利行为，不断推动房价上涨的高收益，诱使银行用各种高风险手段增加房地产相关信贷。比如，类似次级贷的首付贷，近期大幅增长的以房地产装修为名的消费贷等等，使金融泡沫不断膨胀。一旦房地产泡沫破灭，银行坏账将大幅上升甚至触发系统风险。

依据经济学基本结论，市场机制失灵，不可能自我修复，政府干预是促使房地产市场回归正常的主要力量。既然以"炒"为主的房地产市场已破坏了"市场机制"的所有基本原则和假设，"市场调节"机制已失灵，那决策部门就该坚定政策干预的信心和合法性，理直气壮、坚定不移地采取合适的政策对房地产市场进行短期干预性价格调控，同时适时持续推进与完善楼市的长期治理制度性建设。另外，对一些似是而非的、借市场化发展之名反对政府干预的观点应及时给予驳斥，对各种反对出台政府干预政策和出台长期治理制度建设的行为应及时给予必要的打击，防止利益群体利用房地产市场的非理性发展破坏经济和社会发展的基础。

三、建立楼市长效治理机制的几个关键步骤

房地产市场的调控要从促使短期价格下降的目标转为以房地产回归居住为主属性的最终目标。短期调控政策适度长期化，保持房地产价格的稳定直至与长效机制对接，应能避免释放房价反弹的预期。要避免像过去几轮房地产市场调控那样，价格稍降就被"崩盘论"和"GDP下滑"的说法误导，致使调控政策被恐慌预期挟持，应坚定"房子是用来住的"理念，增强改革的定力，并加大房地产调控政策的执行力度和问责机制。

随着房地产市场环境的不断变化，房地产调控政策逻辑也有了新变化。鉴于过去短期调控政策诸多弊端和长效机制的缺位，眼下的关键问题是我们该如何建立基于存量市场的房地产长效机制？

其一，房地产市场的调控要从促使短期价格下降的目标转为以房地产回归居住为主的属性的最终目标。以"炒房"为主的投机市场破坏了市场机制，房地产市场回归"居住为主"的市场，满足市场机制理性决策的前提和效用最大化的约束，才能真正修复市场调节机制。以价格下降为目标的调控，有短期"抑制"投机性需求的作用，但无法长期稳定房价，反而房价会越调越高，投机需求越调越大。

其二，促使短期调控政策长期化直至与长效机制对接。过去这些年，限贷限购等政策一直作为短期调控措施，在多种复杂原因下调调停停，非但没能使房地产市场回归居住属性，反而使价格更不稳定。"炒房"为主的市场的形成非一日之功，因而调控政策也不是权宜之计。短期调控政策适度长期化，保持房地产价格的稳定直至与长效机制对接，应能避免释放房价反弹的预期。

其三，短期调控要遏制所有与调控政策博弈甚至超越道德底线的行为。"炒房"行为与其他非理性投机行为一样，为了利益不择手段，屡屡出现伪造债务纠纷、离婚制造突破限购条件的假象，通过消费贷款支付首付突破限贷约束，通过装修贷款变相推高房价等与限购限贷政策博弈的行为和非法集资购房行为，使调控政策不能达成预期效果。对此，所有中介、银行、其他金融机构和民政部门都应有必要的严格约束、问责和惩罚

机制。同时，加强媒体对离婚"炒房"等破坏社会基本价值观行为的舆论压力。

其四，"适度增加土地供给"，明确土地供给提供的房屋的居住结构。理论和实践都说明，房地产一旦成为投机为主的市场，那"无限"的投机需求是不可能靠不断增加供给来满足的。因此，笼统地"适度增加土地供给"，释放供给不足的信号，会引导价格上涨的预期，"炒房"需求会进一步上升；而供给"短缺"导致地王频出，进一步推高价格。需求与供给交相推动，价格泡沫进一步膨胀就不可避免了。所以，一、二线房地产市场需要的是供给侧结构调整。房地产市场的供给结构向与城镇化发展相一致的方向调整，增加真正"刚性需求"供给。真正的刚性需求是以进城农民工在城镇以安居为主的市场，大学生毕业留城工作买或租得起的住房需求市场，明确"适度土地供给"主要提供刚需结构的住房供给，并配套必要的政策，保证这样"刚性需求"的居住性住房的供给需求，达成"刚性住房"的供求平衡。刚性层次的以居住为主的房地产市场，就具备了形成真正意义上的市场定价机制的基础，而投机性需求以"刚需"供给不足推动房价的炒作就失去了底气。如此，整体房价继续上涨动力不足，"炒房"需求会渐渐冷却，逐步回归平衡，以居住为主的房产供给借城镇化战略也就获得了充分的发展机遇。这是平衡房地产市场两个极端预期的正确途径。

明确针对"刚需"适度增加土地供应，也有利于遏制地方政府的"卖地财政"。"卖地财政"制造"地王"，地价上升，发展商水涨船高，把地价成本转嫁到房价上，是房价上涨的助推器。所以，"卖地财政"也是房价上涨的重要原因。可见，短期"适度增加土地供给"是房地产结构调整的短期政策，更重要的是土地资源供应要有满足以"居住为主"的住房需求的长期规划。

其五，以创造就业机会的方式集聚人力资源和人气的方式，缓解三、四线城市的房地产去库存压力。三、四线城市地产库存与盲目投资有关，而发展机会缺乏，就业机会不足，不利于吸引人才、留住人才，进而难以提升居住的需求也是重要原因。简单通过加杠杆方式鼓励农民工群体在城镇购房，除了加大债务风险，未必真能达到去库存的目的。房地产企业的重组兼并只不过合并库存，也不能降低存量。以三、四线城市各自的比较优势建设特色功能区的方式,创造就业、创造机会吸引人才资源,制造一些发展的辐射效应,才更有利于去库存。

其六,扩大房地产税收试点。多数发达国家房地产市场价格较为稳定或能保持以居住为主的市场属性,与以有效的房产税收制度加大房屋持有成本遏制投机有直接的关系。在持续短期调控政策稳定市场价格后,理应尽快对接长效机制,以居住为主的房地产市场才能保持长期平稳健康发展。现在该是全面评估前期房地产税收制度试点的时候了,以便总结经验,尽快扩大试点。房地产税收制度久久出不了台,可能会使房地产市场的问题更积重难返。再说,房地产税收新增的部分,是补偿因改变土地财政而财务吃紧的地方政府的最佳途径,也会增强地方政府放弃土地财政的意愿,加快理顺被扭曲的房价形成机制的步伐。顺理成章的是,还应考虑尽早出台50年、70年土地使用期限到期后的相应续期规定。

建立治理房地产市场长效机制,笔者以为学界业界还须强化研究国外关于房地产市场的政策和制度。他们的一些做法很值得我们借鉴。比如一些国家采取高资本利得税的方式,对缩小投机性行为的获利空间非常有效。德国直接限制房价涨幅,超过规定者,情节严重的会被认定为犯罪,德国房地产价格几十年才增长25%左右,房地产市场管理制度功莫大焉。

(本文原载于《上海证券报》,2017年5月10日、19日、26日)

直面金融风险

避免主动刺破房地产泡沫

沈建光[*]

在多地严格的房地产政策下,2017年5月中国房地产市场似乎出现拐点。投资同比增速8.8%,扭转了2016年下半年以来的上升态势,首次出现回落;土地购置面积增速也在5月份8.1%的高位迎来转折,1~5月下滑至5.3%。与此同时,房地产销售持续下滑,新开工增速回落至个位数,二者作为房地产市场领先指标预示未来房地产前景的黯淡。

这样的情形与前两年房地产市场火爆形成了鲜明对比。可以看到,自2015年"3·30"房地产政策以来,伴随着2016年库存调整、信贷政策放松,以及契税政策调整等,中国房地产市场发生颠覆性反转,从前两年库存积压一举进入一轮快速的上升通道。当时房价涨幅之大、涨速之快前所未有。

可以说,中国一、二线城市用两年时间即完成了发达国家用数十年完成的翻倍房价。然而,如今中国房地产又呈现市场冰火两重天的局面,该如何理解?中国房地产是否出现泡沫、泡沫能维持多久、又将如何演化等问题显然是当前国内外投资者关注的焦点。

一、螺旋式上升的"房价—收入"周期

不难发现,过去十几年中国房地产市场涨多跌少,且每次下跌都是在政策调控下的短期回落,其后由于政策由紧转松,报复性反弹后,房价都

---

[*] 沈建光,瑞穗证券亚洲公司董事总经理、首席经济学家;曾任欧洲央行资深经济学家,国际货币基金组织和芬兰央行经济学家等。

会在很短的时间便超过前期峰值。中国房地产鲜有下降周期，且诸多国际衡量泡沫的指标处于高位，但这种情况得以长久持续，并未出现房地产危机。

在笔者看来，中国房价之所以屡控屡涨，泡沫不曾爆破，最主要的原因是中国独有的房地产"螺旋式上升"模式。在泡沫积聚之际，监管者并未采取类似于20世纪末日本政府主动刺破房地产泡沫的做法，反而短期内通过行政手段防止泡沫进一步扩大，再推动收入改善，在发展中化解泡沫。具体来看，过去历次中国房地产周期均显示，中国房价先是一段时间的快速增长，其后引致严厉的政策调控措施，调控导致短期内供需关系以及房价上涨预期改变，再通过经济增长带动收入提升，为高企的房价提供了支撑。

这种"螺旋式上升"房地产泡沫的特殊模式之所以能在中国得以实现，主要得益于中国过去30年前所未有的高增长。改革开放以来，中国经济一直享受着改革开放与经济全球化的红利，经济增速整体上保持了高速增长，收入增速多年来保持两位数。2013年以来，收入增速回落至10%以内，但整体上也保持了8%～9%的较高水平，不低于GDP名义增速。这就使得，即便中国房地产泡沫短期出现，高速发展的基本面也能消化泡沫，进而降低房地产危机的风险。

与以往不同的是，由于中国已处于由高速收入增长向中高速增长转变的新常态时期，未来收入很难延续以往两位数的较高增长，甚至可能由于转型，出现短期的结构性失业。虽然2016年下半年开始中国经济出现反弹，但长期来看，中国已经进入"三期叠加"时期，即增长速度换挡、结构调整阵痛、前期刺激政策消化时期。

近两年的一、二线城市房价比以往涨得都凶，说明市场未对收入放缓有充分预期，相反，凭借以往房价只涨不跌的经验，仍有人认为中国房地产市场具备独特性，相信政府会为房地产背书就能对抗经济规律。

二、中国房地产市场的独特之处

试将中国的房地产市场特殊情况与日本当年房地产泡沫时期进行对比，不难发现中国房地产市场的独特之处。

一是中日购房者的购房资金来源与购房者结构不同。中国普遍存在父母举全家之力为子女在一、二线城市购房而倾其所有的现象。通过父母支持购房首付、子女还贷的模式在东京投资者看来很难理解。这个背景也解释了为什么北京首次购房者年龄仅为 27 岁，在东京却达到了 41 岁。而从近年来购房者构成来看，与泡沫共舞的也并非是想像中的富人。新增房屋购置者大多为首套刚需，如购置婚房。此外，购置二套改善型需求在一线城市也比较普遍，如购置学区房，或为父母购置养老住房。可以发现，这部分人以城市中产为主，并非富豪。

二是中国独特的土地财政。中国并未推出房产税，土地收入仍然是当前地方政府重要的资金来源。而从博弈论的角度来看，政府通过限制供给，保持土地拍卖的高价是维持长期稳定收入的占优策略。

三是中国一线城市资源的集中程度难以比拟。中国一线城市拥有其他城市无可比拟的资源与就业机会，独特的户籍制度又使得要素流通并不自由。同时，中国的住房租赁市场尚不成熟，缺少契约精神，诸多因素造成了一线城市新市民往往倾向于在就业几年内便购置自有住房。而城市的高速发展与人口集聚，又使得教育、医疗资源等发展显得相对滞后且不均衡，这使得改善型需求，诸如学区房需求也十分旺盛。

四是政府对房地产市场政策强有力的干预。

三、房地产过热的五大风险

房地产始终是国民经济的支柱产业，房地产业加建筑业占 GDP 比重超过 12%。且考虑到，房地产的发展情况还直接影响到家具、建材、装潢材料的相关消费，并与上下游企业的发展、金融行业的风险以及地方政府收入都有着紧密联系，作用更是不容忽视。例如，在房地产税尚未进入实质性进展阶段，市政债开闸并未有所突破之时，土地收入仍旧是地方政府收入的重要来源。而一旦房地产市场崩盘，不仅影响投资与消费，也将减少财政收入，也使抵押品价格下降从而诱发银行坏账上升，无异于中国经济硬着陆。

但是，这轮房地产市场显然已不仅仅是资产泡沫大小的问题，而是对整体经济形成了五大风险。

风险一是这次房价的全面上涨与经济走势和居民收入预期背离，缺乏基本面的支撑。这样的上涨之所以值得担忧，在于其既没有经济良好的预期，也没有收入大幅上涨的支持。之前，房价与经济走势相关，经济走强，预期收入提升，购房需求增加导致房价上涨，资产价格走高推升财富效应进而带动消费与经济，似乎是更加良性的循环。然而，当前中国经济面临的情况恰恰并非如此，即便自 2016 年第三季度开始宏观经济迎来一波上升趋势，也主要靠基建和房地产支持，经济主体活力仍然较差。预计 2017 年第一季度经济增速已经见顶，下半年经济下行压力加大。在此背景下，房地产市场一枝独秀，高杠杆透支了居民对未来收入与经济的预期，一旦情况转差，金融风险必将有所增加。

风险二是恐慌性购房、投机性购房增加经济脆弱性，一旦预期扭转，可能加大金融风险。可以看到，当前如此涨幅已导致恐慌性购房情绪蔓延。任何有关房地产政策的风吹草动，市场便草木皆兵。

风险三是住宅用地供给不足，楼市香港化趋势明显。尽管中国内地整体国土面积较大，但住宅用地整体较低，供给受到制约，这点与我国香港情况类似。一方面，当前中国内地主要土地是耕地，18 亿亩的耕地红线不得动摇；另一方面城市大量土地又被建设用地占据，留给住宅用地的少之又少，这也是住宅用地拍卖"地王"层出不穷的原因之一。

风险四是房价过快上涨加大收入差距，损害社会公平。正如香港楼市所反映出的问题，一旦房价涨幅超出普通民众承受能力，也会拉大收入差距，加剧社会矛盾。根据香港特区政府统计的数据，1971～2011 年的 40 年间，香港的基尼系数上涨了 25%，从 0.43 升至 0.537，接近 0.6 的国际警戒线。而其间房价大幅上涨，2003～2015 年的 13 年中，香港整体房价上涨了 4 倍，同时香港普通民众居住条件难以改善。而当前香港爆发出的一系列社会问题，都与收入差距扩大有较大关系。以此为鉴，避免楼市香港化至关重要。

风险五是房地产一枝独秀，或将遏制转型与创新。比居民加杠杆更加令人担忧的是，房地产利润丰厚，远超出实体行业收益，打击企业家创新的信心，不少企业家卖掉企业进入房市的现象令人担忧。与此同时，创新是未来转型的关键，然而高房价无疑推高了创新的成本。

四、避免刺破房地产泡沫

一直以来,房价都与房地产政策密切相关。2013年以来,决策层希望通过打造房地产市场的长效机制,比如推出房产税,走出房地产市场短期调控、行政性干预过强导致市场波动过大的怪圈。然而,由于此前去库存位列五大任务,出乎意料地推升了一、二线城市房价过快上涨。此时,政策面临两难,一旦出手调控,政策力度把握困难,经济下行之下,担忧打击经济;而若不出台政策,恐慌性购房推高房价,并加大金融系统风险。且出台何种手段也有顾虑,如房地产税虽然是既定改革,但在此背景下,反而怕用力过度,造成不可预期的损失。

在处理现下房地产风险上,笔者认为中国应避免主动刺破泡沫。1989年,日本央行强势加息,自1989年6月到1990年8月5次上调政策利率,从2.5%至6.0%,主动刺破泡沫。相比之下,如今中国政府对待泡沫十分小心,正如上文"房价—收入螺旋式上涨"的化解泡沫模式中所述,在显示出泡沫征兆时,监管层采取行政手段打压房价持续上涨的势头,但避免刺破泡沫。纵观过去十几年,每次意识到泡沫的存在,政府总会出台措施,换得其后几年房地产市场的短暂平稳,没有出现危机。

中国房地产市场五大风险使得调整楼市政策持续十分必要。在笔者看来,关键在于扭转恐慌性购房的预期,比如增加充足的土地供应、引导信贷资金合理配置、因地制宜地启动地方房地产政策、避免资金过度进入房地产市场等。而从长远来看,改革没有捷径可走,通过居民加杠杆帮助企业降杠杆的尝试是有风险的,切实推动结构性改革,比如国企改革,才是解决问题的根本途径。要控制泡沫,短期的限购已经越来越没有效果,更多供给侧改革,特别是土地改革、户籍改革、房产税等税制改革的长效机制的建设尤为迫切。

(本文原载于《中国证券报》,2017年6月14日)

中国保险业发展的关键问题和风险

国务院发展研究中心课题组

"十二五"（2011~2015年）是中国保险业发展历史上至关重要的5年，不仅保费规模的全球排名由第6位跃升至第3位，稳固奠定了保险大国的地位，而且在许多方面取得了历史性突破，行业地位和影响力大幅提高。但同时，中国保险业也积累了一些不容忽略的问题和风险，需要在未来加以解决和应对。

一、保险业粗放发展模式没有发生实质性改变

这一观点可以用以下两个指标予以佐证。

一是原保险保费收入在规模保费中占比偏低。从2013年开始，中国保监会细化保费统计口径，要求所有寿险公司将保费按照"原保险保费收入"、"保户投资款新增交费"、"投连险独立账户新增交费"三项分类计算，三者合计称为"规模保费"，其中后两者属于投资账户的保费，已不再计入原保费收入。原保险保费收入占规模保费比重越高，表明保险业的保障功能体现得越充分，保险业更像"保险业"；相反，投资账户保费占比越高，表明保险业越偏离其经营本质，保险公司更类似于一个"投资理财机构"。表1总结了过去3年全行业、中资公司、外资公司、几家典型的大保险公司、几家典型的中小保险公司的原保费收入占规模保费的比重。可以发现，不同公司之间这一比例差距极大，个别人身险公司保费收入占规模保费的比重极低，整体上人身险保费占比逐年下降，表明整体上人身保险业"重规模"的倾向并没有扭转，甚至有愈加严重的态势。

表1　　　　2013～2015年人身险市场原保险保费占规模保费的比重

	2013年	2014年	2015年
全行业平均	76.52%	75.11%	65.58%
中资公司平均	76.27%	74.73%	65.08%
外资公司平均	81.00%	81.85%	74.11%
国寿股份	96.72%	92.95%	89.36%
太保人寿	97.18%	95.77%	94.26%
平安人寿	66.18%	68.97%	70.39%
华夏人寿	10.18%	4.49%	3.32%
幸福人生	85.76%	66.02%	39.83%
安邦人寿	14.29%	85.44%	57.36%
前海人寿	2.75%	9.69%	22.30%
友邦寿险	92.54%	92.90%	90.30%

资料来源：中国保监会网站。

二是退保率居高不下。2015年为了防范化解满期给付和退保风险，中国保监会加强了退保风险的监测预警和应急处置，全年非正常给付与退保群体性事件较上年大幅减少83%[1]，但过去几年人身险市场的退保率整体上呈上升趋势。表2总结了近年来几大上市寿险公司的退保率变化，足以说明这一点。退保率上升会给保险公司带来较大的现金给付压力，影响保险公司的经营稳定性，这从一个侧面体现出保险市场粗放的经营模式。

表2　　　　近年来主要上市保险公司的退保率

	2012年6月	2013年6月	2014年6月	2015年6月
国寿股份	1.4%	2.1%	3.3%	4.0%
平安人寿	0.5%	0.6%	0.7%	1.3%
新华人寿	2.5%	3.2%	3.8%	7.2%
太保人寿	1.9%	2.2%	3.3%	3.1%
太平人寿	1.6%	1.9%	3.6%	11.0%

资料来源：上市公司年报。

二、保险业积累的风险在增加，风险防范的难度在加大

最典型的例子是，近年来一些中小保险公司为了快速取得业务突破，

---

[1] http://money.people.com.cn/insurance/n1/2016/0125/c59941-28083031.html.

采取了较为激进的业务发展战略,即所谓的"资产驱动负债"模式。该模式下,在负债端,保险公司发行高收益的短期万能险等理财产品,向客户承诺较高的预期回报率,以便短时间内集聚大量现金流(包括保费收入和投资账户资金流入),有的产品对应的资金成本甚至接近10%,包括5.5%的保户收益、2%的渠道费和2%的管理费①。在资产端,为了覆盖高额资金成本,保险公司不得不采取更为激进的投资策略,包括通过频繁举牌二级市场等方式加大股权投资力度、增加基础设施、房地产等另类投资的比重。由于这种模式建立在短期产品匹配长期投资基础上,大大增加了资产负债错配的期限风险。此外,在经济下行、利率下行期间,好的投资项目较少,取得高额回报率的难度加大,也使得保险企业面临的利差损风险加大。

随着投资渠道的拓宽、投资结构的改变、资本市场波动等因素的影响,与投资活动有关的风险在不断加大。例如,保险另类投资的快速增加意味着配置于基础设施、房地产等方面的保险资金数额快速增加,而另类资产流动性低,不易变现,更容易受到经济低迷和宏观调控的影响,相比保险证券投资,保险另类投资显然蕴含着更大的风险。

此外,资产负债模式还可能增加流动性风险。由于负债端期限缩小,一旦新单销量下降或者出现保单持有人集中退保的现象,期限较长的资产端变现困难,大量短期产品集中支付,满期兑付的风险大大增加。

三、保险业经营能力需要进一步提升

一是保险公司的专业性不足。以健康险为例。目前商业健康保险的经营主体既有财险公司,也有寿险公司,还包括几家专业的健康保险公司。专业健康险公司在实际运营中并不占据显著优势,专业能力也并不十分突出。综合性的人身保险公司长期将商业健康保险和寿险、意外险混合经营,将寿险的经营模式套用在商业健康保险上,专业化经营能力较弱。在其他业务领域以及保险中介等领域,专业能力不足的现象也十分突出。

二是保险人才方面存在突出问题。例如人才结构不合理。截至2015

---

① 东吴证券研究报告,2016.1,http://finance.sina.com.cn/roll/2016-01-07/doc-ifxnkeru4704006.shtml.

年10月底保险从业人员已经达到近600万人,然而高级管理人员仅为9.1万人。此外,营销员高流失率问题没有解决,导致企业的招聘和培训成本居高不下,也影响保险公司的销售成本和效率。根据中国保险行业协会的数据统计,2012~2014年全行业的保险营销员(含代理人)的流失率逐年递减,从原来的38.11%下降到了34.01%。不过,行业队伍不稳、大进大出的现象仍然比较严重,2011~2013年,全国有508万人次加入保险营销员行列,同时段有502万人次流失。

三是保险业有关的金融基础设施薄弱,影响了产品开发能力。例如,价格保险在试点推广过程中,面临着信息获取困难、信息质量不高等问题;由于社会信用体系不健全,保险公司在查询企业信用记录方面存在困难[①],限制了信用保证保险业务的大面积推广;此外,知识产权第三方估值体系不健全,也影响了专利保险的推广。由于金融基础设施的不健全,国内保险机构在开发和推广创新性产品等方面存在针对性不强、保障范围过窄、保障额度过低、定价不合理等问题,制约了企业的参保积极性。

四是保险机构风险管理能力还有待完善,在风险管理的组织架构、管理工具应用等方面存在很多不足。

四、保险业改革开放进程远未完成

"十二五"期间已经启动的一系列改革并没有完成。例如商业车险改革试点还没有铺向全国;意外险产品的费率市场化尚未启动;"偿二代"监管体系还没有正式实施;资金运用的市场化改革、准入退出机制改革、巨灾保险、强制性环境污染责任保险等都有待进一步推进。

在开放方面,中国加入世贸组织十多年,充分履行了承诺,但并不意味着开放进程的结束。保险业在对外开放方面还存在许多管制。中国美国商会2015年度白皮书"美国企业在中国"集中讨论了外资保险公司在市场准入、销售和服务、建立分支机构、监管合规成本等许多方面遇到的管制问题。例如寿险公司50%的外资股权限制是外资反映非常强烈的问题,不仅被认为是引发中外股东矛盾、促使外资寿险公司股权变动频繁、甚至

---

① 目前尽管已经有少数几家保险公司,如人保、平安等公司已与央行的征信系统实现了对接,但多数保险公司还被排除在征信系统之外。

导致部分外资股东退出中国市场的根本原因,也是外资对中国保险市场进一步开放的最大诉求。寿险业对外开放面临着很大压力。

在对外开放的同时,还存在着一个对内如何进一步开放的问题。仍然以股权管理为例。目前外资股权限制虽然是一个非常重要的管制,但并非具有独特性。中资保险公司同样面临类似问题。根据现行监管规定,在中资保险公司中,一般情况下保险公司单个股东(包括关联方)出资或者持股比例不得超过保险公司注册资本的20%;经中国保监会批准,符合特别条件的股东,出资或者持股比例可以超过20%,但不得超过51%。就单一股东的持股比例而言,外资寿险公司中的外国单一股东,可以持有高达51%的股权,比许多中资股东持股要求还要宽松。在单一股东持股比例限制下,股权纠纷并不仅仅出现在外资寿险公司中,中资寿险公司同样面临股东理念不合的问题,股权变动也相当频繁。如何彻底按照相同的规则统一内外资相关监管规定,为中外资保险公司的竞争提供公平、透明、开放的市场环境,是中国保险业不容忽视的一个难题。

五、保险发展所获得的必要财税支持力度不够

一个例子是在农业保险市场上。我国农业保险市场的大发展,一个关键撬动因素在于政府保费补贴政策的启动,特别是2007年中央政府补贴政策的启动。目前,中央财政对15种农产品的农业保险实施保费补贴。不过,根据2015年2月中国保监会、财政部、农业部联合发布的《关于进一步完善中央财政保费补贴型农业保险产品条款拟订工作的通知》,"保险金额应覆盖直接物化成本或饲养成本"。换句话说,目前中央财政补贴险种只针对成本保险设定,在价格保险这一类新型险种中,保险金额考虑了物化成本以外的因素,因此并未纳入中央财政保费补贴范围。这影响了价格保险等创新性农业保险品种的推广。

另外一个例子是在商业养老保险发展方面。我国的个税递延型养老保险经过了长时间的酝酿,至今尚未落地。早在2008年,该产品试点已经进入中央政策文件中——2008年12月国务院颁布的《关于当前金融促进经济发展的若干意见》(简称"金融30条"),提出"研究对养老保险投保人给予延迟纳税等税收优惠"。然而时至今日,税优政策仍未推出,从

直面金融风险

2009 年天津市滨海金融创新园区个税递延型养老保险方案到 2012 年上海推出的试点方案均未能够落地。

六、监管问题

监管协调机制有待加强。"十二五"期间,由于金融创新速度的加快,我国涌现了一些新兴金融业态和综合性金融产品,银行、证券、保险等业务边界进一步融合,交叉领域进一步增多。在这一背景下,我国当前分业监管的框架无法充分满足现实需要,再加上法律中缺乏清晰界定,实践中又缺乏明确职责授权,导致出现不少监管空白、监管套利、监管信息缺乏整合等问题也十分突出。综合经营所形成的跨业、跨市场投融资业务迫切呼唤更紧密的监管协调。

保险监管力量不足。当前保险业已有超过 200 家保险法人机构、8 万多家各类分支机构,从业人员持续增加,业务规模不断扩大,但目前市县一级没有设立保险监管机构,存在监管力量真空,监管配备与实际需要不相匹配,在一定程度上削弱了监管的有效性。

监管机构的能力有待进一步提高。目前保险产品、保险投资、保险销售渠道等领域的内容与经营方式与以往相比发生了许多质的变化,出现了许多新的风险隐患,保险业与实体经济之间的联系在加强、与其他金融部门业务交叉、风险传染的概率在增加。这些新现象、新风险无疑增加了监管难度,对保险监管部门的监管能力也提出了更高要求。

(本文摘自中国保险行业协会编著:《转型与发展——迈入"十三五"的中国保险业》,中国财政经济出版社 2016 年版)

第四篇

金融开放的稳与进

全球经济危机启示我们，要防范金融危机，首先要保证金融机构的健康性，高杠杆、低资本、不良贷款等现象均不得宽容，而不开放、不竞争往往纵容了低标准。为此，金融服务业作为市场经济中竞争性服务业的属性已十分清晰。各国经验（包括我国自身经验）都表明，保护易导致懒惰、财务软约束、寻租等问题，反而使竞争力更弱，损害行业发展，市场和机构不健康、不稳定。现在，国内很多金融机构都已经"走出去"了，适应了国际竞争。我国金融服务业作为竞争性服务业，受益于对外开放，还要进一步扩大开放。

金融服务业还要进一步扩大开放

周小川[*]

中国建设社会主义市场经济,就是要通过参与竞争,优化资源配置,实现经济社会的进步和繁荣。在此过程中,对外开放起到了重要作用。这里,我想结合对国际国内的有关经验和背景,就对外开放问题谈几点理解,供大家参考。

一、制造业开放让中国成长为世界工厂

制造业在我国开放较早,早期也有争议,但相对易于形成共识,使制造业成为开放充分的产业。对制造业开放的一条观察是,较早参与开放和竞争的大多数行业最终都发展壮大得快、竞争力强。开放是资源配置优化的进程,通过市场和竞争机制带来优化配置。

具体来说,在"引进来"方面,开放通过进口和引进国外企业到国内投资办厂,与国内企业形成竞争。回想改革开放之前,国内企业就没有来自外资企业的竞争,只面临少量的国内竞争。参与竞争给工业企业带来了巨大的动力、压力和进步。

在"走出去"方面,通过出口和国内企业走出国门,参与国际竞争。开始时国内企业很少参与国际竞争,出口也只是一些大宗资源类产品。20世纪80年代,很少有人相信中国制成品出口能有什么太大的前途。然而对外开放后,从加工贸易到工业制成品都参与国际竞争,随后"走出去"办企业,中国的制造业和企业不仅没有被冲垮,反而快速发展,中国成长

---

[*] 周小川,中国人民银行行长。

为全球制造业强国、世界工厂，不少领域正迈向全球产业链的中高端。

通过竞争改掉了垄断。过去国内竞争不充分，外贸企业之间也缺乏竞争，过去的外贸有中化、五矿、中粮、土畜产、纺织、轻工、机械、仪器仪表等外贸公司，都是按行业切块，分别负责各自领域的进出口，相互之间财务规则不同，不允许竞争。为了吸引外资，1979年中国专门颁布了第一部中外合资企业法，外资企业对国内企业形成了竞争压力，制造业的行业切分和垄断开始消散。

有了竞争之后，国内企业有了很大进步。越是开放充分、竞争激烈的行业，进步就越快。制造业开始走向繁荣和强大。

二、开放促进了国内的政策改革

开放过程中强烈冲击了传统的集中计划型政策体系，并引发国内一系列重大改革，包括价格体制改革、增值税改革、出口退税、汇率市场化、开启关贸总协定及WTO谈判等影响深远的改革。20世纪80年代初要想吸引外资，国内政策体系就要加快向市场经济规则靠拢，要有平等竞争，随后还要考虑与其他国家的企业在国际市场上平等竞争。

平等竞争和开放是相互关联的，不仅是国内企业与外资企业竞争，也必然包括国内企业之间的公平、充分竞争。对外开放促进了放开国内民营资本的准入，随后引入了国民待遇的概念。无论是对内资还是外资，准入条件应该是一致的。对外开放推动了贸易与投资自由化和便利化、汇率市场化、放宽外汇管制三大政策改革，其中包括降低市场准入门槛等，渐使竞争和市场变为普遍适用的政策机制。

三、服务业开放的类似历程

过去，经济学把服务业列为非贸易或不可贸易行业，但随着信息、交通运输的大幅进步，随着全球化的进展，有不少服务已变成可贸易，人们开始说"世界是平的"。我国服务业开放体现了与制造业类似的规律，也是通过对外开放引入竞争，推动经营效率和服务质量提升，并带动国内相关政策改革。

工业领域，人们知道有国防等个别例外行业不适用于一般的市场竞争原则，但绝大部分行业都是可以开放引入竞争的。服务业也有一些领域涉及敏感行业，也有一些服务难以跨境递交，市场机制难以全部覆盖。但其他大多数服务业是可以开放的。对服务业开放的认识和政策改革进程与制造业也相似。在"引进来"方面，服务业先从酒店、餐饮、交通等行业的吸引外资起步，随后不断向其他服务行业拓展。在"走出去"方面，一开始是工业企业的"出口产品+售后服务"一起"走出去"，后来发展为银行、保险、医疗、航运、旅游、软件、零售、支付、文化等多领域。上海的航运业是比较典型的例子。

四、地区性试点的经验增强了开放的信心

早期，我国决定开放、开发四个经济特区，当时有不同意见，后来特区取得了效果，并向其他地区进行推广。中国加入WTO时也很有争议，但事实证明加入世贸组织对中国产生了深刻的积极影响。本届政府成立以来，有力推动上海自贸区试点，开始也有不同声音，现在自贸区数量已扩大到11个，很多先行先试的经验推向全国，说明大家看到开放带来了实实在在的好处。

五、金融服务业是竞争性服务业

金融是服务业的重要组成部分。不管是从WTO谈判的内容还是中国统计体系对服务业的分类都可以看出，金融是服务业的重要组成部分。人们经常说，金融是现代经济的核心。1993年党的十四届三中全会将金融业描述为国民经济命脉行业。我理解当时的背景有：一是金融业特别是银行业对资源配置的作用很突出；二是银行业尚是四大专业银行各管一个专业，相互竞争较少；三是大金融机构尚承担少量政策性业务，未充分市场化；四是金融如不稳定，往往出大乱子。这是否妨碍金融业的市场性质？金融业是否属于竞争性服务业？

应该看到，20世纪90年代，按十四届三中全会确定的社会主义市场经济的50条，已将专业银行的政策性义务剥离另设；四大专业银行全面

转入竞争性市场中的全方位商业银行。十八届三中全会明确说市场在资源配置中起决定性作用,说明越是重要角色越要靠市场化。全球经济危机告诉大家,要防金融危机,首先要保证金融机构的健康性,高杠杆、低资本、不良贷款等现象均不得宽容,而不开放、不竞争往往纵容了低标准。为此,金融服务业作为市场经济中竞争性服务业的属性已十分清晰。

从全球经验看,绝大多数金融行业都是竞争性服务业。当年我国引入外资银行,最开始期望引入资本,回头来看,国内商业银行从竞争中学到了很多内容,为我国金融业带来产品演变、市场建设、业务模式、管理经验等一系列变化。后又通过竞争性股改上市,国内银行的经营效率、资产质量、公司治理等都有了较大提高。外资银行的进入也对国内政策带来改革压力,包括会计准则、监管标准以及营改增等。

个别人从自身利益出发,主张对金融业进行保护,等成长壮大了再开放,再参与国际竞争。各国经验(包括我国自身经验)都表明,保护易导致懒惰、财务软约束、寻租等问题,反而使竞争力更弱,损害行业发展,市场和机构不健康、不稳定。

现在,国内很多金融机构都已经"走出去"了,适应了国际竞争,特别是风险管理、定价、反洗钱都有了实质性变化。目前,已有5家金融机构跻身全球系统重要性金融机构,成为资本金充足、经营稳健的市场化经营主体。金融市场的发展和健康化已受到国际债市、新兴市场股票指数机构的关注。这些均说明,金融服务业是竞争性服务业,受益于对外开放,还要进一步扩大开放。

六、"一带一路"为中国金融业开放提供了新机遇

中央提出建设"一带一路"号召以来,各方面都积极响应,推动各项政策落地生效。"一带一路"是开放之路,涉及大量的新型金融合作,会带来进一步开放的需求,也为我国金融开放和国际合作提供了新的机遇。

开发性金融可以在"一带一路"建设中发挥积极作用。我国首先探索的开发性金融是服务国家战略、市场运作、自主经营、注重长期投资、依托信用支持、不靠政府补贴、保本微利、财务上可持续性的金融模式。

这种模式可在"一带一路"中有更好的发挥。该模式不会形成对财政资源的挤占,避免滋生道德风险和导致市场扭曲等问题。"一带一路"建设也为金融机构开展海外布局,为贸易、投资、资本运作等提供更好的金融服务提供了发展空间。

总之,回顾国内外的改革历程,应该提高认识,坚定信心,坚定不移地走对外开放的道路。从制造业、服务业开放的经验可推导出,金融行业不是例外,同样适用于竞争与开放规律。金融服务业在对外开放过程中,由竞争机制带来压力、动力、进步和繁荣,会发展得更好。

我相信,在各方的大力支持和共同努力下,中国的对外开放一定能再上新台阶,上海自贸区的实验与推广、上海国际金融中心建设也将取得新成就。

(本文为周小川在2017年陆家嘴论坛上发表的主旨演讲,原载于中国经济网,标题为本书编者所加)

直面金融风险

开放型经济新体制下对外金融政策调整

丁志杰[*]

构建开放型经济新体制是新时期对外开放的目标。这在十八届三中全会通过的《中共中央关于全面深化改革若干重大问题的决定》和"十三五"规划中都有明确体现。开放型经济新体制是全方位的对外开放，对外金融政策调整是其内在要求和重要内容，也是决定对外开放效益和质量的基础。

新时期对外金融政策必须解决好双重溢出效应。与过去不同，随着中国更深层次地融入全球经济和在世界经济格局中大国地位的确立，国内国外经济联动明显增强：中国既受到来自世界经济尤其是发达国家溢出效应的影响，也会对外部产生明显的溢出效应。统筹国内国际两个大局，防范来自外部的负面溢出，提高自身对外部的正面溢出，都对对外金融政策提出了更高的要求。

对外金融政策的调整，既是对外开放过程中的关键内容，同时也涉及国内改革。其中，既有人民币汇率形成机制改革、资本项目可兑换这些老话题，也有人民币国际化、参与全球经济治理等新话题。无论是哪方面，每往前推进一步，都会遇到新现象、新问题。依据现有理论按图索骥行不通，照抄照搬他国经验则会水土不服。必须基于中国现实，结合经济学基本理论和有关国际经验，探索出既符合一般经济规律又具中国特色的途径。

过去一年多来，对外金融领域出现一些波折，引发广泛关注并成为争

---

[*] 丁志杰，对外经济贸易大学校长助理兼研究生院常务副院长、博士生导师。

论的焦点。笔者选择四个重要的热点话题作为分析对象，阐述其调整的内在逻辑和现实需要，并提出自己的建议，以期达到"不畏浮云遮望眼"的目的。

一、人民币国际化

货币不是国际货币，是发展中国家的一种"原罪"。解释发展中国家货币危机的一种理论认为，由于货币不是国际货币，这些国家在国际借贷中面临不得不使用外币和借短用长的币种与期限的双重货币错配风险。汇率贬值会严重恶化这些国家借款人的资产负债表，并造成清偿能力不足进而容易引发危机。货币不是国际货币带来的问题远不止于此。对于那些开放程度高特别是货币可兑换程度高的发展中国家，其本币资产不具备国际属性，内部或外部冲击会使本国居民对外汇资产的需求激增，很容易超过有限的外汇资产供给，产生巨大的货币贬值压力。这就是发展中国家开放资本账户屡遭危机困扰的原因，无论是在拉美还是在亚洲。中国近两年来发生的情况也说明了这一点。

发展中国家要摆脱这种原罪并非易事。第一个层次的货币国际化是使该国资产具有国际属性，可以缓解一国国际性资产供求失衡，但货币国际化不能一厢情愿，必须满足本国愿意开放金融市场允许外国投资者持有本币资产，以及外国投资者愿意接受该国货币并持有该国资产这两个条件。货币国际化需要权衡开放带来的风险和外国投资者持有本国资产带来的益处，新加坡基于本国国情就长期奉行新元非国际化政策。目前大多数发展中国家的资产认可度普遍较低，即使政府有很强的意愿，但是货币国际化程度都不高，从而使得货币国际化的好处有限。更高层次的货币国际化是成为国际货币，充当其他国家的国际支付手段。这一层次就涉及国际货币竞争。现有国际货币格局是赢者通吃，主要赢家是少数发达国家货币，而且美元独大，发展中国家货币跻身其中的空间非常小。作为当时世界第二大经济体的日本，在20世纪80年代推行日元国际化就严重受阻。

中国需要人民币国际化，人民币具备成为主要国际货币的潜力，这是有共识的。2008年国际金融危机爆发，人民币国际化迎来契机，而之前人民币国际化基本是自然自发的。与有关国家（地区）签署双边本币互

直面金融风险

换，为这些货币提供信用支持和增级，开启了积极推动人民币国际化之旅。允许并鼓励在跨境交易中使用人民币支付结算，从贸易到投资，从人民币走出去到人民币回流，从发展离岸人民币市场到国内金融市场开放，人民币国际化循序渐进地展开。为了缓解人民币国际化对国内金融市场的冲击，也为了避免国内金融市场对人民币国际化的约束，发展人民币离岸市场，在境外形成人民币资金池，成为人民币国际化的特色性举措。2009~2014年这5年时间里，人民币国际化步伐不断加速，成效显著。人民币在跨境贸易支付结算中的占比迅速攀升；反映货币自由使用的主要指标如跨境结算、外汇交易、贸易融资等，都进入全球前十位。2015年央行官方报告首次正式使用"人民币国际化"一词，"十三五"规划也明确提出人民币国际化。2016年10月人民币成为特别提款权（SDR）篮子货币，标志着人民币国际化取得国际认可，成为为数不多的自由使用货币。

尽管如此，在人民币国际化时机和方式等具体问题上，还存在一定的分歧。尤其是在2015年美元走强，人民币汇率面临贬值压力、人民币国际化进程放缓的情况下，争论变得多起来。例如，认为当前政策是以人民币国际化之名而行资本账户开放之实。事实上，推动货币国际化的前提条件是开放国内金融市场，但需警惕为了货币国际化在条件不成熟时过早过快开放国内市场。确实从宏观层面来看，货币国际化某种程度上就是国内资产与国际资产的置换，在国际化早期对外提供相对高收益的本币资产才能满足国际资本逐利需求。这种置换是否得不偿失，取决于所获得的国际资产运用及其收益。人民币国际化和外汇储备快速增长是同时发生的，人民币国际化加快了外汇储备积累，增加了外汇储备经营的压力。外汇储备所投资的资产安全性、流动性高而收益也相对较低，超额外汇储备反映了同期国际资产运用有限。因此，这影响了人民币国际化带来的国内外资产置换的效益。

人民币国际化需要开拓新途径。过去人民币国际化产生的结果主要表现为国内外金融资产的置换，让利驱动使其难以持续，进程出现反复在所难免。而且，这种置换主要是和来自发达国家的金融机构和投资者进行，所以人民币国际化走的是中心路线。货币国际化要综合考虑国际货币之间的竞争以及与当地货币竞争两个方面。基于中国经济金融发展状况，人民币相对于大多数发展中国家货币具有优势，无论是物价还是汇率都相对稳定。与发达国家相比，中国具有储蓄优势。因此，可以考虑人民币国际化走外围路线，积极推进人民币在发展中国家的使用。特别是推进"一带一路"建设中，因地制宜地采取能实现互利共赢的货币金融合作方式，加强人民币与沿线国家货币的关联性，形成各种形式的人民币区，扩大与有关国家的投资和资金融通，鼓励这些国家的企业特别是中资参与的项目来中国融资，包括上市发债，以推进人民币资产与这些国家实际资产的置换。在这一过程中，人民币成为这些国家的国际货币，人民币资产成为这些国家的国际资产，中国金融市场成为这些国家的国际金融市场。这一新途径和过去中心路线途径逐渐合拢，最终确立人民币在国际货币格局中应有的地位。

二、人民币汇率制度选择

如前所述，货币非国际货币"原罪"导致发展中国家遭受汇率贬值困扰。以美联储公布的其他重要贸易伙伴国美元指数（OITP）为例。该指数由包含人民币在内的19种发展中国家货币组成，OITP在基期1997年1月为100，而在布雷顿森林体系崩溃的1973年初只在2左右，也就是说在这24年里美元对这19种货币整体升值了24倍，这些货币对美元整体贬值了98%，很多货币变得一文不值而不得不进行去零的币制改革。到2016年底，该指数又升到160左右。发展中国家处于世界经济体系的外围，汇率容易受到外部冲击出现大起大落，其易变性是发达国家货币的数倍。

汇率不稳，物价也难稳。汇率体现的是货币的对外价值，物价是货币对内价值的表现。整体来说，货币内外价值走势是一致的。如果货币汇率大幅度贬值，那么对内价值也会贬值，即通货膨胀。这种传导机制导致发展中国家很容易陷入汇率贬值—通货膨胀的恶性循环。拉美一些国家在20世纪最后30年里，人均美元国民收入几乎没有增长，就是因为货币贬值吞噬了实际经济增长。因此，要实现货币稳定的目标，发展中国家必须兼顾物价稳定和汇率稳定。

中国作为发展中国家，人民币目前还不具备实现自由浮动即所谓清洁浮动的条件。实践经验表明，尽管理论上自由浮动要优于其他汇率安排，

直面金融风险

但一些发展中国家在尝试自由浮动后吃尽了苦头，又重新对汇率施加管理，现在鲜有发展中国家货币实行自由浮动。

实行有管理浮动是适合中国国情的长期选择。改革开放后人民币经历了长达18年的贬值，1994年汇率并轨后整体呈现稳定和升值态势。尽管中国对汇率的管理一直受到国内外的批评，但必须看到，在发展中国家货币汇率表现优于人民币的几乎没有，因此必须实事求是地评价汇率管理的积极作用。

有管理浮动也不是一成不变的。十六届三中全会通过的《中共中央关于完善社会主义市场经济体制若干问题的决定》提出，保持人民币汇率在合理、均衡水平上的基本稳定。这对今天的人民币汇率改革依然具有指导意义。正如十八届三中全会所指出的，全面深化改革的重点是处理好政府和市场的关系，使市场在资源配置中起决定性作用和更好发挥政府作用。因此，在这一基本原则下，市场化依然是人民币汇率改革的取向。继续扩大汇率弹性，加强外汇市场基础设施建设，增加微观主体避险的手段，使市场在汇率形成中起决定性作用。

汇率管理的目的不是扭曲汇率，人为造成汇率失衡，而是保持汇率相对稳定，同时纠正市场失灵。政府在国际经济活动中的作用要比国内更重要，在汇率这一联系国内国际经济的枢纽方面尤其如此。汇率管理包括两个层面：一是在汇率制度安排中嵌入稳定汇率的机制，二是日常汇率管理。随着市场经济的完善，汇率和利率之间的联动加强，应该将汇率政策纳入广义货币政策框架中，并提高汇率稳定机制的透明度。对于后者，要减少频繁入市的直接干预，更多依赖市场化工具和手段。

最近两年，中国为应对人民币贬值压力加强了汇率管理，其中包括动用外汇储备。这引起了保汇率和保储备之争。本轮贬值压力突显人民币汇率变动问题的复杂性。尽管目前人民币汇率水平回到了2008年国际金融危机爆发前的水平，从经济基本面来看有可能已经出现了一定的低估，但人民币贬值压力和预期依然存在，表现出不成熟货币的汇率特征。动用外汇储备进行外汇市场干预，不是将汇率维持在高估的水平上，而是避免超贬和大起大落，实现汇率的基本稳定。如果不动用外汇储备，人民币极可能陷入自我实现式的贬值陷阱。因此，在外汇储备充足的情况下，用于稳汇率具有积极意义。

三、人民币可兑换改革

1996年中国宣布实现人民币经常项目可兑换，20年后人民币资本项目可兑换改革仍未完成，远超出政策制定者和研究者的预期，表明资本项目可兑换的复杂性和艰巨性。国内外实践表明，不受管制的资本流动很难给发展中国家自动带来福利的提高，反而成为其经济金融动荡的起源。进入21世纪的第二个十年，与此前国际社会极力提倡资本自由流动不同，国际货币基金组织开始承认跨境资本流动需要管理。基于中国的实践，2015年中国人民银行提出人民币实现的是资本项目有管理的可兑换。

中国资本项目开放始于利用外资政策。为了解决制约经济发展的储蓄缺口和外汇缺口，改革开放后中国采取积极的利用外资政策。在当时严格的外汇管理体制下，选择性地有限开放部分资本项目，以鼓励资本流入。长此以往，逐渐形成宽进严出的资本项目外汇管理格局。尽管最近十年把实现流入流出大体平衡作为资本项目开放的目标，但是宽进严出的格局没有得到根本改观。也正是这一实践，造成很多人误读误解人民币资本项目可兑换，把资本项目可兑换和允许外国资本自由流入简单地等同起来。

货币可兑换的本意是允许本国货币持有者自由将其兑换为其他货币，并自由运用和持有其他货币资产。货币可兑换是一种天然的权利，外汇管制将这种权利从微观主体让渡给国家。货币可兑换改革就是把这种权利重新还给微观主体。厘正货币可兑换概念，有助于正确认识和设计可兑换改革。

第一，货币可兑换改革的重点是居民方。本国货币的最初持有者是本国机构、企业和个人等居民，因此可兑换改革的重点是放松外汇管制，在外汇资产供给充足的情况下，尽可能满足居民运用和持有外汇资产的需求。这是国家对居民方的义务。正因为此，十八届三中全会决定指出，扩大企业及个人对外投资，确立企业及个人对外投资主体地位，允许发挥自身优势到境外开展投资合作。

第二，对非居民实现货币可兑换不是义务。尽管一国没有义务允许外国资本和外国投资者自由进出，但在全球化时代尽可能实现资本自由流动是一种趋势。如果一国允许外国资本流入，那么也应当允许其在需要的时候流出。

直面金融风险

因此，在设计可兑换改革政策时，重心应转向放松流出端。相应地，管理的重心也应转向流入管理，以使得资本流入符合经济发展和保持宏观经济金融稳定的需要。

流入端的管理不是恢复外汇管制。随着可兑换改革的深化，跨境资本交易的汇兑环节限制将逐步取消，保留的是必要的对交易本身的限制。为了提高透明度，可以采取负面清单方式。与过去依赖行政性手段不同，未来将更多是在宏观审慎管理框架下运用市场化、价格型管理措施，调控资本流动，防止跨境资本过度或集中流入流出。

近期为了应对资本大规模集中流出，中国严格执行有关外汇管理政策，个别政策也出现了收紧。现在的问题是过去资本过度流入隐患的暴露，出台的有关政策多是补救性的。同时，这也是资本项目有管理可兑换框架下管理模式转变所需的，具有过渡性。继续深化人民币可兑换改革是既定的方针，中国有能力在"十三五"期间实现人民币资本项目基本可兑换。

四、参与全球经济治理

积极参与全球经济治理，提高中国在全球经济治理中的制度性话语权。这能够为对外开放提供一个良好的国际环境，为开放型经济新体制保驾护航。这也是中国承担大国责任的体现。输出中国经验、中国智慧和中华文化，是中国对世界进步和经济发展的贡献。中国应该站在发展中国家乃至世界整体利益的高度，提出建设性的主张和诉求。

近年来中国在全球经济治理中的作用凸显。中国人开始在国际货币基金组织、世界银行等全球性国际机构管理中占有一席之地，对有关国际事务发挥了重要作用。2016年中国成功举办G20杭州峰会，中国方案推动全球金融治理改革破题。人民币成功入篮，既是人民币国际化的标志性事件，也是中国提供全球公共产品——国际储备货币的开端。

区域货币金融合作也是全球经济治理的组成部分。中国积极主导参与各种双边和多边、区域和次区域经济合作，货币金融合作是其重要内容。金砖国家合作成为发展中国家展示集体力量的平台。在全球化出现摇摆的情况下，"一带一路"倡议及其推进将引导全球化新潮流。中国主导成立的亚洲基础设施投资银行、金砖国家新开发银行、丝路基金等新型国际性机构，为"南南合作"提供了有力支持。

当前国际货币体系被称为无体系的体系，40多年的运行使其缺陷暴露无遗，尤其是发展中国家利益得不到维护，矛盾冲突和博弈更加激烈。随着发展中国家经济实力的上升，基于完善国际货币体系的变革具有现实可能性。中国应该以G20杭州峰会通过的中国方案为基础，将有管理安排嵌入当前国际货币体系以纠正无序和不公平。

第一，积极发挥SDR作为货币锚的作用。能否在SDR基础上形成超主权储备货币，取决于能否将SDR的作用落到实处。SDR的存在贯穿整个浮动汇率体系，但其作用极其微弱。一是由于某些既得利益大国的反对，二是没有找到其发挥作用的着力点。当前浮动汇率体系缺乏稳定的货币锚，SDR作为主要货币组成的一篮子货币，相对于单一货币具有价值内在稳定性优势，因此可以发挥其在全球货币尤其是发展中国家货币中锚的作用，和其作为国际储备补充的作用一起，才能确立其全球货币的基本属性。发展SDR货币锚作用，有助于平衡国际货币发行国之间、以及国际货币发行国和非发行国之间的利益关系。

第二，建立全球有管理浮动汇率体系。前美联储主席沃克尔说过，没有大国货币之间的汇率稳定，发展中国家货币危机难以避免。这深刻揭示了全球浮动汇率体系中发展中国家的尴尬处境。应该推动在国际层面就汇率需要管理达成共识，并改革有关的制度安排。大国应加强货币汇率政策协调，正视其汇率变动的溢出效应，5种SDR篮子货币发行国应该起到示范作用。允许发展中国家基于汇率稳定目标进行汇率管理，倡导SDR在汇率稳定和管理中的作用。中国发布SDR货币篮子人民币指数并引入汇率管理，对其他发展中国家有借鉴价值。在此基础上，使全球汇率体系走向以规则为基础的有管理浮动体系。

第三，制定跨境资本流动管理的国际规则。目前对跨境资本流动管理的共识是作为处理风险和危机的事后措施。这还远远不够。应该构建事前资本流动管理框架，制定国际层面和国别层面的资本流动管理原则，允许各国根据本国国情和发展阶段采取不同的资本流动管理体制，鼓励各国有序适度开放资本账户，以保障资本流动能够切实提高有关国家和世界经济的福利。

（本文原载于《国际贸易》2017年第3期）

直面金融风险

构建宏观审慎的跨境资本流动管理框架

管 涛[*]

"十三五"规划明确提出,要推动中国金融业的双向开放,有序实现人民币资本项目可兑换。2015年4月,在国际货币基金组织/世界银行春季年会上,周小川行长对人民币资本项目可兑换作了详细的阐述:中国要实现人民币资本项目完全可兑换,但是可兑换之后并不是说不管了,而是有管理的可兑换。他指出有四种情况要管理:反洗钱、反恐融资、反避税;对外债要宏观审慎管理;对短期投机性的资本流动要进行宏观审慎管理;要加强国际收支统计监测。我个人认为,在开放过程中构建这样一个宏观审慎的管理框架是非常必要的。

一、加强对跨境资本流动管理并不违反国际规则

根据国际货币基金组织的规定,接受《国际货币基金组织协定》第八款义务,取消经常项目对外支付和转移限制,是基金组织成员的一般义务。甚至在过去,只要经常项目可兑换了,这种货币就被称为可兑换货币。因为国际货币基金组织并不反对对跨境资本流动进行管理,只要这种管制不会限制经常性国际收支交易的资金转移。

亚洲金融危机发生之前,由于越来越多的基金组织成员接受了第八条款义务,国际货币基金组织曾经考虑把资本项目可兑换纳入基金组织的管辖。但是亚洲金融危机的发生,使得基金组织对这个问题趋于慎重。在2008年全球金融海啸发生后,对这个问题,国际货币基金组织的立场有

---

[*] 管涛,国家外汇管理局国际收支司原司长、中国金融四十人论坛高级研究员。

了转变，2012年发布了《资本流动自由化与管理：国际货币基金组织的机构观点》，对资本账户开放和管理进行了系统、全面的阐述。主要的观点是，仍然坚持资本账户开放，但是肯定了资本管制的作用，提出了管理资本流动的政策框架，对所有的政策工具进行了排序，认为应该优先采取宏观审慎的、价格型的措施。

2008年经济危机以来，越来越多的新兴市场国家都不同程度地加强了对资本流动的管理。不过，在2013年美联储提出退出量化宽松货币政策之前，应该说那些新兴市场国家，主要管理的是资本流入冲击的风险。

同时，宏观审慎的管理，不仅是新兴市场国家在使用，发达国家也开始考虑这个问题。2011年，法国提出要对欧元区的金融交易征收金融交易税，打击避税天堂，制定跨境金融行为的准则。这得到不少欧盟成员的响应，甚至一度有部分成员批准要引入金融交易税的制度。当然，到现在为止这个制度还没有正式实施。

二、与国际规范接轨的跨境资本管理的中国实践

中国在跨境资本流动管理同国际规范接轨方面，也进行了一些实践。比方说，在亚洲金融危机时期，当时中国政府对外承诺人民币不贬值，同时要保持外汇储备水平的基本稳定。在这种情况下，主要是通过加强和改进外汇管理，应对资本流出的冲击。当时，对于外汇管理来讲，最大的一个约束就是：1996年底实现了人民币经常项目完全可兑换，外汇管理不能违背经常项目可兑换的原则。用现在一句时髦话来说，当时加强和改进外汇管理，底线也是不能重走外汇管制的老路。

亚洲金融危机初期——1998年初，由于比较强烈的贬值预期，我国出现了比较大规模的资本外流，主要方式是以进口骗购外汇的方式对外转移资产。为什么会出现这种情况？很重要的原因是，1996年底实现经常项目可兑换以后，企业直接拿进口单证，就可以到银行办理对外支付。银行只负责单证表面真实性审核，无法进行交易真实性的审核。在这样的情况下，有不法企业持伪造的进口报关单，到银行去骗购外汇。进口骗汇造成了贸易大量顺差，但贸易结售汇项下却是大量的逆差，也就是所谓的"贸易顺差逆收"。刚开始，国家外汇管理局采取的办法是实行50万美元

以上货到付款项下的进口支付，要求到海关进行手工二次核对。由海关出具相关证明以后，银行再为企业办理进口对外支付。好处是堵塞了企业用假报关单骗购外汇的漏洞，带来的问题是造成进口支付的延误。而进口支付的延误，涉嫌违背经常项目可兑换的原则，违背第八条款义务。1999年国际货币基金组织有一个技术援助团，对1998年期间中国外汇管理部门采取的相关措施进行逐条审核，看有没有构成违背第八条款。这只是临时性措施。1998年下半年，有关部门联合开发启用了进出口报关单联网核查系统。这个系统把银行、外汇据、海关三家连在一起：企业进口付汇的时候，银行一刷企业的IC卡就知道企业在海关有没有报关记录。有报关记录，证明进口是真实的；在真实的情况下，银行为企业办理进口付汇，付汇的记录进入外汇局系统，外汇局同时完成进口付汇核销，实现了货物流和资金流的匹配。也就是说，通过技术手段，解决了经常项下对外支付的真实性审核问题。如果仅仅靠银行用人工手段去审核，可能这个漏洞很难堵塞。当时，由于逃骗汇行为造成外汇形势急剧恶化，倒逼监管部门在技术上进行改良，解决这个问题。这既打击了进口骗汇，又避免了违背已经承诺的经常项目可兑换原则。

后来，外汇管理部门和税务部门合作，对于服务贸易对外支付加强了真实性审核。服务贸易的监管难度比货物贸易更难，货物贸易是有形贸易，服务贸易是无形贸易。到底广告服务要付多少钱没有公允价值。后来通过和税务部门合作，服务贸易项下，一定金额以上的对外支付要有纳税凭证以后，才能对外支付。这意味着你要通过这个渠道转移资金，增加了交易成本，你要纳税。监管部门无法知道你是应该付5万美元还是20万美元，但是要付20万美元，就意味着要多缴税。

2008年全球金融危机发生之后，国家外汇管理局在跨境资本流入的管理上尝试了宏观审慎的措施，也就是所谓托宾税的措施。比如2010年11月，针对当时企业在人民币单边升值预期情况下，大量远期结汇造成的即期外汇市场外汇流入增加的情况，当时国家外汇管理局对银行收付实现制结售汇头寸实行了下限管理。这意味着银行和企业签订了远期结汇合同，不可以到即期市场去平盘。也就意味着它不可以按利率平价给企业报价，那会影响银行给企业办理远期结汇的积极性。但是和过去的做法不一样，过去往往是不让做了，或者增加很多凭证的审核要求。国家外汇管理局当时没有说你不可以做,而是通过价格,你不能到即期市场平盘,意味着银行要把风险敞口定价后加入远期价格里,进而影响市场的远期结售汇行为。

再如,2013年5月,针对当时利差交易活跃、国内外汇贷款增长较快的情况,加强了对银行权责发生制结售汇头寸的管理,要求外汇贷存比超过一定比例的银行,超出部分要增持外汇头寸,通过增加外汇贷款的汇率敞口,引导银行调整外汇存贷业务策略。

这些都是过去应对流入的情况采取的一些所谓宏观审慎措施,我个人理解就是托宾税的做法。托宾税不一定是税,是基于价格的手段调节跨境资本流动。而且,相关业务确实受到一定的调控,远期结汇放缓了,外汇贷款减少了,银行被动增加了一些头寸。非常凑巧的是,2010年采取了调控远期结汇措施不久,2011年底就出现了欧美主权债务危机冲击,当时中国出现了一轮集中的资本流出。由于银行前期政策的原因被动增持了头寸,在短期内起到了平滑市场的作用,这就是逆周期调节。2013年也一样,逼得银行增持头寸,2014年初又出现了形势的反转,也起到了一定时间平滑市场的作用。

"8·11"汇改后,中国人民银行、国家外汇管理局采取了一些宏观审慎措施,对于远期购汇性质的外汇衍生品交易征收外汇风险准备、对非居民境内人民币存款征收存款准备金等做法,也属于宏观审慎的措施,其政策信号作用也较为明显。

调节跨境资本流动,除了依靠行政管理的手段,更要重视市场价格信号的作用。发挥市场价格的信号作用,一种情况是让汇率有足够的弹性,通过汇率的波动出清市场。还有一种情况是,通过汇率稳定来缓解升值或者贬值的恐慌,这也能够起到抑制资本过度流入或者流出的作用。

我们要客观认识目前的外汇市场环境。从非银行部门来看,企业和家庭的跨境收付里面,2016年一年人民币跨境收付占比下降了5个百分点,美元占比上升了4.6个百分点。也就是说,2016年一年跨境人民币在跨境收付中占比下降,但是下降的比重绝大部分重新转移到了美元身上。从外币收付来看,美元占比2016年上升了0.4个百分点,在整个全年外币的跨境收付中,占比是87.2%。所以说,人民币兑美元的双边汇率,有可能在整个市场的外汇收支活动中,仍然是一个非常重要的价格信号。

我们看到,2015年"8·11"汇改当月,由于人民币汇率的大幅波动,出于贬值的恐慌,当时企业增加了200亿美元存款,但9～12月减少了335亿美元的外汇存款。为什么会出现这种情况？这并不意味着当时企业改变了汇率预期,里面有着非常重要的市场原因,一方面持有美元的外汇存款有利息上的损失,另外一方面持有美元外汇存款,8月份是6.4元多增持的外汇存款,但是9～12月,人民币汇率又升到6.3元多,这意味着它在汇率上也有损失。基于财务的考虑,尽管企业可能没有改变汇率预期,但仍然会有动力减少外汇多头的持有。

2016年,实行参考一篮子货币调节、有管理的浮动,上半年人民币兑美元汇率基本稳定的时候,外汇供求关系是改善的；下半年,随着人民币兑美元汇率出现了比较大的调整,外汇供求关系恶化。

2017年新年伊始,不论是境内还是境外的人民币汇率,都出现一定程度的升值,在升值情况下,境内境外的人民币汇率差价重新出现倒挂,境内交易价（CNY）相对境外交易价（CNH）是升值的。据了解,现在市场上很多企业,过去当CNH相对CNY贬值,把外汇放到香港去结汇,以人民币收入的形式调回到境内；现在CNH相对CNY升值的时候,不用政府做工作、不用监管部门去谈话,它自觉自愿地把外汇调到境内,换成人民币,而不是把人民币调回境内。2017年1月,跨境人民币流入同比减少了52%。为什么？因为在境外结汇要损失4分多钱。谁都不傻！

三、建立健全宏观审慎的跨境资本流动管理框架的建议

上次亚洲金融危机的时候,由于形势的变化,倒逼政府通过技术创新,解决了经常项目用汇的真实性审核问题。这一次资本流动冲击也可以当作一次练兵的机会,倒逼我们加快建立健全跨境资本流动宏观审慎的管理办法。

第一,可以用市场手段调节居民个人用汇。2016年服务贸易下的购汇,同比增长了16%,金额达到了4 156亿美元,是仅次于货物贸易进口购汇的第二大用汇项目,其他用汇基本上是同比负增长,唯有这个项目是同比正增长。其中,有些就是个人以5万美元购汇的名义,申报了服务贸易项下的旅游观光,实际上有可能是做投资理财。现在是通过重申5万美元的购汇只能用于经常项目,不能用于资本项目,对此进行一定的调控。

但是，对于无法提供用汇证明的，或者明确用于海外投资目的的用汇，也可以采取价格的手段。比如收一定的费用，这对出于贬值预期的资产重新配置的做法，可能会有抑制的作用。比如说，有人预期2016年人民币可能继续贬值，如果收取几个百分点的额外费用，可能就不折腾了。

第二，可以用金融交易税或者费的安排调节跨境资本流动。这是许多拉美、亚洲新兴市场国家的做法，是一种托宾税的制度尝试。对外的证券投资，可以征收一定的税收，而不是给了对外投资额度，形势紧张了却不让你出去。而是，你可以出去，只是现在要交一定的额外费用，才能把这些额度用到对外证券投资。还比方说，对外本外币放款过去是鼓励的，因为那时候有国际化、可兑换的需要；现在，不是简单地说不让做了，也可以用价格的手段调节。你可以做，但是成本会提高。另外，通常来讲，金融交易税征收的对象应该是短期资本流动，但近年来我国对外直接投资项下出现了一些异常的变化。2014年，我国直接投资项下，国际收支口径的净流入是1 450亿美元，到2015年降为621亿美元，2016年更是变为净流出585亿美元。跨境直接投资应该属于中长期资本流动，应该是比较稳定的资本流动，但是在中国出现了非常戏剧性的变化。"8·11"汇改之前，每个季度的ODI项下的净流出是323亿美元，但是"8·11"汇改之后，2015年的第三季度到2016年的第三季度，每个季度平均净流出是596亿美元。资产荒并不是中国特有的现象，是世界性的普遍现象。而这种应该是中长期的、稳定的资本流动，短期内，在时间点非常巧合的情况下，出现了这种飙升，可能就是不太正常的了。有关部门对于国内企业海外并购，从2016年下半年开始采取了一些规范措施，2016年第四季度净流出规模降到了346亿美元。但是，很多都是行政的手段，相比于过去的对外投资管理政策有了反复。如果要调节这部分的对外直接投资，可以考虑采取金融交易税的做法，把征收范围扩大到针对长期资本流动。当然，未来如果形势变化，金融交易税不仅可以考虑对资本流出征税，也可以考虑对资本流入征税。为了避免政策的反复，税率或者费率还可以随形势变化而调整，甚至降至零而不是取消。

第三，研究从反洗钱、反避税、反恐融资的角度加强跨境资本流动管理。周小川行长提到中国要实现有管理的可兑换，其中提到了将来的跨境资本流动管理，可能要从反洗钱、反避税、反恐融资这个角度入手。实际上现在我们就可以开始着手,从"三反"角度打击非法对外资产转移。2016年底已经修订发布了《金融机构大额交易和可疑交易报告管理办法》,这就是反洗钱的需要。在境内通过正规金融体系做的一些跨境资金转移,会被通过反洗钱梳理线索精准打击。另外,中国也和一些相关国家,按照统一报告标准(CRS)建立了涉税金融信息的交换协作安排,将来从反避税角度,对于跨境资本的转移也可以进行相关管理。这样就可以通过地下钱庄把钱转出去,在境内的正规金融体系没有交易记录或者很难查询。但是在境外落地之后,需要用真实身份。通过这样的信息交换,也可以为管理提供手段。再者,还要加强外汇管理方式的转变。过去外汇管理是规则管理,由监管部门提出,银行审查凭证,只要有这些凭证,银行可以免责,可以办理跨境收付。将来转向原则管理,根据监管目标,提出原则性的监管要求,由银行按照了解客户、了解业务、尽职调查的原则,开展相关业务,提高外汇管理的有效性。这些实际上在反洗钱、反避税方面都有相关的业务安排。我们到国外访问,经常碰到当地中资银行根据监管部门的要求,要把一年来执行展业原则的情况,给监管部门做一个报告。这不是额外的负担,国外都是这样的做法。根据中国的现实情况,可能不仅仅是反洗钱、反避税,也可以和外汇管理结合起来操作。

四、主要结论

第一,以上分析的都是比较初步的想法,操作过程当中有些细节的问题。比如,到底是跨境环节征税,还是兑换环节征税;如何避免宏观审慎措施影响到正常的和贸易有关的资本流动,构成违背第八条款的义务等等。总之,还需要在具体细化当中解决这些技术上的问题。

第二,加强跨境资本流动管理,不等于也不应该等于重归资本管制的老路。不可交易是最大的不确定性,也是最大的风险,容易形成政策反复和一刀切,通过价格手段影响交易成本,相对更加可行。

第三,任何资本流动的管理措施,都不可能替代必要的改革和调整,只能为改革和调整争取时间。

(本文原载于中国金融四十人论坛,2017年3月2日)

人民币国际化如何与外汇储备管理政策相协调

交通银行金融研究中心课题组[*]

人民币国际化和外汇储备相互作用、相互影响。适度规模的外汇储备对人民币国际化具有支持和保障作用，但外汇储备过多也可能对人民币国际化有反作用；而人民国际化的深入开展则可缓解我国外部失衡和外汇储备波动风险。有鉴于此，在相当长时期内，我国应保持适度充足的外汇储备以促进人民币汇率基本稳定，为人民币国际化提供良好支撑；同时，应改变人民币国际化推进模式，从"经常项下"为主向"经常和资本项下并重"，从"负债型"为主向"负债和资产型并重"，促进人民币收支的平衡发展，从而推动人民币国际化向高级阶段发展。

一、外汇储备应以支持人民币国际化为重要用途

德国和日本应对本币升值压力和推进本币国际化的历史经验和教训值得借鉴。20世纪七八十年代，日本对美国等国出口持续增加产生了大量贸易顺差，带来外汇储务快速增长，日元升值压力不断增强。而当时日本财政赤字已较高，无法通过财政政策实现贸易均衡，日本央行试图通过低利率政策来改善国际收支，但这导致资本大量涌入，形成国内资产价格泡沫。与此同时，当时的日本政府采取的措施不是积极向外疏导日元，而是设法挡住美元入境和向外输出美元，使得日元在国际上的供应量偏少，最

---

* 课题负责人：连平，丁剑平，鄂永健；课题组成员：黄嬿，楚国乐，刘敏，罗素梅，刘健，周兵。连平是交通银行首席经济学家，中国首席经济学家论坛理事长。

终未能压制住日元升值趋势，而《广场协议》则成了压垮日本经济的最后一根稻草。面临相同情况的联邦德国则是将其经济黄金增长期累积下来的大量外汇储备作为平准基金，用来调节马克汇率，同时积极通过资本账户逆差向外输出马克，使得马克在国际货币市场上的供给大幅度增加，迅速成为国际硬通货，也为后来欧元的诞生奠定了坚实的基础[①]。日元和马克的国际化进程表明，外汇储备应在保持稳定收益、币种多元化、投资方式多元化的前提下，将支持本币国际化作为重要用途。在一国货币国际化的初级阶段，应充分发挥外汇储备在稳定汇率、保障金融安全、树立信心上的功能，为货币国际化提供支撑和保障。因此，当前和未来一个时期，应充分发挥外汇储备在保持人民币汇率基本稳定、维护金融安全、防范金融风险上的功能，以增强各国对人民币的信心。

外汇储备不宜过多地用于对外直接投资。使用部分外汇储备来进行资本输出和对外投资有利于外汇储备投资多元化并提高投资收益，但应将规模控制在一定限度之内，不宜将过多外汇储备用于此类投资。因为安全性和流动性是外汇储备管理的最根本原则，其次才是收益。目前，我国外汇储备规模看似不少，但在我国 M2/GDP 已经很高的情况下，从保持汇率稳定、应对跨境资本流动冲击的角度看，有必要保持适度充足的外汇储备规模，持有充足的流动性资产。此外，不少境外国家经营环境复杂，很多国家政治不稳定，国别风险较大，投资收益难以得到充分保障，更不用说还有部分投资项目本身即带有支持和帮助的用意，而这对于安全性要求较高的外汇储备来说显然是不合适的。因此，应保持适度合理的外汇储备用于海外投资，主要发挥外汇储备中对其他各类资金的"撬动"作用，同时重点发挥外汇储备在"一带一路"战略推进中，保障人民币汇率稳定、支撑人民币国际化方面的主要功能。

二、保持人民币汇率基本稳定和国际收支基本平衡需要外汇储备保持适度充足水平

建立在持续升值预期基础上的货币国际化是不牢固的，但持续贬值的

---

① 刘骏民："中国外汇储备的最佳用途是支持人民币国际化"，载于《开放导报》2009 年第 4 期。

货币也很难为国际社会所广泛接受。很难想像，一个持续疲弱、国内经常发生金融动荡国家的货币会为全球投资者所普遍持有。价值的稳定性是作为交易媒介、计价尺度和储藏职能的基础。无论是贸易领域的人民币结算，还是以人民币计价的金融资产发行都需要以汇率基本稳定和国内金融安全为基础。因此，从人民币国际化的战略角度来看，未来一个时期，应保持人民币汇率的基本稳定，避免人民币持续显著贬值。中国经济增速有所放缓，日本、欧洲经济相对低迷，而美国经济复苏势头强劲。在此情况下，应进一步推进人民币汇率形成机制改革，增加汇率弹性，减少对美元的依赖，保持人民币对一篮子货币汇率基本稳定，特别是保持人民币对中亚、南亚、非洲以及拉丁美洲等主要对外投资国家货币汇率的基本稳定或略有升值，同时要控制好人民币对美元贬值节奏，类似"8·11"汇改的一次性大幅贬值因进一步加剧贬值预期、造成市场动荡，并不可取。应将人民币年度贬值幅度控制在金融资产平均投资回报率上下，避免出现短期内过度贬值的局面。

从长期看，我国经济外向型发展需要一定规模的外汇储备作为保障。随着我国对外经贸交往增多，跨境收付和结售汇规模不断上升。我国已成为货物贸易世界第一大国，近年来对外投资和资本输出也在加快。2016年，我国境内投资者共对全球164个国家/地区的7 961家境外企业进行了非金融类直接投资，累计实现对外投资11 299.2亿元人民币（折1 701.1亿美元），同比增长53.7%，继续成为对外净输出国。未来，在"一带一路"新一轮对外开放战略实施的背景下，我国对外投资经贸规模将进一步扩大，对外资本输出也将加快，对外支付需求会趋势性上升，因而对外汇储备的需求还会进一步增加。

随着我国跨境资金流动波动上升，保持国际收支基本平衡和维护金融安全所需要的外汇储备需求也将相应上升。在世界各国经济增长出现分化、国际金融市场持续动荡、全球资本流动波动加大以及人民币国际化持续推进的大环境下，随着外币利差、境内外汇差以及其他非流量、非交易因素的作用空间开始出现和扩大，我国跨境资金流动的波动性显著上升。2016年，我国跨境资金流动总体继续呈现净流出态势。银行结售汇逆差2.25万亿元，涉外收付款逆差2.02万亿元。当前我国面临的跨境资本流动的数量、频率、速度、波动幅度都和过去"不可同日而语"。资本进出对国内经济金融的影响程度明显增加，外汇储备必须有足够的保有量，以发挥坚定市场信心的稳定锚作用。

资本和金融账户稳步开放要求有充足的外汇储备。当前，我国资本和金融账户开放稳步推进，沪港通、深港通已经实施且运行良好，QFII、QDII额度也不断扩大。自贸区进一步扩大后，在区内开展资本项目可兑换先行先试必将向前推进。按照国际货币基金组织的七大类40个子项的分类，目前除4项以外，人民币已全部实现了完全或部分的可兑换。在此背景下，我国对外经济金融交往规模、跨境资本流动规模和速度都将进一步扩大，稳定人民币汇率和维护金融安全的难度和复杂度都将显著增加，加之人民币在世界范围内使用进一步增多，人民币汇市将持续成为各方聚焦点，彼时汇率调控的难度将大大增强，对外汇储备规模的需求也将上升。

究竟多少外汇储备才算适度其实并没有放之四海而皆准的标准答案。通常衡量外汇储备需要考虑以下标准，一般包括满足3~6个月进口额、覆盖100%的短期外债等。按照这些标准，我国似乎维持1万亿美元左右的外汇储备就足够了。近年来IMF等机构提出了用外汇储备与M2比率来衡量外汇储备充足度的新方法。其中，固定汇率国家，这一比率应维持在10%~20%；浮动汇率国家，这一比率应维持在5%~10%。按固定汇率计算，中国大约需要2.2万亿~4.4万亿美元外汇储备。但目前中国已不是完全固定汇率制，属于有管理的浮动汇率制；而且我国仍存在一定程度的外汇流出管理，存款短期内流出10%属于小概率事件，外流20%几乎不可能发生。综合考虑上述因素，当前和未来一个时期，维持2万亿美元左右的外汇储备在通常情况下可以认为是适度的。

三、理性和辩证看待保外储和保汇率的两难问题

近一段时间以来，市场各方围绕保外储还是保汇率产生了较大分歧。保汇率不可避免地会消耗一定的外储，如果经济在未来1~2年未能企稳，外储持续大幅减少并快速突破临界值，而汇率依然存在较强贬值预期，则可能面临挤兑风险。保外储则面临汇率加快贬值风险，市场非理性因素作用下可能出现贬值、贬值预期与资本外流相互促进、相互强化，最终可能

导致汇率大幅贬值，资本持续大规模外逃。其结果是金融市场动荡，经济体甚至可能步入"中等收入"陷阱。

在我们看来，外汇储备的主要功能就是满足潜在的国际收支需要、维持汇率稳定和缓冲外部流动性，进而为人民币国际化提供支持和保障。从逻辑上看，运用外汇储备稳定人民币汇率理所当然。一旦市场形成强烈的贬值预期而不加以干预，则有引发资本大规模外流的风险，适当运用外储使人民币汇率保持在安全的波动区间十分必要。而且，我国巨额外汇储备主要是前几年在人民币升值压力较大时，央行为了维持汇率稳定而被动积累起来的。当前运用外储维护汇率稳定的做法是"一脉相承"的。如果通过消耗一定量的外储可有效减弱贬值预期，稳定汇率，为我国的结构性改革及经济触底回升赢得时间，那么，消耗一定量的外储可谓物尽其用且正当其时。

而且，外储和汇率二者是"唇亡齿寒"关系，并非"非此即彼"。汇率大幅贬值会进一步加剧资本外流和贬值预期，甚至形成"汇率贬值→资金外流→贬值预期进一步上升→资金加快流出……"的恶性循环，外汇储备也会大幅缩水。若运用外汇储备干预市场，有效控制贬值幅度，保持人民币汇率基本稳定，则会缓解甚至消除贬值预期，避免出现恶性循环，减少资金外流压力，外汇储备也就稳定了。因此，那种不顾汇率剧烈波动而死保外汇储备的观点逻辑上本末倒置，是不可取的。促进国际收支基本平衡和汇率基本稳定是外汇储备责无旁贷的功能。当汇率出现大幅震荡并对经济体带来很大威胁时，不用外汇储备进行市场干预，死保一定规模的外汇储备不放的做法，犹如嗜钱如命的人掉进河里仍抱着钱袋不放一样可笑。

当然，一定规模的外汇储备是市场信心的支撑。如果能有其他手段共同促进汇率稳定，那么慎用外汇储备进行干预，保持一定水平的外汇储备也可以成为阶段性的政策选项。如果中国经济逐步企稳回升，外汇供求趋于平衡，人民币汇率在合理均衡水平上基本稳定，则无须继续消耗外储。所谓的基本稳定并非一成不变，而是可以在合理均衡水平上随市场供求上下波动。当前及未来一个时期，应合理引导市场预期，有效管理贬值节奏。避免一次性贬值及过快贬值，但可允许人民币在市场供求关系影响下顺势逐步贬值，阶段性地双向波动。适度扩大波动幅度，推动市场预期分化。有限的干预操作应精准使用，每次干预应真正打"痛"投机者，以达到震慑一批的目的。促进人民币汇率在波动中保持多维度的基本稳定，为人民币国际化稳步推进提供坚实基础。

四、逐步转变人民币国际化的推进模式

推动人民币国际化从"经常项、负债型"向"经常与资本项并重、负债与资产型并重"转变。迄今为止的人民币国际化更多是通过贸易结算推动人民币走出去。由于境外居民和机构持有人民币资产，因而对我国来说是一种"负债型"的人民币国际化。这种初级阶段的人民币国际化模式对人民币升值预期的依赖程度较高，长久来看难以持续。2015年下半年以来，跨境贸易及直接投资人民币结算、离岸人民币存款等人民币国际化多项指标发生了逆转。2016年，跨境贸易人民币结算和外商直接投资人民币结算分别下降28%和12%。香港离岸人民币存款由最高时的1万多亿元一路降至2016年底的5 467亿元。主要原因在于人民币兑美元升值预期转变为贬值预期，且贬值预期在"8·11"汇改后明显深化。中长期来看，在人民币贬值预期背景下，熊猫债、跨境人民币融资等债务成本相对变低；尽管中国利率水平仍高于美国，但美联储进入加息周期，未来利差相对收窄，人民币融资成本相对变低。因此，在"负债型"的人民币国际化受阻下，可考虑适度加大"资产型"的人民币国际化的进程。但总体来说，人民币国际化应保持均衡发展，即逐步从"经常项"为主向"经常和资本项并重"转变，从"负债型"为主向"负债和资产型并重"转变，推动人民币国际化向更高阶段发展，促进人民币输入与输出均衡化。

稳步推进人民币资本项目开放。资本项目开放旨在实现资本项下的人民币双向自由流动和交易，是推动人民币国际化向更高级阶段发展的重要步骤，有助于中国更好地参与国际货币体系改革，分享金融全球化红利。在未来国内金融市场体系建设加快、对外开放程度不断加深、境外离岸人民币市场稳步发展的背景下，以资本项下的人民币输出与回流推进人民币国际化，即是满足市场需求的顺势之举，也具备了一定的基础和条件，同时有助于将风险控制在一定程度之内，显然是一个合理选择。通过打通离

岸、在岸市场，满足境外人民币资产投资国内市场进行保值增值的需求；多举措发展离岸人民币市场，促进境内企业和金融机构跨境人民币融资的便利化；逐步放开境外人民币资金投资境内金融市场的渠道，有效扩大人民币回流的规模。特别是在当前资金外流压力较大的情况下，可以顺势加快推出上述相关举措，既有助于缓解资金外流压力，也为人民币国际化提供了良好支撑。

人民币国际化需以产业竞争力为依托。现实已经证明，建立在升值预期基础上的人民币国际化缺乏可持续性，只有建立在产业竞争力基础上的货币国际化才能行稳致远。德国马克成功实现国际化，重要原因之一就是德国产业竞争力较强，具备较强的定价能力。中国虽然已成为第一贸易大国，但产品仍缺乏核心竞争力，出口产品附加值相对较低。据统计，目前中国出口的高新技术产品有70%左右是外资企业生产的。产业竞争力相对较低，使得人民币国际化易受汇率因素影响。因此，未来，人民币国际化仍需"练好内功"，不宜操之过急，更不宜拔苗助长，人民币国际化须以产业竞争力为依托，以筑牢国际化基础。

五、以对外直接投资推动人民币国际化向"资产型"转变

对外投资能同时带来本币结算的集聚效应和对其他国际货币的替代效应。通过大量的海外投资及其对本国进出口贸易的带动，本币牵引着不同货币之间的兑换和结算，频繁地促进各种东道国货币与本币之间的结算与兑换，增加和扩大本币对外结算的频度和范围，并促进以本币为结算货币的外汇交易的聚集。本国企业向东道国进行投资，减少了东道国对某些产品的进口，从而替代东道国因进口而向出口国支付其他国际货币的效应，减少了对其他国际货币的依赖，相应提高了本国货币的国际地位，也有助于减轻对外汇储备的需求。

人民币对外投资可以在很大程度上绑定出口，推动人民币更多地在出口贸易中使用。对外投资以本币进行无疑会推动本币国际化进程，以人民币对外投资还有助于缓解外汇储备下降过快的压力。人民币资本输出可以在很大程度上绑定出口，有利于带动我国出口和经济增长；可以使我国企业在对外投资过程中将人民币资金用于全球资源配置、生产、销售、定

价，进而把人民币作为国际结算货币，提高人民币在出口贸易结算中的使用比例，改变跨境人民币结算在经常项下不均衡的局面；推动人民币国际化向更高级阶段发展，发挥本币国际化对外汇储备短期下降压力较大的缓释作用。以对外投资推动人民币国际化具备了一系列有利条件。

近年来，我国对外投资发展较快。目前，我国对外直接投资存量已达1.25万亿美元，但规模不到美国的20%。未来中国海外投资的发展潜力巨大，特别是在"一带一路"战略推进的效应带动下，我国对外投资将迎来快速发展时期。当前和未来一个时期，我国开展资本输出正逢其时。随着美国量化宽松货币政策逐步退出，美国利率将会提升，资本回流美国，很多新兴市场国家都面临资本流出的困境，这为人民币的对外投资提供了绝佳机会。特别是在人民币从之前的单边升值预期转为双向波动的情况下，"资产型"的人民币国际化正当其时，通过资本项下输出人民币，让非居民同时增加人民币负债和人民币资产，境外负债方当然更愿意接受不存在单边预期的负债。经过数十年的发展，我国在交通、港口、通讯等基建行业已经具备了全球领先的技术优势和丰富的实践经验，并培育了一批综合竞争能力强、并积极寻求国际化发展的企业。上海自贸区的建立和区内一系列推动海外投资的创新性举措，将使境内企业和居民开展对外投资获得更多的便利和政策支持。

现阶段的对外投资应以直接投资为主，金融投资为辅。为确保对外投资能够对人民币国际化形成持久的推动，还应把握好对外投资的方式、重点和策略。现阶段我国对外投资应以直接投资为主，金融投资为辅。相对于金融投资，直接投资比较实在，有利于为人民币国际化奠定稳固的实体经济基础。当以本国跨国企业为核心的全球产业链建立起来，本国企业掌握了从资源采集到中间品分包、再到最终品销售的生产链条时，人民币在世界范围内的接受程度自然就会随之提高。这方面应吸取日元国际化的教训。日本曾经通过发展海外投资在短期内快速推动了日元国际化，但最终日元的国际化并不成功。目前日元在国际储备货币中的份额约为3%，远低于美元的60%和欧元的30%，也明显低于日本占全球GDP的份额。阻碍日元国际化发展的重要原因之一就是日本进行了大量的金融投资，而直接投资偏少。1984年日本对外总资产中的直接投资占比仅为11%，远低于证券投资26%的占比。

合理选择对外投资中的人民币使用策略。当前和未来一个时期，应积极推进合资并购。这种投资方式有利于被并购企业资产计价置换，从而可以增强人民币的计价功能。着力拓展以人民币进行直接投资的渠道，尤其是人民币在周边国家已经具备了一定的社会基础，鼓励和支持在东南亚国家投资的企业使用人民币，扩大人民币的境外流通和储存。积极开展跨境人民币贷款、境外人民币债券融资、权益类融资，以支持本土企业"走出去"，必要时可以限定这些融资专门用于对外投资。成立人民币基金，专门用于以人民币投资于国外基础设施建设、矿产资源开发等项目，并适当附带购买中国的产品和设备等条件。尽管在"一带一路"沿线国家贸易和投资中推动人民币使用具备较多有利条件，但也应该尊重市场规律。在人民币国际化的初级阶段，不应强行在对外融资、海外投资中绑定人民币，不必强调一定要使用人民币进行资本输出，避免引起不必要的摩擦。推动人民币国际化还应主要靠自身经济实力和贸易投资的自然带动。可以相信，在中国加大对相关国家直接投资、开展海外工程承包、提供融资支持和重大支撑项目建设的过程中，随着双边经贸和金融往来的不断扩大，自然会滋生出使用人民币进行计价、结算以及融资的实际需求。

（本文原载于首席经济学家论坛，2017 年 3 月 17 日）

危机十年的中国领悟

程 实[*]

"十年危机两茫茫，市场殇，复苏难，千丝万缕，得失费思量"。2008~2017年，百年一遇的全球金融危机走过欲说还休的十年。十年之前，市场大多相信，危机终会过去，一切必将复归如常；十年之后，市场渐渐明白，危机影响不会消逝，世界格局变化已经深深烙上危机的印记。回望这十年，危机不疾不徐地完成了风险演化的闭环，从流动性危机到债务危机再到货币危机，从美国到欧洲再到新兴市场，没有哪个市场能远离共振，没有哪个国家能独善其身。作为全球第二大经济体，中国经济在这十年里也感受到风险传染的混乱，体验过刀锋起舞的挑战，展现出减速增质的倔强。此间种种，莫衷一是，唯有丝丝领悟，发人深省，催人奋进，留待下一个十年谨记于心、见之于行。此前，我们从全球角度总结了"危机十年的十大启示"；现在，我们将从中国立场思考危机十年的四个领悟，勉力为决策者和投资者远眺下个十年提供点滴帮助。

一、利益，是最现实的普世价值

利益最大化，既是理性人的行为基准，也是国家博弈的核心关键。危机带来的最大冲击是利益分配格局的变化。全球经济增长中枢系统性下降，利益总蛋糕在缩小，随之而来的，是蛋糕分配的矛盾内生激化，国家利益最大化的博弈结构从和风细雨的共赢模式转化为以邻为壑的冲突模式。对于中国而言，自身利益最大化同样是理性选择，只是在践行这一

---

[*] 程实，工银国际首席经济学家、董事总经理、研究部主管。

"普世价值"的过程中，需要一些更务实、更前瞻、更长期、更策略的考虑。

第一，以积极防御的姿态，应对以邻为壑的外生挑战。过去十年的经验表明，主要国家的政策选择是内视性的，其外溢性影响往往会对其他国家乃至全球经济复苏形成挑战。作为一个成熟的开放性大国，中国需要应时而变、有所作为，积极应对外部风险、谨守内部底线，在利益博弈中抢占先行优势。

第二，以推动全球治理变革为手段，改变全球利益分配格局的失衡结构。过去十年，美国作为危机起点却最快实现了周期复苏，根本原因在于美国在现有利益分配格局中具有霸权主导力量，而对于中国而言，积极推动全球经济秩序和国际货币体系朝向多元化发生变革，既是争取战略主动的关键举措，也符合全球利益改进的过程正义。

第三，以海纳百川的中国智慧，开拓长期利益协同的发展路径。国与国之间，短期利益可能时时冲突，长期利益却有望整体协同，关键是发现利益协同的内生机理并形成利益协同的有效机制。对于中国而言，在基本面相似、地域相近的"朋友圈"内主导并推进区域经济一体化，有利于在利益共享前提下实现自身长期利益最大化。因此，把握美国战略收缩的机遇，以亲诚惠容的价值观加速推进"一带一路"，将是未来十年中国引领区域利益协同的必然选择。

二、稳定，是最重要的复苏根基

危机十年，恍恍惚惚，世界的角角落落或早或晚地陷入混乱之中；未来十年，纷纷扰扰，宏观乱纪元还将或明或暗地左右着复苏之路。正是由于不确定性丛生成为一种最大的确定性，稳定才显得尤为稀缺、尤为珍贵。

对于中国而言，稳中求进不仅是一种具有中国特色的政策智慧，也是一种具有时代特征的国际经验。"稳字"当头，作为宏观基调，需要旗帜鲜明地大力倡导，而作为复苏根基，更需要从危机教训中充实细节内容。

第一，以稳定的政策取向避免无谓的人为周期波动。即便是连绵雨季，也会有将将雨歇的时候。危机十年，至少发生过两次极短的复苏过热现象，2011年甚至还出现了较为明显的通胀压力。然而，事实表明，危机的内生威力很快会击破刺激政策引发的繁荣假象，危机中政策稳定性相对最高（没有因2011年假通胀而真加息）的美国，也实现了最稳定的长期复苏，因此，在短期波动中保持长期政策定力显得格外重要。

第二，以稳健的政策搭配避免系统性风险的滋生。危机十年，金融风险不断发生异变，单一政策在危机冲击面前即便再正确，也难以获得预期中的政策效果。对于金融市场进化还不够充分的中国而言，这类教训更为深刻，无论是资产泡沫、股殇、熔断还是人民币汇率贬值心魔，都是系统性风险的体现，而缺乏监管协同和政策协同始终是中国市场稳定的阿喀琉斯之踵，正因为如此，金融监管改革的破局势在必行。

第三，以坚定的底线思维避免经济社会环境的畸变。稳定不仅是稀缺的经济发展属性，更是稀缺的社会演化属性。危机十年之后，全球经济增长中枢依旧还在下降，但经济政策解决问题的能力明显下降，经济风险向政治风险悄然轮转，民粹主义、孤岛主义和新保守主义在世界各地星火燎原，政治动荡对经济发展的反噬愈发深重。对于中国而言，发展始终是硬道理，在发展中解决结构失衡、两极分化、利益藩篱、阶级固化等复杂问题显得尤为重要。如此背景下，底线思维更需彰显，经济增长需要必要的托底，改革推进需要务实地推进，民生福利需要真切地顾及。对于中国这样一个大国而言，"稳"字当头，才能在宏观乱纪元中稳健前行，积跬步而至千里。

三、成见，是最深层的思想桎梏

危机十年，最被颠覆的，是经济世界固有的思维范式以及传统的政治正确。正如经济学家们反思的，"象牙塔里的革命远远没有跟上真实世界的改变"。而对于中国这样一个发展中的新兴市场大国而言，发达国家现有的经典思维和政策范式可能还没有深层应用就已经失去思想活力。因此，未来十年，中国比以往任何时候都需要在有中国特色的经济发展之路上独自前行，既不能敝帚自珍，更不能遵循教条主义的任何成功范例。成见，根深蒂固；突破，则无处不在，对于中国而言，一条与时俱进的中国特色之路可能包括以下几方面：

第一，以审时度势的姿态融入异变的全球化。全球化虽然是不容置疑的长期趋势，却未必是时时递进的演化过程。特别是在主要国家经济周期错位的复杂阶段，全球化往往会迎来短暂的退潮期，2016年特朗普胜选美国总统以来，美国更是阶段性高举贸易保护主义的旗帜。对于中国而言，需要认识到全球化放缓、停滞甚至倒退的阶段必然性，不能抱有不切实际的幻想，也不宜长时期地原地观望，而是要以更有所作为的选择在冲突性贸易博弈中积极占据主动，并在此过程中积极推进以我为主的区域经贸一体化，在保障中国利益的前提下为未来全球化的加速前行积累区域动能。

第二，以务实稳健的步调推进经济体制机制改革。以提振全要素生产率为目标的改革，永远是中国经济持续起飞的根本动力。不过，世易时移，30多年高速发展之后，中国已行至中等收入陷阱的十字路口，前行稳健，前路指向欧美，稍有差错，前路则通向拉美。因此，未来十年的中国经济体制改革，更需蹄疾而步稳，方向坚定，过程审慎。需要避免盲目的激进选择和"西方崇拜"，特别是要避免被机械的老化思维束缚，而要结合全球政经局势的快速演化和中国经济的新生特点，以务实创新的思维引领改革深化，当进则进，当缓则缓，不被所谓的理论权威束缚，不被外部的复杂压力左右，以我为主，把握节奏。

第三，以过程理性的方式推进金融改革开放。危机十年，金融作为现代经济核心的关键作用进一步凸显。金融安全则经济安全可期、国家整体安全有望。金融安全涉及金融改革和金融开放两个命题。在金融改革方面，改革内容是既定的，改革时序则需要谨慎安排，过程处理不当，则很可能发生如2016年初股市熔断的教训。在金融开放方面，有张有弛才是理性之道，短期内，需要在国际金融监管框架内以适时适度的手段避免人民币贬值心魔引致恐慌式资本外逃，巩固人民币预期管理的既有成效；长期内，则需要在汇率稳定的前提下继续大力推进人民币国际化，稳健提升中国金融的大格局。

四、信心，是最宝贵的发展动力

危机十年，危机演化的路径实际上就是信用渐次崩塌的过程，而信用的支点是信心,因此,信心是真正对冲危机影响、实现危机后再崛起的根本动力。信心弥足珍贵,信心也不会凭空而生。对中国而言,凝聚信心需要从三个维度理性思辨:

首先,需要客观认识中国发展的大局定位。危机十年,全球格局深层重构,理解中国在其中的定位变化,需要将中国置于一个坐标系中加以审视。这个坐标系的横轴是世界,纵轴是历史,以国际视野、历史眼光审视当下中国经济,减速增质的发展特质始终具有相对比较优势,中国经济凭借"岁寒见后凋"的底蕴,依旧在发展坐标系中处于上行通道,过程虽然曲折,前路却充满希望。

其次,需要理性思考中国改革的深层属性。中国改革的方向,根本上看,不是人为外生决定的,而是发展阶段内生决定的。例如,改革致力于推动中国向消费型经济体的转变,而从中国人口结构少子老龄化和有特色中产崛起的特征来看,消费崛起是内生趋势,改革所起到的作用是平滑、保护并加速这一内生变化的发生。因此,改革具有其内生合理性和必然性,改革的有序推进是中国长期稳健发展的信心来源。

最后,需要务实评价中国问题的解决方案。中国始终是个发展中国家,在发展中必然会碰到各种问题,包括债务高企、杠杆过度、资产泡沫、增长减速等,解决问题,需要求真务实地认识问题、应对问题。问题源于周期,中国经济处于"短周期反弹+长周期下行+超长周期崛起"的三期叠加状态。短周期上行带来短期通胀压力和过热风险,需要货币政策边际收紧加以应对;长周期下行是基本状态,人口、资本和全要素生产率构成了长周期发展的核心动力,在刘易斯拐点已至、资本边际效用递减的阶段,以供给侧结构性改革提振全要素生产率是唯一可选的发力方向;超长周期崛起的根本动力是微观激励机制,在改革开放30多年之后,激活又一个30年的长期崛起,需要尊重微观崛起,保障民生福利,并通过反腐败、简政放权等一系列举措打破利益藩篱,积极培育中国梦的微观基础。从周期角度的政策应对看,中国并没有回避问题,而是以有力举措直击问题核心,这恰是我们对中国经济的未来始终保有谨慎乐观的根本原因,这同样也是我们客观审视中国经济长期运行绩效的基本视角。

(本文原载于财新网博客,2017年3月13日)

亚洲金融危机的三点启示

沈建光[*]

2016年刚开始，我国香港金融市场便遭受了大规模的冲击。港币兑美元汇率一度跌至7.8295，创8年来新低。与此同时，香港股市恒生指数也于1月20日跌穿19000点整数关口，创下42个月新低。更令人不安的是，曾在1997年亚洲金融危机中翻云覆雨的投资大鳄索罗斯直言不讳：全球面临通缩压力，中国经济会硬着陆。索罗斯做空了亚洲货币和美股。当前危机与1997年亚洲金融风暴越发相似，大有"山雨欲来风满楼"之势。

为防止危机进一步恶化，及时总结当时各国应对金融危机的经验与教训，十分必要。在笔者看来，为防止亚洲金融危机重演，中国的作用至关重要，亚洲金融危机的以下三点启示可供参考。

一、货币一次性大幅贬值往往是危机的开端

回顾1997年亚洲金融危机，泰国央行放弃盯住汇率制度，允许货币大幅贬值是引发亚洲金融危机的导火索。

自1984年6月以来，泰国一直实行盯住"一篮子货币"的汇率制度，由于货币篮子中美元权重占比高达80%至82%，泰铢对美元汇率长期维持在25:1的水平上，泰铢实际上即为盯住美元的汇率制度。而正如笔者在《美元周期与金融危机逻辑与应对》文章中所提，亚洲金融危机

---

[*] 沈建光，瑞穗证券亚洲公司董事总经理、首席经济学家；曾任欧洲央行资深经济学家，国际货币基金组织和芬兰央行经济学家等。

爆发前的十余年内,美国经济由于面临着贸易与财政双赤字困扰,采取弱势美元战略,同期兑主要货币持续走弱。由于泰铢采取的是盯住美元制度,随美元贬值,危机爆发之前,由于出口竞争力较强,泰国经济自1987～1994年曾以平均10%的增速高速增长,十分抢眼。

然而,伴随着1995年美国经济复苏,美国互联网热潮的兴起吸引大量资金重新流回美国,美元开始进入上涨周期。盯住美元汇率制度下,泰铢随即也大幅升值,出口受到负面冲击,经常项目逆差迅速扩大。1995年泰国经常项目逆差占GDP比重由1994年底的5.5%提升至8%。同时,伴随着资金流出,前期泰国积累的房地产与股票市场泡沫相继破灭,泰国经济形势急剧恶化,泰铢面临越来越大的贬值压力。

正是看准泰国基本面的矛盾与汇率贬值压力,以索罗斯为代表的国际对冲基金自1997年初开始对泰铢发起了连续攻击,先利用向泰国银行借入泰铢远期合约,而后于现汇市场以大规模抛售的方式做空泰国汇市。泰国政府采用外汇储备干预对抗做空势力,并一度将离岸拆借利率提高到1 000%打击做空等,一度打压了做空势力。

然而,由于当时泰国的外汇储备只有300多亿美元,面对强大的贬值压力与高达790亿美元的中短期外债,做空态势很快又席卷重来。泰国的中央银行于1997年7月2日放弃已坚持14年的泰铢盯住美元的固定汇率制度,实行有管理的浮动汇率制,同时宣布将利率从10.5%提高到12.5%,以期在一定程度上保卫泰铢。

面对泰国放弃盯住美元制度,国际社会,特别是IMF曾表示赞许,认为泰国央行此举意在走出当前经济困境,确保宏观经济调整和金融稳定。然而,其后泰国汇率市场的动荡之剧烈却远远超出预期。相对于取消盯住美元汇率之初,各界对泰铢会贬值至多20%的预期,当日泰铢便贬值了18%,其后泰铢一路下跌60%,大大超出泰国央行预期。与此同时,泰铢贬值引发的金融危机沉重地打击了泰国经济发展,引起泰国挤兑风潮,挤垮银行56家,泰国物价不断上涨,利率居高不下,流动资金紧张,股市大跌,经济陷入严重衰退。

在笔者看来,亚洲金融危机中,泰国一次性贬值的教训提示我们,认为一次性贬值策略可以解决问题太具有理想化色彩。在实践中,汇率波动往往会放大,预期非但不会因为一次性贬值而消退,反而使再一次贬值的预期更加强烈。一次性贬值很难达到所谓的理想中的合理水平，反而助长贬值大幅超出预期，造成难以挽回的后果。

当下，有建议人民币可以尝试一次性贬值15%或更多，以打消贬值预期。但与泰国当时贬值的逻辑相似，一旦中国贬值15%，贬值预期必将放大，广大投资者会猜测下一次贬值是什么时候。而且，中国并非小国开放模型，一旦中国贬值15%，其他新兴市场国家一定会跟着相继贬值，达到20%甚至更多，就像2015年"8·11"汇改时一样，这将使中国陷入更加被动的局面。跟着贬？显然，人民币贬值预期将更大。不跟着贬？则第一次贬值的效果适得其反。

此外，突然大幅贬值对出口商、美元债务企业和金融机构打击很大。所以，一次性大幅贬值非但不能解决当前的困境，还可能触发金融危机，实不可取。

二、增强资本流动可以，重回资本管制需谨慎

面对1997年的亚洲金融危机，与其他国家实施的所谓IMF型策略不同，马来西亚拒绝求助于IMF，转而实行资本管制，以期扭转迅速衰退的国内经济，震惊了当时的国际市场。马来西亚之所以做此选择，主要原因是认为接受IMF救助的条件过于苛刻，如必须贬值本国货币，调高利率，紧缩信贷，加税以及向外国投资者无限制开放等，国内政策受制于人。与此同时，同期接受救助的国家表现并未得到好转，如印尼、泰国每况愈下，也坚定了马来西亚拒绝援助的决心。

具体来看，当时马来西亚采取的资本管制举措包括：冻结马来西亚公司在新加坡自动撮合股票市场（Central Limit Order Book Market，CLOBM）的一切柜台交易；于1998年9月宣布将林吉特对外汇率固定于3.8林吉特兑1美元；禁止林吉特衍生工具的使用；禁止马来西亚金融机构向非居民银行和机构提供国内信贷业务；禁止使用林吉特作为国际贸易发票货币，所有林吉特的离岸账户存款被宣布无效；允许在国外进行证券投资的国内投资者在12个月将资金撤回国内；禁止居民超过1万林吉特以上的海外投资等等。

马来西亚当时采取的资本管制举措震惊了世界，也遭到来自国际社会的广泛非议。从效果来看，短期资本项目管制确实取得了一定的效果，如

极大地限制了国际投资者做空林吉特的活动,林吉特得以稳定在 3.8 兑 1 美元的水平,阻止了资本外流,短期内稳定了经济与金融形势。通过外汇管制,吉隆坡股市也逐渐稳定。

然而,从马来西亚危机后近 20 年的经济发展来看,危机时全面资本管制的后遗症并未去除,其对投资者信心的影响是巨大的,最明显的例证便是危机之后,马来西亚从东南亚地区引资"优等生"(危机之前马来西亚经济发展与吸引外资总量仅次于新加坡)逐步沦落为"差等生"。根据东南亚地区 FDI 资金流入的情况来看,1998 年,马来西亚对外直接投资(FDI)首次落后于泰国;2005 年,又落于印度尼西亚之后;2008 年、2009 年,马来西亚对外资的吸引力甚至首次落后于越南与菲律宾。

对比当下,有观点建议,在当前人民币同样面临巨大贬值压力、外汇储备干预成本过高的情况下,如外汇储备 2015 年 12 月单月下降 1 079 亿美元,若此态势持续,外汇储备将面临重大考验,不妨效仿危机时马来西亚的做法,通过资本管制抵御危机。

但在笔者看来,启动资本管制虽然简单,短期内效果立竿见影,但根据马来西亚的教训,采取资本管制仍然是迫不得已之举,并非应对良方,使用时还需慎之又慎。虽然其短期影响或许偏正面,但隐性负面影响却是极为深远的,不仅容易打击投资者信心,更容易产生政策反复、改革半途而废的担忧,长期还会引发资本外流与人民币国际化进程的倒退,得不偿失。因此,建议一方面继续放开资本流入的管制,暂停进一步鼓励资本流出的措施,特别是严堵资本外流的非法和灰色渠道,如地下钱庄等;另一方面通过反洗钱和宏观审慎工具,如采取托宾税的方式,降低资金外流的压力,稳定市场预期。

三、政府干预市场需要对症下药

更进一步观察,不难发现,2016 年新年之后香港股市、汇率市场也有重回 1997 年亚洲金融危机的态势。回忆亚洲金融危机之时,国际投资者认为香港同东南亚国家相似,同样存在明显的房地产和股票市场泡沫,而且联系汇率下,港元存在强大的贬值压力,维持联系汇率成本高昂。于是国际炒家通过汇率、股市和期市之间的互动规律大肆投机。

海外投机者首先大量沽空港元现汇换美元，拉高利率，从而引发股市和期市的暴跌；其次做空港元期货，抛空港股现货，并大举沽空期指合约获利。上述交易策略使得香港股市与汇市受到重创，1997年8月7日至1998年8月13日，恒指从16820.31点急跌至6544.79点，市值缩水61%，空头获利极其丰厚，香港金融市场成为"超级提款机"。

在此危机时刻，香港政府入市干预，中央政府则声明人民币不贬值，且作为香港政府干预的后盾，坚决支持香港政府的救市行动，给投资者以震慑作用。当时香港政府首次动用外汇储备进入股市、期市，同时提高银行隔夜拆借利率，提高做空成本。从2016年8月14日至8月28日，历时半个月，香港政府动用千亿港币，打爆了投机者做空的仓位，击溃了国际炒家，终于打赢了港币保卫战。

如今来看，虽然亚洲金融危机之时，海外观点普遍认为人民币应当贬值，否则中国经济将面临灭顶之灾，但当时朱镕基总理在多方权衡之下，仍作出人民币不贬值的决定是有远见的，虽然短期承受了压力，付出了不小代价，但避免了香港与内地金融的动荡，阻挡了金融危机传导至香港甚至全中国，为中国此后成为世界制造业中心打下了基础，而且赢得了国际声誉。其后十年，通过改革与相对稳定的市场环境，吸引了全球制造业纷纷流向中国，为中国换取了长期的繁荣。对比之下，当时遭受亚洲金融危机洗礼的国家，元气大伤，相当长时间陷入低迷。

从这个角度而言，为防止亚洲金融危机重演，从各国应对危机的经验和教训来看，此时中国切勿采取一次性大幅贬值与资本管制的方式应对危机。相反，保持定力，稳定预期，加大与市场沟通仍然是防范金融危机的良方。由于2015年12月初中国央行便提出人民币汇率更加注重参考一篮子货币并给出权重，在笔者看来，此时明确新的货币政策锚，即人民币CFETS指数意义非凡，不仅能够增强人民币独立性，亦能降低美元大涨、大跌对汇率稳定的影响，推动市场化改革与防范金融风险，"一石三鸟"。而为了增强新汇率锚的威信，稳定市场预期，建议短期内维持对人民币新指数稳定在100左右作为过渡，以稳定预期，同时尽快推出供给侧结构性改革和稳增长措施，确保经济不硬着陆。

（本文原载于FT中文网，2016年1月26日）

第五篇

金融科技创新的机与危

得益于我国巨大的人口基数和市场规模,我国在金融科技的一些细分领域略微领先,主要体现在交易规模上的超越。从行业发展的市场条件和技术水平来看,我国并无竞争优势,在全世界的排名还比较靠后。必须理性看待我国金融科技在全球所处地位,从市场条件和技术进步两方面继续鼓励行业发展。

金融科技发展的国际经验和中国政策取向

廖　岷　万建华[*]

近年来,金融科技(FinTech)的概念在全球范围内备受瞩目,无论是欧美发达国家,还是各主要发展中经济体,无论是企业界、学术界,还是监管者、政府部门,都高度重视金融科技的发展与规范问题。一些有远见的国家,已经将其作为本国未来金融业的核心竞争力加以培养和支持。

但作为一个行业来看,目前全球金融科技业仍处于初期阶段,且各国发展情况差异显著。因此,对于"金融科技"这一概念的内涵和外延,实际上尚无统一规范的定义,各方讨论的金融科技的涵盖范围并不完全相同。

作为全球金融治理的核心机构,金融稳定理事会于2016年3月首次发布了关于金融科技的专题报告,其中对金融科技进行了初步定义,即指技术带来的金融创新,它能创造新的业务模式、应用、流程或产品,从而对金融市场、金融机构或金融服务的提供方式造成重大影响。随着金融稳定理事会在金融科技方面的工作推进,以及对金融科技领域研究的深化,预计金融稳定理事会后期会对金融科技进行更为完善的定义。

从行业演进来看,目前各方对金融科技发展阶段的划分也尚未形成统一认识。一方面,一些学者从IT技术对金融行业推动变革的角度进行划分;另一方面,也有专家从市场和行业发展的角度进行划分。

作者所参加的达沃斯世界经济论坛全球金融体系理事会也高度重视金

---

[*] 廖岷,中央财经领导小组办公室经济四局(国际经济局)局长;万建华,上海市互联网金融行业协会会长。

融科技的快速发展,并于2016年上半年作了全面归纳和分析。大致可以分为三个阶段:第一阶段是2008年金融危机前的起步阶段。主要有三次浪潮,包括20世纪90年代末的网上银行、网上支付,以及2005~2007年左右出现的P2P网络借贷。在这一时期,金融科技的初创企业主要出现于发达市场,新兴市场则出现了一些模仿者。第二阶段是2008年后,由移动互联技术带动的快速发展阶段。一方面,智能手机的普遍使用,令新金融业态获得了每年80%甚至100%的快速增长;另一方面,传统金融机构受更严监管要求和化解存量风险的制约,显得有点落后。但在业务总量和占比上,金融科技公司仍然影响较小。第三阶段是现在开始的未来几十年的长期挑战和影响阶段。目前来看金融科技对金融业的冲击并不是一次性事件,而是一个长期的挑战,将会重塑客户行为、商业模式和金融服务业的结构。

历史上,金融与科技从来都是如影随形、互为促进地在发展,但对于两者结合后可能带来怎样的"化学反应"却缺少足够重视。直到近年来金融科技概念的横空出世,才将对这一经典关系的关注推到前所未有、令人瞩目的高度。虽然关于金融科技还有太多的不确定性,但是无论如何,它已经真实地来到我们面前,而且还将深刻地影响金融的未来。

一、全球和中国金融科技的发展现状

(一)金融科技在全球范围内的发展速度快且后劲强

一是产业规模迅速增长,成交数及投资额均呈快速发展态势。根据KPMG公司2017年发布的报告,全球金融科技领域的投资活动从2010年的319笔、90亿美元增长到了2016年的1 076笔、250亿美元,其中市场嗅觉更为灵敏的风险投资(VC)对这一行业更是高度看好,投资额从8亿美元猛增到136亿美元。

二是全球布局越来越广,从硅谷、纽约、伦敦等中心城市向全球各区域扩展,其中亚太地区目前的发展尤为瞩目。2016年全球金融科技企业100强中,美洲35家,中国8家;全球27家金融科技独角兽企业中,美国14家,中国8家;金融科技领域投融资排名前3位的国家分别为中国、美国和印度。

三是细分领域轮动发展，后续发展持续获得支撑。金融科技的细分领域已从最初的网络支付和网络贷款领域拓展到金融顾问服务、消费金融、保险等众多领域。从各细分领域发展阶段来看，支付和网贷两个方面的发展相对成熟，无论是在美国还是中国，都有 10 年以上的发展历史，形成了较大的市场规模，也有代表性的企业和相应的监管框架落地。对于其他细分领域，无论是从需求端出发的智能投顾、保险科技、监管科技，还是从底层技术出发的区块链领域，虽起步晚，但发展态势很强，具有将金融科技一波波递次推进的潜力，其中的区块链技术更是具备了重建金融底层技术架构的巨大能量。

（二）各类主体积极参与金融科技

在起步阶段，科技类公司主导了金融科技行业的发展，但今天我们看到，金融科技公司与传统金融机构存在很大的合作共赢空间，因此正吸引越来越多的参与者。从全球视角来看，金融科技的关注和参与主体可分为三类：

一是传统金融机构，如交易所、商业银行、各类非银行金融机构。交易所长期以来一直是技术创新的推动者。它们通过加大与科技公司的合作力度和直接投资金融科技公司，积极探索金融科技在业务中的应用。商业银行则态度复杂，大多数机构持合作态度，也有部分持竞争和防御态度。非银行金融机构也普遍视金融科技为发展机遇，业界巨头已开始全球布局。

二是科技公司，如互联网科技企业等。它们动力十足，努力吸引人才和资金，加紧技术研发。

三是监管机构，如中央银行和其他金融监管机构。这方面，欧美国家走在前列，重点是持续研究和探索金融科技对经济社会的影响，关注技术风险和投资者保护；以及以资金和政策的形式扶持金融科技企业发展，并相应发展监管科技（RegTech）。

（三）主要细分领域及发展情况

全球金融科技正处于快速演进的过程之中，业务形态和商业模式都没有完全固定。总体而言，主要细分领域包括互联网和移动支付、网络融资、智能金融理财服务以及区块链技术等。这四个部分的技术特征和商业模式成熟程度存在较大差异，对于现有金融体系的影响程度也完全不同。

互联网和移动支付：过去几年，互联网和移动支付的应用场景不断丰富。从全球支付领域发展轨迹看，呈现从"线下"到"线上"，从"线上"到"移动"的特征。2016年，通过手机完成的支付交易占到消费者所有信用卡付款交易的5%，而这一比例在2021年将上升到11%。

网络融资：包括P2P和众筹。2017年5月，金融稳定理事会（FSB）和国际清算银行（BIS）联合发布的最新报告——《金融科技融资》认为，相对于传统银行，网络融资平台更强大的数字化处理能力和对于特殊市场的聚焦，降低了交易成本，为终端用户提供了更大的便利性，为尚未被金融服务覆盖的人群和商业领域提供了接触的渠道。

智能金融理财服务：主要是指借助人工智能技术，根据投资者的风险偏好和理财目标，为投资者提供财富管理的咨询、顾问等服务。2012~2015年，全球智能投顾管理的资产从零增加到了187亿美元。

区块链：本质上是一种可以帮助参与者以安全有效的方式创建、传播和存储信息的数据库技术，是交易各方以信任机制建设的一个完美的数学解决方案。虽然区块链已在一些机构的某些领域开始探索使用，但若最终要在金融体系全面使用，还需要克服很多技术和风险管理的现实障碍，有机构估计需要10年。然而，该技术一旦最终在金融领域全面采用，则可能会彻底改变现有金融体系结构和基础设施。香港金融科技督导小组评估认为，到2022年为止，该技术每年可减少银行基础设施成本150亿~200亿美元。

（四）中国的金融科技市场规模全球最大

零壹财经发布的《2016年全球金融科技投融资与指数报告》，中国金融科技投融资共281笔，占全球56%；总金额875亿元，占全球77%。美国国际贸易署（ITA）发布的《2016顶级市场报告》认为，中国金融科技市场总体发展居全球第二位，其中在支付市场领域居全球第一位。2016年，中国第三方移动支付交易规模达到58.8万亿元，较上一年增长382%。根据FSB和BIS的统计，2015年我国网络融资的市场规模997亿美元，约占全球的71%，遥遥领先于其他国家和地区。

二、金融科技对金融业的影响评估

（一）互联网和移动支付

近年来全球移动支付增长速度远超互联网支付，且移动支付"高频小额"的特征更加明显。目前来看，远程支付发展较成熟，各类支付手段持续创新，市场机构高度集中，跨境布局趋势明显。

从各国发展路径来看，驱动因素主要包括：一是科技进步提供了实现的可能性。2016年末全球有35亿人口使用互联网，超过72%的网民使用手机。二是电子商务快速发展创造了市场环境。电子商务规模急剧扩大，催生了大量线上金融需求和服务，网络与移动支付比传统支付方式更能契合电商发展需求。三是良好的政策和法律环境提供有力支持。中国、法国、日本、韩国等都做出了相应的政策安排。四是行业主体主动作为，加快发展。产业链上下游各方机构紧密协作，保障了移动支付体系的健全，领先企业在竞争中提供了大量创新产品和多样化的营销模式。五是新兴经济体中传统金融服务存在不足。互联网及移动支付使偏远地区和贫穷的人群——过去被"忽视"的人群成为金融业务的真实用户，保证了充足的用户数量。

总体而言，非金融机构支付服务的多样化、个性化等特点较好地满足了电子商务企业和个人的支付需求，具有积极意义，表现在：一是显著扩大了支付服务的覆盖面，有效填补了传统支付服务的空白。移动金融服务使肯尼亚能获得正规金融服务的家庭占比从2006年的26.7%上升到2016年的75.3%，成为弥补金融基础设施不足的重要方式。二是降费增效有助于小微企业发展。支付机构和多家银行直接连接，同时承担收单和清算的双重职能，使客户通过支付机构直连发卡行，费率相对较低，在一定程度上减少了企业在途资金占用，提高了企业资金流转效率和社会整体资金流转效率。

就其对金融稳定的影响，从微观层面来看，对于传统金融业而言，非金融机构支付服务兼具正负面影响，在普及银行卡使用、为数字货币营造生存基础等方面发挥了积极作用，但同时也加速了金融脱媒，带动非金融机构向金融领域的渗透，增大了资金流向的隐蔽性。全球范围内，互联网及移动支付的发展目前仍然部分依赖于现有金融体系。因此，尽管在客户服务和体验环节，通过"移动互联技术＋小额支付"的结合给商业银行带来了相当的冲击，但两者的关系将是一种长期合作共赢的关系，对现有金融体系的影响不会是颠覆性的。

从宏观层面来看，影响体现在三方面：一是为数字化货币的长期生存夯实了基础。互联网及移动支付借助数字贸易背景，大大增加了对数字货币的需求，对于货币结构和流通速度产生复杂影响，使数字货币不再停留于理论概念和大宗交易层面，而是深入普及到终端消费者。互联网及移动支付发展较快较好的国家和地区，货币数字化程度也较高，已经接近或进入"无现金化社会"。二是带动了非金融机构向金融领域的渗透。第三方支付平台已经名副其实地在发挥金融中介的作用。在进入支付这个金融基础领域后，非金融机构将会逐步向借贷、资产管理等金融机构的其他功能领域渗透。三是要高度关注跨境支付领域的风险。在带来结算便利性的同时，也必须关注到此类新型支付方式在反洗钱、发恐怖融资和反逃税等方面对现行风险管理和监管带来的挑战。

（二）网络融资

网络融资的创新性主要体现在三个方面。服务对象方面，与银行有鲜明区分，侧重"低端"客户，呈现大众化、"草根化"特点，借贷双方门槛较低。融资渠道方面，利用互联网极大地拓展了市场广度、深度和速度。一方面，互联网拥有庞大的用户群，信息传播更为方便、快捷且具有启动成本低、营销成本低、交易成本低的突出优势；另一方面，互联网信息平台交互性强，用户在"推送"信息的同时也能接收信息，借助网络融资平台，投融资双方可频繁互动，提高了沟通和交易效率。风险控制方面，一是小额分散，在美国，50美元是最容易吸引捐助者和获得捐助数最多的等级。二是形成了有自身特色的风险定价方式，P2P平台为克服自身信贷历史数据有限、客户在传统金融机构缺少信贷历史等"先天劣势"，通过对接公共信息服务平台、抓取客户网上操作轨迹、全网搜索风险信息碎片等手段，并运用大数据技术创新信用评估模型，最大化地发挥了互联网获取和运用公共数据的能力。

驱动因素主要包括：一是金融压抑宏观背景下的监管套利。网络融资虽然起源于英美等发达国家，但由于金融自由度较高，并较早将网络融资纳入了金融监管框架，其业务规模和发展速度并没有其他新兴经济体那样迅猛。二是小微企业融资瓶颈长期存在，传统银行贷款难以匹配小微企业"短、频、急"的资金需求。三是资本市场欠发达，存在诸多不规范和不完善等问题，受到行业准入和融资渠道的限制，部分民间资本难以转化为投资。四是大数据与云计算技术催生新产业。在大数据技术支持下，客户信用评级、还款能力预测、风险定价等可凭借对资金流、信息流以及物流等方面的信息挖掘分析获得，能够大幅度降低资金供求双方的信息不对称程度，从而减少交易成本。云计算高效的信息处理，使资金供求双方信息通过互联网的主动揭示和传播，被搜索引擎组织和标准化，最终形成了时间连续、动态变化的信息序列，由此可以给出资金需求者（机构）的风险定价或动态违约概率。

就其对金融稳定的影响，从正面影响来看，一是对现有金融资产配置体系形成重要补充，为那些无法达到银行放款条件的高风险市场群体提供服务。从已有的实践来看，网络融资发展比较好和比较快的国家，基本都是定位于小额的股权融资和消费信贷领域。二是独创性的客户分析手段和风险管理模式，对改善银行当前较为粗放的信贷管理方式具有积极的借鉴意义。三是推动银行进行自我调整和业务创新。

从存在的问题和负面影响来看，一是技术有效性尚待检验。基础数据的准确性直接影响到网络借贷信贷评级模型的有效性，如何从海量数据中有效地甄别出噪音是一个重大挑战。网络借贷尚缺乏完整的信用周期数据积累，基于大数据和现有算法得出的信用风险模型准确性有待检验。二是网络效应加大了风险传播。互联网的无边界性使得风险传播速度更快，传染途径更复杂，涉及主体更广泛，风险控制与处置更加困难。三是投资者保护问题形势严峻。投资人对拟投资的对象没有深入的了解，跨域经营增大了监管机构的调查和监管难度。四是可能与现行法律存在一定冲突，这集中表现在股权众筹业务边界模糊。

（三）智能金融理财服务

在智能金融理财服务（又称"智能投顾"）领域，金融科技的作用主要体现在对信息收集、处理的进一步系统化、智能化和自动化趋势，既包括前台投资决策，也包括中后台的风险管理和运营管理。传统投顾服务不足、科技发展提供机遇、客户对在线金融服务的高接受度以及特定的市场环境等因素共同催生了智能金融理财服务的发展。

与传统投顾相比，智能投顾在降低投资理财成本、分散投资理财风险、提升信息透明度等方面充分体现了互联网技术的优势，其将对基金、证券业产生较大影响。主要表现在：一是有助于低成本被动指数基金的发展，并加速市场对主动型基金的筛选；二是形成行业内的"鲇鱼效应"，加速投顾行业的市场竞争和优胜劣汰；三是作为基金公司、商业银行和证券公司的自动化的辅助工具，帮助提高基金销售的服务质量和投资顾问的整体水平等。

但该新兴领域仍属小众，对于投资者而言更多的是一种补充性需求，而非替代性需求，金融消费者更需要一个逐步接受的过程。同时，金融市场和产品较为复杂，智能机器人是否能够实现自我学习和提高，提供优于现有金融机构和专业理财人员的合理的个性化投资建议，尚有待市场检验。

智能投顾虽然以较低的门槛和较高的便捷度取得了获客优势，但客户有效留存和资产管理规模的持续提高仍要靠后续增值服务、多元化产品供给和适当的人工干预。要想发展好智能投顾，其核心竞争力还在于为客户提供个性化、有效的投资策略，同时满足监管的规范化要求。对于智能投顾的发展前景，业界共识是其距离真正成熟并对现有财富管理模式形成较大冲击还比较遥远。

（四）区块链

区块链的创新亮点在于：一是彻底的金融资产数字化。二是全新的实时数字化交易模式。所有交易都是"发生即清算"的，将使得集中清算以及"中央对手方"等制度安排失去其存在的基础和意义。三是革命性的"去信任"过程。从信任金融机构等中介机构的模式转变为交易双方相互信任的模式,银行的部分中介功能将不复存在。

其发展除了技术自然演进外,主要还受到以下外部因素的驱动:一是由于金融业自身所处的经济环境、盈利模式正处于转型调整的关键时期。全球经济下行,银行业的净资产收益率(ROE)大受打压。二是金融消费者行为的变化促使金融机构不断调整服务模式和提升服务水平。消费者越来越倾向于在碎片化时间里借助移动终端来获取金融服务,正在成为金融消费者主力的年轻客户更在意用户体验,对服务的便捷性、易用性提出很高要求。三是互联网企业、科技企业的"泛金融化"形成了跨界竞争,也使金融机构面临更大的竞争压力。四是现有的金融基础设施已较为陈旧,对适应新时期的金融服务要求方面存在诸多局限性,为新技术的兴起提供了契机。

如果说云计算、大数据、移动金融等技术带来的是金融上层应用和业务流程的创新,区块链技术却可能对银行商业模式的底层技术基础产生颠覆性影响。目前金融服务各流程环节存在的效率瓶颈、交易时滞、欺诈和操作风险等痛点,大多数有望借助区块链技术得到缓解或解决。

但其也存在风险与不确定性:一是性能和资源的矛盾。交易速度尚不能满足金融业务的需求,对吞吐量高、实时性强的金融场景,区块链的分布式结构有很高的资源要求,一旦交易频次超过最弱节点的容纳能力,交易将耗时递增,降低使用体验。二是数据透明与金融信息保护的平衡。金融交易信息如何保存在区块链上,验证节点在不知晓具体交易信息的情况下如何执行合同等问题,需要进一步设计和研究。三是法律与监管存在不确定性。区块链去中心、自治的特性淡化了国家、监管的概念,对现行体制带来了深刻冲击,但区块链未来的运用和发展却又非常依赖于国际和国家层面法律的确定性。法律法规和监管制度的相对滞后,区块链相关的经济活动缺乏必要的制度规范和法律保护,无形中增大了市场主体的风险,也使消费者保护问题更加突出。

三、金融科技监管的国际实践、未来走向

金融科技引发的新风险对金融监管提出了新的要求。其一,金融科技的普惠性强化了金融的外部性。其二,金融科技的创新性突出了信息科技

风险。总体而言，金融科技所包含的金融固有风险更为复杂和隐蔽，同时信息科技风险和金融的外部性更为突出，潜在的系统性和周期性风险更加复杂。

金融科技的监管，在某种程度上是人与技术的关系这一经典命题的再现。越智能化、越技术化，越需要治理和配套机制，以确保"技术"、"互联网"这些中性概念与"金融"这一负外部性很强的概念合在一起，能产生提升金融服务效率的正"外部性"。换言之，如何把握好金融科技发展与监管的平衡，既要促进其发展，保证其创新活力，又要引入合理有效的监管安排，为其健康发展保驾护航。这是每一个国家金融科技领域都需要解决的重大问题。

（一）国际层面的金融监管原则和评估框架

1. 二十国集团（G20）数字普惠金融高级原则和行动建议

2016年7月，G20财长和央行行长会议通过了《G20数字普惠金融高级原则》，并已经G20杭州峰会确认，包含八项主要原则、66条行动建议。归纳来看，包括四个方面：（1）构建恰当的监管框架。一是建立法律框架，二是允许创新尝试，三是确保公平，四是完善法律，五是提升监管能力，六是强化国际监管交流。（2）保护消费者权益。一是建立法律和消保框架。二是严格对服务提供商的要求，要求可分为强制类和鼓励类。（3）平衡风险与创新。在监管者和服务提供商之间建立常规的信息分享机制以及畅通的交流渠道。（4）促进身份识别。建立一个互通的、技术中性的国家数据库系统，与相关民事登记和身份系统关联，并在经客户同意的前提下向被授权方开放。

2. 金融稳定理事会（FSB）金融科技分析框架

2016年3月，FSB在日本召开第16届全会，首次正式讨论了金融科技的系统性风险与全球监管问题，会议提出了"金融科技的全景描绘与分析框架"，分为三个步骤：第一，对各类金融科技产品及其机构的创新内容和机构特征充分分析。特别是一些跨市场跨行业的运营，要认清其经营模式的实质。第二，对其驱动因素加以区分。对于确实有利于降低成本、优化风险管理、填补金融服务空白、满足市场需求的创新活动应给予支持；对于规避监管或进行监管套利的，甚至涉嫌非法集资的"伪创新"

或犯罪行为，则应给予严厉打击。第三，前瞻评估对金融稳定的宏观和微观影响。

3. 欧洲银行管理局（EBA）对欧盟金融科技监管的立法建议

2017年6月15日，欧洲银行管理局（EBA）发布报告，回应欧盟金融科技监管立法建议，并系统阐述EBA对于金融科技监管的立场与举措。EBA认为，欧盟在金融科技领域的修法在短期应明确监管原则，修订反洗钱法规，整合对金融机构使用云服务的监管要求；中期应完善金融消费者数据保护的相关法规，解决对金融科技机构的不同监管中的监管套利问题；未来可根据人工智能在金融业的运用情况再考虑是否进行法规调整。

（二）国家层面的金融科技监管

从国家层面来看，全球各国为应对市场变化，为金融科技创新提供良好的发展环境，纷纷推出了金融科技的应对举措，最有代表性的包括三个方面：

1. 建立金融科技框架

2017年1月，美国国家经济委员会发布了《金融科技框架》白皮书，阐述了对于金融科技的六大政策目标：培育积极的金融服务创新和创业精神；促进安全、实惠和公平的融资；增强普惠金融和金融稳健；应对金融稳定性风险；优化21世纪金融监管框架；保持国家竞争力。

2. 推进鼓励创新的金融科技监管安排，即监管沙盒、创新中心和创新加速器

创新中心旨在支持和引导机构理解金融监管框架，识别创新中的监管、政策和法律事项。这一模式已在英国、新加坡、澳大利亚、日本和中国香港等地实施。监管沙盒，即允许在可控的测试环境中对金融科技的新产品或新服务进行真实或虚拟测试。该模式在限定的范围内，简化市场准入标准和流程，豁免部分法规的适用，在确保消费者权益的前提下，允许新业务的快速落地运营，并可根据其测试情况准予推广。英国和新加坡是其中的代表。创新加速器，即监管部门或政府部门与业界建立合作机制，通过提供资金扶持或政策扶持等方式，加快金融科技创新的发展和运用。

3. 更加重视金融消费者保护

一是加强信息披露，充分履行风险告知义务。如，英国金融行为监管局（FCA）要求 P2P 平台要用大众化语言向投资者准确无误地披露投资产品的收益、风险等信息。二是完善互联网金融消费者投诉处理机制。如，美国的 P2P 平台除了受到 SEC 的监管之外，消费者金融保护局（CFPB）负责收集 P2P 借贷金融消费者投诉的数据信息，联邦贸易委员会（FTC）负责监督并制止 P2P 平台的不公平、欺诈性行为。三是加强消费者信息保护，制定相应的惩罚措施。英美等国监管当局都要求金融科技企业公布消费者隐私保护制度，且对违规行为制定了相应的惩罚措施。

（三）金融科技监管的未来走向

从全球看，监管法治对金融科技的积极作用凸显。从各国的金融科技发展趋势来看，有良好监管的、有法治精神的国家，金融科技的发展相对比较平稳。但如果一开始没有监管安排，或者不纳入现有监管原则，再加上从业人员法治精神缺失，则可能会出问题，有的地方可能会出现反恐融资、反洗钱、消费者保护等方面的问题。

在全球范围内，当前对金融科技的监管存在两大问题。一是各国监管措施各异，缺乏全球统一标准。就各类金融科技的具体监管而言，由于各项金融科技的创新性和成熟度不同，目前各国主要考虑并实施的是对网络融资和电子货币的监管。在其他金融科技类别中，各国对支付的监管规则已相对成熟，而区块链等技术本身及其影响还处于探索阶段。总体而言，各国对具体金融科技类别的监管存在较大差异，全球对金融科技的监管缺乏统一标准，呈现碎片化的割裂状态。二是金融科技跨境展业，监管合作应对不足。目前，传统金融业已开始逐步受到金融科技业的无国界竞争，但对于金融科技的跨境监管合作安排却明显滞后于跨境展业步伐，无论是在监管还是消费者保护方面，目前尚无任何机制化安排。

未来金融科技必将在更大范围内纳入审慎监管、行为监管以及宏观审慎监管的框架之内。在国家层面上，厘清监管职责范围，纳入现有监管框架。在国际层面上，国际治理加速推进，双边合作渐次展开。FSB 在 2016 年 3 月正式将金融科技纳入其议程之后，下属的银行、证券和保险等行业委员会纷纷加速推进在这一领域的工作进程。监管框架已初具雏形，而更细化的监管标准正在工作小组层面上研究。

金融监管必须根据金融业务的社会影响和风险传染性设置监管边界，

安排从弱到强的"监管阶梯",这是国际通行做法。国际上对信用中介实施以损失吸收机制为主的审慎监管,对直接融资实施以信息披露为主的行为监管,在危机后都更加注重对金融消费者和投资者的保护,这些监管传统延伸到金融科技领域。

四、规范和推动中国金融科技发展的建议

(一)监管态度

一是必须理性看待我国金融科技在全球所处的地位,从市场条件和技术进步两方面继续鼓励行业发展。从一些数据和指标看,我国在金融科技的一些细分领域确实是略微领先的,特别是在支付和网络融资方面。但这主要体现在交易规模上的超越,更多得益于我国巨大的人口基数和市场规模。然而,从行业发展的市场条件和技术水平来看,我们并无竞争优势,在全世界的排名也还比较靠后。二是治理的过程必须规则先行,让市场有明确的预期。虽然,对于新事物的监管在初期无法做到特别完善,但对于禁区和底线,则必须非常清晰,而且相关操作细则要具有可操作性,能够实际落地。只有这样,才能使得各类市场主体清楚预判行业和市场的未来发展。三是必须鼓励传统金融机构更深刻地认识金融科技的重大意义,更积极有效地参与到这一进程中去。金融科技公司与传统金融机构并不是简单的你死我活的竞争关系,相反存在着很大的合作共赢空间。通过与金融科技业的合作,我国传统金融机构已经实现了增加客户、提高收入等短期目标,未来可挖掘的合作潜力非常巨大。金融科技的发展不是颠覆传统金融的过程,而是传统机构融合、吸收、推进金融技术革新的进程。金融科技的发展依赖于金融与科技的双轮驱动,我国传统金融机构对此的重视程度和实际资源投入还需继续提升。

(二)监管原则

一是一致性原则。金融科技本质上并不改变其金融的本质,因而也就势必面临与传统金融类似的潜在风险,应该适用相同的监管原则。这就要求我们更多地依据市场行为的本质而非机构主体实施监管,对于线上线下

开展相同金融业务以及持牌机构与非持牌机构，采用同等的监管原则和标准。

二是可靠性原则。金融科技因其非面对面、无实体网点和电子交易的特点，缺少传统金融机构固有的物理特征，因此更加依赖交易各方的互信。科技金融领域业务的开展依赖大量的新科技、新技术，因而有必要通过安全性、可靠性的权威检验和认证。此外，通过进一步治理和规范，将金融科技活动纳入监管范围，可以促其提升风险管理能力，同时也将有助于增强金融科技企业运营时的业务可靠性。

三是互动性原则。监管者应主动参与金融创新的全过程，在与市场主体的互动中完善规则，共同推动有责任的市场创新。欧美等发达国家与地区对金融科技的监管都经历了一个从观察到行动的过程。在创新事物达到一定规模之前，即使有风险，也是小范围和可控的，没有急于设置或改变监管规则。只有当创新展现出来的风险达到一定水平后，监管部门才需实施监管。监管部门需要强化对市场发展和风险趋势的监测和互动，以业务的潜在风险程度作为监管实施强度的判断依据。

四是普惠性原则。应确保金融科技发展紧密服务实体经济，服从宏观调控和经济金融稳定。鼓励机构发挥金融科技手段在创新服务方式、提升服务效率、降低运营成本等方面的优势，重点支持符合国家产业政策的小微企业。金融监管还需认识到技术创新对金融消费者保护工作带来的新挑战，可从限制融资方资格和额度、严格信息披露要求、控制投资者年投资额度等方面进行规定。

五是自律性原则。金融行业的风险监管与防范，无法仅仅依靠监管机构的一己之力。特别是像金融科技这样的新领域，在规则尚未成形之初，更需高度重视发挥行业协会在自律经营上的重要作用。当前，急需借助审计、法律、资信等中介机构力量，对各类市场主体的经营行为形成必要的监督，并成立有影响力的行业协会，通过制定公约加强自律，以规范行业发展。

（三）监管方法

一是强化以功能监管为重点的金融监管协调。以风险为本的穿透式监管，既是传统金融监管的核心要义，也是做好金融科技监管的关键所在。

金融科技横跨多市场的快速发展，预示着其业务的交叉性大大加强，风险的关联性和扩散性也随之增强。相应地，在监管模式上应有所革新，建议在基于金融部门的机构监管上更加突出和强调基于业务和风险的功能监管和行为监管。

二是加快监管沙盒机制的试点与推广。监管沙盒因其应对市场创新的及时响应性和监管调整的灵活性，最具推广价值。

三是加强监管机构与市场间的互动。金融监管中，充分而坦诚的沟通是确保监管意图有效实施的前提之一。正如G20在《数字普惠金融高级原则——具体行动》中所建议的："与行业和风险管理专家合作，研究、识别和评估在使用新数字技术过程中出现的风险，并且确保有效地监测和管理这些风险。在监管者和服务提供商之间建立常规的信息分享机制以及畅通的交流渠道。"因此，对于金融科技的监管，除了监管者和从业者之外，更迫切地需要专家和投资者参与，在沟通交流中共同解决监管与创新之间的矛盾，消除误解、达成共识，为监管规则的建立、创新方案的改进以及投资者保护、投资者教育等提供有益的建议。

（四）监管能力

根据国际金融协会（IIF）定义，监管科技（RegTech）是指有助于高效达成监管、合规要求的一类技术应用。具体来说，可以包括两个维度：一方面是指金融机构利用新技术来更有效地解决监管合规问题；另一方面也包括监管机构利用新技术，及时获取监管信息，解决信息不对称问题，进而实现对金融机构各类风险的提前捕捉。作为监管者，应该从以下几个方面着手促进RegTech的发展：一是数据的共享化。应持续评估技术进步对于数据安全和数据隐私方面的影响，确保监管法规能平衡数据有效利用和数据隐私安全两方面的关系，其中着眼于监管目的的数据共享和使用应成为重点推进环节。二是数据的标准化。应在一国内部以及国与国之间协调数据标准和数据定义等问题。三是KYC的现代化。应重新审视当前对于反洗钱和反恐怖融资的相关法规，适应数字时代的技术发展，不在KYC流程中强制要求面签等做法，允许运用在线身份识别机制（如生物识别、视频电话、第三方核实等）。四是监管要求本身的智能化。应考虑探索监管法规本身的代码化，从而为金融机构实现自动化的合规控制创造条件。

五、应继续观察应对的几个问题

目前我们正处于历史上金融与科技最紧密融合的过程之中，金融业已经迎来了全方位的变革。科技对金融的影响巨大而深远，金融科技对传统金融的解构与重塑，已经使以往对金融的认识发生了巨变。有一些问题还需要进一步观察。

（一）金融科技公司的估值模式对新旧金融业态格局的冲击尚不明朗

目前，领先的互联网公司包含了很多金融科技的内容。基于对数据公司的评估模式，资本市场对其估值很高。而传统金融机构的估值采用传统方法，资本市场对其估值较低。这带来了两个方向的问题，可能造成两种局面：一方面，估值高低是否会通过直接影响补充资本能力，进而间接影响双方未来的持续发展能力？两类企业的估值模式差异是短期现象还是中长期现象尚难判断。至少在目前，传统金融业如商业银行在资本市场补充资本存在困难，资本不足已成为制约其发展的关键因素。另一方面，从科技公司和金融业两端分别向金融科技发展，是否会出现金融业估值方法的演进？传统机构的金融优势，加上新的资本市场估值方法，有没有可能出现估值水平的跃升？如果朝这个方向发展，传统金融业的地位将得到有力支撑。

（二）人工智能的应用推广对金融就业的冲击程度需要观察

以往金融和技术的结合，如快速交易、高频交易，并未摧毁交易员的工作，但伴随着人工智能在金融业的应用推广，金融从业者必将受到冲击和影响。虽然媒体目前重点放在人工智能替代资产管理经理或交易员的岗位上，但业界观点认为其最突出的应用领域应是降低成本和合规管理。是人工智能重新定义金融业，还是人类和人工智能的关系限制人工智能的运用？

（三）金融科技的监管探索或可推广至金融体系对创新的监管

金融科技本身是否可以成为探索创新和监管关系的试验田，在金融科技领域出现的创新加速器、创新中心、监管沙盒等制度安排，是否可以推广为对各类创新的监管实践？

（本文摘自上海新金融研究院年度报告《金融科技发展的国际经验和中国政策取向》，2017年7月8日。上海新金融研究院由中国金融四十人论坛举办）

直面金融风险

金融科技的监管挑战与建议

胡 滨 郑联盛[*]

互联网金融是金融科技发展的初步阶段，是金融科技1.0阶段。金融科技的发展使得移动互联、大数据、云计算、人工智能以及区块链等全面深入地应用于金融体系之中，逐步进入金融科技2.0阶段。金融科技相对于互联网金融更加资源要素整合的能力和生态体系构建的功能，逐步呈现出跨界化、去中介、去中心以及自伺服等特征，对于金融体系产生了重大的影响。目前金融科技的监管基本停留在互联网金融监管阶段，是一种相对被动的监管体系。如何适应金融科技的发展，特别是科技企业金融化和金融服务科技化的趋势，是监管当局的一个重要目标。国际经验表明，监管沙盒和监管科技是匹配金融科技发展、进行有效监管的重要实践。我国金融监管当局应充分认识互联网金融以及金融科技的发展趋势及特征，通过构建金融科技监管长效机制、适当进行监管组织架构调整、建立健全金融科技监管沙盒以及强化监管科技的发展及应用，以构建长期有效的金融科技监管架构，防范潜在的金融风险，坚决守住不发生系统性风险的底线，保障金融稳定。

一、金融科技的"四大特征"及其影响

互联网金融是金融科技1.0阶段，现在金融科技逐步进入2.0阶段，并逐步呈现出四个重要特征，即跨界化、去中介化、去中心化和自伺服功

---

[*] 胡滨，国家金融与发展实验室副主任、中国社会科学院金融研究所副所长、中国社会科学院金融法律与金融监管研究基地主任；郑联盛，中国社会科学院金融法律与金融监管研究基地副主任。

能，这些特征将对金融体系产生深远的影响。

（一）金融科技的跨界化

跨界化主要体现在两个方面：一是金融科技至少跨越了技术和金融两个部门；二是金融科技中的金融业务可能跨越了多个金融子部门。金融科技的跨界化是行业层面甚至是体系层面的跨界，比金融领域的综合化经营更加复杂。金融科技的跨界化给金融体系及其相关监管带来了深远的影响。金融科技可能重构了相关金融子行业或业务的成本收益结构。互联网金融以及金融科技发展的基础是所谓的"长尾效应"，长尾效应认为通过互联网平台的整合，那些传统金融机构不太在乎、数量巨大的小客户的业务规模甚至可能超过传统金融机构十分在意的重点大客户的业务规模。从技术层面出发，金融科技的长尾效应主要体现为外部经济、规模效应和范围经济三重效应，在一定意义上改变了金融供给曲线和需求曲线均衡的位置，改变了传统金融要素配置的领域及行业属性，形成促进资金供求的新配置机制，更是改变了金融科技相关业务的成本收益结构。跨界化可能会给监管带来几个重要的问题：一是监管机构对金融科技企业采取弱监管态度，特别是在监管定位上可能认为其是一个科技企业而非金融企业，是一个信息中介而非信用中介。二是监管机构可能低估金融科技企业的系统重要性。本质上金融科技企业可能是一个横跨多个金融子行业和金融子市场、具有复杂内在关联性的金融机构。三是监管能力无法匹配金融科技的发展现实。

（二）金融科技的去中介化

随着金融科技的发展，金融脱媒可能日益深化，以人工智能为支撑的创新服务模式可能导致金融中介机构的功能在弱化，未来其数量可能进一步缩减。金融科技在弱化中介机构功能的同时，可能会给金融监管体系带来新的挑战。一是进一步强化了机构监管与功能监管的分野。比如第三方支付创新之一——Ripple支付体系，它绕过了传统的SWIFTS体系，以做市商机制为流动性的提供机制，进行汇率的即时兑换以及资金的跨界流动，但是一旦该系统出现重大问题，被监管的主体是不明确的。二是给金融消费者的保护带来新的问题。机构监管、人员监管的传统监管模式的有效性可能弱化。三是金融机构故意"主动脱媒",以降低监管成本。传统中介机构可能通过与金融科技机构合作、自建类似金融科技机构等方式来规避相应的监管。

(三) 金融科技的去中心化

以区块链为支撑的去中心化或成为金融科技的第三大挑战。互联网金融机构或金融科技机构更多的是一种网络化的平台甚至是生态,呈现去中心化的趋势或呈现分布式的特征,在这个过程中,各个相对独立分布且其自身资产负债表与业务资产负债表结构关联不强的平台成为被监管的对象,而传统意义上的监管则是针对法人机构进行的,这使得传统监管体系的集中化、中心化和机构化的监管面临重大约束。去中心化可能使得市场迅速出清,但也可能导致市场瞬间失效。并且分布式的运作模式与中心化监管体系的制度性错配可能会带来比金融混业下的混业经营与分业监管的制度性错配更多、更复杂的金融风险。

(四) 金融科技的自伺服

金融科技可能具有自我强化的自伺服的功能,或具有一定的学习能力,将会导致相应的监管问题的产生。首先,具有自伺服功能的模型和算法可能会引发一个程序依赖自我强化的过程,进而可能使得风险累积或者出现其他风险。其次,任何算法模型可能与现实都是有偏差的,或者是运行一段时间之后的算法及模型可能出现与现实情况的新偏差,这可能使得相关的运行无法收敛。再次,在人工智能领域,信息数据的安全性是一个潜在的隐患,数据一旦泄露,在一个自我强化的系统里可能极速扩散或导致更加严重的数据篡改等问题。最后,人工智能的自我学习功能可能使得机器变成"坏小子",演变为智能欺诈等风险。

二、金融科技的监管现状

目前金融科技的监管基本停留在互联网金融阶段的思维,是一种相对被动的监管体系。从过去监管的发展历程与实践看,金融科技的监管大致经过了四个阶段。

(一)互联网金融监管的"四个阶段"

一是信息安全监管阶段。在互联网金融兴起前,监管主要目标是基于信息安全的要求,此时金融科技主要对应于金融机构信息化发展,对金融科技的监管相应地集中在金融业信息基础设施的完善以及信息安全的保障上。在互联网金融的经典模式中,第三方支付是监管体系较早强化及完善监管的环节。2010年6月,支付结算体系监管者——中国人民银行颁布了《非金融机构支付服务管理办法》,致力于对第三方支付体系进行牌照监管,意味着第三方支付被正式纳入监管体系。2010年10月,中国人民银行又出台了《非金融机构支付服务管理办法实施细则》,对第三方支付体系的业务进行重点规范。

二是互联网金融发展初期的风险警示阶段。随着第三方支付机构及其业务的蓬勃发展,加上网络借贷、网络理财等互联网金融业务的初步兴起,欺诈等违法犯罪活动和非法集资、卷钱"跑路"以及采用多种迂回方式进行信用业务操作,如设立资金池等,成为互联网金融初步发展阶段的重要风险。在这个阶段,互联网金融业务品种多、机构多,但业务量相对较小,多样化的业务对应不同的监管主体,当时各个业务监管主体尚未确定,互联网金融的监管更多的是一种风险警示,缺乏实质性以及主体性的监管政策和监管工具。

三是监管规则初创阶段。2013年以来,在国家"互联网+"战略支撑下,特别是余额宝呈现爆炸式增长,社会各界对互联网金融的认识有了"颠覆性"变化,互联网金融进入了一个高速但缺乏严格监管的发展阶段,违法违规的风险事件层出不穷。在这个环境下,互联网金融发展具有里程碑意义的文件——中国人民银行等十部委发布的《关于促进互联网金融健康发展的指导意见》(以下简称《指导意见》)在2015年7月出台。《指导意见》的出台是我国互联网金融监管的重大转折,其最根本的作用是明确了互联网金融的监管原则以及相关业务的监管主体责任。

四是互联网金融风险专项整治阶段。在《指导意见》的总体指导下,监管当局逐步深化完善监管体系,落实相关监管主体的监管责任,明确互联网金融的风险底线,要求相关机构合法经营,坚决打击互联网金融中的违法和违规行为。互联网金融风险分类监管、重点排查和专项整治成为监管体系的核心任务。2016年10月13日，国务院发布了《互联网金融风险专项整治工作实施方案》（简称21号文），该文件成为互联网金融监管的法律基础。从政策及其实施看，21号文给互联网金融的规范发展和风险防范带来了较大的监管作用，致力于第三方支付、P2P网络借贷与股权众筹、资产管理及跨界从事金融业务、互联网广告四大领域的风险防范及处置。

（二）互联网金融监管呈现被动式监管格局

在以《指导意见》、管理办法和专项整治为核心支撑的互联网金融监管措施中，互联网金融的风险是不是得到较为有效的控制，仍然值得继续关注。

一是互联网金融整体风险尚未得到实质性缓释。互联网金融监管最为核心的风险问题为是否具有信用中介属性、是否涉及非法吸收公众资金、是否存在投资者保护漏洞等，但是，这些问题在《网络借贷信息中介机构业务活动管理暂行办法》发布以及专项整治之后仍然没有实质性转变，仍然是互联网金融风险应对中有待解决的问题。

二是互联网金融重点领域的风险仍较高。以P2P网络借贷为例，2016年全国P2P网贷成交额突破2万亿元，仍然呈高速增长的态势。在网贷风险专项整治之后，到2017年1月底之前，网贷体系中没有出现资金大规模从网贷平台撤离的状况，同样也没有出现资金从中小网贷平台向大平台大规模转移的状况。与此同时，P2P网络借贷监管要求的限额、银行资金托管、电信经营许可证等重要风险环节的处置进展较为缓慢，重点领域的重点风险环节应对仍然有待进一步深化。

三是互联网金融监管能力有待进一步强化。由于互联网金融业务及其相关机构的发起和设立并没有涉及金融机构的持牌准入问题，互联网金融的机构数量非常多，监管部门人力及相关资源投入难以适应互联网快速发展的监管要求。同时，互联网机构通过多种层面的所谓创新来规避监管，使得监管有效性降低甚至出现监管空白，监管机构的相应监管能力难以匹配非持牌准金融机构的各种创新。此外，互联网金融的监管制度和机制难以匹配互联网金融各项业务快速、大规模以及多样化的发展，即使在一个很小的领域，监管当局也可能很难寻找一种具有普遍意义的监管标准。

四是互联网金融监管整体呈现被动式监管格局，互联网金融监管以及金融科技监管的长效机制有待完善。互联网金融风险专项整治整体上是一个被动式的监管框架，凸显了三个需要继续完善的监管问题：第一，现有监管框架注重存量消化，缺乏增量思维；第二，现有监管框架注重机构监管，缺乏功能监管思维；第三，现有监管框架注重行业监管，缺乏系统思维。

三、从被动到主动：金融科技监管挑战

与传统金融不同，甚至与互联网金融亦有所不同，金融科技对于金融服务与产品的供给、金融机构经营模式、金融机构内部风险管理、产品服务定价以及金融服务时空约束等都可能产生实质性改变。比如，人工智能将可能重估金融体系的要素及其配置方式，区块链可能以去中心化改变风险分布结构，金融科技体系可能产生与以前历史经验所不同的风险特征，这对于一个以机构、以人员和以产品为支撑的监管体系将带来重大的挑战。

首先，金融监管当局对于金融科技及其监管的理念尚未理清。从过去三四年的监管实践中，在一个被动式的监管框架下，金融科技与互联网金融的关系、金融科技的本质、监管科技的内涵等对于监管当局而言仍然有较大的深入研究和深化认识的空间。金融科技对于金融要素资源及其配置机制可能产生重大的影响，而这些技术形态如何表现、科技与金融融合机制是如何演进的、风险的环节在哪里、传染的渠道有哪些，对于主动型监管体系和监管者而言，仍然是有待研究的基础任务。

其次，金融科技的多变性使得金融监管难度急剧加大。以移动互联、大数据、云计算、人工智能、区块链等技术为支撑的金融科技，将可能深入影响金融服务范式、风险定价机制和风险管控模式，使得金融行业未来发展充满了不确定性，这种不确定不仅仅可能是风险，还有可能是对于金融体系以至经济社会体系的重大影响。金融监管是消除金融风险、弥补市场失灵、有效保护消费者的基础保障，但是，面对重大的金融创新，金融监管可能难以匹配相关的高度虚拟化、网络化、分布式的金融科技体系，金融监管的信息技术、认识水平、监管能力以及技术资源等都对主动监管体系提出了新的要求。

最后，金融科技混业趋势与分业监管模式的制度性错配。金融科技依

托新的技术特别是分布式技术使得未来金融科技平台十分扁平,同时天生具有跨界和混业经营的特征,综合化运作的趋势极为明显,甚至可能跨越时空限制在不同领域、不同市场开展多元化相关联的金融业务,这使得金融科技的混业特征更加明显,同时也使得风险的内在关联性以及跨界关联性大大提升,金融风险空间传染并导致系统性风险的可能就在提升。而目前,我国的金融监管体系仍然是分业监管为主的体系,同时以机构监管作为支撑,"谁的孩子谁抱走",在金融创新的监管上缺乏较为有效的协调机制,这可能导致日益严重的混业经营趋势与边界明晰的分业监管体系的制度性错配。

四、监管沙盒是金融科技监管的重要探索

国际上,关于金融科技的发展及其对金融监管的影响是一个重要的金融议题,一些经济体在金融科技监管领域做出了有益的尝试,特别是金融创新与有效监管的平衡、监管科技与以科技进行有效监管的平衡等值得我国借鉴。

国际经验表明,金融科技监管可以采用监管沙盒(Regulatory Sandbox)机制来促进金融创新并将金融风险限制在特定范畴之内。所谓监管沙盒,主要是指监管部门设立金融创新中心并创设旨在为金融机构创新提供安全空间的监管机制,是一种促进金融创新同时又将风险控制在特定空间之内的监管创新机制。这实际上是类似于将金融科技业务、合规要求及其监管实践放在"沙盘"中进行演练的状况,为此也称为"沙盘机制",是一种监管中的压力测试。

监管沙盒为金融科技创新提供了新的机制保障。第一,金融科技的发展对监管创新的挑战在特定领域已经迫在眉睫,但通过大规模改革金融监管体制甚至变更监管组织架构来适应金融科技的发展短期看是不现实的。在这种情况下,对金融创新采取一种试点举措来促进监管实践是一种理念创新。第二,监管沙盒机制包容了鼓励金融创新的机制,同时,又将相关的风险控制在一定的范围之内,可以较好地实现金融创新促进和金融风险防控的动态平衡。第三,监管沙盒可以在一个相对封闭的体系内更好地防止消费者的利益受到损害,防止金融创新给金融消费者的利益带来意想不

到的冲击。

监管沙盒不是一个完美的监管机制,需要有相应的成本或者投入作为配合。一是监管沙盒对金融监管资源和能力的要求提高,需要引进更多的人才,投入更多的设备,监管成本相应提高。二是监管沙盒机制可能会导致部分金融机构承担更大的风险。监管沙盒的出现,使得监管者为风险背书,容易导致金融机构或者科技公司开发的一些没有达到相关标准的产品或服务项目匆忙进入监管沙盒,最后反而使得相关企业的风险被放大。

监管沙盒并非金融科技监管的全能框架,还需要跟随实际情况的变化不断动态升级监管体系。监管沙盒机制整体仍然是一个相对初级、相对单一以及规模有限的模拟系统,在未来的监管实践中可能无法适应日益复杂、日益庞大以及关联性日益提高的金融科技的现实需要。未来,金融市场场景、环境和监管的信息化模拟体系需要更大、更复杂和更具针对性的系统,将使特定领域或层面的监管沙盒衍化为更具有宏观层面的"金融风洞"试验,构建更加全面、更加科学和更加有效的风险甄别、合规检测、审慎评价以及政策应对的监管体系。

五、监管科技是金融科技监管的新兴手段

金融科技给金融监管体系带来的最大挑战是监管科技的广泛运用。在金融科技的监管中,如何有效监管金融科技面临巨大的技术难题。监管科技是能够有效地解决监管和合规性要求的新技术,主要包括机器学习、人工智能、分布式账本、生物识别技术、数字加密以及云计算等,亦是我们在金融科技的典型模式中所涉及的相关技术,是金融科技创新中"规避"监管的新兴技术支撑。

在监管科技广泛运用于被监管对象的监管和合规的同时,监管科技给监管体系带来新的问题,基于传统业务的合规管理框架可能使得金融科技监管体系的有效性大大降低,而金融科技监管体系最有效的应对则是充分利用新兴技术来缓释技术及其引致的金融风险。监管科技用于监管当局主要需要考虑两个问题:一是如何利用监管科技执行微观监管、货币政策以及宏观审慎政策;二是如何运用监管科技强化对金融空间的认识,并确定新的监管规则与举措,从而提高监管的有效性。

国际上，已有监管机构在开始运用监管科技来监督金融科技及其相关机构、业务与服务等。英国金融行为监管局（FCA）在 2016 年 5 月 4 日就发布了"项目创新：监管科技"计划，认为技术在金融产品和服务创新中发挥了日益重要的基础性和枢纽性作用，同时，FCA 致力于促进金融创新和技术发展（包括监管技术）来提升金融竞争力并保护消费者利益，即将金融科技相关的技术应用于监管实践。英国在监管科技促进与监管应用中，主要通过三类主体来实现：市场新参与者、国际合作主体以及现有大型机构。

不过，FCA 对于监管科技在监管体系中的作用和应用则处于探索阶段。结合国际金融协会的研究，监管科技设计的主要技术包括人工智能及机器学习、加密技术、生物识别技术、区块链、应用程序编程接口、共享机制与云应用六类，但是，在具体的监管实践运用中，相关技术的运用仍是初步的。

六、完善金融科技监管的"五大建议"

为了进一步促进数字普惠金融业务的发展，需继续完善互联网金融监管，强化金融科技监管，构建金融科技监管新范式，建立健全金融科技监管长效机制。

（一）构建金融科技监管体系

一个具有针对性的金融科技监管体系，需要包括以下几个重要的内容：一是监管当局需要进一步促进金融科技监管规则和工具的发展，建立具有针对性和有效性的金融科技监管基础设施、基本原则、微观指标和监管工具等；第二，加强监管机构与市场间的知识共享和沟通，特别是强化对于金融科技的典型技术及其与金融体系的融合，以及对于金融监管体系的影响；第三，在现有分业监管格局下加强金融监管协调，组织架构的变更需要更高层面的顶层决定以及较长时间的调整过程，而金融科技及其风险的应对可能会较为急迫，目前较为现实的办法就是强化金融监管协调，特别是金融监管机构与非金融监管机构的协调；第四，完善金融科技行业的风险监测、预警与处置机制，构建相应的微观指标，并建立相应的风险监测机制,比如,人工智能服务客户数、人工智能业务规模及其占比等。

(二) 改革金融科技监管组织架构

金融科技的兴起及未来发展可能实质性倒逼监管改革、促进组织机构创新、完善金融监管体制。互联网金融以及金融科技的发展凸显了我国金融领域跨界经营和综合经营的重大发展趋势,这呼唤相对更加统一的金融监管架构,最为理想的方式是成立国务院主要领导担任主席的金融监管委员会或金融监管协调委员会,下设金融科技创新中心,重点完善金融科技的创新与监管,并协调一行三会等相关部委对于金融科技的监管。在金融科技创新中心中,可以考虑创新金融监管新范式,特别是引入沙盒监管。

在现有监管体系不改变的情况下,需要强化监管协调机制的建设及其执行,以防范出现跨界化导致的制度性错配风险。金融科技的监管还需要建立一个国家级的金融数据调查、统计和分析体系、金融基础设施以及信息系统。

(三) 建立健全金融科技的沙盒监管计划

我国具备了金融科技沙盒监管计划实施的基本条件。一是互联网金融以及金融科技蓬勃发展,亟待一个创新促进和有效监管的平衡机制,沙盒监管是一种重要的监管创新,值得借鉴与探索。二是沙盒监管机制与现行监管机制是相融的,其作用恰恰解决了现有监管体制中所解决不了的问题,比如混业经营与分业监管的制度成型错配。三是我国金融科技的发展拥有巨大市场,各国金融科技企业都在中国落户、扎根。在某些领域,如人脸识别、人工智能方面已经走在了世界前列,这客观上要求必须通过监管来推动金融科技的进一步创新和规范发展。四是沙盒监管是局部试点、先行先试而非全面打破,与传统监管的逻辑思路不谋而合,这种逻辑在我国有路可寻[1]。

建立健全沙盒监管的实施计划,一是确认沙盒监管的责任主体,国内最为合适的责任主体应该是中国人民银行,同时与金融科技发展相关的部委应该在沙盒监管的主体群之中。二是制定沙盒监管的详细计划,将监管

---

[1] 胡滨:"金融科技创新与沙盒监管应实现艺术的平衡",2016 年 11 月 30 日在第 11 届"21 世纪亚洲金融年会"上的演讲。

的流程透明化、标准化。三是完善金融科技沙盒监管的微观标准，甚至可以采用负面清单模式来促进金融科技企业的创新发展。四是设立监管对象客体的标准，基于金融科技的金融属性和科技属性双重标准来遴选可能具有系统重要性的金融科技企业，并将其纳入沙盒监管计划之中，实现创新促进和有效监管的融合。五是设立沙盒监管的存量和增量处置安排。对于存量的机构而言，通过设立标准将部分重要机构纳入其中；对于新增的金融科技机构，则采取审批与准入结合的方式，一旦审批成功就自动进入沙盒监管体系之中。六是吸收借鉴监管沙盒的限制性授权、监管豁免、免强制执行函等新兴监管措施，以监管创新促进金融创新，同时又将风险及其应对留有制度空间。

（四）强化监管科技建设，提升监管能力

一是明确金融科技的监管职责，强化监管科技应对金融科技所引致的潜在金融和技术风险，大力提升监管科技在金融科技中的应用。不管是否针对金融科技，未来监管体系相关的科技亟待深化，监管部门技术化应成为我国金融监管体系改革建设的一个重点。二是重点在于建立监管科技专业团队，借助信息科技部门力量，提高金融监管者的信息科技知识水平，并内化为监管体系以及监管微观标准。三是协调相关法律法规，对于有限授权、豁免操作、豁免中的权责以及技术的支撑寻求相关的法律法规支撑，或是建立新的制度或体制基础。四是积极参与国际金融监管合作，共同防范金融科技及其跨界、跨境传染的风险，共同制定金融科技监管及其监管科技引用的微观标准和技术指南。

（五）构建金融科技监管长效机制

金融科技对于未来金融体系以及金融监管框架的影响存在较多的未知性和不确定性，从金融科技目前涉及的主要技术及其应用来看，其可能对于金融体系的要素及资源配置带来重大的影响，需要构建一个具有长期、动态视角的金融科技监管长效机制，以保障金融稳定，缓释相应风险及其传染效应，并促进金融创新以及新兴技术在金融、经济以至社会等多个领域的应用。一是完善金融科技监管的基础设施，比如，加大科技型人才引进力度，建立金融科技相关金融业务的信息系统、监测体系，完善相关法

律制度。二是逐步改革完善金融科技监管机制，缓释金融科技导致的跨界经营、混业经营与分业监管的制度性错配程度，不断完善金融科技监管的治理体系。三是进一步完善金融监管体系的机构改革和组织架构，完善目前基于机构的监管范式，以功能监管作为支撑，构建金融监管新机构体系。如监管机构调整无法实现，那应该强化监管协调机制建设，特别是与科技相关的部门协调。四是强化监管科技在金融监管框架中的运用，以监管科技来"武装"监管机构，提升对金融科技监管的专业性、针对性和有效性。五是借鉴国际经验，考虑构建适合中国金融科技发展和金融监管体系现实的沙盒监管计划，鼓励新兴技术与金融的融合创新，同时又积极主动防范风险。

［本文摘自胡滨主编，尹振涛、郑联盛副主编：《金融监管蓝皮书：中国金融监管报告（2017）》（有删减），社会科学文献出版社 2017 年版］

直面金融风险

促进互联网金融市场健康发展

吴晓灵[*]

互联网浪潮带来的创新不可阻挡,中国金融业亦不例外。"互联网金融"的繁荣在中国已经持续了好些年,深刻地改变着金融业态。2015年,随着中国政府出台互联网金融相关指导意见和监管细则,"互联网金融2.0时代"已经来临。

近年来互联网企业频繁介入金融服务行业,给社会大众带来了更好的体验、更多的选择,也促进了传统金融机构的变革,增进了社会的整体福利。与此同时,也出现了一些乱象:一些人借用互联网金融和金融创新的名义冲破监管红线,扰乱金融市场秩序,给投资人带来了不应有的损失。

为什么会出现这些问题?

一是许多人没有认识到互联网技术运用于金融业并没有改变金融的本质,对各类金融产品的本质属性缺乏准确了解,对金融的法律红线缺乏敬畏之心。

二是现有的金融产品设计未能满足不同风险承受能力投资人的需求,因而出现了一些有市场但不合规的产品,运作不当给市场带来风险。

三是金融监管跟不上市场发展,缺乏应有的引导和警示。因而,必须加大金融改革的力度,适应社会需求,维护市场秩序,保护投资人权益。

一、当前两大乱象解析

当前,互联网金融中风险暴露最多的有两个领域:一是P2P,二是互

---

[*] 吴晓灵,全国人大财经委副主任委员,清华大学五道口金融学院院长。

联网理财。由于社会对相关产品的法律性质认识不清,以致难以有效防范和控制风险。因此,要正确引导社会对金融产品的属性认识,遵守法律红线,维护社会秩序。

P2P是点对点的直接融资,因而不能有资金池,这是监管红线。私设资金池就是变相吸收存款。作为一种直接借贷形式,P2P借贷双方必须直接签订合同。如果标的分拆,那么最大分拆额是30份,额度最多20万元;如果标的不分拆,则不受额度限制,即使额度达到1个亿也只需双方直接签订合同即可,这是借贷者的自主权。

P2P业务如何防止建立资金池?最好的措施就是资金通过银行直接从借贷双方走账。目前,有些P2P平台声称其资金委托在银行,但并未明确开户人身份问题。这种情况下,如果账户是P2平台本身的账户,资金仍通过该账户走账,这种情况依然属于私设资金池,属于变相吸收存款。

对于P2P平台来说,建立直接融资的银行托管账户,实际操作步骤应该是:P2P平台向银行发出指令,把甲客户出借的钱直接转到乙客户的账上,不经过平台的账户。目前,监管当局要求P2P平台找银行建立托管账户,然而很多银行却没有开发这样的技术产品,这也成为P2P平台实现银行资金托管需要突破的技术障碍。

从资产端方面来分析当前P2P业务乱象:一是资产端没有坚持小额融资,由于金额很大,势必导致标的分拆;二是资产端的标的复杂,许多标的实行等额分,实质就与证券无异,比如对小微企业的贷款、融资租赁以及资产管理的产品等。由于资产端产品复杂、金额大,因而分拆标的是普遍现象,违规也成为普遍现象。

从资金端方面来看,乱象来自资金的金额错配和期限的错配。资产端金额大,资金端金额小,因此会分拆标的;另外,当资产端借贷期限比较长的时候,如果资金端不能提供长期资金,很多参与P2P的投资人便希望短期获得高利,因而产生了期限的错配。

作为大众参与较多的互联网理财领域,乱象也十分严重。

互联网理财有三种形式:一是提供金融信息服务,介绍各类金融产品,分析、比较、推荐,不介入交易。二是销售金融机构的产品,这需要该类金融产品的销售许可,私募产品不可以公开销售。三是集合客户资金帮助客户投资,这个时候平台承担了资产管理的责任,其实质是在发行集合投资计划。

理财、投资是一种行为，不是产品，完成理财行为需借助金融工具，因此，金融工具的属性和法律关系必须明确。金融工具可以为客户提供咨询，也可以向客户销售产品，但这些金融产品都拥有其特定的属性，应该将这些属性界定清楚，并在实际操作中向客户明确告知。

目前，大量的理财产品其实就是集合投资计划。何为集合投资计划？份额化的集合资金并由第三方管理的投资产品都是集合投资计划。集合投资计划的法律关系是信托，其金融的属性是投资基金，是证券。因此，这种类型的理财须严格遵守相关法律。如果是私募发行则必须少于200份，且必须面向合格投资人。依据现在监管当局掌握的数据，合格投资人的起点是净资产不低于1 000万元的单位、个人金融资产不低于30万元或者最近三年个人年均收入不低于50万元、投资的单只私募基金的金额不低于100万元人民币的个人。如果是公募，则可以大于200份，但是由于其产品属性是基金，则必须注册发行。

二、金融创新的三个方向

股票投资和基金投资已形成投资者风险自担的文化，应沿此路径创新公募基金产品，发展股权众筹，满足不同层次投资人的需求。

首先，应创新公募基金产品，满足中间层次投资者需求。

公募基金投资标的范围过窄，私募基金投资门槛过高，是当前难以满足中间层次投资者需求的主要矛盾。私募基金的投资范围由合同约定，它的收益高，但是风险大。

从理论上说，私募基金可以投资所有标的，包括已上市和未上市的证券，另类投资，古玩、字画、红酒等。整个投资过程是由合同来约定的，收益高，但是风险也相对很高。

与之相对，公募基金的投资范围在当前监管框架中相对偏窄，收益率偏低。法律规定的公募基金投资范围，一是上市交易的股票、债券，二是国务院证券监督管理机构规定的其他证券及其衍生品。因此，金融创新应包含扩展公募基金的投资范围，进而提高公募基金的收益。

除拓展投资范围外，也应创新公募基金品种，允许在一定份额比例内投资未上市的证券,同时还需提高投资人门槛。比如现在除了已经上市的股票和债券之外,还可以增加一些股权或私募债,甚至可以加入一些其他的投资计划。但是,需将其控制在一定的比例,而且,一旦扩大了投资范围,投资人承担风险的能力也须加强,因而必须提高投资人的门槛。例如,对于一般的只投资于上市股票和债券的基金,在扩大投资范围后,可以将其投资门槛从1元钱提高到几万元钱。也就是说,当资产端开放资产范围和比例的时候,同时要提高客户端的要求。

此外,还应简化公募基金注册程序,允许同一投资结构的基金一次注册、多次发行,实行数量储架发行制。如果一个基金管理公司管理的同一类型的基金,其投资风格是相同的,投资的结构大体也是一致的,则允许做一次注册多次发行。这是创新公募基金品种,解决从1元钱认购公募产品到100万元认购私募产品区间内的中间投资的需求问题。

其次,发展股权众筹,让一般投资人参与企业创业。

众筹是互联网时代大众参与投资的好形式,其种类很多,包括捐赠型、产品型、股权型、公益型。

股权型众筹是小微企业发起设立的重要创新形式。根据我国《公司法》规定,非上市公司的股东人数不能超过200人,允许2人以上200人以下发起设立股份制公司。另根据我国《证券法》规定,"未经依法核准,任何单位和个人不得公开发行证券",并将未经核准"向不特定对象发行证券"、"向特对象发行证券累计超过二百人"等情形均纳入违规公开发行的范畴。因此,股权众筹不能突破《公司法》和《证券法》所规定的200人的上限。而且在现存的法律框架内,如果是债券私募发行,则有合格投资人的要求;如果是股权型众筹,200人以下没有合格投资人的要求,任何一个人都可以去发起、参与。

那么,互联网公司发起股权融资项目,如何把关、控制风险?第一类是平台尽职调查,客户自主选择,这是大多数的互联网股权众筹平台当前的做法。第二类是在众筹平台采取"领投人+跟投人"的形式。第三类是利用孵化器推荐,但需注意孵化器的不同标准。这是在项目选择方面做好把关、控制风险的可行之举。

对于投资人来说,尽管所有人都可以参加众筹,但是为了保证参与者不至于承担过大风险,应该设置最高投资金额限额以及参与项目的数额限制。这些措施可以控制客户的风险,一旦某个项目失败,不至于影响客户的生计和生活,从而做到从投资端控制投资人的风险。

现在网上比较合规的众筹平台,一般都自觉将人数控制在200人以内,最低投资额多控制在50万元以上,没有做到上文所说的大众参与。今后真正发展的股权众筹实际上是在股权众筹平台上公募发起公司,这才是股权众筹的创新所在。如果不突破200份,不打破合格投资人的限制,仍是私募,而不是真正的股权众筹。只有打破200份的限制,降低投资人的门槛,才是真正的股权众筹。这样的股权众筹可以为小额投资人提供参与创业投资的机会。当然,这就需要立法给予确认。而在现存法律框架内,由于法律尚未修改,突破关于份额和合格投资人的限制均属违法行为。

以美国为例,美国的股权众筹标的总额控制是100万美元,我个人建议中国能够发起设立的公司控制在300万元。对投资人,可限制其最高投资额度或投资占其可支配资产的比例,同时对一定时间内投资项目的数目进行限制。

最后,应开放大额存款市场,给投资人提供投资高息存款的合法途径。

保本保息是中国投资人的偏好,但债券不适合向个人投资者发行。中国有许多经营债权的机构,苦于资金来源有限,比如个人消费金融公司、融资租赁公司、汽车金融公司、住房信贷等等。如果能够开放大额存款市场,允许一些非银行存款类金融机构吸收公众存款,成为有限牌照银行,那么对于提供更多的投资产品将大有益处。

三、六方面创新监管

创新是市场发展的动力,是市场主体适应市场需求的行为,个别风险的暴露是市场发展中必然伴随的现象,而监管的责任就是关注创新的市场基础,防范风险,同时释放金融活力。对于监管主体来说,要创新监管,解除束缚,促进经济社会健康发展;要拓展证券定义、实行功能监管。

具体来说,可有以下六个方面:

一是克服监管当局的地盘意识,按实质重于形式的原则,明确产品法律关系和功能属性，实行功能监管。让银行理财产品归位公募基金，用数量储架方式进行发行。

二是完善中央、地方双层金融监管体制。吸收存款、公开发行证券、办理保险的金融机构和信托公司归中央监管，不吸收公众存款的一些金融服务机构可以归地方金融监管局监管，中央银行负责对地方金融监管机构的协调指导。

三是规范金融产品名称。所有金融产品，无论线上线下，在销售时都必须表明产品的金融属性，存款、贷款、基金、债券、股票、集合投资计划、资产产品计划等等所有的产品必须明示产品的名称。没有金融牌照的互联网平台销售金融产品，必须持有销售许可证。

四是严格管理公司的名称。凡含有金融、理财、投资、投资咨询、财务、担保、财富管理、资产管理、融资租赁等字样的公司，需先到地方金融办备案，再到工商局注册。建议国务院出台一个特殊的国务院令，或者是人大出台一个决定，来明确这一要求。名称导致的误导层出不穷，这也是当前金融混乱最重要的原因之一。

地方金融办应成为地方金融监管局，对上述类型公司进行负面清单监管，即不得非法集资；不得非法公开发行证券；不得办理超出 200 个合格投资人范围的资产管理业务；不得无许可销售金融产品；不得从事投资咨询顾问服务。以上行为都是拥有金融牌照的机构的专属权利。

五是加大违法行为的处罚力度，建立有奖举报非法金融活动的激励机制。

六是打破刚性兑付，树立风险自担的意识。以维护稳定的名义迁就投资人，由政府负责部分偿付责任，只能助长非法集资活动。

（本文原载于《博鳌观察》2016 年 4 月刊）

直面金融风险

互联网金融宜采取合作监管模式

高晋康　唐清利[*]

近年来，中国互联网金融呈现出高速发展势头与乱象丛生的局面，P2P、股权众筹、第三方支付、互联网保险、共享经济等平台不断拓展着互联网金融的领域，给社会各个层面带来了巨大冲击，既为"双创"提供了前所未有的动力，也对监管带来了前所未有的压力。在其发展过程中逐渐出现了监管套利、赢者通吃、败者跑路、税收问题等，特别是"e租宝"、"中晋系"等案件在全国范围内波及了数十万人和上百亿元资金，对监管制度建设提出了更为迫切的要求。

一、互联网金融监管制度建设要注意处理的关系

处理好发展互联网金融的实质与形式关系。发展互联网金融究竟是为了什么？这是其实质问题，必须首先搞清楚。互联网金融之所以能在短期内成为中国家喻户晓、震动世界的一个新生事物，在于其利用新的互联网技术大大改造了传统金融的各个环节，能够使一些互联网技术公司等非金融企业绕开传统金融监管，获得高利润回报。在资本市场作用下，互相援引加速，更进一步造成了其迅猛增长的态势。但互联网金融的实质应该是利用互联网技术为金融服务，降低交易成本，提高效率，促进实体企业发展。从我国互联网金融发展的总体情况看，一部分植根于服务实体或依托于实体的互联网金融实现了这个目的，但有一些互联网金融企业为了追求暴利完全脱离了实体企业，最终演化成为违法甚至犯罪行为。

---

[*] 高晋康，西南财经大学法学院院长；唐清利，西南财经大学法学院教授。

处理好互联网金融发展中的技术创新与资本为王的关系。互联网金融能够迅速起步得益于其优势的技术运用，互联网特有的互通、快捷、高效等优势既对传统金融造成了巨大冲击，也给民众生活带来了极大的方便和实惠。可是，互联网金融与资本两者天生的逐利性黏合在一起，互联网赢者通吃的特性便暴露出来，互联网企业对市场的占有率越来越强调资本支持，一些拥有优质技术却没有足够融资能力的互联网金融企业便被淘汰掉。长此以往，互联网金融将丧失创新和发展的能力，并可能演化为新型垄断，一旦失败将给国家和人民造成不可估量的损失。

处理好监管与发展的平衡关系。互联网金融的发展态势已表明，其对于我国在新常态下推动创新和经济结构转型具有非常重要的作用。同时，互联网金融也是市场的产物，我们不应该用行政的方式取缔或阻碍这个符合广大人民群众需要的新生事物的发展。但是，互联网金融的野蛮生长确实已产生了很多问题，如不解决好，既可能危及我国经济发展后劲，也能危及社会安全稳定，还会损害广泛大众的利益。

二、宜采取合作监管新模式

互联网金融要实行有别于传统金融监管的合作监管新模式。互联网金融产生于市场选择，市场选择的本质是政府与市场关系、各级政府间关系和私人与国家关系的组合方式的变化。随着技术和市场的发展，社会结构逐渐出现了公私权合作的趋势。这种合作从惩罚、监控以及其成本的分担入手，通过法律和私人社会规范的组合，围绕人的效用最大化形成具有互补性和替代性的行为激励和信号传递机制，促成合作与秩序的生成。具体到互联网金融，以及其与土地利用、中小企业融资等结合起来以后，国家既有的监控手段力不从心，只好通过立法和颁布政策改变惩罚，进而重新分配监控所需的信息成本。这样一来，国家和私人之间、各级政府之间、公权和私权之间、政府与市场之间便被裹挟进了一种难解难分的合作格局中。市场和政府中的行为主体在单方行为中，无论法律如何制定，自身如何承诺，都有出现违法和自律异化去获得额外收益的激励。为了尽可能降低异化和减少投机行为，充分的信息披露和确保信任系统中信号的连续性极其重要。这不可能在单方行动中获得成功，因此实行合作治理与管束是较优选择。

这个模式在市场化程度比较高的发达国家广泛采用,并且行之有效。比如,美国金融市场的监管采用的是以联邦与州分权为基础的多元化模式,其在州一级大多采取由受监管者自行聘请监管人,再由政府监管监管人的模式。这种方式始终贯彻了市场化和交易便利化的思维,同时,大大降低了监管者与行为人之间的信息不对称问题,并让受监管者合理地分担了国家在获取信息和行使监管权力等方面的成本。这种模式一方面增强了行为人的自由和扩展了其进行市场自主行为的权利;另一方面,国家通过节约监控成本,而获得了实施惩罚的成本集约优势,从而大大地提高了监管效率和效果。因此,合作监管应该成为我国互联网金融监管模式创新的理性选择。

三、互联网金融监管体制法治化路径

第一,加快建立和完善全覆盖的征信制度和征信体系,并加快征信机构的市场化,这样既可在竞争中增强其服务能力和覆盖面,也可方便社会对征信体系的运用和认同。

第二,建立和完善互联网金融保险制度,起到风险分散和保障作用,这既可以创新保险产品,还可以促进互联网金融创新能力的发挥。

第三,建立和完善互联网金融自治体系,鼓励有关机构相互之间联营或联保,鼓励建立各种自律机制,实现风险循环系统的扩大,增强互联网金融风险抵抗力。

第四,建立和完善有关互联网金融消费者保护的法律法规,鼓励建立专业的互联网金融消费者保护协会和组织,以更好地维护消费者权益。

第五,建立类似于证券市场的强制信息披露制度,以确保消费者的知情权,加强对互联网金融机构的社会监督。完善救济和追责机制,尤其是进一步优化集体诉讼、多元化纠纷解决机制、简化举证责任制度等。只有朝监管与保护相结合的方向努力,互联网消费者的权利才能得到更好的维护,消费者的风险意识也可以得到强化,最大限度地避免非理性投机行为。也只有互联网金融消费者权益获得了保障,投机行为受到了尽可能的抑制,互联网金融才能够真正健康理性发展,其创新能力才会得到正确发挥。

总之,应建立由被监管主体和监管主体之间在监管行为、过程、方式、程序和结果上组合各种监管形式所产生的一系列制度构成的合作监管机制。它是政府与市场的合作、政府之间的合作、公权与私权的合作、事中监管与事后监管的合作、自律与他律的合作、信息共享与分享的合作。它影响相关制度设计和法律适用的取向。

合作监管制度的特征是:(1)它以双方参与合作监管为形式。(2)突出了事中事后监管的结合、自律与他律的结合、信息共享与披露的结合、公权与私权的协作,强调协商与强制的结合。(3)这是监管制度的创新,有别于以往针对传统金融机构和企业的行业监管、分业监管与混业监管,而是强化功能监管与行为监管相结合的综合监管模式。这种监管模式可以最大限度地解决我国互联网金融发展中面临的主要法律问题。这种制度构造为我国互联网金融健康发展和风险防范能够提供理论和制度突破,并且符合国家全面深化改革的方向。

(本文原载于《金融时报》,2016 年 6 月 27 日)

数字货币及其监管

谢 平 石午光[*]

随着互联网的快速普及,网络经济蓬勃发展起来。网络经济深入金融领域,对传统金融模式提出了挑战。其中,互联网货币近几年初露端倪,以 AmazonCoin、FacebookCredits 等为代表的网络社区虚拟货币,也包括新型的数字货币,受到媒体、政府、学者和民众的广泛关注。数字货币的出现,丰富了人们对货币和支付的认识,交易媒介也更加多样化。金融基础设施创新,深刻影响了货币和金融体系的发展。

经研究,我们认为,去中心化金融基础设施将对货币理论和政策、金融监管和资本市场产生深远影响。从成本、效率和安全角度考虑,分布式账本有望成为未来重要的金融基础设施。

一、引言

以央行为主导的集中发行法定货币制度,实际上只有 100 年不到的历史,在此之前则是自由货币时代。由中央银行集中发行货币的制度,授予政府发行货币的特权,货币价值通过政府信用背书降低了全社会的交易成本,但通货膨胀的问题始终为人们所诟病。

随着人类社会的发展,出现了互联网,大家又预言数字货币即将诞生。目前数字货币的发行出现了两条路线:一条是法定数字货币,数字货币由央行来发行和管理,中国人民银行相关研究和实践走在前列;另外一

---

[*] 谢平,中国金融四十人论坛高级研究员、博士生导师,中国投资有限责任公司原副总经理;石午光,清华大学五道口金融学院经济学博士。

条路线则是脱离央行，由点对点的数字货币来完成人类的很多交易行为。在此之下存在一个大前提，人类一定要把互联网作为有生命力的市场——互联网本身不是工具，而是有生命的市场。

国际清算银行、国际货币基金组织、美联储、英国央行、中国人民银行等等都在研究数字货币，通过大量研究，希望指引数字货币走进法定数字货币体系，为人类提供数字货币的非现金基础，在将来，这个方向是可能的。

另外，在民间，由大金融机构领头，比如 J. P. 摩根、高盛，在比特币的基础上研究脱离央行清算系统的数字货币。非主权数字货币已经不容忽视。比特币比较典型，现价已经是 1 万多元人民币，又创历史新高。

在这样的情况下，数字货币的研究不仅具有学术意义，对未来的数据经济也有非常重大的意义。我们的报告只是初步对数字货币进行了理论和技术方面的探讨。

二、数字货币的定义

数字货币有两个特点：一是权威机构的定义不完全一致；二是定义存在一个演进的过程。

欧洲中央银行把虚拟货币定义为一种不受监管的数字货币，通常由其开发者进行发行和控制，或者类似于比特币无法被其开发者控制，为特定虚拟社区的成员使用和接受。这是较早对比特币这种虚拟货币进行的定义。

国际货币基金组织（IMF）指出，虚拟货币是价值的数字化表现，由私人机构发行并且使用自有的记账单位，包括常见的电子优惠券、航空里程、加密货币以及某些资产支持货币等。虚拟货币是广义数字货币中的一种。数字货币包括电子货币，即以法定货币表示的电子化支付机制。虚拟货币有自己的计价单位，并非由法定货币计价。

国际清算银行在 2015 年 11 月研究报告中将数字货币描述为"基于分布式账本技术、采用去中心化支付机制的虚拟货币，它颠覆了货币的定义，打破了原有的商业模式，是对金融市场和经济各方面有诸多影响的一项真正突破性创新"。

我国对数字货币的研究走在世界前列。《中国金融》出版了一期中国人民银行数字货币研究专题，指出，数字货币是传统货币基于互联网和数字加密技术的新发展。数字货币属于信用货币，可以进一步降低运行成本，并能在更广泛的领域内以更高效率加以应用。央行研究也提出，央行数字货币体系是基于"中央银行—商业银行"的二元体系，核心要素为一种币、两个库、三个中心。

从以上定义可以看出有三个概念需要进一步澄清：一是数字货币和电子货币；二是数字货币和虚拟货币；三是非主权数字货币和主权数字货币。

可从技术角度和经济学两个视角看待数字货币。我们认为，电子货币、数字货币或数字加密货币，是从技术角度对货币进行定义；而虚拟货币是从经济学角度对货币进行定义。数字货币主要有三个特点：（1）数字货币包含非主权数字货币和主权相关数字货币两类，其中，非主权数字货币由非主权个体发行或者不存在特定的发行主体，比较典型的是Bitcoin、Litecoin等；（2）主权相关数字货币是中央银行发行和控制的数字货币，英格兰银行、中国人民银行等都在研究央行数字货币；（3）除此之外，主权相关数字货币还可以延伸包括以主权货币为记账单元的数字化金融产品，比如，数字化债券、股票、基金等。这些金融产品通过数字技术，以主权货币为单位，可以具有类似货币的交易媒介功能，因此归类到主权相关数字货币。

数字货币是从技术角度对货币进行了定义，我们对数字技术的范围也进行了界定，包括P2P分布式网络、密码学、共识算法等。

三、数字货币的支付清算方式

数字货币创造性地提出了新的支付清算方式。随着互联网技术的发展，人类的支付活动已经能发生在中央银行支付清算系统之外。而支付从来都是与货币紧密联系、一同演变的。因此我们可以沿着这个脉络来看数字货币支付清算方式的创新。

比较典型的是比特币（Bitcoin），比特币是区块链（或者分布式账本）最有影响的现实实现形式。在整个比特币支付网络中，有数量不定的支付节点,用于交易确认和整个网络账户系统的维护。每一个支付节点都有一份链式账本,记录了从第一个交易开始的交易历史(见图1)。

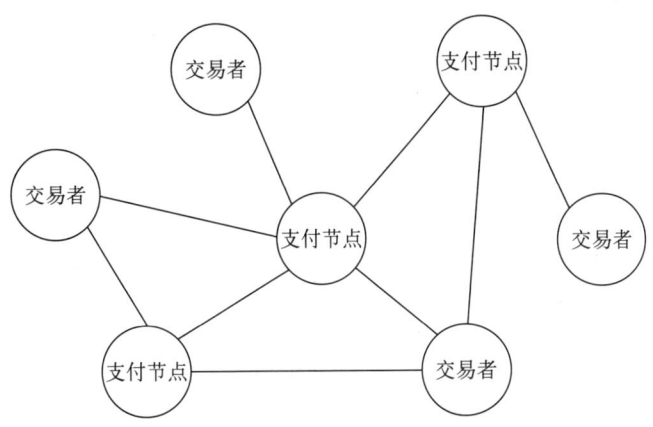

图1 数字货币的支付清算

交易处理的过程包括:发起交易、广播验证、竞争上链、确认交易。在确认交易中,比特币网络中有效账本的定义是:在 Bitcoin 网络中,某一时点有效的交易记录被定义为该时点最长(或最复杂)的账本链。比特币的支付清算方式是否为未来可以直接采用的支付清算方式,其需要改进的路径、方向有哪些?

本报告认为,比特币区块链存在的问题主要有以下四点:(1)交易确认时间过长,一般认为比较可靠的交易确认时间需要一个小时;(2)账本分叉的问题,有效账本的结果可能随时出现反转,交易某个时点被确认,可能未来一段时间过去之后,这个交易又被有效账本认为无效;(3)资源的大量浪费,目前运行 Bitcoin 的电力消耗是惊人的;(4)Bitcoin 的机制过于复杂,许多问题无法进行分析和解释。从计算机角度、系统学的角度来说过于复杂,在它的基础上进行进一步的分析和解释没有比较好的基础。

所以,比特币的支付方式可能不具有通用性和标准性。得出该结论的原因在于:(1)比特币的区块链是针对特殊场景,是发明人在开发技术、网络条件、资源限制等约束下选择的一种折中方案;(2)比特币区块链逻辑过于复杂,除了企图解决货币去中心化交易,还试图解决货币去中心化发行;(3)针对比特币的改进更多的是优化局部问题,比如使用更安全的信息保护技术、更先进的存储技术、更快的挖矿技术、交易确认等等。需要注意的是这些局部问题的改善是不是会以牺牲其他支付特征为代价，是否会带来其他问题？比如，越快的挖矿方法是否会恶化比特币账本链的分叉现象？

比特币区块链实现了一个完全去中心化的支付网络，支付节点受到很少的约束。这个约束不仅是节点之间计算能力的差异，也包括道德风险。现实中，解决支付清算的另一个极端，就是传统的中心化支付方式，比如大的银行支付系统。传统中心化的支付方式只有唯一账本，没有账本一致性问题，但是可能面临单一节点失效、效率低、节点运行成本不透明、道德风险和操作风险等问题（见图2）。

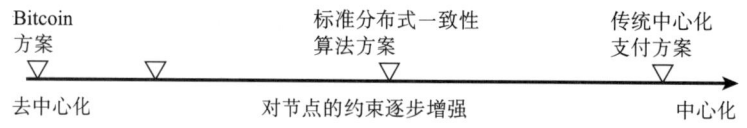

图2 去中心化到中心化的过程

我们需要在完全去中心化和中心化方式之间选择适合的方案。在传统计算机学科中，分布式一致性的算法方案也是一种路径。整个链条里，传统分布式算法是靠近中心化解决方案的一种解决思路。为了尽可能保持比特币去中心化的优点，解决比特币区块链分析上的困难，可以设计改进方案，Bitcoin区块链视为新方案的一个特例。从学术的角度来看，在去中心化和中心化的支付方案中，可以由不同的方案来解决。

四、数字货币对货币基础理论的启示

首先，数字货币是互联网条件下物物交换的新形式。从物物交换的传统途径来讲，商品直接交换有两种途径：第一，在交换时交易双方先将商品用某种货币计价，然后完成交换。在这种情形下，货币仍起到关键作用。第二，交易双方直接评估商品的交换价值进行交易。比较典型的例子是猎人在森林里相遇时进行猎物的交换。在这种情形下，交易双方根据自身的效用函数，可能是短期的效用函数，直接进行商品之间比率的谈判，进一步完成交换。其中，传统货币没有起到作用，是一种纯粹物物交换的过程。这种过程，具有交易灵活、不依赖于货币价值、没有时间连续性的特点。

互联网的发展可以使商品交换回归本源。互联网将分散的个体连接起来,而分布式账本或者说数字货币的支付清算方式,构建了一种可以点对点直接进行价值交换的机制。数字货币不同于传统法定货币,在更多的情况下被认为是数字资产。当使用数字货币,特别是非主权数字货币和数字化金融产品购买商品和服务时,本质上,是一种物物交换的过程。通过物物交换,交易双方可以改进自身的效应函数。

其次,货币职能分离。

传统货币理论里,货币职能被认为是统一的。数字货币对现代货币理论中货币职能统一的观点提出了挑战。

新货币经济学在20世纪七八十年代兴起时就提出一个观点,货币职能在一定的条件下其实是可以分离的,甚至认为这是一种历史趋势。针对货币职能分离的观点,新货币经济学和它的理论挑战者进行了非常激烈的论证。主要来讲,这些论证可以分成六个方面。

一是货币演化和货币职能。典型的是门格尔的货币演化理论,比较好地解决了货币从多样化的实物货币到统一的金属货币,然后到银行券的货币。新货币经济学认为,门格尔的理论对于历史上的货币职能解释是正确的,从发展的眼光看,随着技术的进步、法律限制的解除,货币职能可能会重新进行分离。

二是货币职能分离的交易成本。新货币经济学和它的挑战者在这方面进行了大量论述,包括交易媒介的物理特征、价格的不确定性;另外还包括,是否匿名交易以及交易的方式、交易的收益、交易收益的计算方式等。比较典型的例子是金融产品收益的计算问题,这是以前比较重要的依据。金融产品在进行直接交易的时候,交易收益需要进行大量的计算。这些计算可能使得交易成本较高,不利于金融产品进行直接交易。随着信息技术和金融市场的发展,金融产品收益的计算问题大部分已经得到解决,交易成本也大幅下降。

三是货币的可接受性,即货币是否可以被别人接受,或者在交易中被接受。

四是交易方式和货币职能分离,包括是采用信用支付、还是货币支付。

五是法律限制和货币职能分离。

六是金融产品和传统货币资产特征的差异。

表1是我们针对上述争议和相关文选总结的货币职能分离需要考虑的交易成本、交易方式以及法律限制等因素。

表1　　　　　　　　　　货币职能分离

序号	名称	类别	序号	名称	类别
1	需求双向耦合的困难	交易成本	16	通过银行支付	交易方式
2	交易策略的预期	交易成本	17	中介成本	交易成本
3	信息成本	交易成本	18	机会成本	交易成本
4	价格的最新信息	交易成本	19	技术成本	交易成本
5	重新估价	交易成本	20	协商成本	交易成本
6	买卖价差	交易成本	21	交易媒介转换成本	交易成本
7	价格不确定性	交易成本	22	支付技术	交易成本
8	小额交易	交易方式	23	支付网络和清算、结算机制	交易成本
9	匿名性	交易方式	24	签约成本	交易成本
10	提前或延迟支付	交易方式	25	违约处置	交易成本
11	交易市场	交易方式	26	社会习俗和习惯	法律限制
12	信任	交易成本	27	法律制度	法律限制
13	使用偏好	交易方式	28	法定额度大小	法律限制
14	货币收益	交易成本	29	法定禁止流通	法律限制
15	销售者（或购买者）的自利行为	交易方式	30	禁止中介套利	法律限制

如果对交易方式进行细致考察，可以看到更多货币职能分离的现象。Hicks（1989）有类似的观点。基于货币职能分离的金融产品用于直接交易实际已经发生，除了互联网货币市场基金以外，实现路径有多种。比如，把金融产品（债券、股票、保险单据）抵押，在获得临时信用支持的基础上，保留金融产品货币收益；在企业收购、兼并中，直接用股权交易（对价）；以及用金融产品直接偿还债务等。在一些非中央银行清算系统中，越来越多的交易采用清算所凭证或者国债直接作为结算手段。金融产品和传统货币在流动性、可逆性、可分性、可预见性、收益回报等方面都有明显的差异。但是随着技术和制度的创新，资产特征的差异很难解释货币和金融产品的本质区别。

对于货币理论的启示，本报告认为，比较重要的是对新货币经济学的重新认识。产生于20世纪80年代的新货币经济学，是对传统货币理论的全面反思。其主要内容包括货币职能分离观点、记账媒介理论、BFH 支付系统以及法律限制理论等。在货币理论中，新货币经济学是第一个鲜明地提出金融产品可以和传统货币一样作为一般交易媒介。新货币经济学认为，在传统货币阶段之后，交易媒介将进一步发展，出现传统货币和金融产品共存作为交易媒介的过渡阶段。交易媒介最终将成为私人机构发行金融产品，货币交换将最终被"精密的物物交换"取代。新货币经济学强调，交易成本下降对重构货币金融理论非常重要。不过，它也忽视了现实金融经济活动中的不确定性和风险，这些不确定性对货币金融理论同样重要。

从货币发展史来看，资产特性、支付技术和交易制度在其中起到了重要作用。但什么是推动货币发展的根本因素？怎样预期未来的货币形态？这是新货币经济学没有解决的问题。

Hicks 将货币的一般观点进一步发展成货币市场理论。他认为，"市场创造自身货币"，市场是货币发展最根本的推动力。货币不仅产生于市场，而且随着市场的发展不断地演进。银行存款从最初简单的金融产品逐步"成了一种充分发展的货币"。货币市场理论不仅较好地解释了货币发展的历史，同时相对其他货币本质的观点，显然更具生命力。

另外，我们认为互联网本身就是一个金融市场，不仅是个工具，更要把互联网看成是有生命力的一个金融市场。

五、数字货币对货币政策的影响

第一，非主权数字货币目前使用率较低，其主要作为投资品，很少用于支付，它对货币政策调控的影响仍很小，受众也比较少。

第二，央行发行数字货币需要考虑其对银行融资和信贷供给产生的影响。对经济的影响取决于中央银行数字货币的具体设计形式，特别是其与商业银行存款的竞争程度。中国人民银行已经有深入的研究。

第三，传统货币政策是否有效是一个值得深入思考的问题。互联网时代，主要有两个特点：一是货币发行主体非常多元化，包括非银行金融机构，甚至一般企业都可以参与社会信用创造；二是交易媒介多样化，不同种类的金融产品和传统货币共同参与市场竞争。未来，数字化金融产品将对传统货币政策产生深远影响。在金融产品货币化条件下，货币需求将更加不稳定、不可测；货币供给也具有更强的内生性；传统货币层次划分方法可能需要改进。

第四，社会总体风险水平需要进行必要调节和控制。随着数字化金融的发展，社会总体风险水平将提高，要对传统的货币政策进行创新，从而调节社会总体风险水平。新货币经济学认为，在金融产品作为交易媒介的经济中，公开市场业务潜力的发挥依赖于对流动性资产的购买。货币政策和金融风险监管的关系值得我们重新思考。

六、数字货币的法律和监管问题

目前，数字货币仍然缺乏清晰的法律监管框架。数字货币不适合使用传统的货币金融监管方法，现在法律和监管是数字货币面临的一个突出问题。

本报告认为，我国长期无须认可比特币或虚拟货币的法律地位。从国际上来看，目前还没有国家认可比特币的法律货币地位。一个新生的货币形态要走向成熟，需要满足技术要求和完善的机制设计，更需要市场的培育和发展，同时要有相应的政策制度，包括法律、税收等政策制度的完善都必不可少。目前，Bitcoin 还不是一个完整的货币方案，仍面临很多风险，它的成熟尚待时日。

我们建议，政府机构可以考虑借鉴英国和新加坡等国建立的沙盒监管制度和创新加速器机制，利用技术手段为数字货币的市场化创新提供试验和监管环境。

本报告认为，数字货币体系的监管可以分为四类：警告与风险提示，监管与登记许可，立法规范，明令禁止。

七、去中心化金融基础设施将带来深刻变革

去中心化的金融基础设施带来货币金融理论和实践的深刻变革。

第一，从成本、效率和安全角度考虑，分布式账本有望成为未来重要的金融基础设施。20 世纪，互联网技术发展已经解决了信息全球流动的

问题，预期下一步将解决价值在全球便捷流通的问题。目前，价值流通的方式主要是依赖于权威机构，而分布式账本的出现，则提供了一种价值去中介化流通的可选方式。

第二，数字货币或赋予货币新的定义。数字货币丰富了人们对货币和支付的认识，交易媒介也更加多样化。Bitcoin、Litecoin 等是新型的非主权数字货币。另一类是依托于区块链进行交易记账的金融产品，比如债券、股票等。基于区块链的交易与传统交易不同，这些交易不依赖于特定机构。事实上，区块链提供了一种"中性支付"，这种支付手段和特定类型的机构无关。数字货币，比如 Bitcoin 等，发展很快。一些国家将 Bitcoin 等视为数字资产，在一定条件下可以作为交易媒介，但价格波动比高风险股票波动还大。Bitcoin 等新型数字货币对金融产品货币化也有启发性。

第三，金融基础设施创新深刻影响了货币和金融体系的发展。金融基础设施一般认为包括支付清算和结算体系、法律环境、会计标准、信用环境、反洗钱、金融消费权益保护等。其中，支付清算和结算体系是金融基础设施的核心。金融创新是过去 30 年金融领域一个重要的现象，原因包括管制、风险多样化、技术进步。但前两者被认为是金融创新的主要原因。后者只是被简单提及。传统货币金融学并没有认识到金融基础设施的重要性。数字货币点对点交易的方式实现了支付清算去中介化，必将带来金融基础设施更加深刻的变革。如果支付活动可以不依赖于银行，那么基于中央银行和商业银行体系的传统货币理论和政策将面临很大的挑战。

总之，货币是经济和金融的核心问题。去中心化金融基础设施将对货币理论和政策、金融监管和资本市场产生深远影响。

（本文为谢平教授、课题组成员石午光博士在 2017 年 5 月 13 日就上海新金融研究院课题报告《数字货币研究》所作的主题演讲，由上海新金融研究院整理，经作者审核）

直面金融风险

非主权数字货币的竞争性不可忽视

中国金融四十人论坛研究部

数字货币的核心是基于区块链、分布式账户的金融技术创新。在金融领域，目前数字货币的影响还比较小，比特币是其最具实质性的应用。数字货币具有竞争性，非主权数字货币可以通过技术手段解决交易者之间的信用问题，正在潜在地挑战主权数字货币。未来的数字货币基础之上的货币政策理论框架问题很难研究，数字货币可能降低货币政策的可控性。另外，金融监管和技术监管的概念混淆问题日益凸显，技术监管和金融监管终将走向一体。

一、非主权数字货币有可能向主权数字货币发起挑战

根据央行行长周小川的定义，数字货币是央行发行的、替代实物现金、增加交易便利性的数字性货币。而广义的数字货币还应包含比特币及类似货币和数字化网络替代币等。在广义的定义下，数字货币存在竞争性，货币出现了非国家化的可能。如同哈耶克在《货币的非国家化》(Denationalization of Money) 一书中所述，货币领域也可能存在自由竞争。如果私人部门的信用足够优秀，货币也未必需要中央政府发行。已经出现"货币的美元化"，正表现出有信用的政府对无信用政府的竞争优势。

随着金融技术进步，主权数字货币和非主权数字货币的出现都是极具可能的。一方面，先验地将数字货币发行权划定为由私人部门掌握，可能高估了私人部门信用，低估了国家（尤其是大国）信用。至今没有出现过私人部门拥有货币发行权并和央行就发钞权展开竞争的格局，就在于私

人部门的信用事实上并不优于国家央行。另一方面，数字货币具有竞争性。事实上某些小国存在百姓不相信本国央行、政府所发行货币的现象，因此法定数字货币之外的、由技术巨头所发行的数字货币也具有可行性，这种数字货币可以通过技术手段解决交易者之间的信用问题。有专家认为，货币的本质是货币职能，而互联网作为人类合作次序的自发扩展，可以满足金融的发展速度。因此，互联网可以创造货币和信用，也就是说，互联网正在潜在地挑战央行的法定铸币权。尽管我们还不能确定互联网的信用创造功能在重重挑战之下能否实现，尽管我们也不能明确在未来数字货币成熟的情况下人类社会将进入何种状态，但我们应该承认，数字货币的出现是人类技术的进步，是对央行发行主权货币的一种挑战。

数字货币不同于传统货币之处正在于区块链技术。区块链（Block - Chain）是数字货币的基础性技术，是具有唯一性、可防伪的分布式记账技术。区块链的核心思想是构建一个全局的状态转移机，让转移的整个过程中，在全网都认为是确定的、唯一的。它是状态转移的机器，通过运用很多加密算法或者代码确保各种状态的唯一性，不能出现不同的记账。有观点指出，这正是数字货币与传统货币的区别，因为分布式记账可以便捷地传播信息，解决不同基础设施提供者所带来的"藩篱"问题。

还有观点认为，未来中央银行发行数字货币未必一定要用区块链技术。对于大国来说，从信用的角度出发，大国发行数字货币要服从中央银行宏观调控的需要，货币发行必须具有弹性，以适应经济增长和其他方面的需求。中央银行发行数字货币肯定要吸取包括大数据分析体系、账户体系、云计算、安全认证等所有历史上成功的技术成果，但是区块链能不能用、怎么用、是用其理念还是用其技术，这些都是可以探讨的。毕竟现在中央银行对于数字货币的发行还在探索中。我们不应否定区块链，也不应完全认为区块链就是必然，即使是使用其理念，也不一定完全照搬。

二、数字货币未来可能降低货币政策的可控性

数字货币的发行将对货币政策造成难以预估的影响，需要进行较为具体的场景分析。假如央行只发行主权数字货币，没有比特币或者类比特币作为数量货币的补充，那么央行对货币供应量仍然可以有效控制。因为所

有系统中的货币总量和货币转移,完全都在系统的掌控中。

另一种可能是,数字货币的发行使得货币供给的政策可控性降低。数字货币的推出,可能会使货币统计口径(M0、M1、M2)之间的界限变得非常模糊。又或者,M0、M1、M2之间会出现一些差异性变化。数字货币的发行,会减小现金活期存款比和超额存款准备金率,进而使得狭义货币乘数(M1)变大;现金活期存款比减小和超额准备金率的减小,将使得货币乘数增大,而定期存款和活期存款比减小将使得广义货币乘数(M2)减小,因此难以判断广义货币乘数的变动。这样可能使得央行很难有效调控货币供应量。

三、数字货币的发行将对金融监管产生多方面的影响

数字货币对金融监管的有利影响包括:数字货币的发行和使用既可以保护货币持有人的正常利益,又能够有效打击洗黑钱、偷漏税和腐败等违法犯罪行为;数字货币的发行和使用可以保证专款专用,政府公开信息更加透明;数字货币可以在一定程度上降低金融监管的难度,将使得宏观审慎监管政策更好地发挥作用;数字货币实现了垂直化支付,使得纳税行为、医保、社保的支付更加高效、透明。

但数字货币也会对金融监管政策带来不利影响。如果数字货币不是法定货币,而是由私人部门发行,监管将无从做起。另外,无论是基于复杂网络还是区块链,数字货币一定会在一个多主体的合约中执行,因此很难追究合约某一方的责任。例如,Uber 声称其只是一个技术平台,专车司机并不是 Uber 的职工,也不是出租车行业的从业人员,使用 Uber 的用户,只是借用了技术平台,也并不是 Uber 的消费者。所以,Uber 对乘车、出车双方都不需要承担责任。其实在这个平台上提供的商品或服务,就是由甲、乙、丙、丁等多重合约方组成。因此,无论是基于复杂网络系统,还是基于区块链金融,数字货币的存在都会带来类似的问题。数字货币所带来的合约多样化和金融与技术之间界限的模糊化,给监管带来非常大的挑战。

近年来,金融监管和技术监管的概念混淆问题在我国整治互联网金融的过程中日益凸显。中国银监会无法监管互联网金融,因为对互联网金融

的监管是技术监管与信息监管，而不是金融监管。事实上，现在监管方面已经出现矛盾：一方面，P2P 不是贷款机构，而是信息中介平台，应归属工信部监管，与中国银监会无关；另一方面，中国银监会又认为 P2P 属于金融范畴。实际上，技术监管和金融监管已经相互联系，无法分开了。下一步，社会应对技术监管建立完整体系。体系中，技术监管处于最高层，在其下细分金融监管、药品监管等。实际上，金融监管、药品监管等都离不开技术监管，都与技术监管交叉在一起。技术监管和金融监管终将走向一体，招聘人才时也应纳入更多的 IT 人员，而不仅是金融专业人员。

（本文原载于中国金融四十人论坛官网，2017 年 7 月 19 日）

第六篇

以改革严密防范系统性金融风险

　　金融要走出自我服务的怪圈，回归金融的本源——服务业，要服务于商品交易、服务于物质文化生产、服务于科技创新。没有实体经济的发展，金融的利润会枯竭，自我循环产生的利润只是信用"泡沫"的膨胀，迟早有一天会破灭。改革是走出金融怪圈的正确选择。

金融要回归本源

吴晓灵[*]

自2008年以来,国际经济金融形势起伏跌宕,国内经济金融发展面临着转型升级的新常态,金融面对着前所未有的挑战。自1971年美元和黄金脱钩,全球进入了完全的信用货币时代。1969年之前全球的贸易形势基本上顺差和逆差并不是很大,但是从1979年开始贸易顺差和逆差逐渐扩大。

在1969年之前美元和黄金挂钩,因而黄金的拥有量制约了贸易的顺差和逆差,但是1971年美元和黄金脱钩,于是货币的创造失去了黄金的制约,因而国际的顺差和逆差也可以无限扩大。因此,失去控制的国际贸易促成了各国经济结构的调整,也引起了世界经济结构的调整和不平衡。

2008年金融危机源于失衡的经济结构、源于不当的财政货币政策和监管的缺失。然而,金融危机以来,除了完善监管政策和货币政策的一再宽松之外,各国并没有在结构调整中做出实质的努力。宽松的货币政策、超低的市场利率、乏力的企业需求,让全球过多的流动性继续着危机之前自娱自乐的金融游戏,脱实向虚,过多的资本追逐有限的、有钱进的项目成为许多国家金融市场共同的特征。

结构改革是走出金融怪圈的正确选择,然而这需要政治家有改革的勇气和获得社会的支持。在纷繁复杂的国际环境中,在各国民众寻求变革的诉求中,中国应该是最有条件实行变革的国家。中国有实现中国梦的追求,中国有13亿人口的大市场,中国有许许多多未被满足的市场需求,中国各种要素的低效率配置就是未来提高效率的基础。坚持市场化的改革

---

[*] 吴晓灵,全国人大财经委副主任委员,清华大学五道口金融学院院长。

方向，让市场真正发挥决定性作用，让政府真正成为良好制度的供给者，中国才能让社会的潜力得以迸发。

在结构性改革中起决定性作用的应该是有正向激励作用的财税政策和国民收入分配再分配政策。但在中性货币政策框架下，金融也应该发挥"扶优限劣"的积极作用。之所以说要在中性的货币政策框架下让金融发挥作用，是因为近几年危机后的实践证明，量化宽松的货币政策并未解决经济增长乏力的问题，而过多的流动性反而促成了金融资本以套利为动力的无序动力，不断冲击着系统性金融风险的底线。

走出金融自我服务的怪圈，要回归金融的本源——服务业，要服务于商品交易、服务于物质文化生产、服务于科技创新。没有实体经济的发展，金融的利润会枯竭，自我循环产生的利润只是信用"泡沫"的膨胀，迟早有一天会破灭。税收是明面上的国民收入分配，通货膨胀和涉及民众的负利率是桌面上的财富再分配。笔者认为名义正利率更有利于建立透明的国民分配体系，希望这个问题能够得到金融界的进一步研究。

由于经济增长的乏力，由于各国宽松的货币政策已经用到了极致，现在大家都把希望寄托于负利率。负利率到底在金融市场的运行当中会对经济增长产生什么样的影响，现在还没有定论，也是众说纷纭。但笔者个人的观点认为：一个名义上的正利率更有利于建立透明的国民收入分配体系。因为实际的负利率会经常存在的，但是名义的负利率到底对社会上发出什么样的价格信号是值得研究的。

金融回归本源要关注实体经济的交易需求和融资需求，信息技术的发展为金融了解需求提供了更好的技术平台，在实体经济困难时期放低对金融利润的追求有利于"放水养鱼"。我们经常要求财政放松，就是减少税收，放水养鱼。但金融业在实体经济面临转型困难、增长乏力的时候，是否也应该降低对利润的追求？因为很多金融机构扭曲的行为是利润压力的结果。

经济困难时期降低金融机构资本充足率的要求和拨备的要求是逆周期调节的题中之意，没有银行放贷的动力和能力，经济发展走不出困境，再健康的金融市场也会成为无本之木、无源之水。银行追求经济利润固然有自身发展的正当需求，也有近年来监管对于资本充足率逐渐提高的要求。危机以来，因为有很多金融机构资本充足率不足，当它倒闭的时候动用了公共资金，因此提高金融机构自身的偿付能力是非常重要的。

但是，如果在经济困难的时期，银行没有动力、没有能力去发放贷款，而且在发放贷款的时候过多有利润的考量，这对实体经济也未必是一件好事。因而，我国资本充足率应当是逆周期的，当经济条件好的时候，应该让银行和金融机构有更多资本的补充。但是，当实体经济困难的时候，应该适度降低要求。如果我们一味追求金融机构自身的健康，而不顾企业的发展，那么银行最终也会成为无本之木、无源之水。

金融回归本源是培育金融成长的土壤、搭建金融人才成长的舞台。中国有着他国少有的潜力，只要真正以客户为中心，而不是以利润为中心，在商业可持续的原则下进行金融创新，中国的金融业就有着巨大的回旋余地。

（本文原载于《清华金融评论》，2016年7月11日）

直面金融风险

金融监管要"长牙齿" 拒绝"父爱主义"

刘 鹤[*]

2008年发生的国际金融危机中断了世界经济持续30多年的黄金增长期。金融体系的去杠杆和实体经济的下行形成具有放大效应的负反馈循环,导致世界经济陷入长时期的深度衰退。危机爆发已经7年多,全球经济金融尽管有所恢复,但依然笼罩在危机的深度阴霾下,这使我们从一个不同于以往的角度再次感悟到"金融是现代经济的核心",也迫使我们更深入地反思金融风险与金融监管。

从历史上看,每一次大的危机都有特定的拓展模式,只有走完全过程才能达到新的平衡点,今后几年世界经济仍将面临很多可以预见和难以预见的风险和挑战,对此我们在思想上和战略上要有充分的准备。

从金融发展史来看,金融危机并不是人们想像中的小概率事件。一部金融史就是一部危机史。研究发现,在过去四分之一个世纪中,国际上平均每年会发生6场或大或小的金融危机。

我们好奇的是:为什么会发生金融危机?金融危机是否可以避免?

从经济长周期理论到宏观政策失误,从凯恩斯提出的"动物精神"到金融体系的内在不稳定性,尽管围绕着危机原因的研究越来越多,但争议并不比过去少。

这些争议既是我们对危机认识不断深化的必要过程,也在反复让我们品味金德尔伯格所作的论断:金融危机是一个永恒的现象。我们是否只能无奈地接受"危机无法预测,更无法预防"的悲观论调?

事实上,金融危机并非无迹可寻。"历史不会重复自己,但会押着同

---

[*] 刘鹤,中央财经领导小组办公室主任。

样的韵脚",此次危机并不是"这次不一样"。基于过去800多年金融历史数据的研究发现,历次金融危机产生的共同标志性特征有:资产价格大幅上升;债务负担加剧;经济增长率波动;经常账户赤字等。

基于此,有不少人坚持认为,金融危机应当可以避免。为避免危机发生,要警惕那些新形成的、变异了的风险隐患,更要克服那些共同的根源性因素。

每一次金融危机都意味着政府与市场关系的严重失调。政府与市场的关系,一直是经济学研究的核心命题。从思想理论和政策实践的发展历程看,政府与市场的关系像一个钟摆,总是在政府多一点和市场多一点之间摆动,难点是在不同的发展阶段如何实现有效平衡、发挥最大合力。

危机前美国在经济金融发展上采取了"自由放任主义",金融自由化、复杂金融创新走向极致。危机后格林斯潘承认,自由市场理论的缺陷和金融机构自我调节能力的全面崩溃令他"万分震惊,难以置信"。分析和认识这次大危机,要从政府与市场关系这个深刻的大背景出发。

每一次危机都意味着金融监管的失败和随之而来的重大变革。笔者在两次全球大危机的比较研究中提到,两次大危机中一个共同的原因是金融体系的脆弱性超过了微观层面的风险管理能力和宏观层面的监管能力。在两次危机形成过程中,监管上奉行"轻触式监管",认为"最少的监管是最好的监管"。监管放松、监管空白和监管套利愈演愈烈,甚至出现"监管竞次"(race to the bottom)——各国监管机构竞相降低监管要求以追求本国金融机构的相对竞争优势。

美国国会对此次危机的调查结论是,这场金融危机本可以避免,危机既非天灾,也非计算机模型的失效,而是源于人类对风险的无动于衷和错误判断。借用莎士比亚的话:"错误不在别处,就在我们自身。"

面对来自国内政治、社会的巨大压力,美欧大幅提高金融监管标准,扩大金融监管范围,全面加强金融监管力度。在充分肯定这些进步的同时,我们也要看到,这些被强化了的监管很可能在若干年后引发难以预料的、更猛烈的监管规避。金融发展很可能继续沿着"危机—管制—金融抑制—放松管制—过度创新—新的危机"的历史周期规律演进。

这场危机带给金融监管的启示至少有三条:

第一,金融监管要有前瞻性。前瞻性是风险管理和金融监管的生命所

直面金融风险

在。金融监管者需要对金融风险保有一颗敬畏之心，提高风险警觉性，不能只在出现问题后才采取行动，要有预判、有预案。从某种意义上说，监管必须是内生反周期性的，特别是在繁荣时期，金融监管在不受重视时最有价值。

第二，金融监管体系要有适应性。要根据本国金融体系的发展水平、结构变化和风险变迁动态演进，关键是要有效捕捉风险并与时俱进地配置监管资源，使监管能力建设与金融创新相适应。金融监管者需要具备深刻的自省意识和不断改良的能力。

第三，金融监管要"长牙齿"，不能只说不做。金融监管者不能只靠风险提示或道义劝说实施监管，在巨大的利益面前监管机构的口头警告充其量不过是纸上谈兵。金融危机是一个强大的敌人。要战胜它就意味着监管机构要能够在危机的关键时刻做出不同于市场的独立判断，而不是被市场的意志左右。这既需要智慧，更需要强烈的使命感和勇气。

从衡量金融发展的四个维度——深度、效率、可获得性、稳定性来看，近些年来我国金融业改革开放和监管取得了令人瞩目的成绩，但一些不平衡、不协调、不可持续的问题依然突出。解决这些问题根本上要靠深化金融改革。由于金融资源具有高度流动性，金融市场具有很强的整体性，金融改革需要特别注重单兵突进和整体协调的关系，防止改革部门化、碎片化。仅在单个领域推进某项改革往往难以取得预期效果，反过来也会影响这项改革的可行性、可信度。

要坚持市场配置金融资源的改革导向，通过协同推进金融布局、金融机构、金融调控、金融监管和金融基础设施等改革以及与之配套的实体经济领域改革，优化资源配置，支持实体经济发展，并在这一过程中实现金融自身发展。

当前我国经济发展进入新常态，发展的速度、方式、结构、动力都在发生转化。这既是金融发展的重要机遇期，也是金融风险的易发、多发期，对金融工作提出了更高要求。

一方面，金融业要提高服务实体经济的能力，为去产能、去库存、补短板等供给侧结构性改革提供强有力支持。

另一方面，我国金融风险整体可控，但伴随着经济增速下调和经济结构调整，各类隐性风险将逐步显性化，面对以高杠杆为主要特征的各类风险，要坚持用改革的思维和方法解决长期性结构性问题，以外科手术式的措施化解短期风险隐患，真正使金融体系经得起经济结构性、周期性变化的考验。

我们要深刻吸取国际金融危机教训，把防范风险作为金融工作的生命线，牢牢守住不发生系统性、区域性金融风险的底线。

党的十八届五中全会提出，改革并完善适应现代金融市场发展的金融监管框架。我们要认真贯彻落实十八届五中全会精神，加快建立符合现代金融特点、统筹协调监管、有力有效的现代金融监管框架。

在完善体制的同时，也要改革和优化监管机制：牢固树立风险思维和危机应对意识，要摸清真实的风险底数，广撒网、细捕鱼，实现金融风险监管全覆盖。进一步提高监管能力，不断完善监管手段和工具箱，运用压力测试等手段提高监管的前瞻性，打造现代化的监管队伍，着力提高监管的专业性。加强金融消费者权益保护，寓监管于服务。进一步强化行动的意愿，敢于质疑，能够说"不"，拒绝监管上的"父爱主义"，提高依法监管的执行力。

从长远看，我国应在充分借鉴国际经验和教训的基础上，积极构建系统性风险防范的长效机制，不断建立并完善系统性风险监管的法律制度、机构安排、技术工具等，构造现代化的金融监管治理体系。

（本文摘自［荷］乔安妮·凯勒曼等编著，张晓朴译：《21世纪金融监管》，中信出版社2016年版）

直面金融风险

以宏观审慎为核心，推进金融监管改革

李 波[*]

是否有利于健全宏观审慎政策框架，是当前研究推进金融监管体制改革十分重要的出发点和视角。金融监管体制存在的主要问题，是缺乏从宏观、逆周期和跨市场的视角评估和防范系统性风险，防止金融体系的顺周期波动和跨市场的风险传播。完善宏观审慎政策框架的意义正在于此。可以说，强化宏观审慎政策框架已成为国际金融危机后全球金融监管体制改革的基本方向与核心内容，也是我们下一步推动金融监管体制改革的核心所在。应围绕完善宏观审慎政策框架，构建起新的现代金融监管体制。

一、何为宏观审慎政策框架

按照一般通行的理解，宏观审慎政策旨在减缓由金融体系顺周期波动和跨市场的风险传播对宏观经济和金融稳定造成的冲击，目的是防范系统性风险，维护货币和金融体系的整体稳定。宏观审慎政策并不是一个新的概念，20世纪70年代末即被提出，不少经济体也都实施过类似的措施，但之前各方面关注微观金融监管比较多，忽视了宏观审慎政策的重要性。2008年国际金融危机爆发后，情况发生了很大变化。大家在反思金融危机教训时认识到，由于未能从宏观的、逆周期的视角采取有效措施，忽视了风险的跨市场传播，导致金融体系和市场剧烈波动，成为触发金融危机的重要原因。

宏观审慎政策之所以重要，在于其能够弥补原有金融管理体制上的重

---

[*] 李波，中国人民银行货币政策司司长。

大缺陷。从宏观角度看,传统货币政策主要是盯物价稳定,但即使 CPI 基本稳定,金融市场、资产价格的波动也可能很大。价格稳定并不等于金融稳定。从微观角度看,传统金融监管的核心是保持个体机构的稳健,但个体稳健不等于整体稳健,金融规则的顺周期性、个体风险的传染性还可能加剧整体的不稳定,从而产生系统性风险。这实际上就是所谓的"合成谬误"问题。

可见,在宏观货币政策和微观审慎监管之间,有一片防范系统性风险的空白,亟须从宏观和整体的角度来观察和评估,防范系统性风险,弥补金融管理制度的不足,维护金融体系的整体稳定。

系统性风险主要来自跨时间和跨空间两个维度,相应地宏观审慎政策工具也分别针对时间轴和空间轴来设计。从时间轴上看,经济金融体系中宏观和微观层面上有太多的正反馈环,而负反馈环不多,由此系统呈现非常明显的顺周期性。从空间轴上看,相关联的机构和市场间由于风险传染会导致系统性破坏。为应对系统性风险,宏观审慎政策主要包括两类工具:针对时间轴问题,主要通过对资本水平、杠杆率等提出动态的逆周期要求,以实现"以丰补歉",平滑金融体系的顺周期波动。针对空间轴问题,主要通过识别和提高系统重要性金融机构(SIFI)的流动性和资本要求、适当限制机构规模和业务范围、降低杠杆率和风险敞口等,防范风险在不同机构和市场之间的传染。

从全球看,已初步形成可操作性的政策工具体系。

巴塞尔协议Ⅲ在最低监管资本要求之上增加了逆周期资本缓冲、系统重要性附加资本等新的要求,并对金融机构流动性提出了更高要求,体现出加强宏观审慎管理、增强逆风向调节的改革理念。针对特定金融市场,各国也在尝试一些可逆周期调节的宏观审慎工具,例如针对房地产市场的贷款价值比(LTV),针对股市和债市的杠杆率/折扣率规则等。针对资本流动,新兴市场经济体也在研究引入宏观审慎措施,例如对外债实施宏观审慎管理等。

值得注意的是,宏观审慎政策框架包含了政策目标、评估、工具、实施、传导、治理架构等,其内涵要远大于所谓的"宏观审慎监管"。目前,国际上普遍使用"macroprudential policy"这一表述,这是一个包括宏观审慎管理的政策目标、评估、工具、传导机制与治理架构等一系列组合的总称，与货币政策是并列的，而监管只是这一框架中涉及具体执行的一个环节，因此宏观审慎政策的内涵要远大于一般意义上的监管，"宏观审慎监管"的表述并不准确和全面，应更广泛地使用"宏观审慎政策"这一概念。

在实际工作中，宏观审慎政策、微观审慎监管以及货币政策这三个概念还容易混淆，有必要加以厘清。执行宏观审慎政策需要运用一些类似金融监管的工具，如对银行资本水平、拨备、杠杆率等提出要求，这是不少人简单将其等同为监管的重要原因。实际上两者差别很大。微观审慎监管的任务是监督单个机构经营是否稳健、是否合规、透明，但宏观审慎政策以防范系统性风险为主要目标，着力于平滑金融体系的顺周期波动和跨市场风险传染，需要在分析判断宏观形势基础上灵活进行逆风向调控，防范总量风险，其本质上属于宏观经济管理和维护金融稳定的范畴。宏观审慎政策与货币政策，都可以进行逆周期调节，都具有宏观管理的属性，但两者的着力点和侧重点不同。货币政策主要针对整体经济和总量问题，侧重于经济和物价水平的稳定；而宏观审慎政策则直接和集中作用于金融体系本身，侧重于维护金融稳定。两者恰好可以相互补充和强化。

二、完善宏观审慎政策框架与金融监管体制改革的关系

2015年下半年以来，中国股市经历了大幅波动，引发了一些对现有金融监管体制的质疑。股市从2014年第四季度开始快速上涨，股指大幅飙升，大量资金加杠杆入市。股市大跌后对场内和场外融资、信托、基金乃至银行体系等都产生了广泛的关联影响和冲击。实际上，现代金融市场和金融体系都是紧密关联在一起的，存在复杂的网络特征和联动关系。但在"铁路警察，各管一段"的监管体制下，缺乏对系统性风险的整体评估、协调与应对。中央银行虽然负责金融稳定，却缺乏相应的监管信息、监管手段和政策工具。近期爆发的一些非法集资大案也暴露了目前"谁的孩子谁抱"的监管体制内在的缺陷。

总的来看，上述风险事件均暴露出当前金融监管体制存在着突出问题。首先是混业经营、网络化效应与分业监管、分段监管之间存在矛盾，而更为重要的，是针对顺周期和跨市场风险的宏观审慎政策框架尚不完

善,亟待强化宏观审慎政策框架。具体来看,需要注意以下问题:

(一)简单实行混业监管难以有效防范系统性金融风险

分业监管体制存在着明显的问题:一是难以避免监管重叠和监管真空,二是容易引发监管套利,三是容易形成监管割据。三十人集团在《金融监督的结构:全球市场的路径与挑战》中认为,在混业经营和金融创新加快的情况下,分业监管模式已十分落后,监管的是"一种不存在的商业模式"。因此必须加以改进。不过,一些学者据此提出我国金融管理体制改革的方向应是混业监管,提出简单合并"三会"构建金融监管委员会的建议。这样的模式能否真正解决问题呢?

我们先来看看英国的例子。1997年英国分离英格兰银行的监管职能,实施混业监管,成立金融服务局(FSA)来统一监管金融业。但2007年次贷危机爆发后,北岩银行挤兑事件引发英国对分离央行监管权不利于金融稳定的反思。一是FSA作为微观审慎监管机构缺乏从宏观审慎角度预判风险的能力,未能关注到次贷危机后市场流动性整体紧张对北岩银行借短贷长经营模式的致命冲击。二是FSA和英格兰银行之间信息沟通、协调行动不足,未能及时提供流动性支持,导致事件升级发酵。鉴此,英国对金融监管体制进行了重大改革,将审慎监管职能回归央行,实行审慎监管"大一统"模式。一是撤销FSA,在英格兰银行内部设立审慎监管局(PRA),负责银行、证券、保险行业的审慎监管。二是设立独立于英格兰银行的金融行为监管局(FCA),负责对包括银、证、保在内的所有金融机构以及诸如债务催收等行业的行为监管和消费者保护。三是在英格兰银行内部新设金融政策委员会(FPC),负责制定宏观审慎政策,维护金融体系稳定。

英国监管体制改革是国际金融危机以来国际社会对金融监管体制反思和改革的一个缩影。混业监管可以在一定程度上解决监管真空和监管套利的问题,但简单合并监管机构并不能有效防范系统性金融风险、抑制金融体系的顺周期性,甚至可能进一步加大与货币当局之间的协调成本。

(二)金融监管体制改革应以有利于强化宏观审慎政策框架为核心目标

由于宏观审慎政策本质上属于宏观经济管理和维护金融稳定的范畴,

因此其制定和执行应集中在宏观部门，并在此基础上重构金融监管体制。过去主张将货币当局与监管机构相分离，一是考虑到中央银行出于保护商业银行的利益有可能影响货币政策的中立，二是认为货币政策与监管合一可能使中央银行的任务变得更加复杂，从而使评估其政策绩效更加困难。危机以来全球对此已进行了广泛反思。如 IMF 前首席经济学家布兰查德指出，上述问题完全可以通过提高央行政策透明度和完善治理的办法来解决，如果因为上述原因而把货币当局和监管当局分开是较差的办法，中央银行是一个显而易见的宏观审慎政策的制定和执行机构。

还有一种观点认为，针对系统性风险，应强调的是强化微观审慎监管者的宏观审慎视角，因此并不必要对监管框架作大的调整。实际上，在货币当局与监管机构分离的情况下，如果将宏观审慎政策的制定赋予监管机构也就意味着赋予了微观审慎监管主体以宏观和货币调控的职能，很容易导致多头管理货币条件的局面，"多龙治水"会造成政策信号紊乱、微观主体难以适从等问题，不利于金融调控的权威性和公信力。另外监管部门在宏观经济分析、周期判断上也不具有优势，会影响政策的科学性和有效性。

从以往情况看，这方面问题比较突出。以往将央行与监管部门分设，本意在于增强货币政策的独立性，但实际运行中往往产生相反的效果。监管机构由于直接监管金融机构，掌握着金融机构高管任职审批以及市场准入等权力，对金融机构行为进而对全社会货币信贷总量投放等有着巨大的影响力。监管机构容易自觉或不自觉地超越审慎监管的范畴，扮演起宏观调控者的角色。例如在 2008 年国际金融危机爆发后，监管部门先后出台多项政策措施，加强对金融机构信贷投放的窗口指导，大幅削弱了中国人民银行引导货币条件向常态回归的努力。中国人民银行试图制定和实施逆周期宏观审慎政策，在 2009 年中即开始研究差别准备金动态调整措施，但受制于多方面原因，到 2011 年初才正式实施。

总的来看，将宏观审慎管理职责赋予中央银行，有利于发挥央行的主导作用，但由于货币当局和监管机构都可能在资本、杠杆等方面施加影响，因此也存在相互协调的巨大成本。最好的办法就是强化中央银行的审慎监管职能。围绕这一重大的理念变化，全球金融监管体制经历了重大的改革，基本都遵循了审慎监管与行为监管相分离、由央行负责审慎监管的原则，尤其是强化了央行主导宏观审慎政策的制定和执行以及负责系统重要性金融机构监管的特征。这样的金融监管体制改革符合强化宏观审慎政策框架的内在要求，实现了权责的有效结合。接下来就具体讨论这一问题。

三、本轮构建宏观审慎政策框架与改革金融监管体制的国际经验

国际金融危机前，传统金融监管以分业经营为基础，按行业或活动划分监管范围，形成了行业监管（比如中国）和功能监管模式（比如美国）。为解决多头监管问题，一些国家打破行业和功能监管界限，将监管机构合并成为综合监管机构（比如英国）。国际金融危机后，各国深刻认识到传统监管体制的不足，痛下决心改革原有监管体制，引入宏观审慎政策框架，重新赋予中央银行审慎监管权，建立具有双峰监管特点的新体制。

（一）美国宏观审慎和金融监管改革

大萧条后美国确立了分业经营的金融体系和分业监管体制。20世纪90年代，美国废除分业经营限制，但保留了原来以功能监管为主、兼具行业监管特点的监管体制。次贷危机爆发集中暴露了美国金融监管体系的不足，包括缺乏对系统性风险的监管，"大而不能倒"问题突出，对金融消费者和投资者保护不足等。

2010年7月美国颁布《多德-弗兰克华尔街改革和消费者保护法案》，建立了宏观审慎政策框架，对金融监管体系进行全面改革，防范系统性风险，维护金融稳定。一是设立金融稳定监督委员会（FSOC），负责识别和应对威胁金融稳定的风险，促进市场自律。FSOC有权决定：哪些非银行金融机构由于其系统重要性应受到美联储的监管；哪些金融活动和金融基础设施应受到美联储的监管。FSOC主席由财政部长担任，由美联储等各金融主管部门参加，向国会负责。美联储专门有一个办公室来支持和服务FSOC的工作。二是强化美联储对系统重要性金融机构（即FSOC认定由美联储监管的非银行金融机构和总资产500亿美元及以上的银行控

股公司）的监管职能。将美联储的监管权从银行控股公司扩大到其他的系统重要性金融机构，并要求美联储从宏观审慎角度制定对系统重要性金融机构的审慎监管标准，加强审慎监管要求。三是加强对金融市场监管。授权美联储制定系统重要性支付、结算、交收体系的监管标准，并与商品期货交易委员会（CFTC）、证券交易委员会（SEC）共同实施监管。四是建立有序的金融机构破产清算机制。由联邦存款保险公司（FDIC）和美联储等共同负责系统性风险处置，包括大型金融机构的破产清算，解决"大而不能倒"问题。五是在美联储内部设立相对独立的消费者金融保护局（CFPB），行使金融消费者权益保护职责。

值得注意的是，美联储一度曾被指对次贷危机负有一定责任，但美国的金融监管改革不但没有削弱美联储原有的监管权力，反而大幅加强和扩充了美联储的监管权，这里面有其内在逻辑和深远考虑。仔细梳理美国国会的立法记录可以看到，包括政府官员、专家学者、业界以及公众代表在内的多数意见都认为，美联储未尽到防范金融危机之责，不是因为原有的监管权对其货币政策形成了干扰，而是因为美联储监管职权过窄，无法有效应对系统性风险，维护金融稳定。正是基于上述考虑，通过危机后的金融改革，美国引入了宏观审慎政策框架，并重塑了金融监管体系，建立了以中央银行（美联储）为核心、与联邦存款保险公司及行业金融监管机构等相协调的宏观审慎政策框架，中央银行的金融监管职能明显增强。

（二）英国宏观审慎和金融监管改革

金融危机前，英国采取综合金融监管，监管制度呈现"三龙治水"模式：英格兰银行主要负责实施货币政策，同时关注整体金融稳定；金融服务监管局（FSA）负责对银行、证券、保险等金融机构统一实施微观审慎监管，并对金融行业行为和金融市场实施监管；英国财政部负责金融监管总体框架设计和相关立法。金融危机爆发后，上述监管体制暴露出重大缺陷：一是三大监管机构间缺乏高效的交流与合作，当金融体系出现系统性风险时应对能力不足；二是金融体系缺乏宏观审慎政策的逆周期调控和跨市场风险防范。

危机后，为实现"金融体系的长期稳定和可持续性"，英国对金融监管体制进行重大改革：一是在中央银行（英格兰银行）董事会下设立金融政策委员会（FPC），负责制定宏观审慎政策，定义、监测和应对系统性金融风险，维护英国金融体系稳定。二是将原金融服务局（FSA）拆分为审慎监管局（PRA）和金融行为监管局（FCA）。审慎监管局作为英格兰银行的下属机构，负责对银行，保险公司，投资机构（包括证券投资公司、信托基金）等主要金融机构实施微观审慎监管；金融行为监管局成为独立机构，主要负责 PRA 监管范围以外的金融机构监管以及金融市场行为监管，促进市场竞争和保护消费者权益。三是赋予金融政策委员会"两权"："指令权"（power of direction），即金融政策委员会有权就特定的宏观审慎政策工具作出决策，包括逆周期资本缓冲、差别化资本金要求等，要求审慎监管局或金融行为监管局实施；"建议权"（power of recommendation），即金融政策委员会有权向审慎监管局和金融行为监管局提出建议，监管机构若不执行，需要做出公开解释。四是英格兰银行负责对具有系统重要性的金融市场基础设施进行审慎监管，同时强化英格兰银行处理危机的能力。

改革之后，英国建立了宏观审慎政策框架，中央银行（英格兰银行）集货币政策、宏观审慎政策和微观审慎职责于一身，维护金融稳定的职能得到全面强化。

（三）欧元区的宏观审慎和金融监管改革

加强宏观审慎和监管协调是危机后欧盟金融监管改革的主题。2009年6月，欧盟理事会通过了《欧盟金融监管体系改革》方案，成立欧盟系统性风险委员会（European Systemic Risk Board，ESRB），负责协调欧盟宏观审慎政策的有效实施。2012年底，欧盟委员会提出新的改革路线图，并据此建立了欧洲单一监管机制（SSM），主要内容包括以下几方面。

一是赋予 ESRB 宏观审慎职责。具体负责监测并评估在宏观经济发展以及整个金融体系发展过程中出现的威胁金融稳定的各种风险，对这些风险进行排序，在出现重大风险时及时发出预警并提出应对建议，执行预警后的相关监控。ESRB 主席由欧央行行长兼任，董事会成员包括欧央行行长、副行长、欧盟各国央行行长以及欧盟金融监管当局主席等。ESRB 的秘书处设在欧央行；欧央行代表 ESRB 负责数据等信息的收集整理，并向 ESRB 提供分析、统计以及管理、后勤等方面的支持。

二是单一监管机制以欧央行为核心,对银行实施统一监管。所有在欧元区成立的银行都纳入单一监管机制,系统重要性银行将由欧央行(下属的监管委员会)直接监管,规模较小的银行以及其他地区银行在欧洲设立的分支机构由各成员国监管机构监管,但欧央行享有监管规则制定权。从监管范围看,欧央行对欧元区内资产规模超过300亿欧元或资产超过其母国国内生产总值20%的大型银行或已经获得政府救助的银行进行直接并表监管。目前该类银行约有130家,占欧洲银行业总资产的85%左右。

三是非欧元区的欧盟成员国监管当局可根据自愿原则加入单一监管机制。如决定加入该机制,监管当局应与欧央行建立密切合作关系,遵守欧央行的决定,并承担小银行的监管责任。

四是要求欧央行采取措施降低金融监管的顺周期性。引入前瞻性会计标准,建立贷款预期损失准备和逆周期资本缓冲,推动对公允价值会计准则的修改,改革金融机构报酬激励机制,建立应对顺周期性影响的监管指标等。

欧盟金融监管改革后,欧央行成为强有力的银行监管核心,拥有宏观审慎政策和微观审慎监管权力,维护了监管的统一性,也为欧盟未来建立欧洲银行联盟奠定了基础。

(四)澳大利亚和荷兰的宏观审慎和金融监管体制

金融危机以来,金融监管"双峰"理论因澳大利亚金融体系在危机中的突出表现而受到国际社会广泛认可。"双峰"理论认为,审慎监管和行为监管两个目标是有差异的,有时甚至可能产生冲突。审慎监管需要的是经济学家,而行为监管更需要法律专家。两种监管在理念、思路和人才素质方面差异较大,将两者混在一个机构不利于提高专业性,而采用"双峰监管"则有助于更专业地实现上述监管目标。

澳大利亚和荷兰的金融监管制度是"双峰"理论在实践中的典型代表,其主要特点是审慎监管和行为监管相互独立。根据审慎监管的分工,"双峰监管"可进一步细分为"二元结构"和"三元结构",前者的代表是荷兰,即由中央银行负责宏观审慎政策和微观审慎监管,荷兰金融市场局(NAFM)负责行为监管;后者的代表是澳大利亚,即由中央银行负责宏观审慎政策，独立于央行的审慎监管局（APRA），负责微观审慎监管，证券与投资委员会（ASIC）负责行为监管。之所以有上述区别，是因为澳大利亚监管体制在20世纪90年代确立，当时认为中央银行不应该保留具体监管权，否则会与货币政策冲突。但荷兰银行在后来的改革中注意到中央银行的独特地位和优势，将微观审慎监管权划入中央银行，从而在澳大利亚监管模式的基础上，找到了宏观审慎政策与微观审慎监管的协调方式。危机后英国的金融改革从三元结构到二元结构的转变，也证明了荷兰模式的前瞻性。

（五）各国宏观审慎政策框架与金融监管体制的发展趋势

此轮金融危机后，各国宏观审慎和金融监管改革建立的新体制虽然有所不同，但均呈现出以下发展趋势：

一是都强化了中央银行在宏观审慎政策框架中的核心地位。有效的宏观审慎政策需要对宏观经济、金融市场和支付体系有深刻的理解，中央银行在这些领域拥有无可争辩的优势。而金融监管带来的信息、专业知识和权威是中央银行处置风险、履行最后贷款人职责和维护金融稳定的基础。英国在检讨1998年以来的金融监管改革时认为，最大的失误就在于剥夺了中央银行的监管权，使中央银行缺乏必要的手段应对系统性金融危机，"这不仅是英国的失败，也是近20年来大部分国家的普遍失败"[①]。

二是都强调了中央银行应拥有对系统重要性金融机构和重要金融基础设施的监管权。银行、保险等大型金融机构业务具有较强的顺周期性，与其他金融机构关系错综复杂，同时对客户有兑付义务，一旦倒闭对金融系统影响巨大，是宏观审慎逆周期调控和审慎监管的主要对象，而重要金融基础设施是金融市场运转的核心，其重要性不言而喻。因此，赋予中央银行对系统性重要性金融机构和重要金融基础设施的监管权是发挥其在宏观审慎政策框架中核心地位的必要前提和应有之义。关于是否完全由中央银行履行微观审慎职责，目前各国做法并不统一，但荷兰和英国在加强宏观审慎政策和微观审慎监管协调方面的前瞻性探索值得重视。

三是强调了中央银行负责金融业综合统计以及全面的信息收集。全

---

① 《英国金融监管改革报告2010》，第9页。

面、及时的信息是监测和评估系统性风险的基础。此轮危机后，主要经济体都通过完善金融监管体制加强了中央银行在金融业综合统计和全面信息收集方面的职能。例如英格兰银行拥有强大的数据信息库，可以十分方便地查询相关金融领域的数据。英格兰银行金融政策委员会对其下属的审慎监管局以及独立设立的行为监管局都具有指令权，这些都极大强化了中央银行的数据统计和信息搜集能力。

四是都不同程度体现了宏观审慎视角下的"双峰监管"理念。具体表现为建立宏观审慎政策框架，维护金融稳定；微观审慎与行为监管分离，形成两个相对独立的目标单元。金融监管体系应服务于宏观审慎政策的制定和实施，微观审慎监管和行为监管在宏观审慎政策框架内，服务于实现金融稳定的总体目标。与传统监管模式相比，"双峰监管"有助于避免监管交叉和监管空白，在金融危机中表现突出。即便是那些实施综合监管的国家，比如加拿大，由于加入了"双峰监管"要素，危机中的表现相对更好一些，因此"双峰监管"被认为是最优监管模式之一。

四、推进金融监管体制改革的几种方案比较

应当说，完善宏观审慎政策框架已成为国际金融危机后全球金融体制改革的基本方向与核心内容，也是下一步推动金融监管体制改革的关键所在。"十三五"规划建议已明确提出，要加强金融宏观审慎管理制度建设，加强统筹协调，改革并完善适应现代金融市场发展的金融监管框架。习近平同志指出，国际上统筹监管系统重要性金融机构和金融控股公司、统筹监管重要金融基础设施、统筹负责金融业综合统计的做法（"三个统筹"）值得研究和借鉴。目前的"一行三会"模式，"铁路警察、各管一段"和"谁的孩子谁抱"的做法显然不符合现代宏观审慎政策框架的要求，也不符合国际最佳实践，需要进一步改革。

在总结理论发展和国际实践经验的基础上，我们认为，与建立有效的宏观审慎政策框架相匹配，一个有效的金融监管体制除应具有目标合理、责任清晰、人员专业、执法独立等传统特征外，还应具有如下特征：一是宏观审慎政策制定部门能够掌握必要的统计数据和监管信息，监管部门有义务提供；二是宏观审慎政策制定部门有对所有金融机构制定宏观审慎管

理规则的权力,并有足够手段实施这些规则;三是宏观审慎政策制定部门对重要金融市场(房地产、股市、债市等)可以制定宏观审慎管理规则,并有足够手段实施这些规则;四是宏观审慎政策制定部门可对资本流动(包括外债)制定宏观审慎管理规则,并有足够手段实施这些规则;五是宏观审慎政策制定部门直接监管系统重要性金融机构、金融控股公司以及重要金融基础设施;六是宏观审慎政策制定部门可对微观审慎监管和行为监管部门发布指令,后者有义务执行。

近年来,我国在实施宏观审慎政策方面取得了明显进展。为汲取国际危机教训,中国人民银行从2009年中即开始研究强化宏观审慎政策措施。2011年正式引入了差别准备金动态调整制度,把信贷扩张与资本水平相挂钩。随着经济形势发展变化,中国人民银行不断完善差别准备金动态调整机制,2015年构建起更加全面的宏观审慎评估体系(MPA),包括七个方面指标,即资本和杠杆、资产负债、流动性、定价行为、资产质量、跨境融资风险、信贷政策执行情况。2015年以来,中国人民银行强化了针对跨境资本流动的宏观审慎管理,推出针对远期售汇的风险准备金、提高投机性人民币购售手续费、对境外人民币境内存放征收准备金等措施,近期又扩大了本外币全口径境外融资(外债)宏观审慎政策试点。

不过,若以上文所述的标准来衡量,我国的宏观审慎政策框架仍面临诸多挑战:一是中央银行缺乏必要的信息和统计数据。信息和数据是进行宏观审慎评估和制定宏观审慎政策的基础,受制于机构分设等因素,金融业综合统计、信息共享和大数据建设滞后。二是宏观审慎政策与金融监管缺乏政策协同性。金融监管部门存在越界实施宏观调控的冲动,与中央银行缺乏沟通,容易形成政策叠加或政策背离,影响金融调控效果。三是宏观审慎政策缺乏有效的执行机制,协调成本高。中央银行的决策,"三会"没有义务执行。四是中央银行缺乏有效的宏观审慎政策工具。监管机构与央行分设后,新调控手段的补充没有跟上,面对金融宏观调控目标多、任务重的现实,实施宏观调控和维护金融稳定的有效性受到影响;受制于体制机制因素,宏观审慎政策工具的创新和发展也相对滞后。必须加快改革,完善适应宏观审慎政策框架要求的现代金融管理体制。

总的来看,国际上"三个统筹"的趋势,即统筹监管系统重要性金融机构和金融控股公司、统筹监管重要金融基础设施、统筹负责金融业综合统计,应主要由中央银行来承担,这既符合完善宏观审慎政策框架的要求,也符合2008年国际金融危机以来金融监管体制改革的最佳实践,应以此为基础构建与宏观审慎政策框架相适应的金融监管体制。

基于此,我们可以对几种可能方案的利弊进行比较。

方案一:委员会+"一行三会"。

保持现有的"一行三会"格局不变,成立金融监管协调委员会,"一行三会"都参加,发挥咨询议事功能,并负责综合协调。这一方案的优点是只有"加法"没有"减法",不改变现有机构格局,不涉及原有机构和人员的重新安排,实施难度最小。但问题是这种监管体制对构建宏观审慎政策框架、建立宏观审慎政策与微观审慎监管有效协调的机制作用不大,也没有解决混业经营与分业监管之间的矛盾,且协调成本仍可能很高。

方案二:央行+金融监管委员会。

保持央行职能不变,合并"三会"为国家金融监管总局。即简单合并中国银监会、中国证监会、中国保监会,组建新的综合性金融监管机构,实行综合监管。这一方案在一定程度上符合金融业综合经营和综合监管的要求,也可能有利于降低"三会"之间的协调成本,但其问题在于既不符合完善宏观审慎政策框架的要求,也不符合国际上的最佳实践,宏观审慎政策与微观审慎监管仍处于割裂状态,而且"一行"和"一会"之间可能会存在更大的协调成本。

方案三:央行+行为监管局。

将"三会"的审慎监管职能并入中央银行,同时成立独立的行为监管局(类似英国和荷兰模式)。在合并后的中国人民银行下设立货币政策委员会、金融稳定委员会和审慎监管局,分别负责制定和实施货币政策和宏观审慎政策,并对金融机构实施审慎监管;同时,央行负责重要金融基础设施监管和金融业综合统计。成立独立的行为监管局,体现审慎监管与行为监管的适度分离。这一方案既符合完善宏观审慎政策框架的要求,也符合金融业综合经营和综合监管的要求,还能够彻底解决监管割据问题,降低协调成本,是比较好的可选方案。但由于涉及较多的机构和人员调整,改革的阻力和难度可能会相对较大。

方案四:央行+审慎监管局+行为监管局。

由央行负责宏观审慎政策制定、执行和系统重要性金融机构、金融控股公司和重要金融基础设施监管，并负责金融业综合统计，"三会"合并组建新的监管机构，专门负责系统重要性金融机构以外的微观审慎监管，同时成立独立的行为监管局（分别吸收了英国、欧盟和美国模式的部分要素）。将"三会"中的部分监管人员转入中央银行，充实职能调整后央行的宏观审慎管理和系统重要性金融机构监管力量，其他人员进入"三会"合并后的审慎监管局，专司系统重要性机构之外的其他金融机构的微观审慎监管。同时，集中目前"一行三会"中投资者保护和消费者权益保护部门的力量，组建独立的金融行为监管局，负责行为监管和金融消费者权益保护。央行可从宏观审慎角度对审慎监管局和行为监管局提出建议和要求。

比较而言，方案一和方案二不符合完善宏观审慎政策框架的要求和国际金融改革的大潮流，建议不予考虑。方案三和方案四符合强化宏观审慎政策框架的要求，并兼顾了综合监管和"双峰监管"，也符合国际上"三个统筹"的趋势。方案三更加强调了中央银行的优势和功能。方案四则相对折中，既强化了央行的宏观审慎政策制定、执行和系统重要性金融机构监管职能，又适当减小了改革的阻力，并通过机构间合理和明确的分工降低协调成本。

当然，并不存在所谓最优的金融监管体制，各国国情存在差异，各方案都可能有利有弊。关键是新的金融监管体制要有利于强化宏观审慎政策框架，提升防范和化解系统性金融风险的能力，促进经济和金融体系的稳健运行。

（本文原载于《第一财经日报》，2016年2月5日）

中国金融监管架构重构研究

张承惠　陈道富[*]

我国的金融监管不论采取什么样的监管框架，都需要面对并解决中国当前金融监管问题。我国金融监管核心问题有三个：一是缺乏与中国金融体系运行实际相适应的、被广泛接受的金融风险管理理念和管理框架的理论体系；二是协调问题，包括货币政策、宏观审慎和微观审慎之间的协调，也包括不同监管部门间的协调问题；三是如何提高金融监管实施效率问题。

一、重塑金融监管理念

首先，金融发展理念包括价值观和技术两个层面。在价值观层面，要扭转"唯有政府直接掌握金融资源才会带来利益最大化"的旧意识，树立"只有建设高效的金融体系才能带来最大国家利益，而政府只有放手让市场机制发挥作用才能真正提升金融效率"的新理念。在技术层面，要改变过去几十年以数量的增长（如资产规模、金融机构的数量和种类）来衡量金融改革和发展的成效并以此为政策导向的做法，将金融发展质量的提升（如金融机构的国际竞争力、金融商品的定价权、国际金融市场规则的话语权）作为今后的政策取向，以充分发挥金融市场机制为目标，以是否建立起一套有广度、深度、弹性、有创造力的金融市场体系为评判标准，下决心调整政府的管理方式。

其次，要处理好经济发展、社会稳定和金融风险的关系。在我国金融发展过程中，既存在盲目发展而不顾风险的现象，也存在为了稳定而一味

---

[*] 张承惠，国务院发展研究中心金融研究所所长；陈道富，国务院发展研究中心金融研究所副所长。

规避风险,害怕风险暴露的倾向(导致隐性担保普遍存在)。显然,这两种方式都会破坏市场规律,影响金融监管效率。如果将金融稳定理解为不出现风险事件,并动用行政力量避免风险暴露,用公共资源为金融机构的经营失误买单,势必会对金融市场竞争机制带来极大扭曲。有鉴于此,今后恐怕要从"守住不发生系统性、区域性金融风险的底线"的防守型思维,转向"用小震释放压力,主动化解风险,防止出现大震"的进取型思维,通过加快结构调整,促进金融机构优胜劣汰等措施,积极防范金融风险。

最后,调整政府行为模式。需要改变目前金融管理部门管得过多、过细、过严的"父爱式"做法,将自上而下"管"金融机构和"管"市场的行政官员心态,转变为尊重市场和金融家的合作式心态。加强决策前与市场的沟通,提高监管的专业能力。切实下放行政权力,简化办事程序,减少行政审批事项,将本应属于金融机构自身管理权限的管理权力还给金融机构,降低金融机构因行政管制而带来的成本。

二、近期改革重点:问题导向的职能重设和监管协调

(一)做实金融监管协调办公室职责,强化过渡期的金融监管协调和监管理念的重构工作

不论采取何种监管组织框架,都需要面对监管真空、交叉、错位等问题。而且在机构重组过程中,不但面临监管理念调整,还面临组织和人员调整带来的混乱和空白期。为此,有必要设置临时的监管协调部门,主要目的:一是保证监管的连续性;二是为新理念、新监管制度和组织提供综合性研究;三是直接进行监管协调。

具体而言,当前我国需要一个相对独立的部门直接负责以下监管协调问题的研究、制度设计和决策:(1)危机救助的协调机制,特别是金融机构债务重组和破产清算、流动性救助(央行再贷款)和清偿能力救济(存款保险制度)、金融市场的危机应对等;(2)金融混业经营和金融控股集团监管协调;(3)资产管理、财富管理、资产证券化等基于信托、委托代理的市场行为监管协调;(4)债券市场的统一和基准利率体系建

设问题；（5）互联网金融的监管框架和制度；（6）民间金融、金融欺诈、庞氏骗局和市场操纵等。

为此，可考虑成立一个相对独立、专业的日常机构，如可由新成立的国务院金融监管协调办公室承担金融监管的协调。

该协调机构可主要集中做三类事：一是为国务院金融协调会议提供秘书性服务；二是对特定金融监管问题进行协调，一步一个脚印地加快推动中国金融的整体改革步伐；三是坚持问题导向，专职研究协调监管中的交集问题、焦点问题。该协调机构选择金融发展中急需协调的事，一事一议，研究制定详细、可操作的方案和法规制度。

该机构人员主体为宏观经济学家和熟悉金融市场混业经营的人员，可主要从现"一行三会"中抽调，减少现"一行三会"人员编制，也可从社会上招聘，但坚持精兵简政、人员精干原则。

该机构既可以作为过渡性机构，弥补监管组织制度改革过程可能产生的监管真空，并完成制度设计、监管协调的历史使命，也可在未来转为综合金融监管委员会，统筹金融监管。

（二）重点明确货币政策、宏观审慎管理和微观审慎管理的边界

从角色和目标看，微观审慎管理着眼于单个金融机构的稳健运行，宏观审慎管理着眼于整个金融体系的稳健运行，货币政策是稳定经济活动的价格和产出。似乎各自的定位清晰明确，但在现实操作中，三者之间的关系却并不像理论上显示的那么截然分明。原因：（1）目标与工具之间的对应关系。宏观审慎管理的概念还在不断发展之中，尤其是尚未发展出一套与之相关的政策工具体系，目前的操作绝大部分是附加于微观审慎监管工具上的。这就使得宏观审慎管理尚无法完全独立成为一个宏观管理领域。（2）金融稳定与经济周期密切相关。金融既是经济周期的重要肇因，也是经济周期的主要表现形式。作为周期性调控工具——货币政策无法与金融体系稳定完全分离。

宏观审慎管理，起源于1979年6月库克委员会（巴塞尔银行监管委员会前身）。在此后的30年间，一直断断续续地讨论此问题，关注的重点和内容不断丰富。从最初表示当微观经济问题变为宏观经济问题时，不能不关心宏观审慎性的朦胧提法开始，到进一步发展到对整个金融体系的监

管套利、衍生品市场定价、流动性、信息透明、支付结算体系超负荷等内容的研究，对重要资产市场的研究以及对宏观审慎监管的严格定义及更宽范围内的讨论。

宏观审慎管理在国际上真正流行，被各国政府、国际组织广泛重视，是在最新一轮美国金融危机之后。2008年金融危机后，国际主流机构主要从监管的角度对危机进行反思，认为基于单个金融机构的微观审慎监管并不足以保证金融体系的整体稳健运行。危机爆发后，大家都逐渐认识到金融体系的顺周期波动和跨市场风险传播会对宏观经济和金融稳定带来冲击，甚至引发系统性风险，采取宏观审慎政策的主要目的就是为了应对这种问题。

归纳近些年国际社会对宏观审慎管理问题的讨论，主要涉及两个方面的重大关注：一是"太大而不能倒"的问题。部分机构由于业务规模庞大、业务联系广泛且复杂、风险暴露巨大，单个机构的风险暴露将会影响整个金融体系的稳定，从而威胁金融体系功能，国家不得不动用公共资源救助。从宏观金融稳定和公平的角度，要对"太大而不能倒"的金融机构加强监管，并为其可能耗费的公共资源提前积累资金。二是逆周期和风险传递等带来的金融系统性风险防范体系问题。在宏观货币政策和微观审慎监管之间，存在怎么防范系统性风险的空白，这就需要宏观审慎政策来填补。

我国在2010年末的中央经济工作会议上，正式引入了宏观审慎政策框架，并在2011年初开始，主要依靠资本充足率的自我约束和经济增长的合理需要来逆周期计算合意贷款规模，以及利用差别存款准备金率等工具形成激励约束机制。2015年底，中国人民银行提出的实施宏观审慎评估体系（MPA）有七个方面的指标，包括资本和杠杆、资产负债、流动性、信贷政策执行情况等。

观察近些年宏观审慎政策框架的设计和实施实践，导致宏观审慎管理、微观审慎管理及货币政策界限不清的主要原因在于以下三个方面：

1. 逆周期的宏观审慎政策与结构性的日常监管高度重叠

从实际的实践过程来看，我国的微观审慎监管承担了大量宏观调控的任务。不但执行着发展改革委的行业政策，还经常根据宏观形势变化调整监管政策，包括资产风险权重、各种业务，如银行理财的管理规定等。现有的宏观审慎政策管理的实施，也不完全是逆周期的宏观政策体系，而是针对单个机构的高频管理政策，在地方层面上有相当的灵活性，带有行政性和年度（甚至月度）规模管理的痕迹。这使得在实际执行过程中，宏观审慎管理和微观审慎管理使用基本相同的政策工具，并且各自带有对方特征的混合体。

2. 政策设计和执行能否分开

有一种观点认为设计和执行不能分开，否则会出现相互扯皮现象。分工和制衡是现代社会的一个重要特征。西方普遍实行的"立法、司法、行政"三权分立就含有政策设计和执行的分工合作制衡的思想。这与应对"流动性救助"或者系统性风险管理责任，就需要把机构的日常监管纳入管理链条的逻辑一脉相承。经济学就是在买与卖、生产与消费、资产和负债等不断分离过程中，从自给自足的经济走向分工合作的现代经济，并在不断的领域分工和环节外包过程中走向繁荣。正是这种分工经济，能有效降低社会协调成本的社会资本才显得尤为重要，纸币、规则、政府管理才能有效地提高经济效益。事实上，政策设计和政策执行是两套完全不同的评价体系，政策设计关注的是系统的有效性，政策执行关注的是执行效率，两者更应该由不同部门分别执行并采取不同的评价指标进行评估。

3. 货币政策传导效率问题还是金融稳定问题

在中国当前环境下，货币政策调控存在更多困境。其中一个重要的困境来源于微观主体特征。我国是以国有金融机构为主体的金融体系。国有金融机构的行为不完全等同于一般的市场机构，特别是在人事任命并非完全市场化的环境下更是如此。因此，真实的金融供给会表现出明显不同于市场经济的特征。如保留较多的缓冲，以保持本身机构的灵活性；并不完全从市场效率出发进行信贷决策，存在运动性和政策性贷款冲动；利益性指标不如数量型控制指标对微观主体的行为约束有效等等。2015年末，我国信贷规模已达到99.3万亿元，但银行间债券市场仅为43.9万亿元，国债规模仅为10.7万亿元，大量的债券还由银行直接持有到期。高管的任职资格、行业牌照、资本充足率等比例性监管指标，对银行等金融机构的激励约束远远超过价格指标。此外，我国的货币政策还承担着大量结构性调控目标，政府对金融机构的支付义务还有超过正常金融承诺的社会稳定要求，这使得出现传统的西方货币政策工具在中国不足以实现货币政策目标的问题。

从金融稳定的角度看，其实我国央行职责中就一直有维护金融体系稳定的要求，并且央行也早就成立金融稳定局专司负责金融稳定问题。但金融稳定局面临的困境在于：一是缺乏必要的数据和模型来评估金融体系的稳定状况；二是即使发现甚至预警了金融不稳定因素，也缺乏足够的手段来防范、纠正。

有鉴于此，近期的任务重点放在理顺央行和中国银监会的宏观审慎管理政策框架和微观审慎管理之间的职能和管理边界。建议对以下三类机构由央行和中国银监会共同监管：（1）界定为系统重要性金融集团、金融机构和金融基础设施；（2）风险暴露敞口巨大，威胁金融体系稳定的金融集团、金融机构；（3）需要央行提供流动性救助或者存款保险机构给予清偿能力救济的金融机构。

除上述三类机构央行直接与金融监管部门介入现场检查进行风险监测和处置外，宏观审慎管理政策主要致力于经济周期预测、金融系统性风险的识别和评估，并根据宏观周期和系统性风险状况，动态提出额外的逆周期资本和缓冲资本要求。宏观审慎管理政策也可根据现有的逻辑设计出模型化的资本要求，但具体的实施交由微观审慎管理主体具体负责。

（三）构建监管信息共享机制

近期有必要尽快加强监管信息共享机制的建立。一方面，存在信息系统的重复建设问题；另一方面，又给被监管机构带来巨大的监管成本。

为此，应尽快明确以下几点：一是所有非现场监管信息全部分层级共享。（1）建立集中的、基于金融机构内部业务和管理信息系统联网的、自动常规信息采集和报送系统。（2）信息在央行和金融监管部门共享，但采取分层查阅和处理权限的办法确保信息安全和保密问题。

二是提高现场监管的信息共享。对于现场检查，分为常规性现场检查和非常规性现场检查。常规性现场检查除了事前约定的事项发生（如需要宏观审慎监管介入），由央行和金融监管部门共同开展现场检查外，主要由金融监管部门开展。常规性现场检查的结果，按照一定的密级在央行和监管部门内共享。

（四）划分中央和地方金融监管职能

一是进一步明确地方金融监管的法律依据和职责范围。我国宜明确界定地方政府的金融管理职责，赋予地方政府在"风险处置"和"区域性金融稳定"方面的职责，明确地方政府一定的管理权力，提高其加强金融监管的主动性和有效性。我国可从国家或省级层面，制定出台地方金融监督管理条例，明确规定地方金融监管的监管机构、监管对象、监管职责、法律责任等相关内容，对地方金融监管局的权责进行规范化和制度化。

如可考虑地方负责中央驻地方的金融监管部门法定监管范围之外的，吸收少数客户资金、限定业务范围、风险外溢性较小的新型金融组织和金融活动，包括辖区小额贷款公司、融资性担保公司、民间资本管理机构、民间融资登记服务机构等新型金融组织和权益类、大宗商品类（中远期）等具有金融属性的交易场所，以及融资租赁、典当、拍卖、股权投资、创业投资、农业保险等金融业务，在中央统一制定监管规则的前提下，地方承担相应的监管职责。地方政府要加强对民间借贷、新型农村合作金融组织的引导和规范，有效防范和打击金融欺诈、非法集资等各类违法违规行为，不断强化金融消费者保护职责。

二是加快推进地方金融业务统一管理。过于分散的金融监管，特别是将金融监管交由非金融主管部门监管，会导致金融监管边缘化，应服从于主管部门主导业务的发展。由于以前地方政府没有金融工作部门，一些明显具有金融属性的行业分属地方不同部门监管（对应于国家部委职能设置，如股权投资在发展改革委，典当、融资租赁在商务厅等）。在各省、区、市基本已设立金融管理部门后，可考虑对地方金融业务实行统一管理，设立省、市、县三级地方金融监管局，赋予地方金融监管局拥有与风险防范处置责任相匹配的独立监管权。尤其在省级层面宜积极推进，进一步增强地方金融监管的协调性，有效防止个别行业和局部地区风险蔓延和扩散。

三、中期改革重点：组织机构的重构

（一）组建综合金融监管委员会，下设微观审慎管理局、市场和行为管理局

可考虑在未来 3～5 年内将目前的中国银监会、中国证监会、中国保

监会合并，设立综合金融监管委员会，并改变现有的"三会"设置，下设微观审慎管理局、市场和行为管理局。其中微观审慎管理局负责对金融机构的市场准入（可采取分层牌照）、日常监管和市场退出进行监管。其中的金融机构不仅包括银行，还包括证券、保险、基金管理公司等金融机构以及各类需要专业能力和诚信经营的市场参与者。根据需要可在微观审慎管理局下进一步设置现场监督局和非现场管理局。

市场和行为管理局负责信息披露、内幕交易、市场操纵等市场和行为的管理。其中，可考虑将银行间、交易所的市场进一步打通，并统一债券市场的管理机制。保留财政部、国企出于国家和国有资产利益的额外限制，但任何主体参与债券市场，应遵循债券市场的统一规定。进一步统一股权市场，建立多层次资本市场的统一、分类管理规则。

（二）将分散于各个监管部门的中小投资者和消费者保护机构统一为中小投资者和消费者保护局

可考虑将央行及三个监管部门分别设立的中小投资者和消费者保护机构独立出来，统一设立中小投资者和消费者保护局，专门从事中小投资者的教育和消费者保护事宜。

（本文摘自张承惠，陈道富等著：《我国金融监管架构重构研究》，中国发展出版社 2016 年版）

提高金融监管的独立性

黄益平*

大概从一年前起,金融监管改革成了一个热门话题。最初是因为股市投资者通过信托公司与商业银行大量融资,证监部门居然一无所知。因此,如何改善监管协调就成了当务之急。

其实监管协调问题早就存在。2015年4月在国际货币基金组织与中国人民银行联合召开的研讨会上,笔者就提过这件事情。当时主要担心分业监管的模式与日益增加的交叉业务和混业经营越来越不匹配,容易造成重复监管或者监管空白。"一行三会"的"部际联席会议"机制的效果似乎也不是特别理想。当时笔者提了个建议,就是在国务院层面建立一个权威性的"国家金融稳定委员会"来协调监管政策,不过那时没考虑改变"一行三会"的格局。

过去一年来,很多学者和官员都参与了这场关于监管改革的大讨论。据媒体报道,至今一共提出了五个改革方案。第一个是将"三会"并入央行,采取超级央行模式。第二个是"一行一委",将"三会"合并成立综合金融监管委员会,从而形成"双头监管"模式。第三个是"一行两会",将央行和中国银监会合并,中国证监会和中国保监会保留现有格局不变。第四个是"一行三局",将"一行三会"合并成立超级金融监管机构,在央行下设立银监局、证监局和保监局。第五个方案是在现行监管框架的基础上设立"金融稳定委员会",但将金融消费者保护局单列出来。2016年第一季度的时候,感觉实行超级央行模式的可能性很大。到第二季度,似乎又出现了一些变化。最终选哪个模式,可能要等到中央金融工

---

* 黄益平,中国央行货币政策委员会委员,北京大学国家发展研究院教授。

作会议才会揭晓。

笔者没有深度参与这场讨论，主要是觉得，机构设置虽然重要，关键还要看它们如何工作。所以笔者最关心的并不是谁跟谁并到一起，而是制定与执行监管政策的程序会不会改变。当然，有时候机构设置也会影响工作机制。雷雯通过对跨国数据的分析就发现，金融监管和货币政策混在一个机构里，会增加银行的风险。这可能是因为货币政策和监管政策的目标并不总是一致。从这个角度看，监管机构应该合并还是分离，其实就是在各项金融政策的独立性和协调性之间求得一个平衡。最近几十年，世界各国都在调整监管机构的设置方式，应该就是在寻找那个最佳的组合。而对不同的国家来说，最佳的组合可能是不一样的。

按照这个思路推测，我国的决策者最后可能会选择大概类似于"双头监管"那样的一种模式：一头是央行，在继续承担货币政策责任的同时，扩大其宏观审慎监管的功能，包括对系统重要性银行和其他金融机构的监管。另一头是监管，但这一头如何设置，仍然可以有几种可能性，比如保持现行"三会"或"两会"（中国证监会和中国保监会）的格局，当然现在看来这种可能性比较低；比如把"三会"合并成立新的综合金融监管委员会；再比如借鉴英国的"双峰模式"，把"三会"的资源放在一起，分别成立一个金融行为监管局和一个审慎监管局。前者旨在保护消费者或者投资者的利益，后者则旨在维护金融机构的安全和稳健。

笔者曾经建议以三个委员会来加强监管政策的协调：一是货币政策委员会，二是金融稳定委员会，三是公平交易委员会。无论机构如何设置，这三个委员会都可以作为实际的决策机构，切实提高金融监管政策协调的有效性。这三个委员会的分工很清楚：货币政策委员会决定货币政策的调整；金融稳定委员会决定宏观与微观审慎政策的制定与实施，保障金融稳定；而公平交易委员会就是确保金融交易的公平和透明，保护投资者和消费者的利益。每一个委员会都可以吸收相关监管机构的官员参加，如果需要，同一个机构的官员甚至同一个官员可以参与不同的委员会。因此，这三个委员会可以起到保证信息共享和政策协调的作用。这也许比把不同的机构捆绑在一起更加有效。

监管机构的重组甚至协调机制的完善很重要，但这些不应该是这一轮监管改革的终点。当前金融监管最需要解决的是定位问题，这个问题不解决，机构变来变去意义不大。金融为什么需要监管？主要是因为金融交易中存在信息不对称，容易导致逆向选择或者道德风险等问题。金融风险一旦发生，传导性很强，有可能会演变成系统性的危机。政府通过特定的机构对金融交易行为主体进行的某种限制或规定，就是金融监管，其目的是维护金融业健康运行的秩序，最大限度地减少金融风险，同时保障投资者的利益。所以，金融监管的根本任务非常清楚。

但什么样的监管体系能最有效地完成金融监管的任务？这个问题似乎没有标准答案，尤其全球金融危机以来，各国好像对自己的监管体系都不太满意。但是从国际经验看，有效的监管体系还是有一些基本条件的，特别是独立性、专业性和权威性。独立性是指在明确了监管目标之后，监管部门应该能够独立地制定并执行监管政策，不受政府或者金融机构的干预或影响。金融监管是一门技术活，流行的说法是微观监管需要很多律师，宏观监管需要很多经济学家，总之应该由有专门知识的人来做。权威性是指监管部门能够对违规的机构和个人实施法规与经济方面的惩处，如果监管部门没有"牙齿"，监管政策很难有效。

用这三条来对照我国的监管体系，差距很明显，不过最大的差距还是在独立性方面。独立性不足也会导致金融政策的"承责性"不强，监管部门"代人受过"和"推诿责任"的现象都很普遍。

可以从两个方面来理解我国金融监管的独立性欠缺问题。

一方面，"一行三会"都是政府的部级机构。央行是国务院的组成部门，"三会"则是国务院负责金融监管的直属事业单位。主要领导直接由国务院任命，其他官员也身居公务员序列。更重要的是，货币政策和金融政策的最终决策权在国务院而不在"一行三会"。这样设置的好处是可以加强金融监管与其他政策之间的协调，即便出现矛盾，监管官员也无须纠结。坏处是金融监管政策很容易受到干扰，甚至被牺牲掉。所以我们会看到，有时候监管政策会被当作宏观调控措施来使用，比如调整股票交易的印花税。

为什么2015年上半年证监部门忽然热切地关心起股价指数的水平？一般的猜测是跟当时政府稳增长和去杠杆的政策意图有关，一个繁荣的股市不但可以为实体经济提供融资，还不会提高杠杆率，似乎是一件一举两得的事情。但引导市场走势，并非监管部门的职责，"慢牛"更不是可以人为地制造的，最后的结果是放大了市场的波动。银监部门则出台了所谓的"三个不低于"政策，核心就是要求商业银行的中小企业贷款所占的比例每年都要上升。这个举措就是为了协助政府缓解中小企业融资难、融资贵的问题。但这样以行政手段干预商业银行的贷款决策，既非监管部门的职责，也容易造成新的不良贷款。在这两个例子中，监管部门都是在帮政府做事情，跟维护金融稳定的根本任务无关甚至矛盾。

另一方面，监管部门也并不完全独立于被监管对象，即金融机构。我国的监管部门有两大职责：一是金融监管，二是行业发展。比如中国保监会在履行对保险公司监管责任的同时，还肩负着支持保险业发展的重任。这两个职责之间的潜在矛盾是显而易见的，当行业发展成为监管部门的重要任务，对风险的态度就会改变。加上我国实行机构监管的做法，被监管对象往往变成监管机构的基本队伍。这样，我们就看到了监管部门互相争抢地盘的奇怪现象。比如在债券市场，除了央行负责的银行间市场，还有中国证监会负责的交易所市场，其他监管部门也在努力发展企业融资渠道。而更为奇特的是，监管机构与被监管机构有时候变成了"同一条战壕里的战友"，这种利益共同体关系通过两者之间的官员"旋转门"而不断得到强化。

还有问题是监管空白。在机构监管的模式下，一些新兴金融机构往往就成了"三不管"地带。互联网金融的发展提供了一个很好的例子。2007年第一家网络贷款公司上线，最近我们才看到《网络借贷信息中介机构业务活动管理暂行办法》。监管缺位促成了近年网络贷款的大发展，但也导致了很多的风险。4 000多家平台中有1/3是问题平台，很多平台资质不佳甚至动机不纯，尤其是"泛亚"和"e租宝"等平台的倒闭甚至酿成了全国性的事件，给投资者造成了巨大的损失，也导致了劣币驱逐良币现象。但哪个部门应该对监管缺位承担责任？没有人说得清楚。现在《网络借贷信息中介机构业务活动管理暂行办法》明确了由中国银监会负责功能监管和地方金融办负责机构监管，在一些地方，这两个部门的积极性都不太高。

所以说，当前金融监管改革最需要做的是提高"一行三会"或者新的监管机构的独立性。

监管独立性很重要，首先是因为金融稳定的政策目标对现代市场经济

直面金融风险

至关重要。经济学里有一个著名的"丁伯根法则",就是政策工具的数量至少要等于政策目标的数量。金融监管部门如果能做好维持金融稳定这一件事情,就已经相当不错了,不要再用别的政策任务去干扰它们的核心使命。因此,除了机构重组,监管改革首先应该考虑让监管部门把行业发展的责任移交出去,然后赋予它们相对独立的监管政策决策与执行的权力。监管部门到底是应该在政府内部相对独立还是完全独立于政府之外,它们最好对国务院还是全国人大负责,这些问题或许可以再探讨,也可以考虑逐步过渡。

国务院或者全国人大在确定了金融监管的目标之后,就应该以此作为对监管部门考核的标准,而不应追加政府的其他政策作为考核内容。更关键的是,不要干预监管政策的制定与执行过程,明晰监管部门的责、权。做得好的,应予褒奖;做得不好的,可以解聘。以货币政策为例,政府可以根据每年确定的增长与通胀目标授权央行灵活决定货币政策,未来可以考虑逐步做实货币政策委员会的决策功能。在机构实现相对独立的同时,最好也把监管部门的工作人员从公务员的序列里分离出来。这些工作人员的专业性要求很高,市场机会也比较多,应该建立独立的聘任、晋升和薪酬制度。

当然,独立性只是一个相对的概念,即便在十分强调货币政策独立性的美国,全球金融危机以来,美联储和财政部也加强了政策沟通与合作。我国的监管部门与政府保持工作关系,也不一定是一件坏事,但金融监管不独立已经成为制约监管政策有效性的重要因素。如果能够朝着提高独立性的方向迈出哪怕一小步,其意义也将远超任何形式的机构重组。

(本文原载于财新网,2016年8月29日)

"十三五"时期金融的基础性改革

魏加宁[*]

围绕着金融领域改革与开放之间的顺序究竟应当是先改革后开放,还是先开放后改革的问题,国内外学术界一直存在争议。麦金农的《金融自由化的顺序》一书,虽然明确阐述了他自己的观点,但并未能平息这场争论。

如果从世界经济形势来看,当前发达国家经济普遍走弱,国际金融市场动荡不定,各国汇率此起彼伏,因此正是推进人民币国际化的大好时机。但是,如果从国内金融体系状况来看,在金融机构改革尚未真正完成,利率市场化随时存在逆转的可能,金融安全网存在诸多漏洞的条件下,过快推进人民币国际化,就必然要冒巨大的外部风险,也很难经得起国际金融市场动荡的冲击,甚至还会出现倒退局面,重新实行外汇管制或冻结利率汇率。

因此,从稳妥的角度来看,应当首先加快推进国内的金融改革,尤其是利率市场化、金融机构民营化以及金融安全网建设这三大基础性改革。这三项改革做不好或者不到位,其他方面的改革就无从谈起,即使勉强异军突起也会带来较大的风险,然后还会出现倒退,最后回到原点。

一、进一步完善利率市场化

实行利率市场化的理由有很多,其中最主要的有以下几点:第一,实行利率市场化,有助于发挥金融市场配置资源的作用。因为利率管制会形

---

[*] 魏加宁,国务院发展研究中心研究员。

成金融商品价格的扭曲,从而导致资本投入结构以及经济产业结构的扭曲,并造成不同经济成分之间经济关系的扭曲。

第二,实行利率市场化,实际上就是归还商业银行的自主定价权、归还银行客户的自主选择权,从而防止商业银行通过负利率来对存款人进行剥削和掠夺。

第三,实行利率市场化,有助于充分反映金融产品和金融服务的多样性、差异性,反映各自供求关系的变化,反映金融机构对风险的判断和定价,以便金融机构能够采取有效的风险控制措施。

第四,市场化的利率,作为货币政策的传导机制,有助于准确反映宏观调控的需要,完善货币政策的间接调控机制。

第五,实行利率市场化,还有助于促进商业银行之间的公平竞争,有助于中资商业银行在开放条件下提高自身的竞争力。

第六,实行利率市场化,也有助于解决中小企业融资难的问题。因为在管制利率条件下,贷款的名义利率虽低,但实际上根本到不了中小企业手里,受益者往往是国有企业或大型垄断企业,而后者往往通过影子银行的方式转贷给中小民营企业,从中赚取利差。

此外,实行利率市场化的紧迫性还在于,它可以减轻民间借贷的风险,防范资金的体外循环。因为当前民间借贷风险形成的原因之一就在于前一阶段货币紧缩的过程中,一方面不断提高存款准备金率,另一方面又一直保持着负利率水平不变,价格的扭曲结果导致大量的资金从正规金融体系中流出,存款不断下降,流向民间借贷,从而形成民间借贷风险。

二、尽早推进商业银行民营化

(一)商业银行必须走民营化道路

实行利率市场化是有条件的,其必要条件之一就是要有一个公平的市场竞争环境,并且作为市场参与者的各个金融机构,其财务约束要足够"硬"。否则,如果放开贷款利率,国有商业银行就抵御不了来自各级政府和国有企业要求下调利率的压力;如果放开存款利率,就会出现银行"高息揽存"现象,先把利润赚了,奖金发了,等出了风险以后再交给国家兜底。

因此,必须深化银行业改革,改善治理结构,强化财务约束。为此,应当从两个方向入手:一是"民进",推进民营化;二是"国退",实行"去国有化"。

所谓"民进",就是尽快降低市场准入门槛,允许民间资本进入正规的金融体系中。这样,既可以促进正规金融体系的发展,又可以适当压缩非正规金融体系的活动空间,化解正规金融与非正规金融两方面所面临的风险,并消除正规金融机构依靠市场垄断和利率管制获取超额利润的现象。

而所谓"国退",就是在允许民间资本进入正规金融体系、经办民营金融机构的同时,国有资本包括各级地方政府的资本,都应当逐步退出各类商业银行,实现"去国有化"。一方面,商业金融属于竞争性领域,政府没有理由在这一领域与民争利;另一方面,国有资本(包括各级地方政府资本)退出商业银行,有利于强化商业银行的财务约束,有利于促进商业银行之间的公平竞争,有利于提高商业银行的经营效率,有助于解决"党管干部"的老问题。此外,国有资本退出商业金融领域还有助于彻底切断国有资本的"关联交易",从而减轻各级政府处置金融风险的直接压力。

有的人对商业银行民营化表示不理解。其实道理十分简单:我们的国有商业银行,从来都是赚钱的时候是自己的,亏损的时候由国家兜底。有谁计算过,过去多年,我们一共往国有银行注入了多少资金? 1998 年 2 700 亿元的国债,1999 年 1.4 万亿元不良资产剥离,2005 年四大国有银行改制上市前的 500 亿美元外汇注资等等,实际上用的都是老百姓的钱——如果是用财政注资,那就是纳税人的钱;如果是通过发行货币,那就是人民币持有者的钱。

(二)政策性银行要多样化

政府资金从商业银行退出以后去干什么呢?在市场经济条件下,政府并非无事可做。政府资金退出商业银行以后,应当用来集中力量办好政策性银行。

首先,国家开发银行应当回归政策性,成为专门给地方政府融资平台提供贷款的政策性银行，类似于日本的"地方公共团体金融机构"。

其次，应当设立专门为中小企业融资提供服务的政策性银行。由于在中小企业融资问题上存在着市场失灵，因此最需要政府发挥应有作用。时至今日，日本尚有两家专门为中小企业融资提供服务的"专门金融公库"，我们中国这么大的国家，为什么不能多设立几家专门为中小企业服务的政策性银行？

再次，设立国际合作银行，为"走出去"提供政策性金融服务。目前，这部分业务实际上是在国家开发银行，但国家开发银行同时还承担着国内业务，因此极易出现国内风险与国外风险交叉现象，不利于内外风险的隔离和管控，显然需要将此项业务分离出来，成立单独办理国际业务的政策性银行。

最后，还应当设立一家专门为发展绿色经济服务的政策性银行——绿色银行。为什么要多办几家政策性银行呢？因为如果没有政策性银行，所有的商业银行就都成了政策性银行，都不得不承担政府的政策性任务。因此，政府只需办好政策性银行，而将商业银行统统留给民间资本去做。

由于民间资本的属性是追求经济利益（利润）的最大化，而国有资本的属性是追求社会效益的最大化，因此，以民间资本支撑的商业银行为基础，由少量的国有资本支撑的政策性银行作为补充，这样的银行组合，既能够发挥市场的决定性作用，又能够更好地发挥政府作用。

三、加快完善金融安全网建设

（一）理顺监管体制

在审慎监管者（也就是第一支柱）方面，中国目前面临着两大关系需要加以理顺。

1. 经营方式与监管方式存在错位，金融监管面临巨大的结构性风险

从经营方式与监管方式的关系来看，要么是分业经营—分业监管，要么是混业经营—混业监管，但是，正如我们早在2004年呈交中财办的报告中所指出的那样，中国金融监管领域目前面临的最大的结构性风险就是一方面在力推混业经营，而另一方面又坚持分业监管不变。这种监管体制与经营体制的扭曲和错配,必然会导致监管真空,形成金融隐患。2006年爆发的美国次贷危机就已经证明了这一点:次级抵押贷款原本是一个银行业产品,将其证券化以后就跨到了资本市场,然后又给它上了各种保险之后就跨到了保险市场,因此在次贷产品层面上三个市场已经被打通。但是美国实行的是分业监管体制,以至于从每一个监管者的角度来看,自己所管辖领域都似乎平安无事,但是整个金融市场却不断积累着巨大的系统性风险。

中国2015年的股市波动也再次证明了分业监管已经越来越不适应金融市场的发展,尤其是混业经营快速推进的态势。因此,必须加快推进金融监管体制改革,最好能够将"三会"合并,即使暂时合并不了,至少也要在"三会"之上尽快建立起有效的监管协调决策机制,以应对日益深化的混业经营趋势和相互贯通的系统性风险。

2. 中央与地方之间的关系不顺,地方政府有发展动力而无监管职能

长期以来,我国一直强调要维护全国统一的金融市场,因此,迟迟不肯赋予地方政府一定的金融监管权限。但是,一方面,从理论上讲,金融市场实际上是分层次的,并非所有金融机构都一定要跨区经营,更非所有金融风险都一定会跨区冲击。如果所有金融机构不分大小、不分经营范围,都一律由中央政府统一监管,都要拿到北京来集中决策的话,那么就有可能因信息链条过长而出现信息时滞、信息失真和决策时滞。

另一方面,从现实来看,近年来全国各地各级政府大都设立了形式各异、职能不同的金融办。有一个共同特点就是,这些金融办大都只关心发展本地的各种类型的金融产业,但对于随之而来的金融风险却不闻不问或视而不见,于是就在地方层面形成了金融发展有动力、金融风险无人管的收益、风险与责任不对称的畸形局面。

因此,我们在2006年的《金融领域中央与地方关系》课题研究中就明确提出应当实行中央与地方分级监管,主张赋予地方金融办一定的金融监管权限。后来又进一步提出三级监管的主张,以便与财税改革和行政体制改革中五级政府压为三级政府的改革目标相一致。

所谓三级监管就是:首先,凡全国性金融机构、全国性金融交易市场,包括外资金融机构均由中央政府统一监管;其次,凡地方性金融机构、地方性金融交易场所,包括城市商业银行、农村商业银行、信用社、地方性金融交易所等,都一律由省级政府负责监管;最后,对于那些小贷公司、典当行等准金融机构的准金融活动,应交由市级政府负责监管。为此,应当尽快赋予地方政府(金融办)与其职责相适应的金融监管权限,以使其能够对基层的(准)金融机构和(准)金融活动进行有效监管,并承担相应的救助职责。只有各级政府的责任与收益、风险相对称,才不会出现监管真空。

(二)加强中央银行独立性

在最后贷款人(也就是第二支柱)——中央银行方面,主要存在四大问题:第一,中央银行缺乏应有的独立性;第二,货币政策决策机制不规范、不透明;第三,国家外汇管理局定位不准确;第四,大区行改革不到位。

首先,关于中央银行独立性的问题。应当承认,在实行大区分行改革之后,地方政府对于中央银行货币政策的直接干预已经大大减轻,但是迄今为止,中央部门以及党政领导机关对货币政策的干预依然严重存在,中央银行在货币政策方面的决定权仍然十分脆弱,表面上看是中国人民银行在决定货币政策,但是实际上并非如此,甚至还多次出现过中国人民银行领导刚刚在公开场合表态称"当前的利率水平是合适的",结果第二天或第三天就发生利率调整的尴尬局面,导致中央银行的权威性大打折扣。

之所以要强调中央银行的独立性,一方面,从理论上讲,国外学者早有大量研究,并且已经成为教科书中的基础知识(参见专栏);另一方面,从实践上讲,一个最近的案例就是日本泡沫经济的深刻教训。

其次,更重要的是,目前我国的货币政策决策机制十分不规范、不透明。到底都有谁参与了决策过程,出现意见分歧时究竟谁说了算?一旦作出错误决策时应当由谁来承担责任?等等,这些问题不解决,就谈不上问责,而没有问责机制,就很难保证决策质量。

如果说,在过去,在中国的金融开放度还不高、人民币还没有国际化、中国经济的影响力也十分有限的情况下,货币政策问责还属于一国之"内政",国人不问,外国人也不便"干涉"的话,那么在今天,当中国的金融市场已经实现双向开放,当人民币已经加入"SDR货币篮子"① 成为国际储备货币,中国经济已经成为第二大经济体,中国的货币政策已经具备巨大的外溢效应的情况下,即使中国人自己对货币政策结果不闻不问,那么全世界的投资者也一定会来问责的。更何况,正如习总书记所说,"打铁还需自身硬",中国要想参与全球治理,就必须首先实现自己国家治理的现代化,而中央银行的独立性和货币政策决策的规范性正是市场经济条件下国家治理现代化的基本内容之一。

因此,在加强中央银行独立性、规范货币政策决策方面,当务之急主要有以下两个方面:

一是将中央银行脱离政府序列,转而对全国人大负责。同时,为了不降低中央银行的权威性,建议将人行行长纳入"三副两高"体制;并且为了确保中央银行的独立性,中央银行应脱离财政预算管理体系,实行独立核算,直接对人大负责。

二是将货币政策委员会做实,从目前的咨询机构提升为决策机构,实行投票表决,发言记录在案,并延后予以公布(美联储是5年以后,日本央行是10年以后对社会公开),以供专家学者事后研究参考,实现社会监督和历史问责。只有这样,才能够确保那些参与货币决策的人能够对社会负责、对人民负责、对历史负责。

其实,规范货币政策决策机制,将如此责任重大、专业性强的任务交由专业人士去处理,也是对国家领导人的一种爱护。因为,金融市场瞬息万变,决策时所需要的专业知识越来越多,所承担的责任越来越大,政策的影响力越来越广,决策风险也越来越大,而国家领导人通常要日理万机,有许多比货币政策更重要的事情在时刻等待着高层领导人去处理,如果有一套责任清晰、决策高效、具有专业水准的决策机制,就可以把高层领导从纷繁、琐碎的货币政策中解脱出来。并且,政治因素被排除以后,也有利于减少不确定性,稳定市场预期。这也是现代金融市场、现代市场经济对于现代国家治理的必然要求。

再次,关于国家外汇管理局如何定位的问题。

如果国家外汇管理局是负责宏观的汇率稳定,那么该项职能就应当转

---

① SDR,特别提款权(Special Drawing Right),亦称"纸黄金"(Paper Gold),是国际货币基金组织根据会员国认缴的份额分配的,可用于偿还国际货币基金组织债务、弥补会员国政府之间国际收支逆差的一种账面资产。

移至财政部。一个国家在必要的时候稳定汇率是可以理解的,但是,稳定汇率就要有人付费,要有人承担这个成本。在日本等国家,稳定汇率的职能是在财政部,如果国家需要稳定汇率时,就会由财政部负责筹资或借款来购买过剩的外汇。在我国,由于稳定汇率的职能在国家外汇管理局,在中央银行下面,所以,当需要稳定汇率时,就只好要么通过发行货币,以外汇占款的形式来稳定汇率;要么收缩货币,动用外汇储备来稳定汇率,由中央银行——实际上是全体人民币持有人来承担这一成本,故十分不利于货币政策的稳定,不利于宏观经济的稳定。这就是2003~2008年我国宏观经济过热的一个重要原因。因此,建议把国家外汇管理局职能转移至财政部下面。当然,如果国家外汇管理局只是负责外汇的微观审批(目前主要是中国人民银行基层分支机构负责),那么该项职能就应当转移至金融监管部门,也不应放在中国人民银行下面。

最后,关于大区行改革是进还是退的问题。

最近一个时期,一些人主张废除大区分行,回到省分行体制。这里首先需要搞清楚的是,当初我们为什么要搞大区分行?一个重要原因就是为了排除地方政府对货币政策的各种干预。应当承认,自设立大区行以来,地方政府的直接干预已经大大减弱,这是不争的事实。如果贸然倒退,必然会重蹈历史覆辙。

至于说大区行体制不像原先设想的那么成功,其实一个很重要的原因就是,总行该下放的权力没有下放到大区行,而下面该收上来的权力没有上收至大区行,致使大区行被实质性架空。更重要的是,在实行大区行改革时,由于当时未将大区行定位为副部级,大区行的行政级别被人为压低,以至于在官本位的制度环境下,大区行无法正常运转。但令人啼笑皆非的是,我们却把大量的副部级行政资源给了大学,导致大学的行政化、官僚化。因此,建议在大学"去行政化"的同时,将这些行政资源转移给大区行,以加强大区行的作用。

强化大区行作用还有一个更重要的经济理由,也就是货币政策的差异化问题。众所周知,我国幅员辽阔,地区差异巨大,根据以往经验,每当经济升温时,大都是东部沿海地区先行升温,然后是中部地区,最后是西部地区,但每一次宏观调控都是"一刀切",于是中西部地区就常常抱怨:这一刀切下来,在东部只是切到"腿",在中部就会切到"腰",而在西部则会切到"脑袋"——西部地区刚刚开始启动,刚刚开始抬头就被一刀切下来。久而久之,随着一次又一次"一刀切"式的宏观调控,地区间差距越来越大。于是就有一个货币政策要不要保留一定的地区差异性问题。在美国,各大区储备局之间是可以存在政策差异的。那么,中国同样是一个国土辽阔的大国,货币政策是不是也可以有一定的地区间差异呢?

(三)完善金融投资者保护机制

在投资者保护机制(即第三支柱)方面,中国早已有了证券投资者保护基金和保险保障基金,经过二十多年的努力,存款保险制度也终于在2015年5月正式建立。

但目前遗留的问题主要是:一是应当尽快将存款保险基金独立出来,成为与金融监管部门、中央银行三足鼎立的一个法定机构;二是逐步将证券投资者保护基金和保险保障基金与存款保险整合起来,成为一个统一的、全覆盖的金融投资者保障机制;三是加快资金筹集、人员储备、技术培训等准备工作,以应对正在快速暴露的金融风险——因为风险的暴露速度可能要比我们原先预想得要快。

四、规范金融决策机制

为了加强金融领域的信息共享与政策协调,规范决策机制,建立决策负责制,建议设立或做实以下三个政策委员会,并实行交叉任职。

(一)设立金融监管政策委员会

为了加强金融监管的信息共享和政策协调,规范金融监管政策决策机制,如果暂时无法将中国银监会、中国证监会、中国保监会加以合并,至少应当在"三会"之上成立一个金融监管政策委员会。

首先,委员会主席可以由国务院分管副总理兼任,也可以由国务院分管秘书长兼任,也可以由"三会"主席轮流坐庄。问题的关键是要做到谁牵头、谁拍板、谁负责。

其次,金融监管政策委员会的成员应当由三个监管部门的主席以及中国人民银行副行长和存款保险机构副主席,再加上金融监管领域的专家学者及业界代表共同组成。

再次,为了防止议而不决,必须实行投票表决,以提高决策效率。

最后,为了便于社会监督,应当将委员会的发言记录等档案定期向社会公布,以促使参加决策的人能够对人民负责、对社会负责、对历史负责,也便于专家学者事后总结经验教训,以防止重蹈覆辙。

(二)做实货币政策委员会

为了加强宏观政策相关信息的共享和政策协调,规范货币政策决策机制,应当尽快将货币政策委员会做实,从目前的咨询机构提升为决策机构。

首先,货币政策委员会主席由中国人民银行行长担任。

其次,货币政策委员会成员应当由中国人民银行、金融监管部门以及存款保险机构的负责人共同组成,再加上宏观经济和货币政策领域的专家学者以及部分实体经济和金融行业的代表共同组成。

再次,为了防止议而不决,必须实行投票表决,以提高决策效率。

最后,为了便于社会监督,应当将委员会的发言记录等档案定期向社会公布,以促使参加决策的人能够对人民负责、对社会负责、对历史负责,也便于专家学者事后总结经验教训,以防止重蹈覆辙。目前,国外央行的做法是,美联储是 5 年以后予以公布,日本银行是 10 年以后予以公布。

此外,需要强调的是,中国人民银行理事会并不能取代货币政策委员会职能,因为中国人民银行理事会只负责中国人民银行自身的事务性工作,而货币政策委员会则需要关注整个宏观经济运行,需要对整个货币政策负责,而货币政策不是中国人民银行一家说了算,在制定货币政策时需要听取方方面面的意见,尤其是专家学者的意见,因此货币政策委员会应具有更广泛的代表性。

(三)成立存款保险政策委员会

为了加强存款保险相关信息的共享和政策协调,规范存款保险政策决策机制,应当尽快成立存款保险政策委员会。

首先，委员会主席应当由存款保险机构负责人担任。

其次，委员会的成员应当由存款保险机构、金融监管部门以及中国人民银行领导参加，再加上存款保险领域的专家学者及业界代表共同组成。

再次，为了防止议而不决，必须实行投票表决，以提高决策效率。

最后，为了便于社会监督，应当将委员会的发言记录等档案定期向社会公布，以促使参加决策的人能够对人民负责、对社会负责、对历史负责，也便于专家学者事后总结经验教训，以防止重蹈覆辙。

（四）关于宏观审慎监管（政策）

2008 年国际金融危机以后，宏观审慎监管（政策）被国内外"炒"得沸沸扬扬。尤其是在中国国内，似乎演变成为中国人民银行与中国银监会之间的监管之争。

应当承认，"三会"合并有一定的道理，如前所述，即使暂时合并不了，也应当尽快先把决策机制统一起来，成立一个金融监管政策委员会，以解决监管分割问题。但是，对于以宏观审慎的名义由央行牵头来进行"宏观审慎监管"一事，笔者持谨慎态度，主要原因有四点：

首先，从国际经验来看，美国次贷危机的重要原因之一就在于美联储集货币政策和银行监管两项职能于一身，美联储主席格林斯潘在实行宽松货币政策的同时，反对对衍生金融产品进行监管，从而导致货币政策与金融监管同步震荡。按理说，危机爆发以后，首先应当进行问责的是美联储，就像当年日本的大藏省，但是，事实恰好相反，美联储的职能非但没有被削弱和分拆，反而得到进一步强化。笔者曾经就此事请教过美国朋友，美国朋友答复说，其实原因很简单，因为现在大家都有求于美联储增发货币、刺激经济，所以没有人去问责，更不会有人提出分拆建议。并且，尽管美国等一些西方国家在强化央行作用，牵头实施所谓的"宏观审慎监管（政策）"，但是，在日本、韩国等东亚国家，并未效法这种做法，而是实行审慎监管者、最后贷款人和存款保险者三足鼎立的"金融安全网"模式，并且经受住了此次金融危机的考验。

其次，从国内实践来看，中国银监会独立之前，由于中国人民银行集货币政策、金融监管于一身，于是就会在放松银根时，把金融监管也同时放松，正如 1992 年经济过热时中国人民银行在金融监管方面的放任自流。

而当紧缩银根时，也会把金融监管同时收紧，正如 1993 年加强宏观调控之后我们所经历过的金融监管全面收紧。而自中国人民银行与中国银监会分家以来，双方实际上都一直没有找准自己的位置。

再次，从理论层面来看，我们之所以主张货币政策与银行监管适度分离，一个重要理由就是防止二者同步震荡。不难想像，如果货币政策和银行监管放在同一个部门，就很容易出现这种情形：当经济形势需要放松货币政策时，那么银行监管也就会随之放松；而当经济形势需要紧缩货币政策时，那么银行监管也会随之收紧。如此一来，一方面，由于货币政策影响基础货币的多少，而银行监管影响货币乘数的大小，二者同时发生变化，就很容易导致货币供给超调，导致经济大起大落；另一方面，银行监管力度如果经常处于变动状态，就会使商业银行的经营者们无所适从，昨天在放松银根时还可以做的事情，今天一紧缩银根就不能做了，就全都错了，那么商业银行还如何经营呢？

最后，从问责机制看，中央银行货币政策与金融监管能够相对分离并保持一定的距离，还有一个重要作用就是有助于监管问责。当商业银行出现不良资产，甚至需要中央银行出手相助时，至少监管当局要向中央银行说清楚，这些不良资产是怎么形成的？有没有监管失误的责任？而这两项职能放在同一个部门之内，中央银行就很容易通过过量发行货币来悄悄地掩盖监管失误的责任。就像过去中国人民银行集货币政策与银行监管于一身时，超发了多少货币是用于消化农信社等金融机构的不良资产的？有人披露过吗？有人问过责？今天，不良资产再次上升时，至少中国人民银行是可以对金融监管部门问责的。

此外，从现实可能来看，如果说"三会合一"尚有可能的话，但如果把"一行三会"都合并在一起，那将是一个多么庞大的"巨无霸"部门？众所周知，机构越庞大，行政效率越低下，一个近 20 万人规模[①]的行政机构如何确保运行效率，的确是一个大难题。

至于说信息共享问题、政策协调问题、部门利益问题，笔者认为，这些都是可以通过规范决策机制、明确法律责任、增加透明度、强化问责制等办法来加以解决。部门利益见光死，只要我们能够把决策过程拿到全国

[①] 据统计，中国人民银行约有职工 15 万人（含造币系统）；中国银监会约有职工 2.6 万人；中国证监会约有职工 3 800 人；中国保监会约有职工 2 700 人，共计 18.25 万人。

人大或常委会上进行质询，这些部门利益就可以迎刃而解了。

至于为什么每一个政策委员会都必须邀请专家学者参加，一个重要的理由就是，专家学者与政府官员之间最大的区别有三点：一是政府官员是有部门的，有部门就有部门利益；而专家学者，只有学科领域，没有部门利益。二是政府官员是有任期的，所以只考虑任期内的事情，行为短期化现象十分严重；而专家学者是没有任期的，所以考虑的事情往往更长远。三是政府官员是有"乌纱帽"的，所以往往"帽子"是优先考虑事项；而专家学者是没有"乌纱帽"的，只考虑学术声誉，必须坚持真理。

专栏

日本中央银行丧失独立性的深刻教训

1985年广场协议以后，日本形成了巨大的泡沫经济。1990年泡沫破灭之后，日本经济长期停滞，甚至爆发了金融危机。有人将日本泡沫经济的原因简单归罪于广场协议后的日元大幅度升值。但令人怀疑的是，当时广场协议是要求5个主要国家的货币都对美元升值，尤其是联邦德国马克当时也曾经大幅度升值，但是为什么唯独日本出现了泡沫经济，而联邦德国就没有出现泡沫经济呢？经对比研究发现，一个重要区别就是联邦德国在1987年及时上调了利率，而日本却将利率下调至2.5%这一前所未有的历史最低水平。那么，为什么联邦德国能够上调利率，而日本正好相反呢？进一步的对比研究发现，当时美国人压制联邦德国，不仅要让联邦德国马克升值，而且要扩大内需，实行宽松的货币政策，其中包括下调利率。但是当时的联邦德国政府对美国人说，对不起，我的货币政策是由货币政策委员会作决定，政府无权干涉，而这套体制还是你们美国人教我们的。于是就用一个"软钉子"把美国人给顶了回去。

但是，当美国人用同样的办法压制日本人扩大内需、实行宽松的货币政策时，由于日本当时的体制是：大藏省作为一个超级部委，不仅负责国家的财政，还负责整个金融监管，同时还控制着中央银行（即日本银行），以至于美国人一给日本首相施压，日本首相就给大藏省施压，大藏省就给日本银行施压，于是就将利率下调到历史最低点，

直面金融风险

> 最终酿成泡沫经济,泡沫经济破裂以后不仅经济长期停滞,而且还爆发了金融危机。所以日本在后来的金融大爆炸改革时,一个重要内容就是将日本银行的独立性大幅度提高,原因不言自明。

(本文摘自魏加宁著:《如何实现国家治理现代化》,中国发展出版社2017年版)

创造便利资源有效配置的货币金融环境

李 扬[*]

我们主张环绕金融的基本功能来重新审视"金融服务实体经济"命题。所谓"金融要服务实体经济",根本的要求,就是有效发挥其媒介资源配置的功能;所谓为实体经济提供更好的金融服务,则要求的是降低流通成本,提高金融的中介效率和分配效率。因此,进一步理顺利率、汇率和无风险收益率曲线等媒介资源配置的市场基准、建立稳定的筹集长期资金和权益类资本的机制、大力发展普惠金融、建立市场化风险处置机制以及完善金融监管框架,是提高金融服务实体经济效率的根本举措。

一、经过30余年改革,我国金融体系还缺什么

30余年连续不断的改革,作为在市场经济条件下承载资源配置机制的金融体系,依然存在怎样一些缺陷,阻碍了它去有效发挥媒介资源有效配置的功能呢?概言之,主要有六点。

一是中国金融体系虽已初具现代格局,但是,引导市场得以有效配置资源的基准价格——利率、收益率曲线和汇率等尚未完全市场化;二是中国总体而言已不是资金短缺国家,但是,长期资金短缺、权益类资金供给不足,即"期限错配"和"权益错配"问题,却严重存在;三是已有很多公民和企业获得了较好的金融服务,但是,向社会所有群体特别是弱势

---

[*] 李扬,中国社会科学院学部委员、国家金融与发展实验室理事长。

群体提供服务的金融体系依然有待建立,满足他们需要的金融工具和金融服务仍待开发;四是中国金融业确已有了较大发展,但管理金融风险的市场化体制机制仍然十分缺乏,依然主要依靠政府的潜在担保甚至直接出资来管理风险;五是资本和金融项目尚被管制,人民币仍不可兑换,这无疑阻碍了构建开放型经济体制的步伐;六是金融监管框架已经初立,但是,各领域监管的有效性、针对性、稳健性均有待改善;监管掣肘的问题更是亟待解决的问题。

以上六个方面,就是我国的金融体系实现"到2020年……各方面制度更加成熟更加定型"战略目标的"重要领域和关键环节"。在今后 3~5 年内,我们必须在这些领域和环节的改革上取得决定性进展,方能有效管理我国经济中日益严重的金融风险。

二、健全市场运行基准

30 余年中国金融改革和发展的成就十分巨大,中国的金融体系已经实现了"从无到有"的天翻地覆的变化。如今,在全球前十名的超级大银行中,中国已占 3 位;全球金融理事会圈定的 30 家"全球系统重要性银行"中,也有 4 家中国的银行在列;金融稳定理事会公布的首批 9 家全球系统重要性保险机构中,也有 1 家中国机构跻身;若就资产来排名,中国的央行已在世界上名列前茅。如此等等足以说明,从外在指标看,中国的金融系统已堪与发达经济体相比。但是,在这令人眼花缭乱的"金融上层建筑"之下,各类金融交易赖以进行的"基准",即利率、汇率以及无风险的国债收益率曲线等,现在还在相当程度上被管制着。这意味着,迄今为止我们所有的金融交易,一直都在由某种可能被扭曲的定价基准引导着;依据这些信号展开的资源配置过程,其效率大可存疑。

金融市场的核心基准是利率。利率市场化将构成下一阶段改革的核心内容,自不待言。然而,利率市场化绝不仅仅意味着"放开",它至少包括三大要义:(1)建立健全由市场供求决定利率的机制,使得利率的水平、其风险结构和期限结构由资金供求双方在市场上通过反复交易的竞争来决定;(2)打破市场分割,建设完善的市场利率体系,建设核心金融市场并形成市场核心利率,建立有效的利率传导机制;(3)中央银行全面改造其调控理念、工具和机制,掌握一套市场化的调控利率的手段。这样看,我国利率市场化的任务还很繁重;"放开存款利率上限",其实只是我们必须完成的并不具有决定性意义的任务之一。

另一个重要的市场基准就是国债收益率曲线。众所周知,收益率曲线是固定收益市场的主要收益率,它反映无风险收益率基准在各个期限上的分布;基于这条曲线,其他各种固定收益产品才能根据各自的风险溢价来有效定价。在我国,国债收益率曲线已在 20 世纪开始编制,但囿于各种条件,其缺陷依然明显。自然,使之日臻完善,是下一步改革的重要任务。在这方面,完善国债发行制度,优化国债期限结构;完善债券做市支持机制,提高市场流动性;改善投资者结构,增加交易需求;完善国债收益率曲线的编制技术;适时引进境外投资者等,都是必不可少的功课。

第三个市场基准就是人民币汇率。为了提高利用国内国外两种资源的配置效率,促进国际收支长期均衡,我们必须完善人民币汇率的市场化形成机制。为达成此目标,必须大力发展外汇市场,增加外汇市场的参与者,有序扩大人民币汇率的浮动空间,完善汇率形成机制;尤为重要的是,央行必须大规模减少其对市场的常态式干预。

除了以上三项机制性改革,我们还须加强金融的基础设施建设,这包括一整套登记、托管、交易、清算、结算制度,以及规范并保护这些制度运行的法律法规。

三、致力于提供长期资本

经过 30 多年的金融改革,我国金融体系动员储蓄的能力已经相当强大。统计显示,从 1994 年开始,中国总体上已经摆脱了储蓄短缺的困境,成为一个储蓄相对过剩的国家。我国的外汇储备从 1994 年开始逐年净额增长,就是储蓄过剩的明证。但是,在资金供给方面,以银行为绝对主导的金融机构所动员起来的资金,在期限上偏短;而在资金需求方面,由于工业化深入发展和城市化不断推进,我们对长期资金的需求甚殷。这种"期限错配",是中国各类系统性金融风险的根源之一。不仅如此。以银行为主的金融体系,只能以增加债务的方式向实体经济提供资金;与之对应,我国非金融企业获取股权性资金的渠道相当狭窄和有限。这种"权益错配",在推高微观主体负债率的同时,也为我国经济和金融体系留下了负债率提高和杠杆率飙升的风险。我国银行资产中的中长期贷款目前已高达60%左右的危险水平,地方政府融资平台问题愈演愈烈,都与金融体系上述结构性缺陷密切相关。毫无疑问,在下一步改革中,增加长期资金的供给,特别是增加股权性资金供给,是又一个极为紧迫的议题。

改变我国金融体系期限错配和权益错配的方略,大致可归纳为如下几点:(1)进一步发展多层次资本市场。这一目标提出甚久,但长期以来,由于我们沿着主板、中小板、创业板的旧发展思路一路走来,迄今成效甚微。今后,必须加快完善以机构为主、公开转让的中小企业股权市场;健全做市商、定向发行、并购重组等制度安排;引导私募股权投资基金、风险投资基金健康发展;支持创新型、成长型企业通过公募和私募的方式进行股权融资;建立健全不同层次市场间的差别制度安排和统一的登记结算平台等。(2)应当给区域性资本市场"正名",让市场基于区域之差别,建立不同层级、服务于区域发展的资本市场。(3)进一步推行股票发行注册制改革,根除我国股票主板市场的痼疾。(4)规范发展债券市场,其中最重要者,一是允许发行市政债券,二是大力推行资产证券化。(5)发展和完善如国家开发银行的各类长期信用机构,建立透明规范的服务城市化建设的投融资机制;研究建立城市基础设施、住宅政策性金融机构;在沿边地区建立开发性金融机构等等,都是从机构层面全面增加长期资本和股权资本供给的改革举措。

四、发展普惠金融

目前,我国很多机构和个人都已获得了充分、在一定程度上已经是过度的金融服务,但是,广大的普通居民只是获得了有限的金融服务,而广大的弱势群体却很难获得有效的,甚至根本就得不到金融服务。

发展普惠金融,支持服务地方的小型金融机构发展、大力发展小额信贷、鼓励金融创新、不断扩大金融服务的覆盖面和渗透率、优化小微企业金融服务生态环境、加强消费者保护等等,当然都是题中应有之义,然而,我们特别关注两个领域的改革和发展。

一是要彻底摒弃我们行之60余年的禁止非金融机构之间发生信用关

系的禁令。唯有放开民间信用,普惠金融才有真正合适的发展土壤。二是大力发展互联网金融。实践告诉我们,普惠金融之所以难以发展,客观上存在着成本高和结构化信息不易获取等难以逾越的技术和信息障碍。现代互联网金融的发展,恰恰提供了有效解决这些问题的渠道和手段。通过改变交易的基础设施,互联网使得交易成本大大降低,人们可以更加方便、快捷、低成本地进行交易;同时,互联网金融还突出了个体特有的需求,有效实现了所谓"私人定制化";另外,大数据、云计算、社交网络、搜索引擎等现代手段的运用,也有效地为金融业提供了获取有效信息的手段。

五、市场化的风险处置机制

经过30余年的不懈努力,我国金融市场已经有了长足的发展,与之相伴,各类风险也随之而来。虽然我们的金融体系正向着更为市场化的方向发展,但风险处置机制却依然停留在政府大包大揽的框架下。这意味着,在金融体系进一步改革的进程中,我们需要创造一个市场化的风险管控机制,需要用市场化的手段来防范和化解金融风险。

建立市场化的风险管理和处置机制,涉及方方面面。其中最重要者有三点:(1)完善商业性保险制度。近年来,保险业在中国发展很快,但是,很多保险机构不安心于从事保险本业,忽略了提供经济补偿的基本功能,而是热衷于从事金融活动,热衷于去进行投资,有时还热衷于从事所谓"社会公益"活动。我们不无忧虑地看到,此次危机中若干国际一流保险机构"涉险",无不起因于其对本业的忽视和对金融的迷恋。强调保险应强化其经济补偿功能,目的是促使保险业的发展回归正途。(2)建立存款保险制度。加快建设功能完善、权责统一、运作有效的存款保险制度,促进形成市场化的金融风险防范和处置机制,是关乎我国金融业特别是银行业健康发展的重大举措。这种存款保险机制,要与现有金融稳定机制有效衔接,应能及时防范和化解金融风险,维护金融稳定。(3)明确金融机构经营失败时的退出规则,包括风险补偿和分担机制;进一步厘清政府和市场的边界,加强市场约束,防范道德风险,从根本上防止金融体系风险积累;明确地方政府对地方性金融机构和地方性金融市场的监管职责,以及在地方金融风险处置中的责任。在处理金融风险的过程中,切实加强对存款人的保护,有效防止银行挤兑。

六、加强金融监管协调

经过持续不断的机构改革和功能调整,我国已在21世纪初确立了"货币政策与金融监管分设,银、证、保分业监管"的金融监管和调控格局。然而,不仅银、证、保、信等领域的监管自身都需要更新理念、提高水平,不断提高监管的有效性、针对性和稳健性,而且,监管当局相互掣肘,致使出现监管真空、监管重复等问题的局面也亟待改变。若无有效的协调,整个监管体系就很难发挥出正能量。

加强金融监管的措施,主要涉及两个方面。首先,在实现我国监管格局从机构监管向功能监管转变的同时,需要提高银、证、保、信各业的监管标准和监管质量,包括设立并完善逆周期资本要求和系统重要性银行附加资本要求,适时引进国际银行业流动性和杠杆率监管新规,提高银行业稳健型标准;根据我国金融市场结构和特点,细化金融机构分类标准,统一监管政策,减少监管套利,弥补监管真空;优化金融资源配置,明确对交叉性金融业务和金融控股公司的监管职责和规则,增强监管的针对性、有效性等。其次,要加强监管协调,应充分发挥金融监管协调部际联席会议制度功能,不断提升监管协调工作规范化和制度化水平,形成监管合力。

特别需要指出,近年来,我国金融业发展的一个极为重要的现象,就是银、证、保、信等业已经在产品层面上大规模混业了。在混业已经在金融产品的微观层面大规模展开的情势下,仍然在宏观层面坚持分业监管,将使得我们无法把握信用总量的规模、结构和动态变化,弱化监管效率。更有甚者,它会使得大量金融活动处于无人监管境地,使得监管套利获得肥沃土壤。显然,借鉴美、英、欧监管框架从分业重归一统的最新实践,我们需要从体制上改革目前心劳日拙的分业监管格局。

(本文摘自李扬等著:《管理结构性减速过程中的金融风险》,社会科学文献出版社2017年版)

正视金融风险背后的公司治理缺陷

徐 忠[*]

近期，恒丰银行、辉山乳业和山东连环债务风险接连爆发，虽然具体形式各有不同，但商业银行等相关金融机构公司治理虚化、出资人缺位、内部制衡失效、风险控制缺失却是共性问题。

恒丰银行变相挪用银行资金用于股权控制的做法、辉山乳业涉事金融机构麻木不仁的风险控制、山东连环债务风险背后互保联保模式暴露出的内控和监管形式化，不仅反映了出资人缺位导致侵犯出资人权益、内部人控制和内部制衡缺失等严重的公司治理缺陷，也透露了中国金融机构监管存在信息披露不足、监管缺失等外部监管问题，更深层次地反映了从计划经济向社会主义市场经济转型过程中，带有封建地盘色彩的行业或地方主管模式、并以行政管理代替公司治理的痼疾，与习近平总书记倡导的建立现代国家治理体系方向背道而驰。

从全局看，近期系列风险案例既非孤例，也绝非金融领域独有问题，而是在中国经济转型过程中，微观企业主体普遍存在重大公司治理缺陷的典型反映。

公司治理是国家治理体系微观层面的重要组成部分，是以公司治理为核心的现代企业制度的建立和完善，更是国家现代化进程的重要推动力量。正如党的十八届三中全会所指出的，"全面深化改革的总目标是完善和发展中国特色社会主义制度，推进国家治理体系和治理能力现代化"。

公司治理包括公司股东、董事会、管理层及其他利益相关方的相互关系，也涉及公司如何设定和实现运营目标，以及如何监测公司经营表现等

---

[*] 徐忠，中国人民银行研究局局长。

结构化安排。良好的公司治理在微观层面可提供有效的激励和监督机制；在宏观层面可增强投资者信心，激活投资，促进资本市场持续稳定健康发展，为经济长期可持续增长提供支持。

从中国的实践看，自从党的十五届四中全会将公司治理概念正式写进党和国家重要文件以来，尤其是在国有企业改革和国有银行改造上市过程中，相关制度和政策不断完善，以"三会一层"（股东大会、董事会、监事会和高级管理层）为核心的公司治理框架已基本形成，但重形式、轻实质，形似而神不至的问题仍然十分突出——国有企业和金融机构公司治理结构出资人缺位，导致侵犯出资人权益的问题普遍存在。

在当前中国经济持续下行、转型升级压力骤增的关键时期，在坚持以公有制为主体、多种所有制经济共同发展的基本经济制度的前提下，提高公司治理标准、深化公司治理改革、完善现代企业制度，是深化国有资本管理、维护市场秩序、促进经济转型、提高经营效率的关键环节，也是防范和化解金融领域风险、实现经济持续健康发展的制度性保障。

一、全面落实《G20/OECD 公司治理原则》

目前，国际上权威的关于公司治理的规范性文件是 2015 年 11 月 G20 安塔利亚峰会核准的《G20/OECD 公司治理原则》（以下简称《原则》），强调了"公司治理框架应有助于提升市场的透明度和公平性，提高资源配置效率，应符合法治精神，并促进有效监管"。

该《原则》于 1999 年由经合组织（OECD）首次发布并于 2004 年完成首次修订。2013 年 10 月，OECD 又对公司治理原则进一步修订——要求 G20 成员国和 OECD 成员国以同等权利参与。作为 G20 成员国，中国已承诺接受该《原则》，意味着中国的公司治理将与全球高标准接轨。该《原则》不具有约束力，不对各国立法作出详细规定，而是力求确定各种目标，并提出实现这些目标的各种手段；其目标在于为政策制定者和市场参与者提供一个可靠但灵活的参考，供其制定各自的公司治理框架。

历史上，中国没有接受《OECD 公司治理原则》（1999 年、2004 年）；中国国内的一些监管机构虽制定了一些公司治理原则或指引，但有出于部门利益之嫌。在很长一段时间内，很多人对公司治理的概念不清；

而快速增长的中国经济，在一定程度上掩盖了公司治理存在的缺陷。近年来，随着经济下行，公司治理的问题开始"水落石出"、逐步暴露。总之，中国的公司治理有很大的改进和提升空间，中国承诺接受《原则》是提高公司治理水平的重要契机，也是深化改革和建立现代国家治理体系的基石。

二、坚持加强党的领导与完善公司治理的统一

在中国，要完善公司治理，必须厘清几个认识误区。

首先，加强党的领导与完善公司治理并不矛盾。若将两者对立，落实党的领导就是一句空话；可以探索通过董事会党组加强党的领导并解决所有者缺位问题，达到两者的统一。一是党通过公司董事会党组实现对国企重大决策和管理层任命的控制力。党章明确规定，党代表中国最广大人民的根本利益，其内涵理应不排除党代表人民管理国企的所有权，党通过所有权管理国企具有合理性和可操作性，党可代表多数股权支配董事会决议。二是成立公司经营层面和面向基层干部、员工的党委，发挥党组织的政治核心作用。但是，党管国企主要体现在管理董事会干部，对公司经营层高管、甚至部门中层，没有必要"一竿子插到底"。

其次，如果片面地认为国有企业50%以上股权必须控制在中央或地方财政管理部门手里才能做大做强国企，而不重视完善国企的公司治理，则会与做大做强国有企业的愿望背道而驰。中央巡视组公布的众多案例表明，存在重大公司治理缺陷的国有企业，往往会造成国有资产的重大损失。在很多市场竞争较充分的行业，以做大做强国企为名，大量运用公共财政资源而不注重公司治理，只会浪费公共资源；相反，如果把做大做强国企的着力点放在完善公司治理、相对控股，同样能实现做大做强国企的战略目标，并可腾出更多的公共财政资源用于民生短板。

最后，坚持公有制主体地位与完善公司治理并不矛盾。在社会主义市场经济条件下，不断探索创新有效实现公有制多样化的微观治理形式，在坚持加强党的领导的前提下推动公有制繁荣发展，一种可考虑的改革方式是，实现由传统集中管理的国有制形式向国家控股形式的转变，实现由"管企业"向"管资本"的转变。坚持加强党的领导，既可通过企业董事

会党组实现，也可考虑在加强控股公司层面党的领导的同时，下属企业中党的领导主要通过控股公司在股东大会和董事会中的影响力和控制力来实现。此外，公有制可探索多种形式，如社保养老基金、增加对国有企业的持股比例、完善类似基金制的公有制形式，可更好地在社会主义市场经济条件下坚持公有制主体地位。

三、做实出资人的地位和权利

目前国有企业公司治理的最大弱点是所有者缺位、股东权利虚置，容易形成内部人控制，侵犯出资人权益。在链条复杂的授权体系下，虽然国家或政府（财政）作为大股东客观存在，但在公司日常管理经营中，缺乏人格化代表行使其股东权利，难以起到监督和制衡作用，国有股东的权利事实上缺乏有效保护。而政府部门在挑选国企董事长人选时，考虑的多是忠诚度，并非从代表国有股东利益等公司治理角度考虑。

从恒丰银行案例看，至2015年末，第一大股东为国有独资企业，持股19.4%，第二大股东为外资银行，持股12.4%，第三大股东持股11.01%。从相关资料看，恒丰银行管理层涉嫌利用银行资金和资管计划改变股权结构，以达到变相控股的目的——在这一过程中，大股东并未发挥在公司治理中的应有作用。

实践效果证明，以中央汇金为代表的控股公司模式在国有商业银行改革初期，对完善国有银行公司治理发挥了积极作用——通过银行董事会结构多元化，提高董事会专业性，提升了银行的公司治理水平。当然，其制度安排也存在一定缺陷——制约了控股公司在公司治理中的积极作用。

中央汇金不具有对国有商业银行高管人才的任免权，只部分承担了国有出资人的权利，对银行高级管理层的约束是非刚性的，不能从根本上解决国有资本所有人缺位的问题。此外，2007年通过股权置换后，中央汇金名义上持有股权，实际上承担债务，国有商业银行的国有股权不再是事实上的真金白银——为了保证每年偿还特别国债的利息，要求国有商业银行每年有固定的分红回报，必然对国有商业银行"水多了加面、面多了加水"的行为睁一只眼闭一只眼，弱化了中央汇金作为国有出资人的作用。

四、加强企业内部治理,做实制衡机制

公司治理框架中应确保"三会一层"的相互制衡作用。鉴于在瞬息万变的市场中管理企业事务的复杂性,股东不应被期望承担管理企业事务的责任;董事会在公司治理中应该摆在更加重要的位置上,企业战略和运营的责任主要由董事会及其选择、激励和必要时可以更换的管理团队负责,同时要对董事会、董事长的权力进行有效监督。

国际实践中,董事会下设战略、审计、提名、薪酬与考核等专业委员会,既能弥补董事会专业性不足、作为会议体制难以履行日常监督职能等内在缺陷,又能防止权力滥用,更好地发挥独立董事作用,实现更好的内部制衡。

在中国的实践中,很多企业也建立了"三会一层"的治理结构,董事会下设专业委员会,已初步搭建起现代公司治理的架构,但在内容和质量上存在明显的不足。一些企业"三会一层"之间的边界不清晰:有些董事会下面设置经营管理部门,自然难以发挥董事会对高级管理层的监督和制衡作用;一些企业董事会专业委员会的专业性和独立性不足,有名无实、流于形式,无法实现提高董事会决策能力和治理绩效的目的。尤其是近年来很多部门和政府机构以加强党的领导的名义,使得"三会"进一步失去了相互制衡的作用,变成了所谓的一、二、三把手排序,成为没有制衡的董事长一言堂。这在恒丰银行的内部组织结构中有明显体现:从相关资料看,人、财、物、风险均由董事会(董事长)决定;截至2015年底,恒丰银行第一大股东和第二大股东均只派出了非执行董事,没有发挥大股东制衡内部人控制的作用。

因此,应明确加强股东在公司治理中的制衡和监督作用,尤其要解决国企中存在的无人代表股东的现象;要进一步完善党对国企的领导,建立完善的符合公司治理原则的内部组织结构,使企业行为更加符合《公司法》和公司治理原则;要更新观念,不论什么企业要求下级服从上级,这不是公司治理中的相互制衡;要厘清"三会一层"的边界和责任,发挥股东大会对公司重大事务的最终裁决作用以及对董事会、高管层的监督作用,完善董事会对企业的战略指导和对管理层的有效监督;要建立和完

善董事会专业委员会制度,并建立健全独立董事"发声"制度和违规处罚制度。

五、加强和完善信息披露制度

公司治理框架应确保及时准确地披露公司所有重要事务,包括财务状况、经营绩效、所有权等。健全的信息披露制度能够推动企业的真正透明,这是市场化公司监管的关键特征,也是股东得以在知情基础上行使股东权利的核心,《原则》将此列入六大核心原则之一。

经验表明,信息披露也是影响公司行为、保护投资者的强大工具,一个健全的信息披露制度有助于资本市场吸引资本和保持信心;但在现实中,出于多种考虑,常常出现企业控制权匿名转移行为。从恒丰银行事件看,部分高管出于获得控制权的目的,在通过各种途径持有公司股份时,并没有对资金来源等相关信息进行披露,甚至试图通过建立复杂的股权控制结构掩盖高管控股的真实意图。

因此,应当加强和完善信息披露范围,包括公司的财务和经营状况,主要股东和实际控制人,董事会成员和高级管理层的薪酬,董事会成员相关信息及其独立性、关联交易,员工和其他利益相关者的问题。

此外,要加强和完善信息披露质量。使用高质量的会计和披露标准以提高报告的相关性、可靠性和可比性;聘请独立、称职的外部审计机构提供高质量的审计服务;加强信息传播渠道建设,以使用户平等、及时和低成本地获取相关信息。

六、建立有效的监管制度

金融监管等外部治理是金融机构公司治理的重要内容。《原则》指出,要实现有效的公司治理,必须存在健全的法律、监管和制度框架,符合法治原则,透明和可执行。不同管理机构之间应明确划分监督和执行责任,并保证监管和执行部门有适当的权利,以专业、客观的态度履行职责。

从中国的实践看,金融监管等外部治理的市场化改革还没有完全到位，监管与发展职能不分，很多时候行使的是行业主管部门的职能，着眼点往往是如何"管企业"，而不是考虑如何完善企业的公司治理。近年来，金融机构监管部门在机构准入和风险处置过程中，频繁派人出任被监管机构的高管，导致监管部门和被监管机构人事关系复杂，既影响监管的独立性，又干扰了金融机构人事制度改革。同时，监管部门还制度化派员列席金融机构股东大会、董事会和监事会等内部会议并发表意见，影响董事、监事履职，干涉金融机构自主经营。监管部门与股东单位存在管理界限不清的问题，使得金融机构同一事项要面临多个"婆婆"不一致的要求，有时导致金融机构无所适从，甚至导致资本约束等监管要求流于形式。

外部治理机制不完善导致内部治理缺陷，不是金融领域独有的问题。国企改革没有到位，国企（包括大型银行和地方银行）的董事长变成了类似任职制的政府官员，这种官本位使其更加关注短期业绩，不关注企业的可持续发展，不重视风险控制，从而导致企业杠杆率大幅攀升、"僵尸"企业僵而不死、过剩产能退而不出、海外投资盲目扩张，进而导致结构性矛盾进一步固化，资源错配程度加深，部分领域的潜在风险加速集聚。从这个意义上讲，以完善公司治理为突破口，是加快推进结构转型、保持国民经济持续健康发展的重要基础。

建立有效的监管制度，首先要厘清外部治理与内部治理的边界，包括金融监管在内的外部治理机制不应直接涉入公司内部治理的领域。

其次是监管部门应为金融机构建立完善稳健的公司治理架构提供指导，定期评估公司治理政策、措施和执行情况，并要求金融机构对实质性缺陷采取有效措施和手段。

最后，加强事前风险监测和事中风险管控，对公司治理缺陷明显的金融机构可能出现的风险"看得见、管得住"，守住不发生系统性风险的底线。

（本文原载于《中国改革》2017年第3期）